新編諸子集成

鹽鐵論校注

上

王利器　校注

中華書局

目録

前言

一

三十年前，爲鹽鐵論校注寫的一篇前言，認爲這次鹽鐵會議是儒法鬭争，把漢武帝、桑弘羊劃爲法家，把問題簡單化了。據漢書武帝紀記載，他剛即位，在「建元元年冬十月，詔丞相、御史、列侯、中二千石、二千石、諸侯相舉賢良方正直言極諫之士。丞相綰（衛綰）奏：『所舉賢良，或治申、商、韓非、蘇秦、張儀之言，亂國政，請皆罷。』奏『可』」。看來漢武帝是明顯地反對法家的。到他在位的第七年，即元光元年，武帝紀寫道：「五月，詔賢良曰：『……何行而可以章先帝之洪業休德，上參堯、舜，下配三王？……賢良明於古今王事之體，受策察問，咸以書對，著之于篇，朕親覽焉。』於是董仲舒、公孫弘等出焉。」董仲舒傳寫道：「自武帝初元，魏其、武安侯爲相而隆儒矣。及仲舒對册，推明孔氏，抑黜百家，立學校之官，州郡舉茂材孝廉，皆自仲舒發之。」據此，漢武帝又明顯地推崇儒家。漢書杜延年傳載：「御史大夫桑弘羊子遷……通經術。」可見桑弘羊這個家庭，也是儒家氣氛很濃厚的，何況桑弘羊在辯論過程中還多次引用儒家經典詩、書、春秋。因之，簡單地劃漢武帝、桑弘羊爲法家，無疑是不恰當的。但是，這次會議，從形式到内容，都或多或少地帶有儒法之争的色彩，這撲朔迷離的現象，是值得進一步加以探討的。

自從漢武帝罷黜百家，獨尊儒術之後，百家争鳴的局面基本結束了，尤其是法家者流，從此就消聲匿跡了。因之，在當時並無所謂儒法之争，而只有儒家内部之争。這時的儒家，吸收了法家和道家、陰陽家等思想，已非原始儒家的本來面目。因之，在這個歷史時期，出現了所謂純儒，董仲舒就是這號人物〔一〕。甚麽叫做純儒？漢書賈山傳寫道：「祖父祛，故魏王時博士弟子也。山受學祛，所言涉獵書記，不能爲醇儒。」顏師古注：「醇者，不雜也。」後漢書鄭玄傳：「玄質於辭訓，通人頗譏其繁，至於經傳洽孰，稱爲純儒。」醇儒即純儒，謂之純儒者，即所以别於雜儒，然則所謂儒家内部的鬬争，就是純儒與雜儒的鬬争，拿漢人的話來説，也就是王道與霸道的鬬争，如此而已。

二

西漢昭帝劉弗陵始元六年（公元前八一年）二月，召開鹽鐵會議，這是一次王道與霸道兩條政治路綫面對面鬭争的會議。召開這次會議的漢昭帝劉弗陵，自稱「通保傅，傳孝經、論語、尚書」〔二〕，是接受過儒家思想的。主持這次會議的丞相車千秋，「無他材能術學」，是被匈奴單于譏諷爲「妄一男子」〔三〕般的尊儒派。在以主張「公卿大臣當用經術士」〔四〕，並「益重經術士，……以爲羣臣奏事東宮，太后省政，宜知經術」〔五〕的大司馬大將軍霍光爲首的精心策畫之下，拼凑了全國各地六十多個「懷六藝之術」〔六〕的賢良、文學，藉論鹽、鐵爲名，來「舒六藝之風」〔七〕，因而這次會議是有鮮明的傾向性的。先是，有杜延年其人者，「見國家承武帝奢侈軍旅之後，數爲大將軍霍光言：『年歲比不登，流民未盡還，宜修孝文時政，示以儉約寬和，順天心，説民意，年歲宜應。』光納其言。舉賢良，議罷酒榷、鹽、鐵，皆自延年發之」〔八〕。通過「宜修孝文時政」的決策之後，於是召開這次會議的工作，就提到議事日程上來了。「始元五年（公元前八二年）六月詔：『其令三輔、太常舉賢良各二人，郡國文學高第各一人。』」〔九〕這批人，就是參加這次會議的「六十餘人」。爲了虛張聲勢，製造輿論，他們動員了所謂「爲民請命」的御用文人。

第一種人是賢良。

賢良一科，是西漢王朝選拔封建統治工具的重要手段之一。文選策秀才文集注：

「鈔曰：『對策所興，興於前漢，謂文帝十五年詔舉天下賢良俊士，使之射策。』陸善經曰：『漢武帝始立其科。』」又曰：「求賢，謂求直諫，合有三通：一明國家之大體，二通人事之始終，三通正言直諫者也。」即以漢武帝時期而言，漢武帝認爲凡是思想上不符合封建統治的需要，而「治申、商、韓非、蘇秦、張儀之言」的，都是不能入選的。董仲舒，是被當時推之「爲世純儒」〔一〇〕、「爲世儒宗」〔一一〕的，下文還要論及，這裏不多説了。至於公孫弘，由賢良起家，爬到丞相寶座，更是賢良、文學們作爲奮鬭榜樣而加以頌揚的。

參加這次會議的賢良，全是由三輔、太常舉拔來的。據漢書百官公卿表上：「奉常，秦官，掌宗廟禮儀，有丞。景帝中六年（公元前一四四年），更名太常，……諸陵縣皆屬焉。」昭帝紀元鳳二年（公元前七九年），如淳注：「太常主諸陵，别治其縣。」又元鳳六年（公元前七五年），應劭注：「太常掌諸陵園，皆徙天下豪富民以充實之，後悉爲縣。」是諸陵所在之縣，當時屬太常，而且是「皆徙天下豪富民以充實之」的。到漢元帝時，才分屬三輔。元帝紀寫道：「永光四年（公元前四〇年），冬，十月乙丑，……諸陵分屬三輔，……詔：『今所爲初陵者，勿置縣邑。』」顔師古注：「先是諸陵總屬太常，今各依其地界屬三輔。」這時諸陵還屬太常，因而以三輔、太常並稱。他們選出三輔、太常的賢良，意圖是昭然若揭的，就是這些人都是「天下豪富民」，是跟他們一個鼻孔出氣的，是他们最理想的代言人。雜論篇列舉出席的代表人物有茂陵唐生，茂陵當時屬太常，這和始元五年的詔令是完全符合的。

參加這次召對的賢良，在漢書唯一有傳可查的，僅有魏相其人。由於這次召對是對話和對策同時並行，鹽鐵論是對話紀録，漢書公孫田劉王楊蔡陳鄭傳贊所謂「當時詰難，頗有其議文」是也。至於對策，則復古篇言「陛下宣聖德，昭明光，令郡國賢良、文學之士，……册陳安危利害之分」，利議篇言「諸生對册，殊路同歸，……以故至今未決」，取下篇言「於是遂罷議，止詞」，則明有對策之事也。對策即取下篇之所謂「詞」，是書面的，對話即取下篇之所謂「議」，是口頭的，對策蓋未交到會議上論議，故其人其文不見於鹽鐵論。又由利議篇所言「以故至今未決」，以擊之篇言「前議公事」云云，則這次開會，日子也不是短暫的。

漢書魏相傳寫道：「魏相，字弱翁，濟陰定陶人也，徙平陵。少學易，爲郡卒史，舉賢良以對策高第爲茂陵令。」韓延壽傳載魏相對策事較詳，寫道：「韓延壽，字長公，燕人也，徙杜陵。少爲郡文學。父義，爲燕郎中，刺王之謀逆也，義諫而死，燕人閔之。是時，昭帝富於春秋，大將軍霍光持政，徵郡國賢良、文學，問以得失。時魏相以文學對策，以爲『賞罸所以勸善禁惡，政之本也。日者，燕王爲無道，韓義出身彊諫，爲王所殺。義無比干之親，而蹈比干之節，宜顯賞其子，以示天下，明爲人臣之義』。光納其言，因擢延壽爲諫大夫。」按漢書武五子燕剌王旦傳：「郎中韓義等數諫旦，旦殺義等凡十五人。」會缾侯劉成知澤等謀，告之青州刺史雋不疑，不疑收捕澤等以聞。」雋不疑傳：「武帝崩，昭帝即位，而齊孝王孫劉澤交結郡國豪傑謀反，欲先殺青州刺史不疑，發覺收捕，皆伏其辜，擢爲京兆尹。」孝昭帝紀還不疑爲京兆尹，在始元元年八月，則韓義之死，當在是年八月以前，故魏相對策引以爲説。魏相以賢良對策，即指這次會議。相徙平陵，平陵正是太常屬縣，與昭帝紀言「其令三輔、太常舉賢良各二人」合，韓延壽傳以爲「時魏相以文學對策」，那是不對的。據史所載，昭帝時「徵郡國賢良、文學，問以得失」，僅有這一次；因之，可以斷言，魏相就是參加這次會議的平陵所舉的賢良，而魏相又是學易的，則賢良不僅在經濟上是屬於「天下豪富民」，而且在思想上也是屬於儒家者流，也是文獻足徵的。

第二種人是文學。

和賢良一樣，文學也是當時地主階級知識分子向上爬的階梯。荀子王制篇指出：「雖庶人之子孫也，程文學，正身行，能屬於禮義，則歸之卿相士大夫。」自從孔丘私設四科來傳授門徒，其中就有文學這一科〔一二〕，這是專門爲研究儒家經典——即所謂「經術」而設立的。論語先進篇皇侃義疏引范甯曰：「文學，謂善先王典文。」范仲淹選任賢能論原注寫道：「文學，禮樂典章之謂也。」〔一三〕二范解釋「文學」，是把它的本義交代清楚了。孔丘門徒繼承這個衣鉢的是子游、子夏，後漢書徐防傳載防上疏云：「詩、書、禮、樂，定自孔子；發明章句，始於子夏。」很概括地説明了這個問題。自從春秋末期，奴隸制日益崩潰，封建制日益興起，在尖鋭複雜的鬭争中形成的代表奴隸主階級利益的儒家，和代表新興地主階級利益的法家，這兩家在政治思想路綫上，正如漢書藝文志所説是「各引一端」，「辟（譬）猶水火」的。

自從有了文學——即後世之所謂儒家，這樣的之人、之書、之術以後，如史記汲鄭列傳、儒林列傳之所謂「文學儒者」，即指其人；如史記李斯列傳、儒林列傳、漢書司馬遷傳之所謂「文學經書」，即指其書；如漢書宣帝紀、張安世傳、匡衡傳之所謂「文學經術」，即指其術：都在其人、其書、其術之上，貼上「文學」的標籤。因之，顔師古在漢書西域傳下解釋「爲文學」道：「爲文學，謂學經書之人。」史記封禪書寫道：「諸儒生疾秦焚詩、書，誅僇文學，百姓怨其法，天下畔之。」這裏所謂「秦焚詩、書，誅僇文學」，就是「焚書坑儒」。由於秦代「重禁文學，不得挾書，棄捐禮誼，而惡聞之」〔一四〕，從此以後，出現了「秦之時，羞文學，好武勇，賤仁義之士，貴治獄之吏」〔一五〕的局面。

漢高帝劉邦建立西漢封建政權之後，基本上「承秦之制」，班固指出他「不修文學」〔一六〕。當時之所謂「修文學」，猶後世之所謂「治經」，淮南子精神篇：「藏詩、書，修文學。」以「藏詩、書」與「修文學」並舉，則「修文學」之爲專攻儒家經典，無可置疑。漢武帝劉徹平定淮南、衡山叛亂以後，於元狩元年（公元前一二二年）四月下詔寫道：「日者，淮南、衡山修文學，流貨賂，兩國接壤，怵於邪説，而造篡弒。」〔一七〕總結這次叛亂，是由於「修文學，流貨賂」，换言之，即諸侯王之搞叛亂，是從破壞經濟基礎和佔領文化陣地入手。這件事，在本書也有所反映，晁錯篇桑弘羊指出：「日者，淮南、衡山修文學，招四方游士，山東儒墨咸聚於江、淮之間，講議集論，著書數十篇。然卒於背義不臣，使謀叛逆，誅及宗族。」由是觀之，則所謂「修文學」，就不是一般的學術問題，因之，在當時出現了「不愛文學」〔一八〕、「以文學獲罪」〔一九〕的歷史現象。在這次會議上，桑弘羊舌戰羣儒，辨才無礙，也嚴峻指出：「今文學言治則稱堯、舜，道行則言孔、墨，授之政則不達，懷古道而不能行，言直而行枉，道是而情非，衣冠有以殊於鄉曲，而實無以異於凡人。諸生所謂中直者，遭時蒙幸，備數適然耳，殆非明舉所謂，固未可與論治也。」〔二〇〕

三

參加這次會議的六十多個賢良、文學，他們都是「祖述仲尼」〔二一〕的儒生，除了心不離周公，口不離孔、孟之外，還大肆宣揚當時「推明孔氏」〔二二〕的董仲舒的學術思想。董仲舒就是向漢武帝建議要「鹽、鐵皆歸於民」〔二三〕的始作俑者。他攻擊秦「用商鞅之法，改帝王之制」，「田租、口賦、鹽、鐵之利二十倍於古」〔二四〕；他在對策時，大肆宣揚「正其誼不謀其利，明其道不計其功」〔二五〕的儒家説教，反對「與民争利」〔二六〕，一再宣揚什麽「亦皆不得兼小利，與民争利業，乃天理也」〔二七〕。他之所謂民，並不是一般的老百姓，而是指的豪門貴族和富商大賈，本書禁耕篇所謂：「夫權利之處，必在深山窮澤之中，非豪民不能通其利。」復古篇所謂：「往者豪强大家，得管山海之利，采鐵石鼓鑄，煮海爲鹽。」正好説明董仲舒扮演的「爲民請命」這齣劇是怎麽一回事了。鹽鐵會議一開場，這批腐儒就迫不及待地拋出這些謬論，摇旗吶喊：「今郡國有鹽、鐵、酒榷、均輸，與民争利……願罷鹽、鐵、酒榷、均輸。」〔二八〕在開宗明義第一章，就毫不含糊地表明他們是地地道道地繼承了董仲舒的衣鉢。參加這次會議的那個賢良魏相，得官之後，還一貫地「數條漢興已來國家便宜行事，及賢臣……董仲舒等所奏，請施行之」〔二九〕。

現在，我們試就本書來看他們是怎樣一椿椿一件件地推銷董仲舒的學説吧。

錯幣篇文學道：「夏忠，殷敬，周文。」這是本之董仲舒對策的「夏上忠，殷上敬，周上文」〔三〇〕，是露骨地宣揚董仲舒所倡言的「天之道，終而後始」〔三一〕的歷史循環論。

同篇文學又道：「古之仕者不穡，田者不漁。」這是本之春秋繁露度制篇：「君子仕則不稼，田則不漁。」相刺篇文學道：「非君子莫治小人，非小人無以養君子，不當耕織爲匹夫匹婦也。君子耕而不學，則亂之道也。」就是這種説法的注脚。這是孔、孟之道的「學而優則仕」和「勞心者治人，勞力者治於人」的翻版。桑弘羊在相刺篇針對性地指出：「今儒者釋耒耜而學不驗之語，曠日彌久而無益於治，往來浮游，不耕而食，不蠶而衣，巧僞良民，以奪農妨政，此亦當世之所患也。」

復古篇大談其復古之道，此外，文學還在利議篇宣揚「復古之道」，賢良還在執務篇呼吁「復諸古而已」。這也是從董仲舒那裏繼承下來的。董仲舒深深憤恨於今不如昔，寫了一篇士不遇賦，來發洩他對新社會格格不入的陰暗心情，在那篇賦裏，重曰：「生不丁三代之盛隆兮，而丁三季之末俗；末俗以辨詐而期通兮，真士以耿介而自束。」〔三二〕並從這種心情出發，製造反動輿論，在春秋繁露楚莊王篇寫道：「春秋之於世事也，善復古，譏易常，欲其法先王也。」極力宣揚復古，反對易常。

非鞅篇文學攻擊商鞅：「崇利而簡義，高力而尚功。」這是董仲舒「正其誼不謀其利，明其道不計其功」説教的鸚鵡學舌。功利是有階級性的。毛主席説：「世界上没有甚麽超功利主義，在階級社會裏，不是這一階級的功利主義，就是那一階級的功利主義。」〔三三〕桑弘羊指出「商君明於開塞之術，假當世之權，爲秦致利成業，……舉而有利，動而有功，……功如丘山，名傳後世」，充分肯定了商鞅所主張的功利主義，不允許文學在這個問題上迴黄轉緑，更不允許他們借這個問題來指桑駡槐。

未通篇文學道：「古有大喪者，君三年不呼其門，通其孝道，遂其哀戚之心也。」這是本之春秋繁露竹林篇：「先王之制，有大喪者，三年不呼其門，順其志之不在事也。」這是爲封建統治階級鼓吹「以孝治天下」，正如魯迅所指出的：「而其原因，便全在於一意提倡虚僞的道德。」〔三四〕

地廣篇文學道：「夫治國之道，由中及外，自近者始。」這是本之春秋繁露王道篇：「春秋立義，……親近以來遠，故未有不先近而致遠者也。故内其國而外諸夏，内諸夏而外夷、狄，言自近者始也。」

殊路篇文學道：「宋殤公知孔父之賢而不早任，故身死。魯莊公知季有之賢，授之政晚而國亂。」這是本之春秋繁露精華篇：「是故任非其人而國家不傾者，自古至今，未嘗聞也。故吾按春秋而觀成敗，乃切悁悁於前世之興亡也。任賢臣者，國家之興也。夫智不足以知賢，無可奈何矣；知之不能任，大者以死亡，小者以亂危，其若是何邪？以莊公不知季子賢邪？安知病將死召而授之以國政？以殤公爲不知孔父賢邪？安知孔父死，己必死，趨而救之？二主智皆足以知賢，而不決不能任，故魯莊以危，宋殤以弑。使莊公早用季子，而宋殤素任孔父，尚將興鄰國，豈直免弑哉？此吾所悁悁而悲者也。」這是爲腐朽没落的奴隸主統治政權大唱輓歌，妄圖阻擋歷史發展的車輪前進。

水旱篇賢良道：「周公載紀，……雨不破塊，風不鳴條。」這是本之董仲舒胡謅的「太平之世，則風不鳴條，開甲散萌而已；雨不破塊，潤葉津莖而已」〔三五〕。這是美化奴隸制社會，而爲「今不如昔」論張目。葛洪所譏諷的「俗士云：『今月不及古月之朗』」〔三六〕就是這號人的寫照。

當辯論涉及論菑問題時，「圖窮而匕首現」，文學乾脆抛出了「始江都相董生推言陰陽、四時相繼，父生之，子養之，母成之，子藏之」的唯心主義陰陽之説。這是本之春秋繁露五行對篇：「河間獻王問温城董君曰：『孝經曰：夫孝，天之經，地之義。何謂也？』對曰：『天有五行，木火土金水是也。……春主生，夏主長，季夏主養，秋主收，冬主藏，藏，冬之所成也。是故父之所生，其子長之；父之所長，其子養之；父之所養，其子成之。諸父所爲，其子皆奉承而續行之，不敢不如父之意，盡爲人之道也。故五行者，五行也。由此觀之，父授之，子受之，乃天之道也。故曰：夫孝者，天之經也。此之謂也。』」文學又説：「好行惡者，天報以禍，妖菑是也。春秋曰：『應是而有天菑。』」這是本之春秋繁露必仁且智篇：「春秋之法，上變古易常，應是而有天災，此謂幸國。」凌曙注認爲：「變古有災，復古可以救災。」董仲舒之流把天説成是有意志的最高主宰，不僅能够有意識地安排人們的命運，而且對人世間的一切活動也會有所反應。他們胡説甚麽只要施行「仁政」，就會風調雨順，國泰民安，而發生水旱災害，則是不行「仁政」的結果。他們宣揚「天人感應」的神學目的論，藉以攻擊武帝之政不是「奉天法古」〔三七〕，同時，也是爲了欺騙和麻痺勞動人民羣衆，要「順天安命」，服從統治階級的擺布。恩格斯指出：「歷史的『有神性』越大，它的非人性和牲畜性也就越大。」〔三八〕深刻地揭露了這種「有神」論的危害性。執務篇賢良説：「上不苛擾，下不煩勞，各修其業，各安其性，則螟螣不生，而水旱不起。……人愁苦而怨思，上不恤理，則惡政行而邪氣作，邪氣作則蟲螟生而水旱起。」這也是董仲舒有言在先，漢書五行志中之下：「宣公十五年（公元前五九四年）冬，蝝生。……董仲舒、劉向以爲，蝝，螟始生也。一曰蝗始生。是時，民患上力役，解於公田。宣是時初稅畝，稅畝，就民田畝擇美者稅其什一，亂先王制而爲貪利，故應是而蝝生，屬嬴蟲之孽。」他們對於「初稅畝」這樣的經濟制度大改革是不甘心的，但事已無可奈何，只好誣衊爲「變古有災」了。

論菑篇在論到刑德先後問題時，文學更大肆販賣陰陽五行之說，說甚麽「天道好生惡殺，好賞惡罰。故使陽居於實而宣德施，陰藏於虛而爲陽佐輔。……故王者南面而聽天下，背陰向陽，前德而後刑也。」這是本之董仲舒對策：「天道之大者在陰陽，陽爲德，陰爲刑，刑主殺而德主生，是故陽常居大夏而以生育養長爲事，陰常居大冬而積於空虛不用之處，以此見天之任德不任刑也。」春秋繁露天辨人在篇也說：「陰終歲四移而陽常居實，非親陽而疏陰，任德而遠刑與？」董仲舒歪曲了古代樸素唯物主義的陰陽五行之說，把陰陽二氣說得神乎其神，「若實若虛」〔三九〕，簡直不可捉摸。他認爲「天道之常，一陰一陽，陽者天之德也，陰者天之刑也」〔四〇〕。「天之任陽不任陰、好德不好刑如是，故陽出而前，陰出而後，尊德而卑刑之心見矣」〔四一〕。他把陰陽二氣作爲表現天的恩德、刑罰的意志的工具。

刑德篇文學說：「春秋之治獄，論心定罪。」這是本之春秋繁露精華篇：「春秋之聽獄也，必本其事而原其罪，志邪者不待成，首惡者罪特重，本直者其論輕。」漢書藝文志六藝略有公羊董仲舒治獄十六篇，後漢書應劭傳寫道：「董仲舒作春秋決獄二百三十二事。」王充論衡程材篇寫道：「董仲舒表春秋之義，稽合於律，無乖異者。」董仲舒爲了篡改法治精神的本質，搞的這一套春秋折獄，就是當時儒家者流所宣揚的「以經術潤飾吏事」〔四二〕的活標本。

刑德篇文學又說：「夫爲君者法三王，爲相者法周公，爲術者法孔子，此百世不易之道也。」這是董仲舒對策「天不變，道亦不變」的翻版。賢良、文學爲了乞助於亡靈，在這次會議上，鸚鵡學舌，羣魔亂舞，大演其董仲舒借屍還魂的鬼戲，舉凡這次會議議題所涉及的範圍，哪怕千頭萬緒般錯綜複雜，都有千絲萬縷的內在聯繫。這正如董仲舒自己所說的那樣，「遺毒餘烈，至今未滅」〔四三〕。毛主席指出：「在中國，則有所謂『天不變，道亦不變』的形而上學思想，曾經長期地爲腐朽了的封建統治階級所擁護。」〔四四〕深刻地揭露了董仲舒這一反動說教的階級根源。正是由於董仲舒販賣的這一套封建神學唯心主義思想體系，是爲封建統治製造永恒性的理論根據，是爲儒家思想「定於一尊」打好基礎，是長期束縛中國人民的極大繩索，從而延長了封建主義的統治，嚴重地阻礙了社會發展的進程。

四

杜延年向霍光獻策，發動召開這次會議時，提出「宜修孝文時政」的口號——西漢王朝要推行王道之政的都提出這個口號，如漢元帝時貢禹提出要「醇法太宗（即文帝）之治」〔四五〕，即其例證——這是這次會議的要害所在。經過他們精心策畫，把調子定了下來，於是一犬吠影，百犬吠聲，在會上，賢良、文學摇脣鼓舌，大放厥詞，把矛頭直接指向漢武帝。他們的手法是：第一，擡高文帝，貶低武帝。非鞅篇文學説：「昔文帝之時，無鹽、鐵之利而民富，今有之而百姓困乏，未見利之所利也，而見其害也。」第二，直接攻擊武帝，説得一無是處。復古篇文學説：「孝武皇帝攘九夷，平百越，師旅數起，糧食不足。故立田官，置錢，入穀射官，救急贍不給。」刺復篇文學説：「當公孫弘之時，人主方設謀垂意於四夷，故權譎之謀進，荆、楚之士用，將帥或至封侯食邑，而尅獲者咸蒙厚賞，是以奮擊之士由此興。其後，干戈不休，軍旅相望，甲士糜弊，縣官用不足，故設險興利之臣起，磻溪熊羆之士隱。涇、渭造渠以通漕運，東郭咸陽、孔僅建鹽、鐵，策諸利，富者買爵販官，免刑除罪，公用彌多而爲者徇私，上下兼求，百姓不堪，抏弊而從法，故憯急之臣進，而見知、廢格之法起。杜周、咸宣之屬，以峻文決理貴，而王溫舒之徒，以鷹隼擊殺顯。其欲據仁義以道事君者寡，偷合取容者衆。」對武帝之政，進行了全面攻擊。「衆口囂囂，不可勝聽」〔四六〕。桑弘羊識破了他們的陰謀詭計，迎頭痛擊，一針見血地指出：「文帝之時，縱民得鑄錢、冶鐵、煮鹽。吴王擅障海澤，鄧通專西山。山東奸猾咸聚吴國，秦、雍、漢、蜀因鄧氏。吴、鄧錢布天下，故有鑄錢之禁。禁禦之法立而奸僞息，奸僞息則民不期於妄得而各務其職，不反本何爲？故統一，則民不二也；幣由上，則下不疑也。」〔四七〕這裏，桑弘羊在針鋒相對地評文帝之政的同時，還對症下藥，提出政權統一的根本問題。鹽、鐵是國家經濟的命脉，政治是經濟的集中表現。桑弘羊一再强調「總一鹽、鐵」〔四八〕，「總鹽、鐵，一其用」〔四九〕，「人君統而守之則强」〔五〇〕，對漢武帝的施政方針，作了權威性的説明。從此以後，一般對於漢文帝與漢武帝，或者説文、景與武、宣，都認爲是判若兩途的。例如，班固漢書武帝紀贊寫道：「武帝之雄材大略，不改文、景之恭儉，以濟斯民，雖詩、書所稱，何有加焉。」荀悦前漢紀卷一三寫道：「孝武皇帝奢侈無限，窮兵極武，百姓空竭，萬民疲弊，當此之時，天下騷動，海内無聊，而孝文之業衰矣。」司馬光資治通鑑卷二三記述這件事寫道：「昭帝始元六年，秋，七月，罷榷酤官，從賢良、文學之議也。武帝之末，海内虚耗，户口減半。霍光知時務之要，輕徭薄賦，與民休息。至是，匈奴和親，百姓充實，稍復文、景之業焉。」在這些儒家者流的筆下，總是拿文、景來比武帝，而且總是把武帝置於所謂「相形見絀」的地位。因之，當時只要提到這四代帝王，總是把文、景聯繫在一起，武、宣聯繫在一起的。如漢書景帝紀贊：「周云成、康，漢言文、景。」又哀帝紀贊：「欲强主威，以則武、宣。」這其間不同之處，漢宣帝訓導太子劉奭的一席話，提供給我們了解這個問題的綫索。漢書元帝紀寫道：「立爲太子，……嘗侍燕，從容言：『陛下持刑太深，宜用儒生。』宣帝作色曰：『漢家自有制度，本以霸王道雜之，奈何純任儒生德教，用周政乎？且俗儒不達時宜，好是古非今，使人眩於名實，不知所守，何足委任！』迺歎曰：『亂我家者，太子也。』」後漢書崔寔傳載寔政論寫道：「故宜量力度德，春秋之義。今既不能純法八世，故宜參以霸政，則宜重賞深罰以御之，明著法術以檢之。自非上德，嚴之則理，寬之則亂。何以明其然也？近孝宣皇帝明於君人之道，審於爲政之理，故嚴刑峻法，破姦軌之膽，海内清肅，天下密如，薦勳祖廟，享號中宗，算計見效，優於孝文。元帝即位，多行寬政，卒以墮損，威權始奪，遂爲漢室基禍之主。政道得失，於斯可監。」漢宣帝直言不諱地指出「漢家自有制度，本以霸王道雜之」。漢宣之所謂「雜」，即崔寔之所謂「參」也。這一個「雜」字，道出了問題關鍵之所在。就是説，西漢王朝，從漢高帝到漢宣帝，不是純用王道，也不是純用霸道，而是二者雜用之，不過有所畸輕畸重，從而呈現出差别罷了。就拿文、景、武、宣四代來説吧，一般都認爲文、景是行王道，武、宣是行霸道，其實這是僅就局部現象而言，不是説文、景的一生就是純任王道，而武、宣的一生就是純任霸道。這一層，北宋蘇軾也就看出來了，他在對策中寫道：「伏維制策有『推尋前世，深觀治迹，孝文尚老子而天下富殖，孝武用儒術而海内虚耗，道非有弊，治奚不同』，臣竊以爲不然。孝文之所以爲得者，是儒術略用也；其所以得而未盡者，是用儒之未純也；而其所以爲失者，是用老也。何以言之？孝文得賈誼之説，然後待大臣有禮，御諸侯有術；而至於興禮樂，係單于，則曰未暇，故曰儒術略用而未純也。若夫用老之失，則有之矣。始以區區之仁，懷三代之肉刑，而易之以髡笞，髡笞不足以懲其罪，則又從而殺之，用老之實，豈不過甚矣哉？且夫孝武亦可謂儒之主也，博延方士而多興妖祠，大興宫室而甘心遠略，此豈儒者教之？今有國者，徒知徇其名而不考其實，見孝文之富殖，而以爲老子之功，見孝武之虚耗，而以爲儒者之罪，則過矣。」[五一]蘇軾知其然而不知其所以然，因之，同樣地得出了「徒知徇其名而不考其實」的結論。西漢王朝，從漢高帝到漢宣帝，基本上是霸道佔統治地位，政治路綫相同，而政治藝術各異，因而政治生活呈現出來差别。汲黯指出漢武帝「内多欲而外施仁義」[五二]，漢武帝内外不一致的作風，就是這個「雜」字交戰於胸中的具體反映。又如漢宣帝自稱「不明六藝，鬱於大道」〔五三〕，「好申子君臣篇」〔五四〕，「頗修武帝故事」〔五五〕，在麒麟閣畫名臣圖像，就是「著名宣帝之世」的儒者夏侯勝也不得入選〔五六〕，當然是個法家了；但是，他又曾下詔説：「朕微眇時，故掖廷令張賀輔道朕躬，修文學經術。」〔五七〕自己承認受過儒家教育，而且對張賀念念不忘，感恩圖報，還封他的養子張彭祖爲陽都侯〔五八〕。又如漢文帝，除了賢良、文學的吹捧而外，貢禹也曾大頌特頌「孝文之政」，大呼要「醇法太宗之治」〔五九〕；漢成帝問劉向，有「文帝比德周文」〔六〇〕的説法。但是，史記禮書説：「孝文好道家之學。」漢書儒林傳説：「孝文本好刑名之言。」風俗通義正失篇説：「文帝本修黄、老之言，不甚好儒術。」經典釋文叙録説：「漢文帝、竇皇后好黄、老言。」所謂河上公者，還「親以所注老子授文帝」〔六一〕。這些撲朔迷離的現象，只有從這個「雜」字去理解，才能提其要而鈎其玄。我認爲所謂「雜霸王道」云云，就是如何三七分的問題，有時霸道佔七分，法家路綫就突出，有時王道佔七分，儒家路綫就突出。明乎此，就無怪乎漢武帝於征和四年（公元前八九年）拒絶桑弘羊輪臺屯田的建議，而「下詔深陳既往之悔」〔六二〕，只落得「空見蒲萄入漢家」〔六三〕，或者説「只博葡萄入漢宫」〔六四〕了。明乎此，更無怪乎在文、景、武、宣四朝之出現梟鸞並棲、牛驥同皁的怪現象了。也只有明乎此，才能理解在這次會議進程中，攻擊武帝、頌揚文帝的場景層出不窮了。

王霸之分〔六五〕，自來就是統治階級内部政治鬭爭的集中表現。自從孟軻指出「仲尼之徒，無道桓、文之事者」〔六六〕以後，到了董仲舒，更變本加厲地説甚麽「仲尼之門，五尺之童子，言羞稱五伯，爲其詐以成功，苟爲而已矣，故不足稱大君子之門」〔六七〕。西漢時期，王霸之争，在政治生活中作了彼伏此起的拉鋸戰表演。楊雄長楊賦寫道：「今朝廷純仁遵道，顯義並包，書林聖風雲靡，英華沈浮，洋溢八區，普天所覆，莫不沾濡，士有不談王道者，則樵夫笑之。」〔六八〕這是西漢末期實行王道政治的寫照。就在此時，鬭争也是十分激烈的，梅福寫道：「至秦則不然，張誹謗之罔，以爲漢毆除，倒持泰阿，授楚其柄。故誠能勿失其柄，天下雖有不順，莫敢觸其鋒，此孝武皇帝所以辟地建功，爲漢世宗也。今不循伯者之道，迺欲以三代選舉之法取當世之士，猶察伯樂之圖，求騏驥於市而不可得，亦已明矣。故高帝棄陳平之過而獲其謀，晉文召天王，齊桓用其讎，亡益於時，不顧順逆，此所謂伯道者也。一色成體謂之醇，白黑雜合謂之駁，欲以承平之法，治暴秦之緒，猶以鄉飲酒之禮理軍市也。」〔六九〕這不過就用人路綫從側面反映出激烈的王霸之争而已。更爲突出的，就是對待傑出的政治家漢武帝，不僅遭到賈捐之〔七〇〕、貢禹〔七一〕、蓋寬饒〔七二〕、蕭望之〔七三〕之流，像賢良、文學一樣，肆行詆毁，而且還有儒生主張不爲武帝立廟樂和廢除其血食的。本始二年（公元前七二年）夏，四月，宣帝詔有司議孝武帝廟樂，在霍光爲政的縱容包庇下，一個爲他提拔尊重的儒生夏侯勝，出來攻擊武帝，胡説甚麽：「武帝雖有攘四夷、廣土斥境之功，然多殺士衆，竭民財力，奢泰無度，天下虚耗，百姓流離，物故者過半，蝗蟲大起，赤地千里，或人民相食，畜積至今未復，亡德澤於民，不宜爲立廟樂。」〔七四〕在夏侯勝噴人的血口面前，漢宣帝採取了英明果斷的措施，於是年「六月庚午，尊孝武廟爲世宗廟，奏盛德、文始、五行之舞，天子世世獻」〔七五〕。應劭注：「宣帝復採昭德之舞爲盛德舞，以尊世宗廟也。諸帝廟皆常奏文始、四時、五行也。」尊武帝於諸帝之上，改昭德舞爲盛德舞，給武帝以最高榮譽，這是對武帝之政的堅決擁護，對腐儒夏侯勝之徒攻擊的有力回擊。

王霸之争，既是西漢時期政治生活中的嚴峻現實，從而後世尚論漢事的，一般都抓住這一要害，來表達其對漢代統治階級的看法，張栻所謂「學者要須先明王伯之辨，而後可論治體」〔七六〕是也。御覽引帝王世紀玄晏先生曰：「禮稱至道以王，義道以霸。觀漢祖之取天下也，遭秦世暴亂，不階尺土之資，不權將相之柄，發迹泗亭，奮其智謀，羈勒英雄，鞭驅天下，或以威服，或以德致，或以義成，或以權斷，逆順不常，霸王之道雜焉。」薛道衡隋高祖頌序：「秦居閏位，任刑名爲政本；漢執靈圖，雜霸道而爲業。」〔七七〕吴兢貞觀政要卷一政體篇：「秦任法律，漢雜霸道。」唐高宗李治問令狐德棻：「何者爲王道、霸道？又孰爲先？」德棻對曰：「王道任德，霸道任刑。自三王已上皆行王道，唯秦任霸術，漢則雜而行之，魏、晉已下，王霸俱失。」〔七八〕秦觀淮海集卷七法律上：「唐、虞以後有天下者，安危榮辱之所從，長久亟絶之所自，無不出於其所任之術，而所任之術，大抵不過詩、書、法律二端而已。蓋用詩、書者三代也，純用法律者秦也，詩、書、法律雜舉而並用，選相本末，遞爲名實者漢、唐也。」詩、書與法律，實即指儒家與法家而言。程顥明道先生文集卷二論王霸之辨：「漢、唐之君有可稱者，論其人則非先王之學，考其時則皆駁雜之政，乃以一曲之見，幸致小康，其創法垂統，非可繼於後世，皆不足用也。」釋契嵩鐔津文集卷六問霸：「漢氏曰『吾家雜以王霸而天下治』，暫厚而終薄，少讓而多静。」張栻漢家雜霸寫道：「宣帝謂『漢家雜伯』，故其所趨如此。然在漢家論之，蓋亦不易之論也。自高祖取天下，固以天下爲己利，……則其雜伯固有自來。夫王道如精金美玉，豈容雜也？雜之，則是亦伯而已矣。文帝……亦雜於黄、老、刑名，考其施設，動皆有術。……至於宣帝，則又伯之下者，威（桓）、文之罪人也。西京之亡，自宣帝始。」〔七九〕張居正答福建巡撫耿楚侗談王霸之辨寫道：「後世學術不明，高談無實，剽竊仁義，謂之王道，纔涉富强，便云霸術；不知王霸之辨，義利之間，在心不在迹，奚必仁義之爲王，富强之爲霸也。」〔八〇〕王霸之分，方興未艾，其實漢宣帝所舉的一個「雜」字，就全部道出了這個問題實質之所在。也就是說，漢家推行的是儒法合流、刑德兼施的王霸雜用政治綱領。而這一套，又是中國兩千年封建統治階級衣鉢相傳的統治手法。

五

最後，試就桑弘羊的生年，提出我的初步看法。

桑弘羊是傑出的政治家，他輔佐漢武帝「定大業之路，建不竭之本」，作出巨大貢獻。然而漢書却没有給他立傳，以致他的業績，只能從其它有關資料的字裏行間找得一鱗半爪。

本書貧富篇載：「大夫曰：『余結髮束脩，年十三，幸得宿衛，給事輦轂之下，以至卿大夫之位，獲禄受賜，六十有餘年矣。』」這是桑弘羊在漢昭帝始元六年（公元前八一年）自己説的話。漢書食貨志下也説：「弘羊，洛陽賈人之子，以心計年十三侍中。」因此，只要把桑弘羊年十三是哪一年確定下來，那就會把他的生年和享年弄清楚了。

據有關史籍記載，在秦代就有幼年服官之事，如秦始皇時，甘羅年十二，即出使趙國，還爲上卿〔八二〕。儀禮喪服傳賈公彦疏且有「甘羅十二相秦」之説。在漢代，如漢書王尊傳載尊「年十三，求爲獄小吏」。又翟方進傳載：「方進年十二三，失父孤學，給事太守府爲小吏。」因之，桑弘羊「年十三，幸得宿衛，給事輦轂之下」，這是不足爲奇的。爲啥當時服官限年十三呢？這裏有個旁證，足以説明這個問題。應劭風俗通義寫道：「六宮采女凡數千人。案采者，擇也，天子以歲八月遣中大夫與掖庭丞、相率於洛陽鄉中，閲視童女，年十三以上，二十以下，長壯皎潔，有法相者，因而載入後宫，故謂之采女也。」〔八二〕在洛陽——漢代五都之一〔八三〕，童男年十三選爲郎，和童女年十三選爲采女，正是一例。宋犖迎鑾二紀載犖年十三，於清順治四年（公元一六四七年）即「入朝侍衛」〔八四〕，時代雖然晚了，但在歷史傳統上是有一定内在聯繫的，這也是一個很好的例證。

因此，我初步地認爲，桑弘羊當是在漢景帝後二年（公元前一四二年）以貲爲郎的。漢書景帝紀：「後二年，五月詔：『今訾算十以上乃得宦，廉士算不必衆。有市籍〔八五〕不得宦，無訾又不得宦，朕甚愍之。訾算四得宦，亡令廉士久失職，貪夫長利。』」服虔注曰：「訾，萬錢；算，百二十七也。」應劭注曰：「古者，疾吏之貪，衣食足，知榮辱，限訾十算迺得爲吏。十算，十萬也。賈人有財，不得爲吏；廉士無訾，又不得宦，故減訾四算得宦矣。」顔師古注曰：「『訾』讀與『貲』同。」往常讀史記平準書、漢書食貨志，看到前文記述了「天下已定，高祖乃令賈人不得衣絲乘車，重租税以困辱之。孝惠、高后時，爲天下初定，復弛商賈之律，然市井之子孫，亦不得仕宦爲吏」，後文又出「咸陽，齊之大煮鹽，孔僅，南陽大冶，弘羊，雒陽賈人子，鄭當時進言之」，總覺得這一突如其來之筆，有點前言不搭後語，司馬遷、班固都没有把來龍去脈交代清楚，以致疑團陣陣，令人有百思不得其解之感。如今重新細繹漢景帝這個詔文，然後知道這是漢景帝繼惠帝、高后「弛商賈之律」之後，復開「市井之子孫亦不得仕宦爲吏」之禁也。詔文明言「有市籍不得宦，無訾又不得宦，朕甚愍之」嘛，這實在是給商賈與廉士這兩種人大開利禄之途的嚆矢。因此，桑弘羊才得於此時「以貲爲郎」，成爲「市井子孫得仕宦爲吏」的破天荒創舉。因此，後來鄭當時才得根據這個詔令而向漢武帝進言東郭咸陽、孔僅、桑弘羊這些富商大賈和市井之子孫的。因此，我們才有理由斷定這個家多貲的洛陽商人子桑弘羊是於漢景帝後二年「以貲爲郎」的。史記張釋之傳：「以訾爲騎郎。」集解：「如淳曰：『漢儀注：訾五百萬得爲常侍郎。』」〔八六〕又司馬相如傳：「以訾爲郎。」正義：「以貲財多得拜爲郎。」〔八七〕桑弘羊之「幸得宿衛，給事輦轂之下」，蓋亦以貲爲常侍郎的。沈欽韓漢書疏證以爲「案其進蓋入羊爲郎之類」，而不知此乃「以貲」而非「入貲」也。以貲是論其家財多少，入貲是「以財賈官」〔八八〕，本來是兩碼事，怎麽能混爲一談呢。漢書百官公卿表上：「侍中……散騎、中常侍，皆加官。……侍中、中常侍得入禁中，……給事中亦加官。」應劭注曰：「入侍天子，故曰侍中。」顏師古注「給事中」引漢官解詁云：「掌侍從左右，無員，常侍中。」所謂侍中、散騎、中常侍、給事中，都非官職，資治通鑑卷五五胡三省注所謂「給使令，未有爵秩者也」。當時，以「以貲爲郎」爲進身之階的，曾遭到董仲舒的攻擊，漢書董仲舒傳載他的對策寫道：「選郎、吏又以富訾，未必賢也。」董仲舒的海罵，絶不是無的放矢，而是有所影射的；蓋桑弘羊「以貲爲郎」之後，通過宫中的因材教養，漸露頭角，呈現出卓越的善於心計的才幹，因而於年十八時，由鄭當時的推薦正式轉入仕途；董仲舒對策在元光元年（公元前一三四年），那時，桑弘羊已得官四年了（説詳後），這個高談「正其誼不謀其利」的董仲舒，對於這些「言利事析秋毫」〔八九〕的市井之流，自然看不順眼，要「辭而闢之」〔九〇〕了。

侍中、給使令，既未有爵秩，然桑弘羊自稱「年十三……獲禄受賜」，這又怎樣解釋呢？我認爲凡是「稟食縣官」的，都叫做食禄。本書錯幣篇寫道：「民大富則不可以禄使也。」力耕篇寫道：「戰士或不得禄。」民可以禄使，戰士可以得禄，當然侍中可以「獲禄受賜」。周秦篇文學不是也説「今無行之人，……一日下蠶室，創未瘳，宿衛人主，出入宫殿，由得受奉禄，食太官享賜」嗎？這正是「宿衛人主」、「獲禄受賜」的證明。

太平御覽卷二百八十六引新序：「昔子奇年十八，齊君使之治阿。既行矣，悔之，使使追之，曰：『未至阿及之，還之；已至勿還也。』使者及之而不還，君問其故，對曰：『臣見使與共載者白首也，夫以老者之智，以少者之決，必能治阿矣，是以不還。』」年十八即從事宦學，至漢而遂成爲制度。漢書儒林傳：「太常擇民年十八以上儀狀端正者，補博士弟子。」又賈誼傳：「年十八，以能誦詩、書，屬文，稱於郡中，河南守吳公聞其秀材，召置門下。」又終軍傳：「年十八，選爲博士弟子，至府受遣，太守聞其有異材，召見軍，甚奇之，與交結，軍揖太守而去。至長安，上書言事，武帝異其文，拜爲謁者，給事中。」又霍去病傳：「以皇后姊子，年十八爲侍中。」又蕭育傳：「陳咸最先進，年十八爲左曹。」又陳萬年傳：「子咸，字子康，年十八，以萬年任爲郎。」又馮野王傳：「年十八，上書願試守長安令。」風俗通義過譽篇：「五世公轉換南陽，與東萊太守蔡伯起同歲，欲舉其子，伯起自乞子瓚尚弱，而弟琰幸以成人，是歲舉琰，明年復舉瓚。瓚年十四，未可見衆，常稱病，遣詣生，交到十八，乃始出治劇平春長。上書：『臣甫弱冠，未任宰御，乞留宿衞。』尚書劾奏：『增年受選，減年避劇，請免瓚官。』詔書：『左遷武當左尉。』」蔡瓚年「到十八，乃始出治劇」，還想減年，「乞留宿衞」，其事雖與桑弘羊殊科，而其十八減年，可留宿衞，行年十八，才服官政，和終軍之年十八給事中，以及霍去病之年十八侍中，都和桑弘羊的經歷，先後完全一樣的。這裏，還有一個和桑弘羊同時，而其服官年限又完全相同的董偃，可資對勘。漢書東方朔傳寫道：「始董偃與母以賣珠爲事，偃年十三，隨母出入主家。左右言其姣好，主召見曰：『吾爲母養之。』因留第中，教書計、相馬、御、射，頗讀傳記。至年十八而冠，出則執轡，入則侍内，爲人温柔愛人，以主故，諸公接之，名稱城中，曰董君。」從董偃的出身，我們得到很大的啓發，然後恍然大悟桑弘羊之所以飛黄騰達了。董偃年十三，被館陶公主留在第中，教以書計及其它，至年十八而冠，侍内，正好和桑弘羊的經歷一樣。顔師古注「教書計」道：「計謂用數也。」漢書食貨志上寫道：「八歲入小學，學六甲、五方、書計之事。」計數之事，正是當時童而習之的「小學」課程。桑弘羊年十三侍中，至武帝即位，在宫中得着因材施教的培養，突出地表現出來是一個善心計的苗子，至年十八而冠，適逢鄭當時擢遷内史，認定他是一個理想的理財家，同時又因爲漢武帝「好少」〔九二〕，加以推薦，從此桑弘羊就開始了「計數不離於前」的仕宦生涯。董仲舒對策所説的「聖王之治天下也，少則習之學，長則材諸位」，漢武帝之於桑弘羊，正是這種因人教養、因材器使的適例。

本書輕重篇寫道：「文學曰：『大夫君以心計，策國用，構諸侯。』御史曰：『大夫君運籌策，建國用，……是以兵革東西征伐，賦斂不增而用足。』」異口同聲地承認桑弘羊在這方面作出的貢獻。漢武帝因材培養了商人家庭出身的桑弘羊，成爲傑出的政治家，同時，又破格提拔了奴隸出身的衛青爲大將軍——這就是漢書公孫弘卜式兒寬傳贊所説的「弘羊擢於賈豎，衛青奮於奴僕」，金樓子雜記下所説的「大漢取士於奴僕」，讓他們一個運籌帷幄，一個宣威沙漠，從而取得抗擊匈奴侵擾的偉大勝利，都是和漢武帝推行的「宰相必起於州部，猛將必發於卒伍」〔九二〕的用人唯賢的路綫分不開的。然而，這也遭到儒家的反對。皮日休鹿門隱書寫道：「自漢至今，民産半入乎公者，其唯桑弘羊、孔僅乎〔九三〕！衛青、霍去病乎！設遇聖天子，吾知乎桑、孔不過乎賈豎，衛、霍不過乎士伍。」在用人路綫問題上，大肆攻擊漢武帝，説他不是什麽「聖天子」。

年十八，服官從政，漢代官制，誠如是矣。然而具體結合到桑弘羊時，是否了無問題呢？答案也是完全肯定的。漢書食貨志下寫道：「於是以東郭咸陽、孔僅爲大農丞，領鹽、鐵事。而桑弘羊貴幸，咸陽，齊之大煮鹽，孔僅，南陽大冶，皆致産累千金，故鄭當時進言之。」黄震古今紀要二説：「鄭當時，咸陽、孔僅、弘羊皆所薦。」文獻通考十四引馬廷鑾也説：「時鄭當時爲大司農，以他日薦桑弘羊、咸陽、孔僅觀之，益可疑也。」鄭當時之進言，與董仲舒之對策，一個推薦「以貲爲郎」的桑弘羊，一個詆毁包括桑弘羊在内的「以貲爲郎」之人，成了鮮明的對比，是統治階級内部兩條路綫鬭争的表現。然則，鄭當時之推薦桑弘羊在何時？其時，桑弘羊又是否年正十八呢？漢書百官公卿表下：「建元四年（公元前一三七年），江都相鄭當時爲右内史。」據鄭當時傳，前此，「爲魯中尉，濟南太守，江都相」，都在郡國任職，無緣得向武帝推薦給事中而年方十八之人，「至九卿爲右内史」〔九四〕，調至本朝供職，發現桑弘羊擅長心計，「言利事」，出色當行，從而推薦他，桑弘羊才於建元四年正式轉入仕途。這和宋犖所説的「入朝侍衛，察試才能，授以任使」〔九五〕，正是「古今一體」了。荀悦前漢紀十寫道：「武帝建元四年，江都相陳人鄭當時爲内史，每候上閒，未嘗不言天下長者，其推轂名士，常以爲賢於己。」桑弘羊「善心計」，自然是在鄭當時推轂的「名士」之内了。建元四年，上距漢景帝後二年爲五年，那時桑弘羊年十三，再加五年，正是十八歲；而景帝後二年下距召開這次會議的昭帝始元六年，相去六十二年，與貧富篇所説的「獲禄受賜，六十有餘年矣」正合。這樣，則桑弘羊之行年出處，與有關資料，無不節節相符，絲絲入扣。由是可見，桑弘羊年十三侍中，爲漢景帝後二年；被鄭當時推薦，時年十八，爲漢武帝建元四年。準此以推，則桑弘羊實生於漢景帝二年（公元前一五五年），自天漢元年（公元前一〇〇年）爲大司農〔九六〕，時年五十五，至後元二年（公元前八七年）以搜粟都尉爲御史大夫〔九七〕，時年六十八，始元六年以御史大夫參加鹽鐵會議，時年七十四，前後執政將近二十年，即本書伐功篇文學所説的「以搜粟都尉爲御史大夫，執政十有餘年」，也就是國疾篇文學所説的「今公卿處尊位，執天下之要，十有餘年」。至元鳳元年（公元前八〇年）被害，時年七十五。因之，桑弘羊的生卒年，當爲生於漢景帝二年，卒於漢昭帝元鳳元年，享年七十五歲（公元前一五五年——公元前八〇年）。

六

這本鹽鐵論校注，是用清張敦仁覆刻涂本爲底本，並校以明涂禎本〔九八〕、攖寧齋鈔本〔九九〕、倪邦彦本、九行本〔一〇〇〕、張之象注本〔一〇一〕、沈延銓本〔一〇二〕、胡維新兩京遺編本〔一〇三〕、太玄書室本、金蟠輯注本〔一〇四〕、清黄丕烈舊藏乾隆乙卯傳録華氏活字本〔一〇五〕、盧文弨羣書拾補所引永樂大典本，以及類書、古注所徵引而又能解決今本疑難或可以幫助理解的也隨文校録。惟莫友芝所見宋本、楊樹達所見元本及孫星衍校本〔一〇六〕不知尚在人間否，今都無從徵引，深以爲憾。又有中立四子本〔一〇七〕亦未得見。至於前人有關鹽鐵論著作，如明張之象注、金蟠輯注、清姚鼐惜抱軒筆記、盧文弨羣書拾補、顧廣圻乾隆乙卯傳録華氏活字本簡端記〔一〇八〕、張敦仁考證、王紹蘭讀書雜記、洪頤煊讀書叢録、楊沂孫涂本簡端記〔一〇九〕、王履端重論文齋筆録、俞樾鹽鐵論校、孫詒讓札迻、王先謙校勘小識，近人黄季剛先生校記〔一〇〕、陳遵默先生校録〔一一〕、楊樹達先生讀鹽鐵論札記〔一二〕，以及當代郭沫若先生鹽鐵論讀本〔一三〕、孫人和先生校記〔一四〕、王佩諍先生鹽鐵論散不足篇札樸百一録〔一五〕、陳直先生鹽鐵解要〔一六〕，都有所采穫。這些豐富的研究成果，對於本書的完成，都給以很大的幫助。

張之象注本、沈延銓本和金蟠輯注本，把雙方的發言，作了分別的處理：凡是屬於賢良、文學的都提行頂格起，屬於丞相、御史大夫和丞相史的都提行低一格起，眉目極爲清楚。這對於理解這次辯論的展開和雙方持論的内容，都有一定的幫助。但由於張之象等受了傳統觀念的影響，揚儒抑法，高下在心，把優美的對話形式作了歪曲的處理。現在，本書就在張之象等的分段基礎上，作了適當的整理，對雙方的對話，一往一返，等同起來；並把這三個本子原有不盡妥當的地方，也作了一些必要的修改。

王利器謹識

一九五六年國際勞動節初稿

一九七九年國際勞動節二稿

一九八九年國際勞動節三稿

〔一〕漢書叙傳下。

〔二〕漢書昭帝紀。

〔三〕漢書車千秋傳。

〔四〕漢書雋不疑傳。

〔五〕漢書夏侯勝傳。

〔六〕本書刺復篇。

〔七〕本書雜論篇。

〔八〕漢書杜延年傳。

〔九〕漢書昭帝紀。

〔一〇〕漢書叙傳下。

〔一一〕漢書劉向傳。

〔一二〕論語先進篇。

〔一三〕范仲淹范文正公集卷五。

〔一四〕漢書董仲舒傳。

〔一五〕漢書路温舒傳。

〔一六〕漢書高帝紀。

〔一七〕漢書武帝紀。

〔一八〕漢書周勃傳，又朱博傳。

〔一九〕漢書萬石君傳。

〔二〇〕本書相刺篇。

〔二一〕本書論儒篇。

〔二二〕漢書公孫劉田王楊蔡陳鄭傳贊。

〔二三〕〔二四〕漢書食貨志。

〔二五〕漢書董仲舒傳。春秋繁露對膠西王篇作「正其道不謀其利，修其理不急其功」。趙秉文滏水集卷十四西漢論：「或曰，元朔之政，多以仲舒發之。然此皆三代之文，仲舒之言曰：『人君正心以正朝廷。』又曰：『仁人者正其義不謀其利，明其道不計其功。』凡此皆仲尼之心、三代之意也。」

〔二六〕漢書董仲舒傳。

〔二七〕春秋繁露度制篇。

〔二八〕本書本議篇。

〔二九〕漢書魏相傳。

〔三〇〕漢書董仲舒傳。

〔三一〕春秋繁露陰陽終始篇。

〔三二〕見藝文類聚三〇、古文苑。

〔三三〕在延安文藝座談會上的講話。

〔三四〕魯迅我們現在怎樣做父親，魯迅全集第一卷墳。

〔三五〕西京雜記下。

〔三六〕抱朴子外篇尚博。

〔三七〕春秋繁露深察名號篇。

〔三八〕恩格斯英國現狀——評托馬斯·卡萊爾的「過去和現在」，馬克思恩格斯全集第一卷。

〔三九〕春秋繁露天地陰陽篇。

〔四〇〕春秋繁露陰陽義篇。

〔四一〕春秋繁露天道無二篇。

〔四二〕漢書循吏傳序。

〔四三〕漢書董仲舒傳。

〔四四〕矛盾論。

〔四五〕漢書貢禹傳。

〔四六〕本書遵道篇。

〔四七〕本書錯幣篇。

〔四八〕本書復古篇，又輕重篇。

〔四九〕本書水旱篇。

〔五〇〕本書刺權篇

〔五一〕東坡後集卷十御試制科策。

〔五二〕漢書汲黯傳。

〔五三〕漢書宣帝紀。

〔五四〕史記張叔傳索隱、漢書元帝紀注、又張歐傳注、太平御覽卷二二一引劉向别録。

〔五五〕漢書王吉傳。

〔五六〕漢書蘇武傳。

〔五七〕〔五八〕漢書宣帝紀，又張安世傳。

〔五九〕漢書貢禹傳。

〔六〇〕風俗通義正失篇。

〔六一〕河上公老子序。

〔六二〕漢書西域傳下。阿克敦德蔭堂集卷八宿烏魯木齊原注：「漢之輪臺也。」

〔六三〕李頎李頎集（唐人集本）古從軍行。

〔六四〕黄瓚黄琢山房集卷五讀漢書西域傳後。

〔六五〕荀子、新論都有王霸篇。荀子王霸篇、韓詩外傳五、淮南繆稱篇都有「粹而王，駁而霸」之説。

〔六六〕孟子梁惠王上。

〔六七〕春秋繁露對膠西王篇、漢書董仲舒傳。

〔六八〕漢書楊雄傳下、文選卷九。

〔六九〕漢書梅福傳。

〔七〇〕漢書賈捐之傳。

〔七一〕漢書貢禹傳。

〔七二〕漢書蓋寬饒傳。

〔七三〕漢書蕭望之傳。

〔七四〕〔七五〕漢書夏侯勝傳。

〔七六〕張栻南軒先生文集卷十六史論漢家雜伯。

〔七七〕隋書薛道衡傳、文苑英華卷七七二。又文苑英華卷八四八引薛道衡老氏碑亦有「秦居閏位，漢雜霸道」語。

〔七八〕劉昫舊唐書列傳卷二三令狐德棻傳。

〔七九〕張栻南軒先生文集卷十六史論漢家雜伯。

〔八〇〕張居正張太岳先生文集卷三一。

〔八一〕戰國策秦策下、史記甘茂傳。

〔八二〕文選卷四九范蔚宗皇后紀論李善注、慧苑華嚴經音義卷上引。

〔八三〕五都指當時的洛陽、邯鄲、臨淄、宛城、成都，王莽所立五均官的地方，商業挺繁盛，詳本書通有篇注。

〔八四〕宋犖西陂類稿卷四一。

〔八五〕漢書何武傳：「武弟顯，家有市籍，租常不入縣，數負其責。……武曰：『以吾家租賦繇役，不爲衆先奉公，不亦宜乎。』」

〔八六〕又見漢書張釋之傳。

〔八七〕又見漢書司馬相如傳。

〔八八〕本書除狹篇。

〔八九〕漢書食貨志。

〔九〇〕楊子法言吾子篇。

〔九一〕後漢書張衡傳注、北堂書鈔一四〇、文選卷十五思玄賦注、太平御覽卷三八三、又七七四引班固漢武故事：「上嘗輦至郎署，見一老郎，鬢眉皓白，衣服不完，上問曰：『公何時爲郎？何其老矣！』對曰：『臣姓顔名駟，江都人也，文帝時爲郎。』上問曰：『何不遇也？』駟曰：『文帝好文，臣好武；景帝好老，臣又少；陛下即位，好少，臣已老，是以三世不遇，故老以郎署。』上感其言，拜爲會稽都尉。」

〔九二〕韓非子顯學篇。

〔九三〕此句下，疑脱一句和「其唯」二字。

〔九四〕漢書鄭當時傳。

〔九五〕宋犖西陂類稿卷四一。

〔九六〕〔九七〕漢書百官公卿表下。

〔九八〕北京圖書館藏。

〔九九〕北京圖書館藏。案：淮南鴻烈解批評序，署名攖寧子敬所王宗沐，即其人也。

〔一〇〇〕此本半頁十行，行十八字，清人誤以爲宋本。

〔一〇一〕童第德先生藏。

〔一〇二〕謝國楨先生藏。

〔一〇三〕郭沫若先生藏。

〔一〇四〕以上不注來源三本，俱爲寒齋插架之書。

〔一〇五〕北京圖書館藏。

〔一〇六〕顧實漢書藝文志講疏云：「鹽鐵論，孫星衍有校本，未見。」

〔一〇七〕又稱中都四子，爲管子、韓非子、淮南子、鹽鐵論，萬曆間刻本。寒齋插架有淮南子一種。

〔一〇八〕北京圖書館藏。

〔一〇九〕趙元方先生藏。

〔一一〇〕孫人和先生藏。

〔一一一〕徐行可先生藏。

〔一一二〕國文學會叢刊一卷二號。

〔一一三〕原稿本。

〔一一四〕原稿本。

〔一一五〕華東師大學報第三期。拙稿寫成後一年，才見王氏此文。

〔一一六〕摹盧叢著七種之一，齊魯書社出版。

鹽鐵論校注卷第一

本議*第一

惟〔一〕始元六年，有詔書〔二〕使丞相、御史〔三〕與所舉賢良、文學語〔四〕，問民間所疾苦〔五〕。

文學對〔六〕曰：「竊聞治〔七〕人之道，防〔八〕淫佚之原，廣道德〔九〕之端，抑末利〔一〇〕而開仁義，毋示以利，然〔一一〕後教化可興，而風俗〔一二〕可移也。今郡國〔一三〕有鹽、鐵〔一四〕、酒榷〔一五〕、均輸〔一六〕，與民争利〔一七〕。散敦厚之樸〔一八〕，成貪鄙之化。是以百姓就本者寡，趨末者衆〔一九〕。夫文繁則質衰〔二〇〕，末盛則本虧。末修則民淫〔二一〕，本修則民愨〔二二〕。民愨則財用足，民侈則饑寒生。願罷鹽、鐵、酒榷、均輸，所以進本退末，廣利農業，便也〔二三〕。」

大夫〔二四〕曰：「匈奴背叛不臣〔二五〕，數爲寇暴〔二六〕於邊鄙〔二七〕，備之則勞中國之士，不備則侵盜不止。先帝哀邊人之久患，苦爲虜所係獲也，故修障塞〔二八〕，飭烽燧〔二九〕，屯戍以備之。邊用度不足〔三〇〕，故興鹽、鐵，設酒榷，置均輸，蕃貨長財〔三一〕，以佐助邊費〔三二〕。今議者欲罷之，内空府庫之藏，外乏執〔三三〕備之用，使備塞乘城〔三四〕之士饑寒於邊，將何以贍之？罷之，不便也。」

文學曰：「孔子曰：『有國有家者，不患貧而患不均，不患寡而患不安〔三五〕。』故天子不言多少，諸侯不言利害，大夫不言得喪〔三六〕。畜仁義以風〔三七〕之，廣德行以懷之〔三八〕。是以近者親附而遠者悦服。故善克者不戰，善戰者不師，善師者不陣〔三九〕。修之於廟堂，而折衝還師〔四〇〕。王者行仁政，無敵於天下〔四一〕，惡用費哉？」

大夫曰：「匈奴桀黠，擅恣入塞，犯厲中國，殺伐郡、縣、朔方都尉〔四二〕，甚悖逆不軌〔四三〕，宜誅討之日久矣〔四四〕。陛下〔四五〕垂大惠，哀元元〔四六〕之未贍，不忍暴士大夫於原野；縱難〔四七〕被堅執鋭〔四八〕，有北面〔四九〕復匈奴之志，又欲罷鹽、鐵、均輸，擾〔五〇〕邊用，損武略〔五一〕，無憂邊之心，於其義未便也。」

文學曰：「古者，貴以〔五二〕德而賤用兵。孔子曰：『遠人不服，則修文德以來之。既來之，則安之〔五三〕。』今廢道德而任兵革，興師而伐之，屯戍而備之，暴兵露師〔五四〕，以支〔五五〕

久長，轉輸糧食無已，使邊境之士饑寒於外，百姓勞苦於内。立鹽、鐵，始張利官〔五六〕以給之，非長策也。故以罷之爲便也。」

大夫曰：「古之立國家者，開本末之途〔五七〕，通有無之用，市朝〔五八〕以一其求，致士民，聚萬貨，農商工師〔五九〕各得所欲，交易而退〔六〇〕。易曰：『通其變，使民不倦〔六一〕。』故工不出，則農用乏〔六二〕；商不出，則寶貨絶。農用乏〔六三〕，則穀不殖；寶貨絶，則財用匱〔六四〕。故鹽、鐵、均輸，所以通委財〔六五〕而調緩急〔六六〕。罷之，不便也。」

文學曰：「夫導民以德〔六七〕，則民歸厚〔六八〕；示民以利，則民俗薄。俗薄則背義而趨利，趨利則百姓交於道而接於市。老子曰：『貧國若有餘，非多財也，嗜慾衆而民躁也〔六九〕。』是以王者崇本退末，以禮義防民欲，實菽粟貨財。市、商不通無用之物，工不作無用之器〔七〇〕。故商所以通鬱滯，工所以備器械，非治國之本務也。」

大夫曰：「管子云：『國有沃野之饒而民不足於食者，器械不備也。有山海之貨而民不足於財者，商工不備也〔七一〕。』隴、蜀之丹漆旄羽〔七二〕，荆、揚之皮革骨象，江南之楠梓竹箭〔七三〕，燕、齊之魚鹽旃裘〔七四〕，兖、豫之漆絲絺紵〔七五〕，養生送〔七六〕終之具也，待商而通，待工而成。故聖人作爲舟檝之用，以通川谷；服〔七七〕牛駕馬，以達陵陸〔七八〕；致遠窮深，所以交庶物而便百姓。是以先帝建鐵官以贍〔七九〕農用，開均輸以足民財；鹽、鐵、均輸，萬民所載仰〔八〇〕而取給者，罷之，不便也。」

文學曰：「國有沃野之饒而民不足於食者，工商盛而本業荒也；有山海之貨而民不足於財者，不務民用而淫巧衆也。故川源不能實漏巵，山海不能贍溪壑〔八一〕。是以盤庚萃居〔八二〕，舜藏黄金〔八三〕，高帝禁商賈不得仕宦〔八四〕，所以遏貪鄙之俗，而醇至誠之風也。排困市井〔八五〕，防塞利門〔八六〕，而民猶爲非也，況上之爲利乎？傳曰：『諸侯好利則大夫鄙，大夫鄙則士貪，士貪則庶人盗〔八七〕。』是開利孔爲民罪梯也〔八八〕。」

大夫曰：「往者，郡國諸侯各以其方〔八九〕物貢輸，往來煩雜，物多苦惡〔九〇〕，或不償其費。故郡國〔九一〕置輸官以相給運，而便遠方之貢，故曰均輸。開委府〔九二〕於京師〔九三〕，以籠〔九四〕貨物。賤即買，貴則賣〔九五〕。是以縣官〔九六〕不失實〔九七〕，商賈無所貿利〔九八〕，故曰平準〔九九〕。平準則民不失職〔一〇〇〕，均輸則民齊勞逸〔一〇一〕。故平準、均輸，所以平萬物而便百姓，非開利孔而爲民罪梯者也。」

文學曰：「古者〔一〇二〕之賦税於民也，因其所工，不求所拙〔一〇三〕。農人納其穫〔一〇四〕，女工效其功〔一〇五〕。今釋其所有，責其所無。百姓賤賣貨物，以便上求。間者〔一〇六〕，郡國或令民作布絮，吏恣〔一〇七〕留難，與之爲市。吏之所入，非獨齊、阿〔一〇八〕之縑，蜀、漢之布也〔一〇九〕，亦民間之所爲耳。行姦賣平〔一一〇〕，農民重苦〔一一一〕，女工〔一一二〕再税，未見輸之均也。縣官猥〔一一三〕

發，闔門擅市〔一四〕，則萬物〔一五〕并收。萬物并收，則物騰躍〔一六〕。騰躍，則商賈侔〔一七〕利。自市〔一八〕，則吏容姦。豪吏〔一九〕富商積貨儲物以待其急，輕賈〔二〇〕姦吏收賤以取貴，未見準之平也。蓋古之均輸〔二一〕，所以齊勞逸而便貢輸，非以爲利而賈萬物也〔二二〕。」

* 戰國策楚策：「朱英謂春申君曰：『李園據本議，制斷君命。』」本議就是根本的論議的意思。本書西域篇：「今乃留心於末計，雖本議，不順上意，未爲盡於忠也。」拿「本議」和「末計」對言，意義更爲明白可據。

〔一〕惟，發語辭。見經傳釋詞三。

〔二〕漢書高帝紀下五年詔曰云云，注：「如淳曰：『詔，告也，自秦以下，唯天子獨稱之。』」文心雕龍詔策篇：「漢初定儀則，則命有四品：一曰策書，二曰制書，三曰詔書，四曰戒敕。敕戒州部，詔誥百官，制施赦命，策封王侯。……詔者，告也。」

〔三〕漢書百官公卿表上：「相國、丞相，皆秦官，……掌丞天子，助理萬機。」「御史」，即「御史大夫」，漢人習慣稱爲「御史」，或稱爲「大夫」。漢書百官公卿表上：「御史大夫，秦官，位上卿，……掌副丞相。」又薛宣傳：「御史大夫内承本朝之風化，外佐丞相，統理天下。」又朱雲傳：「御史之官，宰相之副，九卿之右。」漢人以「丞相、御史大夫」並提時，往往稱「丞相、御史」，漢書伍被傳：「可爲丞相、御史請書。」又賈捐之傳：「對奏，上以問丞相、御史，御史大夫陳萬年以爲當擊。」又趙充國傳：「丞相、御史復白遣義渠。」又蕭望之傳：「高者請丞相、御史，……於是天子復下其議兩府丞相、御史，以難問張敞。」又儒林傳：「弘爲學官，悼道之鬱滯，迺請曰：『丞相、御史言云云。』」又：「宣帝初即位，欲褒先帝，詔丞相、御史曰云云。」又循吏傳：「後詔使丞相、御史問郡國上計長吏守丞以政令得失。」都是稱「丞相、御史」之證，與本書合。其稱「御史大夫」爲「御史」者，漢書王子侯表：「於是制詔御史云云。」又刑法志：「下令曰：『制詔御史云云。』」又王尊傳：「於是制詔御史云云。」又黄霸傳：「宣帝下詔曰：『制詔御史云云。』」這些都是稱「御史大夫」爲「御史」之證，也與本書合。本文的「丞相」，指車千秋，亦即田千秋；「御史」即下文之「大夫」，指桑弘羊。丞相和御史大夫是劉漢王朝中央政府領導人，當時稱丞相和御史大夫府叫做二府或兩府，見漢書薛宣傳、翟方進傳及劉向傳注。這次會議，是由當時中央政府的這兩個最高級領導人主持的。本書也有稱兩府的屬官爲丞相（園池篇，他篇仍稱「丞相史」）、御史（刺復、園池、輕重、遵道等篇）的，猶之本書有時稱皇帝爲「官家」，有時又稱各級有司爲「官家」的，當隨文分別處理，不可混爲一談。

〔四〕馬端臨文獻通考三三曰：「按自孝文策晁錯之後，賢良、方正皆承親策，上親覽而第其優劣。至孝昭年幼未即政，故無親策之事，乃詔有司問以民所疾苦。然所問者，鹽、鐵、均輸、榷酤，皆當時大事，令建議之臣與之反覆詰難，講究罷行之宜；卒以其説，爲之罷榷酤。則雖未嘗親奉大對，而視其上下姑相應以義理之浮文者，反爲勝之。國家以科目取士，士以科目進身者，必如此然後爲有益於人國耳。」

〔五〕漢書昭帝紀：「始元六年二月，詔有司問郡國所舉賢良、文學民所疾苦；議罷鹽、鐵、榷酤。」又食貨志：「昭帝即位六年，詔郡國舉賢良、文學之士，問以民所疾苦，教化之要。皆對願罷鹽、鐵、酒榷、均輸官，毋與天下争利，視以儉節，然後教化可興。弘羊難以爲此國家大業，所以制四夷、安邊、足用之本，不可廢也。迺與丞相千秋共奏罷酒酤。」漢書車千秋傳：「始元六年，詔郡國舉賢良、文學士，問以民所疾苦。於是鹽鐵之議起焉。」姚鼐曰：「漢書鼂錯傳：『詔有司舉賢良文學士。』是賢良文學士乃一途也。及昭帝紀乃分言『太常、三輔舉賢良，郡國舉文學』，而鹽鐵論其稱説尤各爲類，是真若二途之不可混矣。吾以謂漢所舉皆賢良而已。自武帝未興學校之先，文學與賢良皆虚名無位，言士之有是名者，則可舉耳。至武帝興學之後，郡國縣有文學士，則上其人，屬所二千石，於是郡國專有文學之目，抑或限有員位矣。昭帝蓋令郡國之舉賢良，則取於文學之中，非是不舉；而太常、三輔所舉，則無定限，猶文帝以來舊制；要之所舉皆當謂之賢良文學士，而當時流俗乃別呼之，實非有二途也。」玉海六三、又一八一、鹽政志六引此文作「有詔使丞相、御史與所舉賢良、文學，問民疾苦」。

〔六〕「對」者，「對策」之「對」，後復古篇：「令郡國賢良、文學之士，乘傳詣公車，……册陳安危利害之分。」利議篇：「諸生對册，殊路同歸。」「册」、「策」古通。足證「文學對」爲「對策」也。漢書鼂錯傳：「於是拜錯爲太子家令，……後詔有司舉賢良文學士，錯在選中，上親策詔之曰云云，錯對曰云云。」這裏的「問民間所疾苦」，即策詔内容，「文學對曰」，即對策也，與鼂錯傳可互參證。漢書蕭望之傳注師古曰：「射策者，謂爲難問疑義，書之於策，量其大小，署爲甲乙之科，列而置之，不使彰顯，有欲射者，隨其所得而釋之，以知優劣。射之言投射也。對策者，顯問以政事、經義，令各對之，而觀其人辭，定高下也。」文選策秀才文集注：「鈔曰：『策，畫也，略也，言習於智略計畫，隨時問而答之。策有兩種：對策者，應詔也，若工召而問之者曰對策，州縣舉之者曰射策也。對策所興，興於前漢，謂文帝十五年詔舉天下賢良俊士，使之射策。』陸善經曰：『漢武帝始立其科。』」

〔七〕通典一一、文獻通考二〇「治」作「理」，此唐人避唐高宗李治諱改。

〔八〕盧文弨曰：「張之象本『坊』，下並同。」案兩漢別解亦作「坊」，「防」「坊」古通。禮記經解：「猶坊止水。」釋文：「『坊』又作『防』。」禮記坊記：「君子禮以坊德，刑以坊淫。」又：「以此坊民。」史記平準書：「崇本退末，以禮義防於民。」俱「防」「坊」通用之證。

〔九〕王先謙曰：「通典十一『道德』作『教道』，『道』與『導』同，作『教道』義長。」

〔一〇〕「末利」指工商之利。史記商君傳：「事末利及怠而貧者，舉以爲收孥。」索隱：「末謂工商也。」「抑末利」，見下注。

〔一一〕明初本、華氏活字本「然」作「而」。

〔一二〕漢書地理志下：「凡民函五常之性，而其剛柔、緩急、音聲不同，繫水土之風氣，故謂之風；好惡、取舍、動静亡常，隨君上之情欲，故謂之俗。」應劭風俗通義序：「風者，天氣有寒煖，地形有險易，水泉有美惡，草木有剛柔也。俗者，含血之類，像之而生，故言語歌謳異聲，鼓舞動作殊形，或直或邪，或善或淫也。」

〔一三〕漢書地理志下：「本秦，京師爲内史，分天下作三十六郡。漢興，以其郡太大，稍復開置，又立諸侯王國，武帝開廣三邊，故自高祖增二十六，文、景各六，武帝二十八，昭帝一，訖於孝平，凡郡國一百三，縣邑千三百十四，道三十二，侯國二百四十一。」

〔一四〕據漢書地理志，郡國有鹽官者三十六，有鐵官者五十。漢書王尊傳有鹽官長，隸釋卷四漢青衣尉趙孟麟羊竇道碑有鐵官長。漢書食貨志上述秦用商鞅之法，「田租、口賦、鹽、鐵之利，二十倍於古」。蓋自管仲相齊，負山海之利，始有鹽、鐵之徵，而商鞅以之推行於秦耳。史記司馬遷自叙：「蘄孫昌爲秦王鐵官，當始皇之時。」則秦時已有鐵官了。馬端臨文獻通考卷十五徵榷考鹽鐵所謂「桑、孔之爲，有自來矣」，即指此也。

〔一五〕漢書武帝紀：「天漢三年春二月，初榷酒酤。」如淳曰：「榷音較。」應劭曰：「縣官自酤榷賣酒，小民不復得酤也。」韋昭曰：「以木渡水曰榷。謂禁民酤釀，獨官開置，如道路設木爲榷，獨取利也。」師古曰：「榷者，步渡橋，爾雅謂之石杠，今之略彴是也。禁閉其事，總利入官，而下無由以得，有若渡水之榷，因立名焉。韋說、如音是也。酤音工護反。彴音酌。」漢書王莽傳下：「羲和置酒士，郡一人，乘傳督酒利。」

〔一六〕史記平準書集解：「孟康曰：『謂諸所當輸於官者，皆令輸其土地所饒，平其所在時價，官更於他處賣之，輸者既便，而官有利。』」漢書百官表大司農有均輸令。器案：千乘郡有均輸官，見漢書地理志；河東有均輸長，見漢書黄霸傳；滎陽有均輸官，見後漢書劉盆子傳。急就篇：「司農少府國之淵，遠取財物主平均。」顔師古注：「價有貴賤，又當有轉送費用，不欲勞擾，故立平準均輸之官。」九章算術六均輸劉徽注：「以御遠近勞逸。」又曰：「按此均輸，猶均運也，令户率出車，以行運日數爲均，發粟爲輸。」李籍音義：「均，平也；輸，委也；以均平其輸委，故曰均輸。」後漢書朱暉傳：「尚書張林上言：『又宜因交阯、益州上計吏往來市珍寶，收采其利，武帝時所謂均輸者也。』暉復獨奏曰：『王制：天子不言有無，諸侯不言多少，食禄之家不與百姓争利。今均輸之法，與賈販無異，鹽利歸官，則下人窮怨，布帛爲租，則吏多姦盗，誠非明主所當宜行。』」李賢注：「武帝作均輸法，謂州郡所出租賦，並雇運之值，官總取之，市其土地所出之物官自轉輸於京，謂之均輸。」王惲玉堂嘉話卷五：「均輸法起桑弘羊，謂市井百貨，皆輸官坊，商賈不復貿易。」尋越絶書卷二云：「吴兩倉春申君所造，西倉名曰均輸。」則其由來尚矣。

〔一七〕與民争利之説，創自董仲舒，春秋繁露度制篇：「故明聖者象天所爲，爲制度，使諸有大奉禄，亦皆不得兼小利，與民争利業，乃天理也。」漢書董仲舒傳載對策曰：「身寵而載高位，家温而食厚禄，因乘富貴之資力，以與民争利於下，民安能如之哉？」又漢書哀帝紀、貢禹傳亦有此語。

〔一八〕漢書張敞傳：「澆淳散樸。」師古曰：「樸，大質也，割之散也。」

〔一九〕「本」謂農業，「末」指工商業。文選王元長永明十一年策秀才文注：「漢書詔曰：『農，天下之大本也，而人或不務本而事末，故生不遂。』（案此文帝詔。）李奇曰：『本，農也；末，賈也。』」漢書成帝紀：「陽朔四年詔：『間者，民彌惰怠，鄉本者少，趨末者衆。』」又食貨志上：「今背本而趨末食者甚衆，是天下之大殘也。」師古曰：「本，農業也；末，工商也；言人已棄農而務工商矣。」又東方朔傳：「時天下侈靡趨末，百姓多離農畝。」師古曰：「趨讀趣；末謂工商之業。」

〔二〇〕論語雍也篇：「質勝文則野，文勝質則史。」皇侃義疏：「質，實也；文，華也。」

〔二一〕通典、文獻通考「淫」作「侈」。

〔二二〕荀子富國篇：「其臣下百吏，……躁者皆化而愨。」漢書刑法志：「法正則民愨。」師古曰：「愨，謹也。」淮南子主術篇：「其民樸重端愨。」注：「愨，誠也。」

〔二三〕「便」與「不便」，爲當時論議世務用以説明自己觀點的習用語，見於漢代文獻的很多。漢書外戚傳：「今皇后有所疑，便不便，其條刺，使大長秋來白之。」以「便」與「不便」對舉，尤爲適例。

〔二四〕漢書百官公卿表上：「御史大夫，秦官。」注：「應劭曰：『侍御史之率，故稱大夫云。』」案漢人稱「御史大夫」爲「大夫」，漢書蕭望之傳：「丞相謝大夫，少進揖。」「大夫」即「御史大夫」。又東方朔傳「兒大夫」，師古曰：「兒大夫，兒寬也。」

〔二五〕文選求自試表集注：「鈔曰：『不臣，不稱臣服從我也。』」

〔二六〕張之象本、沈延銓本、金蟠本無「寇」字。說文攴部：「寇，暴也。」

〔二七〕文選西京賦注：「鄙，邊邑也。」

〔二八〕史記酷吏傳正義：「障，謂塞上要險之處，別築城使吏士守之，以扞盜寇也。」漢書張湯傳師古曰：「障，謂塞上要險之處，別築爲城，因置吏士而爲障蔽，以扞寇也。」又匈奴傳：「雁門尉史行徼。」顔師古注引漢律：「近塞郡置尉百里一人，士史、尉史各二人，巡行徼塞。」續漢書百官志五：「邊縣有障塞尉。」本注曰：「掌禁備羌夷犯塞。」資治通鑑十九胡三省注：「漢制：每塞要處，別築爲城，使人鎮守，謂之候城，此即障也。」

〔二九〕史記司馬相如傳：「聞烽舉燧燔。」集解：「漢書音義曰：『烽，如覆米䉛，縣著桔槔頭，有寇則舉之。燧，積薪，有寇則燔然之。』」索隱：「烽燧，韋昭曰：『烽，束草置之長木之端，如挈皋，見敵則燒舉之。燧者，積薪，有難則焚之。烽主晝，燧主夜。』字林云：『䉛，漉米籔也，音一六反。』又纂要云：『䉛，淅箕也。』此注是孟康說。」

〔三〇〕「邊用度不足」，通典、文獻通考作「邊用不足」，鹽政志作「用度不足」，漢書武帝紀：「元狩四年冬，有司言，用度不足。」

〔三一〕文選東京賦注：「蓄，滋也。」漢書景帝紀：「貪夫長利。」師古曰：「長利，長獲其利。」案：廣雅釋詁：「長，挾也。」「長利」猶今言專利。

〔三二〕漢書蕭望之傳：「金布令甲曰：『邊郡數被兵，離飢寒，夭絕天年，父子相失，令天下共給其費。』」又卜式傳：「時漢方事匈奴，式上書，願輸家財半助邊。」

〔三三〕禮記曲禮上鄭玄注：「執，猶守也。」太玄書室本、諸子品節、諸子彙函、諸子拔萃、兩漢別解「執」作「寇」。

〔三四〕「乘城」即「登城」。史記黥布傳索隱：「乘塞，乘者，登也，登塞垣而守之。」漢書韓安國傳：「乘邊守塞。」師古曰：「乘即登也，登其城而留守也。」又陳湯傳：「數百人被甲乘城。」師古曰：「乘謂登之備守也。」又：「木城穿中人卻入土城乘城呼。」師古曰：「乘，登也。」

〔三五〕「患貧」原作「患寡」，「患寡」原作「患貧」。器案：春秋繁露度制篇：「孔子曰：『不患貧而患不均。』」此即文學所本，今據改正。今本論語季氏篇：「丘也聞有國有家者，不患寡而患不均，不患貧而患不安。蓋均無貧，和無寡，安無傾。」據全文意義來看，「患寡」和「患貧」，亦當據春秋繁露互乙，文意始順。「有國」指諸侯，「有家」指大夫。百家類纂八、經濟類編三五引作「有國家」，未可據。朱熹集注寫道：「均，謂各得其分；安，謂上下相安。」這就是説，依據奴隸制等級名分的規定，分配社會財富，這就是所謂「均」；所謂「安」，就是不要奴隸起來反抗奴隸主，臣民不要反抗君主，君君臣臣，父父子子，各安其位。

〔三六〕荀子大略篇：「故天子不言多少，諸侯不言利害，大夫不言得喪。」楊倞注：「皆謂言財貨也。」文又見韓詩外傳四。又案後漢書朱暉傳：「暉復獨奏曰：『王制：天子不言有無，諸侯不言多少，食禄之家不與百姓爭利。』」今王制無此文。晉書食貨志又引朱暉此文。

〔三七〕史記平準書：「天子於是以式終長者，故尊顯以風百姓。」又見漢書食貨志下顔師古注：「風讀曰諷。」

文選難蜀父老：「四面風德。」注：「論語比考讖曰：『賜風德。』宋均曰：『賜能言語，故可使風諭以德也。』」風字義與此同。

〔三八〕通典十一、文獻通考二〇引「廣」作「勵」，「懷」作「化」。

〔三九〕穀梁傳莊公八年：「善爲國者不師，善師者不陳，善陳者不戰，善戰者不死，善死者不亡。」漢書刑法志：「故曰：『善師者不陳，善陳者不戰，善戰者不敗，善敗者不亡。』」次公所用，當是春秋今文家說。張之象本、沈延銓本、金蟠本，兩漢別解「陣」作「陳」，「陣」後起字。

〔四〇〕吕氏春秋召類篇：「孔子聞之曰：『夫修之於廟堂之上，而折衝乎千里之外者，其司城子罕之謂乎？』」高誘注：「衝車，所以衝突敵之車，能陷破之也。有道之國，不可攻伐，使欲攻己者，折還其衝車於千里之外，不敢來也。」文又見大戴禮記王言篇。墨子有備衝篇，説文作「䡴」，云：「陷陣車也。」器案：此所謂「修之廟堂之上」者，蓋謂在廟堂之上，策畫戰略戰術，以克敵制勝也。尉繚子之所謂「廟勝之論」，趙充國之所謂「廟勝之册」，（漢書趙充國傳注師古曰：「廟勝，謂謀於廟堂而勝敵也。」通鑑六三注：「定策於廟堂之上，而決勝於千里之外，謂之廟勝。」）孫子之所謂「廟算」，韓非子之所謂「廟攻」（内儲説下），淮南子之所謂「廟戰」（兵略篇），意義皆同。太玄書室本「還師」作「外境」。

〔四一〕孟子梁惠王上：「仁者無敵。」又公孫丑上：「如此則無敵於天下。」

〔四二〕姚範曰：「句有脱誤。昭紀：『始元二年冬，匈奴入朔方，殺略吏民。始元二年冬，發習戰士詣朔方。』」器案：漢書地理志下朔方郡置三都尉，西部都尉治窳渾，中部都尉治渠搜，東部都尉治廣牧。此謂匈奴侵擾，殺害了朔方郡的都尉，此正可補漢書所未詳，惜未舉其名耳。匈奴侵擾邊區，經常殺害漢朝所置都尉，如漢文帝十四年，匈奴侵擾朝那，就殺害了北地都尉孫卬，見漢書文帝紀、馮唐傳、匈奴傳上及風俗通義正失篇；漢武帝元朔五年，匈奴萬騎入代郡，殺都尉朱英（史記匈奴傳作「朱英」，漢書匈奴傳作「朱央」）。這次「殺伐郡、縣、朔方都尉」，不過是匈奴侵擾的又一罪行而已，何所致疑。

〔四三〕史記秦始皇本紀：「不軌之臣，無以飾其智。」又貨殖傳：「秦末世遷不軌之民於南陽。」漢書卜式傳：「此非人情，不軌之臣。」師古曰：「軌亦法也。」

〔四四〕漢書司馬相如傳下：「蠻、夷自擅，不討之日久矣。」

〔四五〕通鑑六：「應劭曰：『陛者，升堂之陛，王者必有執兵陳於階陛，羣臣與至尊言，不敢指斥，故呼在陛下者以告之，因卑以達尊之意，若今稱殿下、閣下之類。』」

〔四六〕「元元」，猶如説善良老百姓。戰國策秦策上：「子元元。」高誘注：「元元，善也。」史記孝文本紀：「以全元元之民。」索隱：「姚察云：『古者謂人云善，言善人也，因善爲元，故云黎元，其言元元者，非一人也。』顧野王又云：『元元，猶喁喁，可憐愛貌。』」漢書文帝紀師古注曰：「元元，善意也。」後漢書光武紀上注：「元元，謂黎庶也。元元，猶言喁喁，可矜憐之辭也。」

〔四七〕「𪹶」原作「然」，今改；因爲「然」又作「𪹶」，從而錯成「然」字了。漢書五行志七中之下：「見巢𪹶，盡墮地中。」師古曰：「『𪹶』古『然』字。」又循吏召信臣傳：「晝夜𪹶蘊火。」師古曰：「『𪹶』古『然』字。」文選劇秦美新注：「『𪹶』古『然』字。」龍龕手鑑二火部：「𪹶，音然，陸佐公闕銘云：『刑酷𪹶炭也。』」説略本楊樹達。

〔四八〕漢書高帝紀下：「被堅執鋭。」師古曰：「被堅，謂甲胄也；執鋭，謂利兵也。」又陳勝傳：「將軍身被堅執鋭。」師古曰：「堅，堅甲也；鋭，利兵也。」又谷永傳：「退無被堅執鋭討不義之功。」

〔四九〕「北面」，猶言北向，司馬遷報任安書：「北面争死敵者。」後非鞅篇：「西面而向風。」亦即西向。

〔五〇〕「擾」原作「憂」，涉下文「憂邊」而誤，今改。擾，干擾。太玄書室本作「虧」。

〔五一〕漢書匈奴傳上：「是時，天子巡邊，親至朔方，勒兵十八萬騎，以見武節。」蓋漢武帝懲匈奴之「百約百叛」（和親篇），只能以「武折」（結和篇），故謀之廟堂之上，則曰「武略」，陳兵邊境之上，則曰「武節」也。

〔五二〕太玄書室本「以」作「用」。

〔五三〕論語季氏篇：「故遠人不服，則修文德以來之。既來之，則安之。」這裏，文學以孔丘所倡言的王道觀點來反對由漢武帝所領導、桑弘羊所贊助的抗擊匈奴的自衛正義戰争。

〔五四〕「暴露」，漢人恒言。淮南子氾論篇：「天下雄儁豪英，暴露於野澤。」史記項羽本紀：「身被堅執鋭首事，暴露於野三年。」史記樂毅傳：「爲將軍久暴露於外，故召將軍。」韓詩外傳五：「於是兵作而大起，暴露居外。」有作「暴兵露師」的，漢書伍被傳：「暴兵露師。」又主父偃傳：「暴兵露師，十有餘年。」與此相同。有作「暴衣露冠」的，漢書武五子傳：「今宗室子孫，曾無暴衣露冠之勞。」又有作「暴衣露蓋」的，史記蕭相國世家：「王暴衣露蓋，數使使者勞君者，有疑君心也。」都是説勞苦於原野，故曰暴露也。

〔五五〕支，支持。後論功篇：「資糧不見案首，而支數十日之食。」義與此同。戰國策東周策：「粟支數年。」又楚策、燕策上俱有「粟支十年」語。漢書趙充國傳：「今大司農所轉穀至者，足支萬人一歲食。」

〔五六〕後毁學篇：「今人臣張官立朝以治民。」離騷九歌注：「張，施也。」張官，即周禮天官「設官」的意思。

〔五七〕漢書蕭望之傳：「開利路。」匡衡傳：「開太平之路。」薛宣傳：「開謾欺之路。」「開路」即「開途」，亦漢人恒語。

〔五八〕史記孟嘗君傳：「日暮之後，過市朝者，掉臂而不顧。」索隱：「市朝之行位，有如朝列，因言市朝耳。」正義：「市朝，言市之行位有如朝列，故言朝。」案又見戰國策齊策下。

〔五九〕史記貨殖傳：「故待農而食之，虞而出之，工而成之，商而通之。」漢書食貨志：「通財鬻貨曰商。」周禮太宰：「九職任萬民，六曰商賈，阜通貨財。」白虎通商賈篇：「商之爲言商也，商其遠近，度其有亡，通四方之物，故謂之商也。賈之爲言固也，固其有用之物，以待民來，以求其利者也。」

〔六〇〕周易繫辭：「包犧氏没，神農氏作，……日中爲市，致天下之民，聚天下之貨，交易而退，各得其所。」即此文所本。

〔六一〕這是周易繫辭文，漢書食貨志上亦用繫辭此文，李奇注云：「器幣有不便於時，則變更通利之，使民樂其業而不倦也。」

〔六二〕「乏」原作「乖」，盧文弨引大典本、明初本、華氏活字本作「乏」，意林三、通典十一、通考二〇、鹽政志引都作「乏」，今據改正。意林引「農」作「物」。通鑑十九注：「孔穎達曰：『暫無曰乏，不續曰絶。』」

〔六三〕張之象本、沈延銓本、金蟠本「農用乏」作「農不出」，與史記引周書合。

〔六四〕楊樹達曰：「史記貨殖列傳引周書曰：『農不出，則乏其食；工不出，則乏其事；商不出，則三寶絶；虞不出，則財匱少；財匱少而山澤不辟矣。』此桓語所本，今逸周書無此文。」日本瀧川資言史記會注考證：「中井積德曰：『蓋以食事財爲三寶也。則三寶二句當在末。』」

〔六五〕孟子萬章下：「孔子嘗爲委吏也。」趙岐注：「委吏，主委積，倉庫之吏。」這裏的「委財」，即委積的財貨。「通委財」，即下文「通鬱滯」之意。文選景福殿賦注：「少曰委，多曰積。」

〔六六〕「緩急」，這裏只用「急」義。古書中往往有連用兩個意義相反之字在一起而只用其中一義的，這就是一個例證。「調」讀爲「周」，「調緩急」就是論語雍也篇「君子周急不繼富」的「周急」的意思，也就是救濟急需的意思。通典、通考引此文，「調」正作「周」。

〔六七〕論語爲政篇：「道之以德，齊之以禮，有恥且格。」鹽政志、百家類纂、百子類函、兩漢别解引「導」作「道」，古通。

〔六八〕論語學而篇：「慎終追遠，民德歸厚矣。」

〔六九〕此所引老子，蓋文子自然篇之異文也。文子自然篇曰：「故亂國若盛，治國若虛，亡國若不足，存國若有餘。虛者非無人也，各守其職也。盛者非多人也，皆徼於末也。有餘者非多財也，欲節事寡也。不足者非無貨也，民躁而費多也。」（又見淮南子齊俗篇）即此文所本，以所引明稱「老子曰」，故知所用爲文子而非淮南子也。文子以治亂、存亡對言，此文作「貧」，蓋反用其義，故又引下文「欲節事寡」爲「嗜慾衆」也。躁謂浮躁，即從事浮華之謂。商君書墾令篇：「姦僞、躁心、私交、疑農之民不行。」荀子富國篇：「躁者皆化而慤。」韓非子詭使篇：「躁佻反覆謂之智。」淮南子主術篇：「人主靜漠而不躁。」注：「躁，動也。」又：「狡躁康荒，不愛民力。」躁字義與此同。後申韓篇：「躁而静之。」字正作「動」解。

〔七〇〕管子五輔篇：「古之良工，不勞其知巧以爲玩好，是故無用之物，守法者不失。」

〔七一〕今本管子國蓄篇作：「國有十年之蓄，而民不足於食，是皆以其技能望君之禄也；君有山海之金，而民不足於用，是皆以其事業交接於君上也。」文與此不同。

〔七二〕通典一一、御覽八三六引「丹漆旄羽」作「丹沙毛羽」，通考二〇引作「丹砂毛羽」。

〔七三〕周禮夏官職方氏：「東南曰揚州，其利金錫竹箭。」鄭玄注：「箭，篠也。」孔穎達疏：「箭，一名篠。」漢書溝洫志：「褒斜材木竹箭之饒，儗於巴蜀。」管子小匡篇：「是以羽毛不求而至竹箭有餘於國。」又山國軌篇：「有竹箭檀柘之壤。」皆言竹箭。爾雅釋地：「東南之美者，有會稽之竹箭焉。」郭注：「竹箭，篠也。」又釋草：「篠，箭也。」文選吴都賦述竹類有箭，注云：「箭竹，細小而勁實，可以爲箭，通竿無節，江東諸郡皆有之。」戴凱之竹譜：「箭竹高者不過一丈，節間三尺，堅勁中矢，江南諸山皆有之，會稽所生最精好，故爾雅云：『東南之美者，有會稽之竹箭焉。』」爾雅翼一二：「箭，篠也。禹貢：『揚州篠蕩既敷。』職方氏：『揚州，其利竹箭。』箭一名篠，是竹之小者，可爲箭幹。」

〔七四〕「旃裘」即「氈裘」，戰國策趙策上：「蘇秦説趙王曰：『燕必致氈裘狗馬之地。』」史記蘇秦傳作「旃裘」。釋名釋牀帳：「氈，旃也，毛相著旃旃然也。」文選聖主得賢臣頌集注：「劉良曰：『旃，氈也。』陸善經曰：『旃即氈字。』」又司馬子長報任少卿書：「旃裘之君長咸震怖。」李善注：「旃裘，謂匈奴所服也。」五臣本「旃」作「氈」。

〔七五〕漢書高帝紀下注師古曰：「絺，細葛也。紵，織紵爲布及疏也。」

〔七六〕通典、通考、御覽引「送」作「奉」。史記貨殖傳：「皆中國人民所喜好，謡俗被服飲食，奉生送死之具也。故待農而食之，虞而出之，工而成之，商而通之。」即此文所本。作「奉」者，與史記合。諸子品節、諸子拔萃「終」作「死」。

〔七七〕易繫辭：「服牛乘馬。」史記賈生傳：「驥垂兩耳兮服鹽車。」正義：「服猶駕也。」

〔七八〕陵陸，猶言丘陵。管子小匡篇：「陵陸丘井田疇均，則民不惑。」又地圖篇：「陵陸丘阜之所在。」淮南子泰族篇：「察陵陸水澤肥墩高下之宜。」

〔七九〕兩漢別解「贍」作「澹」，下同。

〔八〇〕荀子議兵篇楊倞注：「下託工曰仰。」

〔八一〕意林三引「溪壑」作「溢欲」。白帖四引作「川源不能實，漏卮不能滿」。淮南子氾論篇：「霤水足以溢壺榼，而江、河不能實漏卮。」潛夫論浮侈篇：「山林不能給野火，江、海不能灌漏卮。」抱朴子内篇極言：「江、河之流，不能盈無底之器。」韓非子外儲説右上：「今有千金之玉卮，通而無當，可以盛水乎？」文選與吴季重書：「食若填巨壑，飲若灌漏卮。」張銑注：「卮，酒盃也。」

〔八二〕盧文弨曰：「萃」，大典「莘」，亦未詳。案説苑反質篇：「盤庚大其先王之室，而遷於殷，茅茨不翦，采椽不斲，以變天下之視。」是亦從儉者也。張敦仁曰：「按即盤庚下篇『鞠人謀人之保居』也，以文學語意推之，與上經『朕不肩好貨』、下經『總於貨寶』正相吻合。但未詳此『萃』當彼經何字，並其説若何耳。此書所稱，當是今文，而尚書最多駁異，類如此矣。拾補云：『大典莘。』乃『萃』之譌也。」姚範曰：「按此蓋意在『朕不肩好貨，敢恭生生，鞠人謀人之保居』，及『無總於貨寶，生生自庸』語也。」方東樹曰：「盧引説苑，以爲崇儉者，得之。」臧庸拜經日記一一曰：「案此『萃居』字，即當彼經『保居』，『保』或作『葆』，與『萃』形相近，故文異。然則古文尚書作『保居』，今文尚書作『萃居』，其説猶齊語云：『夫商羣萃而州處，察其四時，而監其鄉之資，制國爲二十一鄉，工商之鄉六。』蓋別居之，不令與士農雜處，賤之也。」俞樾曰：「尚書盤庚下篇：『盤庚既遷，奠厥攸居。』又曰：『今我民用蕩析離居。』又曰：「『鞠人謀人之保居。』『盤庚萃居』，殆即此義。『萃居』正對『離居』爲文也。盤庚遷都，事與『舜藏黃金』並言者，蓋漢世經師之説，皆謂盤庚去奢行儉也。後漢書文苑傳杜篤論都賦：『盤庚去奢，行儉於亳。』李賢注引帝王世紀曰：『盤庚以耿在河北，迫近山川，自祖辛以來，奢淫不絶，盤庚乃南渡徙都於亳。』尚書正義引鄭注，意亦略同。蓋尚書家舊説矣。」孫詒讓曰：「『萃居』當作『率苦』，形近而誤。張衡西京賦云：『盤庚作誥，帥人以苦。』李注引書盤庚『率籲衆慼，出矢言』。蓋西漢經師有『帥人以苦』之説，桓、張並本於彼。『率』、『帥』古字通。」徐友蘭曰：「案『萃居』當對書『蕩析離居』言之，作『莘』則讀曰『新邑』、『新居』，不詞。般庚曰『具乃貝玉』，『不肩好貨』，『無總於貨寶』，正與『困市井』、『塞利門』關會。」陳遵默曰：「『萃居』即『保居』，『保』或作『葆』，與『萃』形近，『葆』之籀文作『[illegible]』。」孫人和曰：「『萃居』當作『革奢』，草書形近。申鑒時事篇：『盤庚遷殷，革奢即約。』是其事也。」器案：諸説以爲盤庚革奢從儉者蓋得之。漢書楊雄傳上甘泉賦：「周宣所考，般庚所遷，夏卑宮室，唐、虞棌椽，三等之制也。」又翼奉傳：「盤庚改邑，以興殷道，……按成周之居，兼盤庚之德，……成王遷洛，盤庚遷殷，其所避就，皆陛下所知也，非有聖明，不能一變天下之道。」説苑反質篇：「墨子答禽滑釐問，曰：『殷之盤庚，大其先王之室，而改遷於殷，茅茨不剪，采椽不斲，以變天下之視。』」後漢書郎顗傳：「迺詣闕拜章曰：『昔盤庚遷殷，去奢即儉。』」説俱可以與鹽鐵論相印證。

〔八三〕新語術事篇：「故舜棄黃金於嶄巖之山，禹捐珠玉於五湖之淵，將於杜淫邪之欲，絶琦瑋之情。」淮南子泰族篇：「故舜深藏黃金於嶄巖之山，所以塞貪鄙之心也。」又原道篇高注：「舜藏黃金於嶄（原誤「斬」）巖之山，藏珠玉於五湖之淵，以塞貪淫之欲也。」羣書治要引桓範世要論節欲篇：「昔帝舜藏黃金于嶄巖之山，抵珠玉于深淵。」抱朴子外篇安貧：「上智不貴難得之財，故唐、虞捐金而抵璧。」莊子天地篇：「藏金於山，藏珠於淵。」白虎通德論號篇：「故黄金棄於山，珠玉捐於淵。」抱朴子内篇黄白：「至治之世，皆投金於山，捐玉於谷。」又案：三國志魏書華陀傳：「去藥以待不祥。」注：「古語以藏爲去。」

〔八四〕史記平準書：「天下已平，高祖乃令賈人不得衣絲乘車，重租税以困辱之。孝惠、高后時，爲天下初定，復弛商賈之律，然市井之子孫，亦不得仕宦爲吏。」後漢書桓譚傳：「上疏陳時政所宜，曰：『夫理國之道，舉本業而抑末利，是以先帝禁人二業，錮商賈不得宦爲吏。』」

〔八五〕韓非子姦劫弑臣篇：「商君説秦孝公以變法易俗，而明公道，賞告姦，困末作而利本事。」漢書食貨志：「以調盈虚，以收奇羡，則官富實而末民困。」又張湯傳：「籠天下鹽鐵，排富商大賈。」廣雅釋詁：「排，推也。」金史食貨志有排推物力法，蓋本於此也。國語周語：「困民之財。」韋昭注：「取於民也。」則排困乃就財用而言。又應劭風俗通義佚文：「市，恃也，養贍老少，恃以不匱也。亦謂之市井。俗説：市井，謂至市鬻賣者，當於井上洗濯其物香潔，及自嚴飾，乃到市也。謹案：春秋井田記：『人年三十，受田百畝，以食五口，五口爲一户，父母妻子也。公田十畝，廬舍五畝，成田一頃十五畝，八家而九頃二十畝，共爲一井。廬舍在内，貴人也；公田次之，重公也；私田在外，賤私也。井田之義，一曰無泄地氣，二曰無費一家，三曰同風俗，四曰合巧拙，五曰通財貨。因井爲市，交易而退，故稱市井也。』」（據盧文弨羣書拾補輯本）

〔八六〕後漢書李固傳：「乃奏記曰：『春秋褒儀父以開義路，貶無駭以閉利門。夫義路閉則利門開，利門開則義路閉也。』」李賢注：「隱公元年三月，公及邾儀父盟于眛。公羊傳曰：『儀父者何？邾婁之君也。何以稱字？褒之也。曷爲褒之？爲其與盟也。』何休注云：『春秋王魯，託隱公爲受命王，因儀父先與隱公盟，假以見褒賞義。』春秋隱公二年經書『無駭帥師入極』。公羊傳曰：『無駭者何？展無駭也。何以不氏？貶之也。曷貶？疾始滅也。』」器案：義路、利門，蓋公羊家舊説，清陳立公羊義疏四引李固奏記以説貶無駭，是也。孟子萬章下：「夫義路也，禮門也，惟君子能由是路，出入是門也。」蓋禮門可出入，而利門須防塞也。

〔八七〕説苑貴德篇：「故天子好利則諸侯貪，諸侯貪則大夫鄙，大夫鄙則庶人盗。」公羊傳桓公十五年何休注：「王者不當求，求則諸侯貪，大夫鄙，士庶盗竊。」又見春秋繁露玉英篇，都是公羊家舊説。説略本楊樹達。

〔八八〕管子國蓄篇：「利出於一孔者，其國無敵。」商君書農戰篇、弱民篇俱有「利從壹孔出」語。史記趙世家：「毋爲禍梯。」通鑑四胡三省注：「梯，猶階也，以木爲之，以升高者也。禍梯，猶言禍階也。」案：「罪梯」與「禍梯」義近。張之象本、沈延銓本、金蟠本「梯」下有「者」字。

〔八九〕「方」字原脱，據楊樹達引後漢書劉盆子傳注引補。大事記解題引「貢」作「相」。

〔九〇〕「苦」「惡」同義，史記平準書：「鐵器苦惡價貴。」淮南子時則篇：「功事苦慢。」高誘注：「苦，惡也。」唐書韓琬傳：「器不行窳。」音義：「不申曰行，苦惡曰窳。」細言之，則呂氏夏秋誣徒篇：「從師苦而欲學之功也。」高誘注：「苦，不精至也。」國語齊語：「辨其功苦。」韋昭注：「苦，脃也。」史記五帝本紀：「器不苦窳。」正義：「苦讀如盬，麤也。」周禮典婦功鄭司農注：「苦讀爲盬。」又鹽人注杜子春讀苦爲盬，謂「出鹽直用，不湅治」。蓋凡鹽之粗觕者爲盬，因引申之以爲凡物粗觕之稱。

〔九一〕「國」字原脱，據楊樹達引後漢書劉盆子傳注引補。大事記解題「郡」作「部」。

〔九二〕續漢書百官志注引胡廣漢官解詁：「委，積也，郡國所積聚金帛貨賄，隨時輸送諸司農曰委輸，以供國用。」據此，則委府蓋司農所掌也。淮南子氾論篇：「地勢有無，得相委輸。」高誘注：「運所有輸所無。」

〔九三〕「師」字原無，據續漢書百官志注、通典一一引補，史記平準書、漢書食貨志都有。公羊傳桓公九年：「京師者何？天子之居也。京者何？大也。師者何？衆也。天子之居，必以衆大之辭言之。」白虎通京師篇：「京師何謂也？千里之邑號也。京，大也。師，衆也。天子所居，故以大衆言之，明什倍諸侯，法日月之行經千里。」蔡邕獨斷上：「天子所都曰京師。京，水也，地下之衆者莫過於水，地上之衆者莫過於人。京，大也；師，衆也，故曰京師也。」漢書地理志下：「本秦京師爲内史。」師古曰：「京師，天子所都畿内也。」

〔九四〕史記酷吏傳：「籠天下鹽、鐵。」正義：「天下有鹽、鐵之處，皆籠合税之，令利入官也。」漢書張湯傳注：「籠羅其事，皆令利入官。」案管子國蓄篇：「凡將爲國，不通於輕重，不可以爲籠以守民。」本書禁耕篇：「縣官籠而一之。」籠即收歸國有之意。

〔九五〕明初本、華氏本、鹽政志「賤即買」作「賤則買」，倪邦彦本、張之象本「貴則賣」作「貴即賣」。

〔九六〕史記絳侯周勃世家：「庸知其盗賣縣官器。」索隱：「縣官，謂天子也，所以謂國家爲縣官者，王畿内縣即國都也，王者官天下，故曰縣官也。」通鑑七秦紀二：「財物入於縣官。」胡三省注：「漢謂天子爲縣官。此縣官猶言公家也。」案本書言縣官者頗多，或指天子，或指令長，或指公家，當分别去理解。禮記王制：「天子之縣内。」鄭玄注：「縣内，夏時天子所居州界名也。」漢代稱天子爲縣官之義本於此。

〔九七〕「不失實」，即掌握了物資的意思。實指財富，見後力耕篇注〔四四〕。明初本、鹽政志改作「貨」。

〔九八〕張之象本、沈延銓本、金蟠本、通典、通考、兩漢別解「貿」作「牟」，史記平準書同，集解引如淳曰：「牟，取也。」史記大宛傳：「將吏貪，多不愛士卒，侵牟之。」牟就是侵取的意思。下文作「侔」，借字。

〔九九〕通典、通考「故」下有「命」字。史記平準書：「弘羊以諸官各自市，相與争，物故騰躍，而天下賦輸，或不償其僦費，乃請令置大農部丞數十人，分部主郡國，各往往縣置均輸、鹽鐵官，令遠方各以其物貴時商賈所轉販者爲賦，而相灌輸，置平準於京師，都受天下委輸。召工官治車諸器，皆仰給大農。大農之諸官盡籠天下之貨物，貴即賣之，賤則買之，如此，富商大賈無所牟大利，則反本，而萬物不得騰踊，故抑天下物，名曰平準。」器案：漢書百官公卿表大司農屬官有平準令。續漢書百官志三：「平準令，六百石。本注：『掌知物賈。』」又劉昭注引韋昭辨釋名：「主平物價，使相依準。」漢書趙廣漢傳：「舉茂材平準令。」

〔一〇〇〕大事記解題「平準」作「準平」。「失職」就是「失所」的意思，輕重篇「未得其職」，意同。漢書高帝紀下：「五年二月詔：『今以爲閩粤王，王閩中地，勿使失職。』」又景帝紀：「後二年五月詔：『亡命廉士久失職，貪夫長利。』」又武帝紀：「元狩五年四月詔：『有冤失職，使者以聞。』」又：「元狩六年六月詔：『詳問隱處亡位，及冤失職，姦猾爲害，野荒治苛者舉奏。』」又董仲舒傳：「貧窮孤弱，冤苦失職。」又趙廣漢傳：「廣漢爲京兆尹，廉明，威制豪彊，小民得職。」師古曰：「得職，各得其常所也。」

〔一〇一〕續漢書百官志注、大事記解題引「齊勞逸」作「不劬勞」，通典、通考作「不勞」。九章算術：「均輸，以御遠近勞費。」

〔一〇二〕續漢書百官志注、通典、通考引無「者」字。

〔一〇三〕文子自然篇：「昔堯之治天下也，民得以其工易所拙。」

〔一〇四〕「穫」原作「獲」，續漢書百官志注、通典、大事記解題、通考引作「穫」，今據改正。

〔一〇五〕續漢書百官志注、通典、大事記解題、通考引此句作「工女效其織」。

〔一〇六〕漢書翟方進傳注師古曰：「間者，謂近者以來也。」

〔一〇七〕原脱「恣」字，據通典、通考引補。

〔一〇八〕「阿」原作「陶」，續漢書百官志注、大事記解題、玉海八〇引同，今據洪頤煊説校改。洪云：「『陶』即『定陶』，不聞出縑。『陶』當是『阿』字之譌。淮南子修務篇：『衣阿錫。』史記司馬相如列傳：『被阿錫。』集解：『漢書音義：阿，細繒也。』正義：『東阿出繒。』」器案：淮南子修務篇：「衣阿錫，曳齊紈。」正以齊、阿並舉，阿爲地名無疑。史記李斯傳集解：「徐廣曰：『齊之東阿縣，繒帛所出。』」水經河水五注：「東阿縣出佳繒縑，故史記云『秦王服太阿之劍，阿縞之衣』也。」儀禮喪服注：「謂之錫者，治其布使之滑易也。」大射儀：「冪用錫若絺。」注：「今人『錫』或作『緆』。」燕禮注：「今文『錫』爲『緆』。」又案：漢書外戚傳上注師古曰：「縑，即今之絹也。」尋居延漢簡有「濟陶郡」，陳直居延漢簡研究頁一二三云：「地理志濟陰郡……首縣爲定陶。濟陶之名，則不見於史。鹽鐵論本議篇云：『吏之所入，非獨齊陶之縑，蜀漢之布。』通典卷十一、文獻通考卷二十引此文均作『濟陶之縑』。可證今本鹽鐵論『齊陶』爲誤字。鹽鐵論之稱濟陶，與簡文正合。蓋濟陰郡在昭宣時一度名爲濟陶。本簡作『濟陶』者，爲昭帝全期至宣帝甘露二年以前之物，作『濟陰』者爲甘露以後之物。」其漢書新證頁二〇三亦持是説。案：濟陶之名既不見於史，又不聞有濟陶或濟陰出縑之説，姑存其説以待考。

〔一〇九〕史記大宛傳：「騫曰：『臣在大夏時，見邛竹杖、蜀布。』」正義：「布，土蘆布。」漢書張騫傳注引服虔曰：「布，細布也。」器案：「土蘆布」字有誤。史記貨殖傳集解：「纑，紵屬，可以爲布。」索隱：「纑，山中紵，可以爲布。音盧。紵，音佇。今山間野紵，亦作『苧』。」蓋「纑」誤爲「壚」，又誤分爲「土盧」二字也。蘆花雖可以作被，見於元人詩詠，但未聞以蘆花作布者，豈非以其纖維太短，而不可紡織與？蜀布是當時馳名遠近的產品，藝文類聚六一引楊雄蜀都賦：「其布則筩中黃潤，一端數金。」王符潛夫論浮侈篇：「今京師貴戚，……從奴僕妾，皆服……筩中女布。」王應麟急就篇補注二：「潤謂筒中細布也。司馬相如凡將篇：『黃潤纖美宜製禪。』楊雄蜀都賦：『筒中黃潤，一端數金。』」蜀布蓋有麻織品和棉織品兩種，華陽國志蜀志：「安漢上下朱邑出好麻，黃潤細布，有羌筒盛。」此蜀布有麻織品之證。今四川麻布，猶馳名於世，亦並有女兒布之稱。華陽國志蜀志：「永昌郡……其梧桐木，其花柔如絲，民績以爲布，幅廣五尺以還，潔白不受污，俗名曰桐華布，以覆亡人，然後服之，及賣與人。」文選左太沖蜀都賦：「布有橦華。」李善注：「橦華，其華柔毳，可績爲布，曰桐華。」廣韻一東：「橦，木名，花可爲布。出字書。」龍龕手鑑四：「橦，音童，木名，花可爲布。」此蜀布有棉織品之證。今四川出產之攀枝花，或即是橦花，人們用以裝枕頭，可代木棉也。居延漢簡釋文三五九頁：「出廣漢八稯布十九匹，大半寸，直四千三百廿。」此亦蜀漢之布也。案：說文禾部：「稯，布之八十縷爲稯。」史記孝景紀：「令徒隸衣七稯布。」索隱：「七稯，蓋今七升布，言其粗，故令衣之也。」然則八稯布謂細布也。今四川猶言粗布、細布。

〔一一〇〕大事記解題引此句上有「而乃」二字。王先謙曰：「周禮小宰：『聽賣買以質劑。』先鄭云：『質劑，謂市中平賈，今時月平是也。』法言學行篇：『一閧之市，必立之平。』李注：『市無平，必失貴賤之正。』據此，若今市中經紀平定時價長落矣，故曰賣平。潛夫論巫列篇：『此猶人之有姦言賣平以干求者也。』

與此『行姦賣平』同義。亦曰『賣評』，見後漢書蓋勳傳注。」器案：「行姦賣平」，即後禁耕篇所謂「高下在口吻，貴賤無常」之意。漢書食貨志下：「諸司市常以四時中月實定所掌，爲物上中下之賈，各自用爲其市平。」續漢書五行志：「桓帝之初，京師童謡曰：『游平賣印自有平，不辟賢豪及大姓。』」

〔一一一〕漢書宣帝紀：「衆庶重困。」師古曰：「更增其困也。重音直用反。」又哀帝紀：「百姓失職，重困不足。」管子輕重甲篇：「貧者失其財，是重貧也。農夫失其五穀，是重渇也。」此文「重」字，音義相同。

〔一一二〕張之象本、沈延銓本、金蟠本、兩漢別解「工」作「紅」。

〔一一三〕「猥」是「猥雜」、「猥猝」的意思。禮記月令：「寒氣總至。」鄭注：「總猶猥卒也。」漢書溝洫志：「水猥盛則放溢。」師古曰：「猥，多也。」論衡死僞篇：「多藏食物，腐臭猥發，人不能堪。」

〔一一四〕東觀漢紀十一：「樊重閉門成市。」抱朴子外篇吴失：「閉門爲市。」「閉門」即「闔門」也。王安石與李參書：「闔門與其子市，雖盡得子之財，猶不富也。」用「闔門市」本此。

〔一一五〕續漢書百官志注「萬物」作「萬民」，通典、通考作「萬人」，「人」避唐太宗李世民諱改。又三書及大事記解題並無下句「萬物」二字。

〔一一六〕華氏活字本、鹽政志「躍」作「踴」，下同。史記平準書：「約法省禁，而不軌逐利之民蓄積餘業，以稽市物，物踊騰。」集解：「晉灼曰：『踊，甚也，言計市物價而豫益稽之也。物貴而出賣，故使物甚騰也。』」索隱：「如淳曰：『踊騰，猶低昂也；低昂者，乍賤乍貴也。……謂物踊貴而價起，有如物之騰躍而起也。』」漢書食貨志下：「物痛騰躍。」師古曰：「市價甚騰貴。」後漢書光武紀下：「穀價騰躍。」注：「言踴貴也。」

〔一一七〕沈延銓本及通典、通考引「侔」都作「牟」，和史記平準書、漢書食貨志都相合。大事記解題「侔利」作「自市利」。兩漢別解引此二句作「騰躍則商賈侔利自市，侔利自市則容姦」。

〔一一八〕大事記解題引「市」下有「利」字。史記平準書：「諸官各自市。」

〔一一九〕「吏」原作「而」，今據攖寧齋鈔本、沈延銓本及續漢書百官志注、通典改正。漢書曹參傳：「蕭何、曹參，並爲縣之豪吏。」師古曰：「言爲吏之豪長也。」

〔一二〇〕「輕賈」，謂投機奸商，「輕」即輕薄、奸巧之意。戰國策秦策下：「趙氏，中央之國也，雜民之所居也，其民輕而難用也。」漢書何并傳：「爲潁川太守。并到郡，捕鍾元弟威及陽翟輕俠趙季、李款，皆殺之。」「輕民」、「輕俠」之「輕」，與此義同。漢書食貨志下：「人君不理，則畜賈游於市。」師古曰：「畜讀曰蓄，蓄賈，謂賈人之多蓄積者。」史記淮南衡山傳：「重裝富賈，周流天下，道無不通。」又見漢書伍被傳。所言「蓄賈」、「重裝富賈」，與此言「輕賈」實爲一事，蓋就其挾資而言，謂之「蓄賈」、「重裝富賈」，就其經商性質而言，故謂之「輕賈」也。後刑德篇：「所以重本而絶輕疾之資。」「輕賈」，就是這種挾「輕疾之資」而進行投機倒把的奸商。韓非子六反篇：「陳輕貨於幽隱。」史記趙世家：「乃裝其輕竇珠玉。」「輕貨」、「輕竇」，即所謂「輕疾之資」也。

〔一二一〕古之均輸，猶言昔之均輸，謂武帝時也。吕氏春秋長見篇高誘注：「古者，昔也。」尚書堯典序釋文：「昔，古也。」

〔一二二〕通典、通考無「萬」字。今案：「萬物」疑當作「萬民」，指市於民以爲利；下篇「均輸之物，……非所以賈萬民」，就是承此文來説的。

力耕*第二

大夫曰："王者塞天財〔一〕，禁關市〔二〕，執準守時，以輕重御民。豐年歲登，則儲積以備乏絶；凶年惡歲〔三〕，則行幣物；流有餘而調不足也〔四〕。昔禹水湯旱，百姓匱乏，或相假以接衣食。禹以歷山之金，湯以莊山之銅〔五〕，鑄幣以贖〔六〕其民，而天下稱仁。往者財用不足，戰士或不得禄，而山東被災，齊、趙大饑〔七〕，賴均輸之畜，倉廩之積，戰士以奉〔八〕，饑民以賑。故均輸之物，府庫之財，非所以賈萬民而專奉兵師之用，亦所以賑困乏而備水旱之災也。"

文學曰："古者，十一而税，澤梁以時入而無禁〔九〕，黎民咸被南畝〔一〇〕而不失其務。故三年耕而餘一年之蓄〔一一〕，九年耕有三年之蓄。此禹、湯所以備水旱而安百姓也〔一二〕。草萊不闢〔一三〕，田疇不治，雖擅山海之財，通百末之利〔一四〕，猶不能贍也。是以古者尚力務本而種樹繁〔一五〕，躬耕趣時而衣食足，雖累凶年而人不病也。故衣食者民之本〔一六〕，稼穡者民之務也。二者修，則國富而民安也。詩云『百室盈止，婦子寧止』〔一七〕也。"

大夫曰："賢聖治家非一寶〔一八〕，富國非一道。昔管仲以權譎霸〔一九〕，而紀氏以强本亡〔二〇〕。使治家養生必於農，則舜不甄陶而伊尹不爲庖〔二一〕。故善爲國者，天下之下我高，天下之輕我重〔二二〕。以末易其本，以虛蕩〔二三〕其實。今山澤之財，均輸之藏，所以御輕重而役諸侯也。汝、漢之金〔二四〕，纖微之貢〔二五〕，所以誘外國而釣胡、羌之寶也〔二六〕。夫中國一端之縵〔二七〕，得匈奴累金之物，而損敵國之用。是以贏驢馲駝，銜尾〔二八〕入塞，驒騱〔二九〕騵馬〔三〇〕，盡爲我畜，鼲鼦〔三一〕狐貉，采旃文罽〔三二〕，充於內府〔三三〕，而璧玉珊瑚瑠璃〔三四〕，咸爲國之寶。是則外國之物內流〔三五〕，而利不外泄也。異物內流則國用饒，利不外泄則民用給矣。詩曰：『百室盈止，婦子寧止〔三六〕。』」

文學曰：「古者，商通物而不豫〔三七〕，工致牢而不僞〔三八〕。故君子耕稼田魚〔三九〕，其實一也。商則長詐，工則飾罵〔四〇〕，內懷闚闇〔四一〕而心不怍，是以薄夫欺而敦夫薄〔四二〕。昔桀女樂充宮室，文繡衣裳，故伊尹高逝遊薄，而女樂終廢其國〔四三〕。今贏驢之用，不中牛馬之功，鼲鼦旃罽，不益錦綈之實〔四四〕。美玉珊瑚出於昆山〔四五〕，珠璣犀象出於桂林，此距漢萬有餘里。計耕桑之功，資財之費，是一物而售百倍其價也〔四六〕，一揖而中萬鍾之粟也〔四七〕。夫上好珍怪，則淫服下流〔四八〕，貴遠方之物，則貨財外充。是以王者不珍無用以節其民，不愛奇〔四九〕貨以富其國。故理民之道，在於節用尚本，分土井田而已。」

大夫曰：「自京師東西南北，歷山川，經郡國，諸殷富大都，無非街衢五通〔五〇〕，商賈之所湊〔五一〕，萬物之所殖者。故聖人因天時〔五二〕，智者因地財，上士取諸人，中士勞其形〔五三〕。長沮、桀溺〔五四〕，無百金之積，蹠蹻之徒〔五五〕，無猗頓〔五六〕之富，宛、周、齊、魯，商遍天下。故乃商〔五七〕賈之富，或累萬金，追利乘羨〔五八〕之所致也。富國何必用本農，足民何必井田也？」

文學曰：「洪水滔天〔五九〕，而有禹之績，河水泛濫，而有宣房之功〔六〇〕。商紂暴虐，而有孟津之謀〔六一〕。天下煩擾，而有乘羨之富。夫上古至治，民樸而貴本，安愉而寡求。當此之時，道路罕行，市朝生草〔六二〕。故耕不强者無以充虛，織不强者無以掩形〔六三〕。雖有湊〔六四〕會之要，陶、宛〔六五〕之術，無所施其巧。自古及今，不施而得報〔六六〕，不勞而有功〔六七〕者，未之有也。」

* 「力耕」即本書未通篇「百姓疾耕力作」的意思。漢書高帝紀：「不能治産業，不如仲力。」服虔曰：「力，勤力也。」就是這裏的「力」字的意思。

〔一〕張敦仁曰：「按通典十一（案通考二〇引同。）引『天』作『人』，譌字也。管子山國軌云：『軌守其時，有官天財。』此語出於彼。（下文云：『執準守時。』）拾補改『天』爲『人』，非。」器案：管子國準篇：「國準者，視時而立儀。」即此「執準守時」之義。「塞」，讀如商君書「開塞」之「塞」。「天財」，猶言自然資源，如鹽、鐵是。文選海賦注：「天琛，自然之寶也。」「天」字義與此同。

〔二〕史記南越王尉佗傳：「高后時，有司請禁南越關市鐵器。」

〔三〕通典一一、通考二〇引「惡歲」作「歲儉」。

〔四〕「調」讀爲「周」，説已見本議篇注〔六六〕。老子德經：「天之道，損有餘而補不足。」

〔五〕「莊山」，原作「嚴山」，今據王啓源説校改。王云：「按管子言『湯以莊山之金鑄幣，而贖民之無糧賣子者。』言『嚴山』者，東京世避明帝諱追改，若『莊公』之爲『嚴公』、『莊助』之爲『嚴助』，非次公舊本也。」案所引管子，見山權數篇。

〔六〕「贖」原作「贈」，明初本作「贍」，今改。管子山權數篇：「湯七年旱，禹五年水，民有（原誤「之」。）無糧賣子者。湯以莊山之金鑄幣，而贖民之無糧賣子者。禹以歷山之金鑄幣，而贖民之無糧賣子者。」此即鹽鐵論所本。

〔七〕救振山東被菑事，在漢武帝時有兩次，一爲元狩三年，一爲元鼎二年。史記平準書：「其明年（漢武帝元狩三年），山東被水菑，民多饑乏。於是天子遣使者，虛郡國倉廥，以振貧民。」漢書張湯傳：「遷御史大夫（按公卿表在元狩三年三月壬辰），會渾邪等降，漢大興兵伐匈奴，山東水旱，貧民流徙，皆卬給縣官，縣官空虛。湯承上指，請造白金及五銖錢，籠天下鹽、鐵，排富商大賈，出告緡令，鉏豪彊并兼之家，舞文巧詆以輔法。」這是有關元狩三年那次水災的記載。史記平準書：「是時，山東被河菑，及歲不登數年，人或相食，方一二千里。天子憐之，詔曰：『江南火耕水耨，令饑民得流就食江、淮間，欲留，留處。』遣使冠蓋相屬於道，護之；下巴、蜀粟以振之。」（案漢書武帝紀録此詔於元鼎二年。）漢書魏相傳：「元鼎二年，平原、勃海、太山、東郡溥被災害，民餓死於道路；二千石不豫其難，使至於此。賴明詔振捄，迺得蒙更生。」這是有關元鼎二年那次水災的記載。

〔八〕奉，俸給。史記平準書：「大司農陳藏錢經耗，賦稅既竭，猶不足以奉戰士。」史記日者列傳：「以受公奉。」漢書高后紀：「列侯幸得賜餐錢奉邑。」韋昭曰：「粟米曰奉。」案：上文云：「戰士或不得禄。」奉即禄也。周禮天官大宰職：「四曰禄位，以馭其士。」注：「禄，若今月奉也。」國語楚語下：「成王每出子文之禄。」注：「禄，奉也。」禄奉即禄米，韓非子外儲説右上：「七十受禄米，鬻德施惠於民也。」

〔九〕荀子王制篇：「王者之等賦政事財萬物，所以養萬民也。田野什一，關市幾而不徵，山林澤梁以時禁發而不税。」楊倞注云：「石絶水爲梁，所以取魚也，非時則禁，及時則發。禮記曰：『獺祭魚然後虞人入澤梁，草木零落然後入山林也。』」韓詩外傳三：「王者之等賦正事，田野什一，關市譏而不徵，山林澤梁以時入而不禁。」管子戒篇：「山林梁澤以時禁發，而不正也。」尹知章注：「獺祭魚然後入澤梁，豺祭獸然後入山林。」

〔一〇〕先秦、兩漢習稱「田畝」爲「南畝」。詩豳風七月：「饁彼南畝。」又小雅甫田：「今適南畝。」大田：「俶載南畝。」春秋繁露五行相生篇：「親入南畝之中，觀民墾草發淄。」史記平準書：「寬貸賦而民不齊出於南畝。」周禮遂人鄭玄注：「以南畝圖之。」又本書未通篇：「田家又被其勞，故不齊出於南畝也。」這些南畝，都作田畝解。漢書晁錯傳：「守邊勸農疏云：『此胡人生業，而中國之所以離南畝也。』」師古曰：「南畝，所以耕種處也。」按大田解云：「田事喜陽而惡陰，東南向陽則茂盛，西北傍陰則不實，故信南山詩云『南東其畝』也。」

〔一一〕禮記王制：「豐年不奢，凶年不儉。國無九年之蓄曰不足，無六年之蓄曰急，無三年之蓄曰國非其國也。三年耕必有一年之食，九年耕必有三年之食，以三十年之通，雖有凶旱水溢，民無菜色。」又見淮南子主術篇、公羊傳莊公二十八年何休注。

〔一二〕賈子新書憂民篇：「王者之法，民三年耕而餘一年之食，九年而餘三年之食，三十歲而民有十年之蓄。故禹水九年，湯旱七年，甚也，野無青草，而民無饑色，道無乞人。」

〔一三〕孟子離婁上：「辟草萊。」文選西京賦注：「萊，草也。」「闢」、「辟」同字。

〔一四〕「末」原作「味」，御覽八四三引作「末」，今據改正。本書本議篇：「抑末利而開仁義。」輕重篇：「通利末之道。」又云：「利末惡欲行。」又云：「言利末之事。」是「末利」、「利末」爲本書習用語。漢書禮樂志天門十一：「百末旨酒布蘭生。」張晏曰：「百末，末作之末也。」則「百末」亦漢人習用語。這裏所謂「百末之利」，猶言凡百末利也。

〔一五〕吕氏春秋尊師篇：「務種樹。」高誘注：「樹，稼也。」漢書文帝紀十二年詔：「歲勸民種樹。」師古曰：「樹謂藝殖也。」又景帝紀後二年詔：「益種樹，可得衣食物。」師古曰：「樹，植也。」又韓安國傳：「種樹以時。」師古曰：「樹，殖也。」

〔一六〕漢書食貨志上：「鼂錯復説上曰：『粟者，王者大用，政之本務。』」

〔一七〕詩經周頌良耜文。

〔一八〕通典、通考引「賢聖」上有「古之」二字。「寶」原作「室」，今改。「寶」原作「宝」，字形和「室」字相似而錯。「道」、「寶」爲韻，古音都在蕭部。管子侈靡篇：「萬世之國，必有萬世之寶，必因天地之道。」禮記檀弓：「天不愛其道，地不愛其寶。」吕氏春秋知度篇：「以不知爲道，以奈何爲寶。」（「寶」今本作

「寳」，舊校云：「一作『寶』。」僞子華子虎會問篇正作「寶」。）又審時篇：「凡農之道，厚之爲寶。」韓非子主道篇：「人主之道，静退以爲寶。」淮南子主術篇：「以不知爲道，奈何爲寶。」（文子上仁篇同。）又兵略篇：「利合於主，國之寶，上將之道。」賈誼新書脩政語下：「故夫道者，萬世之寶也。」春秋繁露離合根篇：「以無爲（宋本作「奈何」。）爲道，以不知爲寶。」越絶書請糴内傳：「食不求飽，而善有貴道；是人不死，必爲邦寶。」比干銅盤銘：「右林左泉，後崗前道；萬世之寧，兹焉是寶。」本書相刺篇：「故玉屑滿篋，不爲有寶；詩書負笈，不爲有道。」後漢書崔駰傳：「作達旨云：『縣旌自表，非隨、和之寶也；暴智燿形，因以干禄，非仲尼之道也。』」又李固傳：「上疏陳事曰：『養身者以練神爲寶，安國者以積賢爲道。』」又皇甫嵩傳注引玄女三宫戰法：「行兵之道，天地之寶。」都是拿「道」、「寶」協韻的例證，有些則逕把「寶」字當作「道」字用了。廣雅釋詁説：「寶，道也。」那麽，「道」之爲「寶」，這也是「對文則異，散文則通」的習慣用法。太玄書室本、諸子品節、諸子彙函作「術」，臆改。

〔一九〕論語憲問篇：「齊桓公正而不譎。」鄭玄曰：「譎者，詐也。」

〔二〇〕這句原作「范氏以强大亡」，據張敦仁説校改。張云：「按『范』當作『紀』，『大』當作『本』。管子輕重乙載其事云：『桓公曰：强本節用，可以爲存乎？管子對曰：可以爲益愈，而未足以爲存也。昔者，紀氏之國强本節用者，其五穀豐滿而不能理也，四流而歸於天下。若是，則紀氏其强本節用，適足以使其民穀盡而不能理，爲天下虜。是以其國亡而無所處。』此語出於彼。紀氏亡者，即春秋『紀侯大去其國』。强本謂務農，故大夫以之難文學。今本所誤，絶不可通。」器案：紀侯大去其國，見春秋莊公四年，又見春秋繁露玉英篇。

〔二一〕墨子尚賢中篇：「舜耕歷山，陶河瀕。」史記五帝本紀：「舜耕歷山，漁雷澤，陶河濱。」後漢書郅惲傳：

「甄陶品類。」注：「甄也者，陶人旋轉之輪也。」孟子萬章上：「伊尹以割烹要湯。」墨子尚賢下篇：「伊摯，有莘氏女之私臣，親爲庖人，湯得之，舉以爲己相。」史記殷本紀索隱：「孫子兵書：『伊尹名摯。』孔安國亦曰伊摯。」

〔二二〕管子輕重乙篇：「故善爲國者，天下下，我高；天下輕，我重；天下多，我寡；然後可以朝天下。」

〔二三〕張敦仁曰：「華氏本『蕩』改『易』。按通典十一引亦然。拾補有。」今案：明初本、通考二〇亦作「易」。

〔二四〕管子國蓄篇：「金起於汝、漢。」又山國軌篇：「金起於汝、漢。」又地數篇：「金起於汝、漢之石洿，……楚有汝、漢之金。」又揆度篇：「汝、漢之右衢黄金，……黄金起於汝、漢水之右衢。」又輕重甲篇：「楚有汝、漢之黄金。」又輕重乙篇：「金出於汝、漢之右衢。」皆言「汝、漢之金」，御覽八〇二引此文作「汝、漢之合鐵」，誤。

〔二五〕説文朩部：「朩（匹卦切）之爲言微也，微纖爲功。」御覽九九五引春秋説題辭：「麻之言微也，陰精寢密，女作纖微也。」管子臣乘馬：「女勤於纖微。」漢書張安世傳：「夫人自紡績，家童七百人，皆有手技作事，内治産業，累積纖微，是以能殖其貨。」這裏所謂「纖微」，亦指麻言。

〔二六〕明初本、正嘉本、張之象本、沈延銓本、金蟠本、百家類纂、諸子品節、諸子彙函、兩漢別解「胡、羌」作「羌、胡」，御覽八二〇引同。今案：作「羌、胡」是，未通篇：「卻羌、胡以爲囿。」西域篇：「隔絶羌、胡。」險固篇：「羌、胡固近於邊。」都作「羌、胡」，這裏獨作「胡、羌」，定是誤倒。漢書公孫弘傳：「欲以釣名。」師古曰：「釣，取也，言若釣魚之謂也。」本書毁學篇：「晉獻以寶馬釣虞、虢，襄子以城壞誘智伯。」以「釣」「誘」對文，則釣亦有誘義。

〔二七〕御覽九〇一引「中國」下有「以」字。左傳昭公二十六年注：「二丈爲一端，二端爲一兩，所謂匹也。」説文糸部：「縵，繒無文也。」急就篇顔師古注：「縵，無文之帛也。」藝文類聚六一引楊雄蜀都賦：「其布則箭中黄潤，一端數金。」下文「損敵國之用」，與漢書匈奴傳上「今單于變俗，好漢物，漢物不過什二，則匈奴盡歸於漢矣」説合。

〔二八〕漢書匈奴傳下：「銜尾相隨。」師古曰：「銜，馬銜也；尾，馬尾也；言前後單行，不得並馳。」意林三引桓譚新論：「如庸馬與良驥相追銜尾，至暮，良馬鳴食如故，庸馬垂頭不食。」錢易南部新書：「如馬之所銜，以制其首，前馬已進，後馬續來，相次不絶者，古人謂之銜尾相屬。」

〔二九〕史記匈奴傳説匈奴奇畜有驒騱，索隱：「韋昭曰：『驒音顛。』説文：『野馬屬。』徐廣云：『臣虚之類。』一云：『青驪白鱗，文如鼉魚。』」器案：司馬相如上林賦所述漢武帝上林奇獸有驒騱，即「盡爲我畜」之證。

〔三〇〕「騵馬」，後取下篇作「原馬」。淮南子主術篇：「伊尹賢相也，而不能與胡人騎騵馬而服騊駼。」高誘注：「黄馬白腹曰騵。」爾雅釋畜：「駵馬白腹曰騵。」一切經音義一七引三蒼：「赤馬白腹曰騵。」

〔三一〕後漢書鮮卑傳：「鮮卑有貂豽鼲子。」説文鼠部：「鼲鼠，出丁零胡，皮可作裘。」王筠説文句讀曰：「魏略：『丁零國出名鼠皮，白昆子青昆子皮。』王伯申曰：『昆子即鼲子。』」案今俗語有「灰鼠」，即鼲鼠聲之轉也。

〔三二〕漢書高帝紀下注：「罽，織毛，若今毾及氍毹之類也。」説文糸部：「䌌，西胡毳布也。」「旃」同「氈」。

〔三三〕周禮有内府、外府，皆掌貨賄之藏。

〔三四〕盧文弨曰：「『瑠璃』當作『流離』。」漢書西域傳上：「出……珠璣珊瑚虎魄璧流離。」師古曰：「魏略云：『大秦國出赤白黑黄青緑縹紺紅紫十種流離。』」徐松西域傳補注：「『璧流離』，梵書作『吠瑠璃』，一切經音義：『舊言鞞稠利夜，亦言鞞頭梨，或云毗瑠璃，亦作鞞瑠璃，皆梵音訛轉，從山爲名。鞞頭梨山出此寶青色，一切寶皆不可壞，亦非烟焰所能鎔鑄，唯有鬼神有道力者能破之爲物。或云金翅鳥卵殼。』説文云：『珋，璧珋石之有光者也。』段氏謂璧珋即此傳之璧流離。漢武梁祠堂畫及吴國山碑皆有璧流離，今本漢書注脱璧字，讀者誤以璧與流離爲二物矣。璧與吠音相近。」器案：徐所引玄應一切經音義，見卷二三。匈奴傳下：「單于以徑路刀金留犂撓酒。」「金留犂」當即「璧留犂」之誤，璧字部首與金形近而譌。作「璧留犂」者，蓋對音字未統一故耳。本書作「瑠璃」，蓋亦誤分璧瑠璃爲二物，而後世遂相沿而不改了。

〔三五〕漢書劉屈氂傳：「貨賂上流。」流字義與此同，即流通的意思。

〔三六〕文見詩周頌良耜，鄭玄箋云：「百室，一族也。五穀畢入，婦子則止。」

〔三七〕明初本、華氏活字本「通」作「用」。後禁耕篇：「工商不相豫。」豫字義同。周禮司市鄭玄注：「定物價，防誑豫。」那麼，豫就是説誑。

〔三八〕淮南子時則篇：「命工師效功，必堅致爲上。」高誘注：「堅致，功牢也。」後漢書王符傳：「破牢爲僞。」

〔三九〕「田魚」即「佃漁」，古通。太玄書室本作「田漁」，張之象本、沈延銓本、金蟠本作「佃漁」。後通有篇：「田漁以時。」別本「田」作「佃」。

〔四〇〕太玄書室本、諸子品節「飾」作「僞」，張之象本、沈延銓本、金蟠本作「致」。王紹蘭曰：「『罵』當爲

『⿰阝馬』，方言：『⿰阝馬，益也。』郭璞音罵，謂增益也。廣韻禡韻：『⿰阝馬，增益也，又巧也。』此云『飾⿰阝馬』，謂飾之益巧也。次公本方言，傳寫者因郭音而誤作『罵』耳。廣韻增益之義本方言，巧義即本此文。」陳遵默曰：「『罵』非誤字，當讀爲『馬』。禮投壺：『請爲勝者立馬。』『馬』即算，以象牙爲之，長六寸，所謂籌馬是也。『馬』以記數，故數亦謂之『馬』。（今商家猶沿其名曰馬號、馬子。）『飾罵』者，謂增飾價數，不以其實，猶商之行詐而豫其賈也。」器案：王校是。「飾⿰阝馬」就是「飾巧」，「飾巧」就是「僞」的意思，與上文「工致牢而不僞」可以相證。「長詐」、「飾罵」，韻部相同，辭例一律。漢書賈誼傳上疏陳政事云：「而今與衆庶同黥劓髡刖笞傌棄市之法。」蘇林曰：「『傌』音『罵』。」「傌」之音「罵」，和這裏「⿰阝馬」之爲「罵」，情況正復相似。

〔四一〕「闚闟」，就是窺伺的意思。文選魏都賦注：「闚闟，望尊位也。」

〔四二〕孟子萬章下：「故聞柳下惠之風者，鄙夫寬，薄夫敦。」這裏反用其意。「怍」、「薄」爲韻，古在鐸部。

〔四三〕攖寧齋鈔本、張之象本、沈延銓本、金蟠本、兩漢別解「薄」作「亳」。太玄書室本、諸子品節、諸子彙函誤作「薄游」。管子輕重甲：「昔者，桀之時，女樂三萬人，晨譟於端門（從御覽一三四引校改），樂聞於三衢，是無不服文繡衣裳者。伊尹以薄之游女工文繡纂組，一純得粟百鍾於桀之國。夫桀之國者，天子之國也，桀無天下憂，飾婦女鍾鼓之樂，故伊尹得其粟而奪之流。」呂氏春秋慎大篇：「桀爲無道，暴戾頑貪，天下顫恐而患之。……湯乃惕懼，憂天下之不寧，欲令伊尹往視曠夏，恐其不信，湯由親自射伊尹。伊尹奔夏三年，反報於亳，曰：『桀迷惑於末嬉，好彼琬琰，不恤其衆，衆志不堪，上下相疾，民心積怨，皆曰：上天弗恤，夏命其卒。』湯謂伊尹曰：『若告我曠夏盡如詩。』湯與伊尹盟，以示必滅夏。伊尹又復往視曠夏，聽於末嬉，末嬉言曰：『今昔，天子夢西方有日，東方有日，兩日相與鬭，西方日勝，東方日不勝。』伊尹以告湯。商涸旱，湯猶發師以信伊尹之盟，故令師從東方出於國西以進，未接刃而桀走，逐之至大沙，身體離散，爲天下戮。」「薄」、「亳」字通。又案：藝文類聚卷八十五引六韜：「夏殷桀紂之時，婦人錦繡文綺之坐席，衣以綾紈，常三百人。」六韜言三百人，管子言三萬人，語增也。

〔四四〕說文宀部：「實，富也，從宀貫，貫爲貨物。」器案：古多謂貨財爲實，左傳文公十八年：「聚斂積實。」國語楚語：「畜聚積實。」注並云：「實，財也。」大戴禮記哀公問：「好實無厭。」好實猶好貨財也。淮南子原道篇：「實從於虛。」高誘注：「實，財也。」又本經篇：「實不聚而名不立。」高誘注：「實，財也。」戰國策趙策上：「割地效實。」史記蘇秦傳作「割地包利」。這裏的「實」字，亦是財富的意思，御覽八一六引「實」作「寶」，不知臆改。

〔四五〕說文玉部：「珊，珊瑚，色赤，生於海，或生於山。」又石部：「硩，上擿山巖空青珊瑚陊之。」淮南子詮言篇許慎注：「昆山，昆侖也。」

〔四六〕「價」下原有「一」字，今刪。「一」字是牽涉上文「其實一也」句誤添的。「其價」和「之粟」互文。後疾貪篇：「欲影正者端其表，欲下廉者先之身。」備胡篇：「好事之臣，求其義，責之禮。」鼂錯篇：「舜之誅，誅鯀；其舉，舉禹。」都是以「其」、「之」對文，它書更是舉不勝舉。說略本陳遵默。

〔四七〕毛扆校本、張之象本、沈延銓本、金蟠本、兩漢別解「揖」作「挹」。盧文弨曰：「『揖』、『挹』通。」楊沂孫曰：「『一揖』亦是『一鎰』。」未可從。史記貨殖傳：「畝鍾之田。」集解：「徐廣曰：『六斛四斗也。』」貨殖傳又云：「粟以萬鍾計。」與此同，言其多也。

〔四八〕園池篇：「服淫侈之變。」與此同。古謂物之使用賞玩爲服，易繫辭：「服牛乘馬。」詩經鄭風叔于田：

「巷無服馬。」藝文類聚六〇、御覽三四四引沈約奏東宮謝勑賜孟嘗君劍啓：「遺物足奇，謹加玩服，以深存古。」後殊路篇：「干越之鋌不厲，匹夫賤之，工人施巧，人主服而朝也。」詳彼注〔五五〕。

〔四九〕「奇」原作「其」，明初本、華氏活字本、太玄書室本、張之象本、沈延銓本、金蟠本都作「奇」，今據改正。

〔五〇〕史記酈生傳：「夫陳留，天下之衝，四通五達之郊也。」集解：「如淳曰：『四面中央凡五達也。』瓚曰：『四通五達，言無險阻也。』」器案：「五通」即「五達」，蓋謂從中心周四國的放射形的街道。通有篇之「四通神衢」，則指東西南北縱橫交錯的什字大街。

〔五一〕「湊」原作「臻」，今據俞樾説校改。俞云：「『臻』字無義，乃『湊』字之誤。園池篇『四方並臻』同。」器案：俞説是，下文「湊會之要」，即此湊字之義。漢書谷永傳：「暴風三溱。」師古曰：「『溱』與『臻』同，臻，至也。」又王褒傳：「萬祥畢溱。」師古曰：「『溱』與『臻』同。」又王莽傳上：「聖瑞畢溱。」師古曰：「『溱』亦與『臻』同。」蓋「湊」以形近誤爲「溱」，後又轉寫爲「臻」也。

〔五二〕淮南子主術篇：「是故人君者，上因天時，下盡地財，中用人力。」漢書韓安國傳：「王恢曰：『聖人因於時。』」「時」、「財」協韻，古音同在咍部。

〔五三〕孔、孟之徒，把人分爲勞心、勞力兩個等級，有云：「唯上智與下愚不移」，「中人以上，可以語上也，中人以下，不可以語上也」。班固因之爲「九等之序」，作古今人表。後來還有作九等人圖的。當時還有分得更細的，如漢書李廣傳：「蔡爲人在下中。」「下中」云云，就是古今人表的第八等，謂下等之中也。「人」、「形」韻，古音真、青二韻通押。

〔五四〕論語微子篇：「長沮、桀溺耦而耕。」集解引鄭玄曰：「長沮、桀溺，隱者也。」

〔五五〕張敦仁曰：「按『蹻』字誤也，謂務農之徒，與盜跖、莊蹻無涉。後未通篇云：『民蹠耒而耕。』取下篇云：『不知蹠耒躬耕者之勤也。』此必本作『蹠耒』。」王啓源曰：「按『蹠耒』後雖二見，『耒』形殊與『蹻』不近，或非誤字；但别自一義，非如諸篇之謂盜蹠、莊蹻耳。史記平原君虞卿列傳『躡蹻擔簦』，又漢書卜式傳『布衣屮蹻』，師古曰：『字本作屩。』是漢人多借『蹻』爲『屩』。此『蹠蹻』言『蹠屩』也。」俞樾曰：「『蹠蹻』疑作『跂蹻』。莊子天下篇曰：『使後世之墨者，以裘褐爲衣，以跂蹻爲服，日夜不休，以自苦爲極。』按説文：『屩，草履也。』古書多以『蹻』爲之。史記平原君虞卿傳『躡蹻擔簦』，漢書卜式傳『布衣草蹻而牧羊』，此即『屩』。以跂蹻爲服，蓋賤者之服也。上二句『長沮、桀溺，無百金之積』，言農夫無百金之積。跂蹻之徒，則取微賤執役之義，言其終歲勞苦，而無猗頓之富也。復古篇曰：『負荷之商，不知猗頓之富。』與此語意相近。」案俞説足補王説之不足，唯天下篇本作「跂蹻」（御覽八二引作「屐屩」），釋文：「跂，其逆反。」俞引作「跂蹻」，此出後人所改。

〔五六〕孔叢子陳士義篇：「猗頓，魯之窮士也，耕則常饑，桑則常寒。聞陶朱公富，往而問術焉。朱公告之曰：『子欲速富，當畜五牸。』於是乃適西河，大畜牛羊於猗氏之南，十年之間，其滋息不可計，貲擬王公，馳名天下。以興富於猗氏，故曰猗頓。」史記貨殖列傳：「猗頓用盬鹽起。」

〔五七〕「商」原作「萬」，涉下文「或累萬金」而錯了的，今據盧文弨説校改。明初本、華氏活字本、正嘉本、倪邦彦本、張之象本、沈延銓本、太玄書室本、金蟠本、兩漢别解俱删「萬」字。

〔五八〕羨，贏餘。管子國蓄篇：「均羨不足。」孟子滕文公下：「以羨補不足。」以「羨」、「不足」對文，皆贏餘之義。詩十月之交：「四方有羨。」毛傳：「羨，餘也。」史記平準書：「浮食奇民，欲擅管山海之貨，以致富羡。」索隱：「羡，饒也，與衍同義。」漢書董仲舒傳：「富者奢侈羡溢。」師古曰：「羡，饒也，讀與衍同。」文選上林賦注：「羡，溢也。」本書通有篇：「禁溢利。」錯幣篇：「禁溢羡。」溢羡，猶今言超額利潤；乘羡，即謂牟取超額利潤。漢書朱雲傳、又王莽傳上師古注曰：「乘，因也。」

〔五九〕史記夏本紀：「當帝堯之時，鴻水滔天，浩浩懷山襄陵。」索隱：「（鴻）一作『洪』。」

〔六〇〕張之象本、沈延銓本、金蟠本「泛濫」作「泛溢」。史記河渠書：「今天子（漢武帝）元光之中，而河決於瓠子，東南注鉅野，通於淮、泗。……自河決瓠子後二十餘歲，歲因以數不登，而梁、楚之地尤甚。天子既封禪，巡祭山川。其明年旱，乾封，少雨。天子乃使汲仁、郭昌發卒數萬人塞瓠子決。……於是卒塞瓠子。築宫其上，名曰宣房宫，而道河北行二渠，復禹舊迹，而梁、楚之地復寧，無水災。」又詳漢書溝洫志。

〔六一〕淮南子覽冥篇：「武王伐紂，渡於孟津，陽侯之波，逆流而擊，疾風晦冥，人馬不相見。於是武王左操黄鉞，右秉白旄，瞋目而撝之曰：『余任天下，誰敢害吾意者。』於是風濟而波罷。」

〔六二〕淮南子主術篇：「朝廷蕪而無迹，田野辟而無草。」「朝廷蕪而無迹」，即此文「市朝生草」之意。

〔六三〕淮南子齊俗篇：「是故其耕不强者，無以養生；其織不强者，無以揜形。」又見文子上義篇。史記龜策列傳：「田者不彊，囷倉不盈；商賈不彊，不得其贏；婦女不彊，布帛不精；……故云：彊者，事之始也，分之理也，物之紀也，所求於强，無不有也。」强字義與此同，就是努力把工作做好的意思。

〔六四〕張之象本、沈延銓本、金蟠本「有」作「以」。文選魏都賦注：「湊，聚也。」

〔六五〕「宛」原作「室」，今據孫詒讓説校改。孫云：「案『陶室之術』，不知何指。竊疑『室』當爲『宛』。史記貨殖傳云：『范蠡之陶爲朱公。』又云：『宛孔氏用鐵冶爲業，家致富數千金。』『陶、宛』即指朱公與孔氏也。上文云：『宛、周、齊、魯，商徧天下。』亦可證。」

〔六六〕荀子脩身篇：「施無不報。」春秋繁露楚莊王篇：「施無不報。」東方朔七諫：「莫能行於杳冥兮，孰能施於無報。」

〔六七〕倪邦彦本「功」作「巧」。

通有*第三

大夫曰：「燕之涿、薊，趙之邯鄲，魏之温軹，韓之滎陽，齊之臨淄，楚之宛、陳〔一〕，鄭之陽翟〔二〕，三川之二周〔三〕，富冠海内，皆爲天下名都〔四〕，非有助之耕其野而田其地者也，居五諸之衝，跨街衢之路也〔五〕。故物豐者民衍〔六〕，宅近市者家富〔七〕。富在術數，不在勞身；利在勢居〔八〕，不在力耕也。」

文學曰：「荆、揚〔九〕南有桂林之饒，内有江、湖之利，左〔一〇〕陵陽〔一一〕之金，右蜀、漢之材〔一二〕，伐木而樹穀，燔萊而播粟，火耕而水耨〔一三〕，地廣而饒材，然民鮆窳偷生〔一四〕，好衣甘食，雖白屋〔一五〕草廬，歌謳鼓琴，日給月單〔一六〕，朝歌暮戚〔一七〕。趙、中山帶大河，纂〔一八〕四通神衢，當天下之蹊〔一九〕，商賈錯於路，諸侯交於道，然民淫好末，侈靡而不務本，田疇不脩，男女矜飾，家無斗筲〔二〇〕，鳴琴〔二一〕在室。是以楚、趙之民，均貧而寡富。宋、衛、韓、梁，好本稼穡，編户齊民〔二二〕，無不家衍人給〔二三〕。故利在自惜，不在勢居街衢；富在儉力趣〔二四〕時，不在歲司羽鳩〔二五〕也。」

大夫曰：「五行：東方木，而丹、章有金銅之山〔二六〕；南方火，而交趾有大海之川；西方金，而蜀、隴〔二七〕有名材之林；北方水，而幽都有積沙之地。此天地所以均有無而通萬物也。今吳、越之竹，隋、唐之材，不可勝用，而曹、衛、梁、宋，采棺轉尸〔二八〕；江、湖之魚，萊、黄之鮐〔二九〕，不可勝食，而鄒、魯、周、韓，藜藿蔬食。天地之利無不贍，而山海之貨無不富也；然百姓匱乏，財用不足，多寡不調，而天下財不散也。」

文學曰：「古者，采椽不斲，茅茨不翦〔三〇〕，衣布褐〔三一〕，飯土硎〔三二〕，鑄金爲鉏，埏埴爲器〔三三〕，工不造奇巧，世不寶不可衣食之物〔三四〕，各安其居，樂其俗，甘其食，便其器〔三五〕。是以遠方之物不交，而昆山之玉不至。今世俗壞而競於淫靡，女極纖微，工極技巧，雕素樸而尚珍怪，鑽山石而求金銀，没深淵求珠璣，設機陷求犀象，張網羅求翡翠，求蠻、貉〔三六〕之物以眩中國，徙邛、筰之貨〔三七〕，致之東海，交萬里之財，曠日費功，無益於用。是以褐夫〔三八〕匹婦，勞罷力屈，而衣食不足也。故王者禁溢利，節漏費。溢利禁則反本，漏費節則民用給。是以生無乏資，死無轉尸也〔三九〕。」

大夫曰：「古者，宫室有度，輿服以庸〔四〇〕；采椽茅茨，非先生之制也。君子節奢刺儉，儉則固〔四一〕。昔孫叔敖相楚〔四二〕，妻不衣帛，馬不秣粟〔四三〕。孔子曰：『不可，大儉極下〔四四〕。』此蟋蟀所爲作也〔四五〕。管子曰：『不飾宫室，則材木不可勝用；不充庖厨，則禽獸不損其壽。無末利〔四六〕，則本業無所出〔四七〕；無黼黻，則女工不施〔四八〕。』故工商梓匠，邦國之用，器械之備也。自古有之，非獨於此。弦高販牛於周〔四九〕，五羖賃車入秦〔五〇〕，公輸子以規矩〔五一〕，歐冶以鎔鑄〔五二〕。語曰：『百工居肆，以致其事〔五三〕。』農商交易，以利本末。山居澤處，蓬蒿墝埆〔五四〕，財物流通，有以均之。是以多者不獨衍，少者不獨饉〔五五〕。若各居其處，食其食，則是橘柚〔五六〕不鬻，朐鹵之鹽〔五七〕不出，旃罽〔五八〕不市，而吴、唐之材〔五九〕不用也。」

文學曰：「孟子云：『不違農時，穀不可勝食。蠶麻以時，布帛不可勝衣也〔六〇〕。斧斤以時〔六一〕，材木不可勝用。田〔六二〕漁以時，魚肉不可勝食〔六三〕。』若則〔六四〕飾〔六五〕宫室，增臺榭，梓匠〔六六〕斲巨爲小，以圓爲方，上成雲氣〔六七〕，下成山林，則材木不足用也。男子去本爲末，雕文〔六八〕刻鏤〔六九〕，以象禽獸，窮物究變，則穀不足食也。婦女飾微治細，以成文章〔七〇〕，極伎盡巧〔七一〕，則絲布不足衣也。庖宰烹殺胎卵〔七二〕，煎炙齊和〔七三〕，窮極五味，則魚肉不足食也。當今世，非患禽獸不〔七四〕損，材木不勝，患僭侈之無窮也；非患無旃罽橘柚，患無狹廬糠糟也〔七五〕。」

*史記越王句踐世家：「范蠡止於陶，以爲此天下之中，交易有無之路通，爲生，可以致富焉。」白虎通商賈篇：「商其遠近，度其有無，通四方之物，故謂之商。」「通有」，就是通有無的意思。本篇，大夫和文學就商業在國家經濟中的地位和作用問題展開辯論，其實質就是封建的中央政權要不要控制和經營工商業的問題。文學反對西漢王朝控制和經營商業的政策，攻擊這項政策是勞民傷財，説「交萬里之財，曠日廢功，無益於用」，要求西漢王朝「禁溢利，節漏費」，目的在於奪回經營工商業的大權，爲維護和擴張地方豪强和工商業者的經濟利益服務。大夫列舉大量事實，首先説明「均有無而通萬物」的重要性，駁斥了文學主張「遠方之物不交」、不和外界往來、閉關自守的保守思想，並針對文學把「本」「末」對立起來的錯誤觀點，指出「無末利，則本業無所出」，闡明「農商交易，似利本末」的辯證關係，主張發展工商業，「財物流通，有以均之」，才能消滅「多寡不調，而天下財不散」的不合理現象。這種「本」「末」兼顧的經濟思想和經濟政策，促進了生産的發展和經濟的繁榮，對鞏固西漢王朝的封建經濟基礎，加强地主階級中央集權的統治，起了重大的進步作用。

〔一〕「宛陳」，原作「宛丘」，御覽一五六、又四七二引作「宛陳」，今據改。王先謙曰：「御覽四百七十二人事部引『丘』作『陳』。案御覽是也。宛、陳皆楚地。宛，漢南陽郡，今南陽府治。陳，淮陽國，今陳州府治。故曰『天下名都』。若陳有宛丘，見於詩雅。但此言『富冠海内』，不得專指一丘。雖後代嘗緣宛丘立縣，固非漢世所侈稱也。」

〔二〕王啓源曰：「按戰國時人多稱『韓』爲『鄭』，以韓滅鄭而徙都之也。陽翟即春秋時之櫟，楚靈王奪之，戰國時地入於韓，乃名陽翟，在鄭自名櫟耳。但此上已言韓，則鄭自指鄭本國。」

〔三〕張之象本、沈延銓本、金蟠本及天中記一三引作「二周之三川」。御覽一五六引同涂本。器案：戰國策秦策上：「今三川周室（上文言「二周」），天下之市朝也。」張本等不可從。史記趙世家：「韓亡三川。」正義：「河南之地，兩川之間。」漢書高紀上注應劭曰：「三川，今河南郡也。」韋昭曰：「有河、洛、伊，故曰三川也。」史記秦始皇本紀：「滅二周，置三川郡。」伍毓崧國策東西考曰：「周自武王都鎬京，天下稱宗周焉。成王營洛，卜瀍水西爲朝會地，是爲王城（即郟鄏，今河南縣）；卜瀍水東，處殷頑民，是爲成周，又名下都（今洛陽縣）。後平王遷居東都，即王城，謂之東周。（自平王至景王十二世居王城，敬王避王子朝亂，始徙成周，赧王仍居王城。）蓋自西而東，因以東都爲東周，而指鎬京爲西周，此據春秋時言也。入戰國時，則舊以王城爲東周者，易稱爲西周，而以成周下都爲東周，蓋自成周視王城則在西，故曰西周，自王城視成周則在東，故曰東周。（胡氏渭禹貢錐指云：「二城相去四十里，今洛陽縣居其中。」）國策之分東西者，非據周天子言，據所封東周君、西周君言之也。西周凡五傳，自考王封弟揭于王城，是爲西周桓公，後威公、惠公、武公、文公嗣之；東周凡二傳，自西周惠公封其少子班於鞏，是爲東周惠公。當考王之封桓公也，王都成周，是時，東有王，西有公，而東西之名未立也。迨惠公少子班封鞏，於是有東周公，有西周公，二公各食采邑，而周尚爲一也。（周本紀云：「以續周公之官職。」又云：「以奉王。」）至顯王二年，韓、趙分周地爲兩，（趙世家云：「與韓分周地以爲兩。」按史記年趙成侯八年。趙成侯八年是顯王二年。）東、西周夷爲列國，而王僅如寄矣。赧王時徙依西周，（史記正義云：「從西周武公居焉。」）自是以後，東周與西周亦屢相爭戰，至秦遷西周君於憚狐而西周亡，遷東周君於陽人而東周亡，而周鼎於是西入咸陽矣。」

〔四〕名都，猶言大都市。尚書武成：「名山大川。」孔穎達疏：「山川大乃有名，名、大互言之耳。」戰國策秦策上：「王不如因而賂之一名都，與之伐齊。」高誘注：「名，大也。」文選曹子建樂府四首有名都篇。

〔五〕這兩句原作「居五諸侯之衢，跨街衝之路也」，今改正。古代提及商賈浩穰的地方，從没有稱「五諸侯」的。史記高祖本紀所説的「五諸侯」，既和此了無關係，如本文上所稱述的燕、趙、韓、魏、齊、楚、鄭，數又不止於五。考查原文，當無「侯」字，「衝」、「衢」二字當互乙，作「居五諸之衝，跨街衢之路」。「五諸」即「五都」，聲近而誤，如「明都」一作「孟諸」，「諸柘」一作「都蔗」，（文選司馬相如子虛賦：「諸柘巴苴。」李善注：「諸柘，甘柘也。」藝文類聚八七引張協都蔗賦。）是其例證。「五都」，指當時的洛陽、邯鄲、臨淄、宛城、成都，王莽所立五均官的地方，見漢書食貨志下。史記燕召公世家：「將五都之兵。」索隱：「五都，即齊也。按臨淄是五都之一也。」則戰國時已有「五都」之稱，且臨淄也是「五都」之一了。蓋大都市之形成，固非一朝一夕之故也，其所由來者漸也。到了漢代，「五都」商業更加繁盛。班固西都賦寫道：「五都之貨殖。」張衡西京賦寫道：「五都之貨，既遷既引。」御覽八三六引孫子（孫綽）：「命駕而遊五都之市，則天下之貨畢陳矣。」鮑照詠史詩寫道：「五都矜財雄。」又擬古詩寫道：「伊者不治業，倦游觀五都。」江淹待罪江南思北歸賦：「去三輔之臺殿，辭五都之城市。」又知己賦：「論十代兮興毁，訪五都兮異同。」這些都是很好的例證。水經濁漳水注：「魏因漢祚，復都洛陽，以譙爲先人本國，許昌爲漢之所居，長安爲西京之遺跡，鄴爲王業之本基，故號五都也。」魏之建置五都，亦踵事漢制爲之者。傳寫的人，由於「五都」作「五諸」，不得其解，於是就在「諸」字下隨便加了一個「侯」字，這種現象，在本書和其他古書中，也是有的。天聖明道本國語周語下：「封崇九山。」韋注：「凡此諸侯言九者。」「侯」字亦誤涉而衍，宋公序本正無「侯」字，可證。本書後刺譏篇：「雖不吾以，吾其與聞諸侯。」就是用的論語子路篇「雖不吾以，吾其與聞之」。（桓寬所用，當是魯論，由後孝養篇「不及而言者傲也」推定出來的。）由於「諸」、「之」之不同，也隨便加上一個「侯」字，和這裏的情況正復相同。又「衝」、「衢」二字當互乙，是由本篇下文「不在勢居街衢」，和上面力耕篇「無非街衢五通」，本書都作「街衢」推定出來的。漢書貨殖傳：「雒陽街居在齊、秦、楚、趙之中。」師古曰：「言雒陽之地，居在諸國之中，要衝之所，若大街衢。」亦可爲證。說略本陳遵默。

〔六〕後漢書文苑傳杜篤論都賦云：「國富人衍。」注：「衍，饒也。」文選張平子東京賦：「百姓同於饒衍，上下共其雍照。」薛綜注：「言富饒是同，上下咸悦，故能雍和而廣也。」案：下文「家衍人給」義同。

〔七〕意林三引「物豐者」、「近市者」，兩個「者」都作「則」。

〔八〕「勢居」就是地位的意思。周書周祝篇：「勢居小者，不能爲大。」淮南子原道篇：「故橘柚之江北，則化而爲枳，鴝鵒不過濟，貈渡汶而死，形性不可易，勢居不可移也。」史記秦始皇本紀太史公曰引過秦論：「秦地被山帶河以爲固，四塞之國也。自繆公以來至於秦王，二十餘君，常爲諸侯雄，豈世世賢哉？其勢居然也。」本書險固篇：「秦所以招諸侯，吞天下，并敵國者，險阻固而勢居然也。」意義都相同。

〔九〕「揚」原作「陽」，張之象本、沈延銓本作「揚」，與本議篇合，今據改正。

〔一〇〕古代言地望，常常拿「左」、「右」來指定其方位，這是把當時首都作爲坐標而言的。由於中國古代首都，一般都在北方，因之，所謂「左」即指東方，所謂「右」即指西方。史記吴起傳：「殷紂之國，左孟門，右太行。」索隱：「劉氏按：『紂都朝歌，今孟山在其西，今言左，則東邊別有孟門也。』」（案齊世家索隱亦言孟門在朝歌東。）又司馬相如傳：「右以湯谷爲界。」正義：「言『右』者，北向天子也。」又：「獨不聞天子之上林乎？ 左蒼梧，右西極。」正義：「文穎曰：『蒼梧郡屬交州，在長安東南，故言「左」。爾雅：「西至於豳國爲極。」在長安西，故言「右」。』」楊雄解嘲：「今大漢左東海，右渠搜。」俱其例證，此文義亦如之。

〔一一〕漢書地理志上：「丹揚郡：陵陽。」王先謙補注：「據一統志，今石埭縣，漢陵陽地，貴陽、銅陵半入陵陽境。」案銅陵以有銅礦名，即此所謂「陵陽之金」也。

〔一二〕史記韓信盧綰傳：「從入蜀、漢，伐楚。」「蜀」謂蜀郡，「漢」謂漢中郡。太玄書室本「材」作「財」，下同。

〔一三〕史記貨殖傳：「楚、越之地，……或火耕而水耨。」又平準書：「江南火耕水耨。」集解：「應劭曰：『燒草下水種稻，草與稻並生，高七八寸，因悉芟去，復下水灌之，草死，獨稻長，所謂火耕水耨也。』」案：集解引應劭說，見漢書武帝紀元鼎二年注。

〔一四〕「然民」，原作「然後」，今改。下文「然民淫好末」，句法與此正同。史記平準書：「民偷，甘食好衣。」又貨殖傳：「楚、越之地，地廣人稀，……地勢饒食，無飢饉之患，以故呰窳偷生。」即此文所本。集解：「徐廣曰：『呰，音紫。呰窳苟且墮嬾之謂也。』」索隱：「上音紫，下音庾，苟且懶惰之謂。」太玄書室本、張之象本、沈延銓本、金蟠本、兩漢別解「⿱此黑」作「呰」。明初本、華氏本、諸子品節、諸子彙函作「呰」。

〔一五〕韓詩外傳三：「窮巷白屋先見者四十九人。」漢書蕭望之傳注：「白屋，謂白蓋之屋，以茅覆之，賤人所居。蓋音合。」又吾丘壽王傳注：「白屋，以白茅覆屋也。」又王莽傳上注：「白屋，謂庶人以白茅覆屋者也。」

〔一六〕沈延銓本「單」作「殫」。張之象本注云：「『單』通作『殫』，盡也，竭也。」

〔一七〕詩經小雅小明：「自貽伊戚。」毛傳：「戚，憂也。」文選張景陽七命：「樂以忘戚。」注：「論語：『樂以忘憂。』」

〔一八〕文選笙賦注：「古咄唶歌曰：『棗下何攢攢。』攢攢，聚貌。攢與纂古字通。」這裏纂字也是攢聚之義，謂四通八達之路，都交會於此也。又案：漢書衛青傳：「公孫敖與壯士往篡之。」師古曰：「逆取曰篡。」後漢書逸民傳論引楊雄曰：「鴻飛冥冥，弋者何篡焉。」李賢注：「宋衷曰：『篡，取也。』……然今人謂以計數取物爲篡，篡亦取也。」攢聚亦以計數取物之義。纂與篡通。又案：「神」疑「之」誤，與下句對文。

〔一九〕後和親篇：「當矢石之蹊。」戰國策燕策下：「當餓虎之蹊。」文選西京賦注：「蹊，徑也。」

〔二〇〕論語子路篇集解引鄭玄曰：「筲，竹器，容斗二升者也。」

〔二一〕文選楊子幼報孫會宗書：「婦趙女也，雅善鼓琴。」此趙女善鼓琴之證。

〔二二〕漢書高帝紀下：「諸將故與帝爲編户民。」師古曰：「編户者，言列次名籍也。」淮南子原道篇高注：「齊於萬民，故曰齊民。」又俶真篇注：「齊民，凡民，齊於民也。」漢書食貨志上注：「如淳曰：『齊，等也。無有貴賤，謂之齊民，若今言平民矣。』晉灼曰：『中國被教齊整之民也。』」案：史記平準書索隱引晉灼，「民」作「人」，避唐諱。臆逞之説也，姑存之。

〔二三〕本篇以「家」、「人」對文的，還有錯幣篇：「家給人足。」非鞅篇：「人與之爲怨，家與之爲讎。」國病篇：「人衍而家富。」論功篇：「家有其備，人有其用。」「家」就是「人」的意思，「家」就是第三人稱的泛指。在「家」、「人」對文的情況下，都可拿對文則異、散文則通的道理去説明它。説詳器撰「家」「人」對文解，見遼海引年録。

〔二四〕明初本、沈延銓本「趣」作「趨」，古通。

〔二五〕「羽鳩」就是「扈鳩」。周禮考工記鄭玄注：「『羽』讀爲『扈』。」是「羽」、「扈」古通用。左傳昭公十七年：「祝鳩氏，司徒也；鴡鳩氏，司馬也；鳲鳩氏，司空也；爽鳩氏，司空也；鶻鳩氏，司事也；五鳩，鳩民者也。……九扈爲九農正，扈民無淫者也。」杜預注：「鳩，聚也。治民上聚，故以鳩爲名。扈，止也。止民使不淫放。」李白秦皇按寶劍：「豈思農扈春。」

〔二六〕「丹」指丹陽，「章」指章山。漢書地理志下：「吴東有海鹽、章山之銅。」又：「丹陽郡有銅官。」史記貨殖傳：「夫吴……東有海鹽之饒、章山之銅。」上文有「陵陽之金」，陵陽即丹陽郡屬縣。

〔二七〕玉海八引「蜀隴」作「隴蜀」。

〔二八〕徐友蘭曰：「『采』讀『采椽不刮』之『采』。」黄季剛曰：「『采』讀爲『棌』。」「轉尸」見下注〔三九〕。

〔二九〕文選張景陽七命：「萊、黄之鮐。」即用此文。李善注：「漢書：『東萊郡有黄縣。』」

〔三〇〕「茨」原作「屋」，今改。下文「采椽」、「茅茨」對言，即承此文。散不足篇：「采椽不斲，茅茨不翦。」也正作「茅茨」。淮南子精神篇：「堯樸桷不斲。」高誘注：「樸，采也。」史記太史公自序索隱引韋昭漢書注曰：「采椽，櫟榱也。」漢書司馬相如傳注應劭曰：「櫟，采木也。」

〔三一〕文選江賦注：「褐，毛布也。」又籍田賦注：「褐，麤衣也。」

〔三二〕「飯」疑當作「飲」。墨子節用中：「飯於土塯，啜於土形。」（從王念孫校。）韓非子十過篇：「堯飯於土簋，飲於土鉶。」韓詩外傳三：「舜飯乎土簋，啜乎土型。」說苑反質篇：「堯飯於土簋，啜於土瓶。」（從盧文弨校。）史記秦始皇本紀：「飯土塯，啜土形。」又李斯傳：「堯飯土匭，啜土鉶。」又太史公自序：「食土簋，啜土刑。」諸書都作「啜」，或作「飲」，說文欠部：「歠，歙也。」「啜」借「歠」字。說文金部：「鉶，器也。」周禮掌客：「鉶四十有二。」注：「鉶，羹器。」這裏作「硎」，它書作「刑」、「型」、「形」，也都是借用字。從這些例證來推斷，這裏的「飯」字，應當改爲「飲」字，比較妥當些。

〔三三〕老子道經：「埏埴以爲器，當其無，有器之用。」釋文引河上公云：「埏，和也；埴，土也。」

〔三四〕漢書景帝紀：「後三年正月詔曰：『黄金珠玉，饑不可食，寒不可衣。』」

〔三五〕老子德經：「使人復結繩而用之。甘其食，美其服，安其居，樂其俗，鄰國相望，雞犬之聲相聞，民至老死不相往來。」史記貨殖傳：「老子曰：『至治之極，鄰國相望，雞狗之聲相聞。民各甘其食，美其服，安其俗，樂其業，至老死不相往來。』」

〔三六〕漢書高帝紀上：「北貉、燕人，來致梟騎助漢。」應劭曰：「北貉，國也。」師古曰：「貉在東北方，三韓之屬皆貉也。」

〔三七〕史記西南夷傳有邛竹杖、筰馬。漢書地理志下：「巴、蜀西近邛、筰馬旄牛。」師古曰：「言邛、筰之地出馬及旄牛。筰音材各反。」西南夷傳：「巴、蜀民或竊出商賈，取其筰馬、僰僮、旄牛，以此巴、蜀致富。」史記司馬相如傳索隱文穎曰：「邛者，今爲邛都縣；筰者，今爲定筰縣，皆屬越巂郡。」正義：「邛、筰二國在蜀西。」

〔三八〕「褐夫」，原作「揭夫」，今據明初本、華氏活字本、攖寧齋鈔本、倪邦彥本、正嘉本、太玄書室本校改，張之象本、沈延銓本、金蟠本作「褐衣」。孟子公孫丑上：「視刺萬乘之君，若刺褐夫。」趙岐注：「獨夫被褐者。」淮南子主術篇：「使言之而是，雖在褐夫芻蕘，猶不可棄也。」此作「褐夫」之證。

〔三九〕韓詩外傳三：「生不乏用，死不轉尸。」淮南子主術篇：「是故生無乏用，死無轉尸。」高誘注：「轉，棄也。」

〔四〇〕尚書舜典：「車服以庸。」孔氏傳：「功成則賜車服，以顯其能用。」

〔四一〕論語述而篇：「奢則不孫，儉則固。」

〔四二〕張敦仁曰：「張之象本（沈延銓本、金蟠本、兩漢別解同。）『孫叔敖』改『季文子』，『楚』改『魯』。案所改繆。漢世諸書，說一事而人名各異者多矣。下文云：『大儉極下。』韓非子外儲說左下亦言：『孫叔敖相楚，大儉偪下。』決非季文子可知。」器案：張說未盡，春秋、戰國、秦、漢間人，言「妾不衣帛，馬不食粟」者，左傳襄公五年、國語魯語、史記魯世家、說苑反質篇都以爲季文子事，但無「大儉極下」語，意林引說苑文又以爲晏子事，韓非子外儲說左下以爲孟獻伯事，亦無「大儉極下」語。韓非子外儲說左下載孫叔敖事，有「大儉偪下」語，但又無「妾不衣帛，馬不食粟」事。此文並以「妾不衣帛，馬不食粟，大儉極下」屬之孫叔敖。此自傳聞異辭，宜各就本書爲說，不必以辭害意，而定其誰是誰非也。

〔四三〕文選赭白馬賦注：「以粟飯馬曰秣。」

〔四四〕太玄書室本「極」作「偪」。案韓非子外儲說左下：「孫叔敖相楚，棧車牝馬，糲餅菜羹，枯魚之膳，冬羔裘，夏葛衣，面有飢色，則良大夫也，其儉偪下。」字正作「偪」。又韓非子上文言管仲有三歸，孔子曰：「良大夫也，其侈偪上。」禮記雜記下：「孔子曰：『晏平仲祀其先人，豚肩不揜豆，賢大夫也，而難爲下也。君子上不僭上，下不偪下。』」字也作「偪」。又案：韓非子兩言，一作「其儉」，一作「其侈」，「其」猶「甚」也。墨子尚同上：「其明察以審信。」尚同中作「甚明察以審信」。韓非子安危篇：「聞古扁鵲之治其病也。」下文作「甚病之人」。鹽鐵論此文「大」當讀爲「太」，穀梁傳桓公元年：「祭大山之邑也。」釋文：「『大』亦作『泰』。」「大」、「太」、「泰」，音義並通。

〔四五〕蟋蟀是詩經唐風的一篇，毛詩序：「刺晉僖公儉不中禮。」枚乘古詩：「蟋蟀傷局促。」張衡西京賦：「獨儉嗇以齷齪，忘蟋蟀之謂何。」也是以此詩爲刺儉不中禮。

〔四六〕「末」原作「味」，今從王先謙説校改。王云：「盧云：『味疑末。』案盧説是也。書中或云『末利』，或云『利末』，其義一也。本議、輕重、相刺、利議諸篇，『利末』二字屢見。雜論篇：『放於利末。』漢書公孫賀等傳贊作『放於末利』，尤其明證。」

〔四七〕此句原作「則本業所出」，與上下文不貫，盧文弨曰：「『所』字疑。」案太玄書室本「所」上有「無」字，是，今據訂補。

〔四八〕姚範曰：「今本管子無此語。蓋患材木禽獸之積於無用而爲害耳。故文學云：『當今世，非患禽獸不損、材木不勝也。』」

〔四九〕「販」原作「飯」，今從洪頤煊説校改。洪云：「『飯』是『販』字之譌。史記秦本紀：『鄭販賣賈人弦高持十二牛將賣之周。』淮南氾論：『鄭賈人弦高將西販牛，道遇秦師於周、鄭之間。』皆其證。」

〔五〇〕史記秦本紀：「繆公五年，晉獻公滅虞、虢，虜虞君與其大夫百里傒，……以爲秦穆公夫人媵於秦。百里傒亡秦走宛，楚鄙人執之。繆公聞百里傒賢，欲重贖之，恐楚人不與，乃使人謂楚曰：『吾媵臣百里傒在焉，請以五羊皮贖之。』楚人遂許與之。……授之國政，號曰五羖大夫。」説苑臣術篇載此事，又以爲「賈人買百里奚以五羖羊之皮，使將車之秦」。此言「賃車入秦」，蓋傳説之異。

〔五一〕孟子離婁上：「離婁之明，公輸子之巧，不以規矩，不能成方圓。」趙岐注：「公輸子，魯班，魯之巧人也。」

〔五二〕吴越春秋闔閭内傳：「干將者，與歐冶子同師，俱能爲劍。」章定名賢氏族言行類稿三一：「歐冶子，吴人，善鑄劍。」

〔五三〕盧文弨曰：「白虎通辟雍篇亦作『致』，何允中本改『成』，張作『成』。」案倪邦彦本、正嘉本、太玄書室本、沈延銓本、金蟠本「致」也作「成」。這是論語子張篇文，後水旱篇：「工致其事。」亦用論語文，作「致」不作「成」，與此同。從後面孝養篇所引「言不及而言傲也」句推之，桓寬所用應當是魯論本，此固今文家數也。

〔五四〕墨子親士篇：「墝埆者，其土不育。」淮南子原道篇：「朞年而田者争處墝埆。」高誘注：「墝埆，讀人相墝椽之墝。」廣韻：「墝，墝角，瘠土。」

〔五五〕韓詩外傳三：「聖人刳木爲舟，剡木爲楫，以通四方之物，使澤人足乎木，山人足乎魚，餘衍之財有所流。故豐膏不獨樂，磽确不獨苦。」義與此同。老子：「緜緜若存，用之不勤。」淮南子原道篇：「纖微而不可勤。」高誘注：「勤猶盡也。」廣雅釋詁：「堇，少也。」蓋從堇得聲之字，亦有少義，饉從堇得聲，即有少義，與「衍」對文爲義。

〔五六〕史記蘇秦傳：「君誠能聽臣，燕必致旃裘狗馬之地，齊必致魚鹽之海，楚必致橘柚之園。」尚書禹貢：「揚州，厥包橘柚。」左思蜀都賦：「户有橘柚之園。」

〔五七〕黄季剛曰：「『朐』即『朐衍』，見匈奴傳。地理志作『眗衍』，北地縣。『鹵』即『大鹵』，此皆戎鹽也。」

〔五八〕文選司馬子長報任少卿書：「旃裘之君長咸震怖。」注：「旃裘，謂匈奴所服也。」漢書王褒傳載聖主得賢臣頌：「夫荷旃被毳者，難與道純緜之麗密。」又高帝紀：「賈人毋得衣錦繡、綺縠、絺紵罽。」師古曰：「罽，織毛，若今毼及氍毹之類也。」案：説文糸部：「瀱，西胡毳布也。」罽，通借字。

〔五九〕「材」，明初本、正嘉本作「財」。案此兼舉上文「吴、越之竹，隋、唐之材」爲言。

〔六〇〕明初本、沈延銓本無「也」字。

〔六一〕「時」下原有「入」，與上下文句例不統一，此蓋傳鈔者以孟子文足之，今删。

〔六二〕張之象本、沈延銓本、金蟠本、兩漢别解「田」作「佃」。

〔六三〕孟子梁惠王上文。

〔六四〕太玄書室本「則」作「使」。

〔六五〕文選左太沖詠史詩注引「飾」作「營」。

〔六六〕類聚六一引「梓匠」上有「貴人之家」四字一句。孟子盡心下：「梓匠輪輿，能與人規矩，不能使人巧。」梓匠即木工。

〔六七〕文選甘泉賦：「大厦雲譎波詭。」注：「孟康曰：『言厦屋變巧，乃爲雲氣水波，相譎詭也。』」

〔六八〕「雕文」上原有「雖」字，今據盧文弨説校删。

〔六九〕陸賈新語道基篇：「民技巧横出，則雕文刻鏤。」

〔七〇〕「文章」，猶言「文采」，攷工記：「繪畫之事，……青與赤謂之文，赤與白謂之章。」楚辭九章：「青黄雜糅，文章爛兮。」淮南子俶真篇：「百圍之木，斬而爲犧尊，鏤之以剞劂，雜之以青黄，華藻鎛鮮，龍蛇虎豹，曲成文章。」漢書董仲舒傳：「常玉不瑑，不成文章。」下云：「譬猶不瑑玉而求文采也。」

〔七一〕漢書成帝紀：「建始二年三月罷六廄技巧官。」師古曰：「謂技藝之巧。」又百官公卿表上水衡屬官有技巧。又田蚡傳：「所愛倡優巧匠之屬。」這裏所謂「極技盡巧」，即指技巧之匠所有事也。

〔七二〕禮記王制：「不麛不卵，不殺胎，不殀夭，不覆巢。」

〔七三〕「齊和」就是調和的意思。呂氏春秋本味篇：「調和之事，必以甘酸苦辛鹹，先後多少，其齊甚微，皆自起。」高誘注：「齊，和分也。」淮南子本經篇：「煎熬焚炙，調齊和之適，以窮荆、吴甘酸之變。」

〔七四〕玉篇不部：「不，詞也。」

〔七五〕本書取下篇：「不知專室狹廬上漏下濕者之瘠也。」淮南子主術篇：「民有掘穴狹廬，所以託身。」又説林篇：「匠人處狹廬。」則「狹廬」爲漢人習用語。淮南子主術篇：「貧民糟糠不接於口，而虎狼熊羆厭芻豢。」又：「然民有糟糠菽粟不接於口者，則明主弗甘也。」曹丕上留田行：「富人食稻與粱，貧子食糟糠。」糟，酒滓；（見楚辭漁父注。）糠，米皮，麥屑，（見漢書陳平傳。）本皆猪飼料，貧民拿來充飢。張之象本、沈延銓本、金蟠本「糠糟」作「糟糠」。

錯幣*第四

大夫曰：「交幣通施〔一〕，民事不及〔二〕，物有所并也〔三〕。計本量委，民有饑者，穀有所藏也〔四〕。智者有百人之功，愚者有不更本之事〔五〕。人君不調，民有相萬之富也〔六〕。此其所以或儲百年之餘，或不厭糟糠也〔七〕。民大富，則不可以祿使也；大彊，則不可以罰威也〔八〕。非散聚均利者不齊〔九〕。故人主積其食，守其用，制其有餘〔一〇〕，調其不足，禁溢羨，厄〔一一〕利塗，然後百姓可家給人足也。」

文學曰：「古者，貴德而賤利，重義而輕財〔一二〕。三王之時，迭盛迭衰〔一三〕。衰則扶之，傾則定之。是以夏忠、殷敬、周文〔一四〕，庠序〔一五〕之教，恭讓之禮，粲然可得而觀也〔一六〕。及其後，禮義弛崩，風俗滅息，故自食祿之君子，違於義而競於財，大小相吞〔一七〕，激轉相傾。此所以或儲百年之餘，或無以充虛蔽形也〔一八〕。古之仕者不穡，田者不漁〔一九〕，抱關擊柝，皆有常秩〔二〇〕，不得兼利盡物。如此，則愚智同功，不相傾也。詩云：『彼有遺秉，此有滯穗，伊寡婦之利〔二一〕。』言不盡物也。」

大夫曰：「湯、文繼衰，漢興乘弊〔二二〕。一質一文〔二三〕，非苟易常也。俗弊更法〔二四〕，非務變古也，亦所以救失扶衰也〔二五〕。故教與俗改，弊〔二六〕與世易。夏后〔二七〕以玄貝〔二八〕，周人以紫石〔二九〕，後世或金錢刀布。物極而衰，終始之運也〔三〇〕。故山澤無征〔三一〕，則君臣同利；刀幣無禁，則姦貞並行。夫臣富則〔三二〕相侈，下專利則相傾也。」

文學曰：「古者，市朝而無刀幣，各以其所有易所〔三三〕無，抱布貿絲〔三四〕而已。後世即有龜貝金錢〔三五〕，交施之也。幣數變而民滋僞〔三六〕。夫救僞以質，防失以禮。湯、文繼衰，革法易化，而殷、周道興。漢初乘弊，而不改易，畜利變幣，欲以反本，是猶以煎止燔，以火止沸也〔三七〕。上好禮則民闇飾，上好貨則下死利也〔三八〕。」

大夫曰：「文帝之時，縱民得鑄錢〔三九〕、冶鐵、煮鹽。吳王擅障〔四〇〕海澤，鄧通專西山。山東奸猾〔四一〕咸聚吳國，秦、雍、漢、蜀因鄧氏。吳、鄧錢布天下〔四二〕，故有鑄錢之禁。禁禦之法立而奸僞息，奸僞息則民不期於妄得而各務其職，不反本何爲？故統一，則民不二也；幣由上，則下不疑也。」

文學曰：「往古，幣衆財通而民樂。其後，稍去舊幣，更行白金龜龍〔四三〕，民多巧〔四四〕新幣。幣數易而民益疑。於是廢天下諸錢，而專命水衡三官作〔四五〕。吏匠〔四六〕侵利，或不中式，故有薄厚輕重。農人不習，物類比之〔四七〕，信故疑新〔四八〕，不知姦貞〔四九〕。商賈以美貿惡，以半易倍〔五〇〕。買則失實，賣則失理，其疑或滋益甚〔五一〕。夫鑄僞金錢以有法，而錢之善惡無增損於故〔五二〕。擇錢則物稽滯，而用人〔五三〕尤被其苦。春秋曰：『算不及蠻、夷則不行〔五四〕。』故王者外不鄣海澤以便民用〔五五〕，內不禁刀幣以通民施。」

＊「錯」與「鑄」意同。文選景福殿賦：「鉤錯矩成。」李善注：「錯猶治也。」「錯幣」就是鑄幣。

本篇記述了雙方關於貨幣鑄造權問題進行的辯論。文學主張「貴德而賤利，重義而輕財」，認爲漢武帝實行的貨幣統一鑄造政策是「違於義而競於財」，要求「不禁刀幣，以通民施」；桑弘羊主張貨幣鑄造大權應由國家統一掌握，不能落到私家手裏，從貨幣政策上捍衛了國家利益。

〔一〕管子國蓄篇：「黄金刀幣，民之通施也。」郭沫若管子集校云：「『通施』字輕重乙篇均作『通貨』。下文云：『人君鑄錢立幣，民庶之通施也。』輕重甲篇作『今君鑄錢立幣，民通移』。『通施』、『通移』，均流通之意。」案韓詩外傳四：「家卿不修幣施。」「幣施」連用，義亦同。

〔二〕王先謙曰：「『不及』當作『不給』，音相近而譌。」

〔三〕莊子天運篇：「故曰：至貴，國爵并焉；至富，國財并焉；至願，名譽并焉。」郭注：「并者，除棄之謂也。」

〔四〕楊樹達曰：「管子國蓄篇：『且君引錣量用，耕田發草，上得其數矣；民人所食，人有若干步畝之數矣；計本量委則足矣。然而民饑餓不食者，何也？穀有所藏矣。人君鑄錢立幣，民庶之通施也，人有若干百千之數矣。然而人事不及、用不足者，何也？利有所并也。』」器案：尹知章注：「委，積也。」禮記學記：「或原也，或委也。」鄭玄注：「本曰原，末曰委。」漢書食貨志下：「故萬乘之國，必有萬金之賈，千乘之國，必有千金之賈者，利有所并也，計本量委則足矣。」注引李奇曰：「委，積也。」此文及漢志俱本管子爲説。晉書張華傳：「量計漕運。」彼文以「量計」連文，此文以「計」「量」對言，其義一也。

〔五〕「愚者」下原無「有」字，今據管子補。管子國蓄篇：「智者有什倍人之功，愚者有不賡本之事，然而人君不能調，故民有相百倍之生也。」尹知章注：「賡猶償也。」這裏作「更」，同。史記平準書：「悉巴、蜀租賦，不足以更之。」集解：「更，償也。」

〔六〕「相萬」原作「相妨」，義不可通。此文用管子「故民有相百倍之生也」，原當作「相萬」，「萬」俗寫作「万」，與「方」形近，由「万」誤爲「方」，又由「方」誤爲「妨」也。「相萬」即相去萬倍之意，管子言「相百倍」，此言「相萬」，乃極言之，義固不相礙也。今改正。商君書錯法篇：「三王、五霸其所道不過爵禄，而功相萬者，其所道明也。」吕氏春秋貴當篇：「爲之必繇其道，物莫之能害，此功之所以相萬也。」高誘注：「萬倍也。」韓詩外傳四：「人同材鈞，而貴賤相萬者，盡心致志也。」潛夫論讚學篇：「人之情性，未能相百，而其明智，有以相萬也。」漢書馮奉世傳：「今發師而曠日，與疾舉而疾決，利害相萬也。」俱用「相萬」之證。文選上書諫吴王：「此其與秦地相什，而民相百。」李善注：「言地多秦十倍，民多百倍。」後水旱篇：「器便與不便，其功相什而倍也。」用法與此相同，而著「而倍」二字，意義爲明曉。並詳水旱篇注〔一九〕。

〔七〕戰國策韓策：「民不厭糟糠。」史記平準書：「故庶人之富者或累巨萬，而貧者或不厭糟糠。」又貨殖傳：「原憲不厭糟糠。」索隱：「厭，飽也。」

〔八〕「罰威」原作「威罰」，「罰威」與上「禄使」對文，今據管子乙正。管子國蓄篇：「夫民富則不可以禄使也，貧則不可以罰威也。法令之不行，萬民之不治，貧富之不齊也。」韓非子外儲説右上：「七十受禄米，鬻德施惠於民也。」即以禄使民也。漢書食貨志下：「租税禄賜，皆以布帛及穀，使百姓壹意農桑。」説略本楊樹達。

〔九〕管子國蓄篇：「然則人君非能散積聚，鈞羡不足，分并財利，而調民事也。」此用其文，「調民事」，即所以「齊」之也。

〔一〇〕張之象本、沈延銓本、金蟠本無「制其有餘」四字一句。

〔一一〕「戹」讀爲「扼」，詩經大雅韓奕釋文：「『扼』或省作『戹』。」

〔一二〕新序雜事四：「古者，盂不穿，皮不蠹，不出四方。以是見君子重禮而賤利也。」

〔一三〕「迭」，王先謙校刊本作「疊」，舊本都作「迭」。史記封禪書：「自五帝以至秦，軼興軼衰。」漢書郊祀志「軼」作「迭」。

〔一四〕漢書董仲舒傳仲舒對策曰：「然夏上忠，殷上敬，周上文者，所繼之捄，當用此也。」史記高祖本紀太史公曰：「夏人政忠，忠之敝，小人以野；（集解：「鄭玄曰：『忠，質厚也。』」）故殷人承之以敬，敬之敝，小人以鬼；（集解：「鄭玄曰：『多威儀，如事鬼神。』」）故周人承之以文，文之敝，小人以僿；（集解：「鄭玄曰：『文，尊卑之差也。』」）故救僿莫若以忠。三王之道若循環，終而復始。」

〔一五〕禮記學記：「古之教者，家有塾，黨有庠，遂有序，國有學也。」

〔一六〕漢書董仲舒傳：「粲然有文以相接。」師古曰：「粲，明貌。」史記三王世家：「太史公曰：『文辭爛然，甚可觀也。』」「粲然」與「爛然」義同。

〔一七〕說苑指武篇：「王孫厲曰：『大之伐小，……猶大魚之吞小魚也。』」

〔一八〕韓非子解老篇：「故聖人衣足以犯寒，食足以充虛，則不憂矣。」呂氏春秋重己篇：「其爲輿馬衣裘也，足以逸身煖骸而已矣；其爲飲食酏醴也，足以適味充虛而已矣。」文子九守篇：「食足以充虛接氣，衣足以蓋形禦寒。」

〔一九〕禮記坊記：「君子仕則不稼，田則不漁。」楊樹達曰：「春秋繁露制度篇曰：『故君子仕則不稼，田則不漁。』按後漢書黄香傳引田令云：『商則不農。』又劉般傳云：『永平中，下令禁民二業。』般上言：郡國以官禁二業，至有田者不漁捕。』又桓譚傳譚上疏云：『先帝禁人二業。』然則後漢時猶嘗行此制也。」

〔二〇〕孟子萬章下：「抱關擊柝者，皆有常職以食焉。」漢書貨殖傳：「昔先王之制，自天子公侯卿大夫士至於皁隸抱關擊柝者，其爵禄、奉養、宫室、車服、棺槨、祭祀、死生之制，各有差品，小不得僭大，賤不得踰貴，夫然，故上下序而民志定。」

〔二一〕詩經小雅大田文。毛傳：「秉，把也。」韓詩外傳四：「天子不言多少，諸侯不言利害，大夫不言得喪，士不言通財貨，不爲賈道，故駟馬之家，不恃雞豚之息，伐冰之家，不圖牛羊之入，千乘之君，不通貨財，冢卿不修幣施，大夫不爲場圃，委積之臣不貪市井之利。是以貧窮有所懽，而孤寡有所措其手足也。詩曰：『彼有遺秉，此有滯穗，伊寡婦之利。』」

〔二二〕漢書食貨志：「漢興，接秦之敝。」

〔二三〕白虎通三正篇引尚書大傳曰：「王者一質一文，據天地之道。」史記平準書太史公曰：「一質一文，終始之變也。」漢書叙傳答賓戲：「迺文迺質，王道之綱。」案：論語雍也篇：「質勝文則野，文勝質則史。文質彬彬，然後君子。」又顏淵篇：「文猶質也，質猶文也。」此文質説之所本。

〔二四〕「弊」，明初本作「幣」；「更法」，原作「家法」，姚範曰：「『家』字疑誤。」器案：這是由於「更」或作「叓」，和「家」字形相近而錯了的。本書周秦篇：「故衣弊而革才（裁），法弊而更制。」語意和這裏相同，字正作「更」，今據改正。淮南子泰族篇：「故聖人事窮而更爲，法弊而改制，非樂變古易常也，將以救敗扶衰，黜淫濟（止也）非。」也可參證。（華氏活字本、太玄書室本「家法」作「法易」，勞幹校記引沈延銓本作「法易」，今所見沈本作「家法」，不作「法易」。）

〔二五〕漢書董仲舒傳：「捄溢扶衰。」師古曰：「『捄』，古『救』字。」

〔二六〕王先謙曰：「盧云：『弊疑幣。華本改幣。』案文義，作『幣』是。事類賦錢部引作『幣』，藝文類聚寶玉部、御覽八百七珍寶部、八百三十六資産部、九百四十鱗介部引並作『弊』，『幣』、『弊』古字通用。下文『幣數變』、『幣數易』，正作『幣』。」器案：明初本及玉海一八〇引作「幣」，「幣」、「弊」古混用。史記太史公自序：「維幣之行，以通農商。」索隱：「『維弊之行』，上弊音幣帛之幣，錢也。」是其證。漢書食貨志上：「通其變，使民不倦。」李奇曰：「器幣有不便於時，則變更通利之，使民樂其業而不倦也。」即此文「幣與世易」之意，亦本篇下文言「幣數變」之意也。又案：通鑑三三：「古者以龜、貝爲貨，今以錢易之，民以故貧，宜可改幣。」胡三省注：「貝，搏蓋翻，海介蟲也；居陸名贆，在水名蜬。古者，貨貝而寶龜，周有泉，至秦廢貝而行錢；其後，王莽以龜貝爲貨，蓋祖此説也。埤雅：『獸爲友，貝二爲朋。貝中肉如科斗而有首尾，貝之字從貝從八，言貝，目之所背也。』鹽鐵論曰：『教與俗改，幣與世易。』夏后氏以玄貝，殷人以紫石。』孔穎達曰：『爾雅：貝，居陸贆，在水蜬，大者魧，小者鰿。今之細貝，亦有紫色者，出日南。玄貝，貽貝黑色者。餘蚳，黃白文。餘泉，白黃文，白質黃文也。詩成貝錦，則紫貝也。紫貝，以紫爲質，黑爲文點也。䝯博而頯，中廣，兩頭鋭。蜠大而儉，鰿小而隋，隋狹而長。』贆，音標。蜬，音含。魧，音況。鰿，音積。蚳，音治。䝯，音葩。頯，匡軌翻。蜠，音困。」

〔二七〕御覽九四一、通鑑三三注引「后」下有「氏」字。

〔二八〕周書王會篇：「共人玄貝。」孔晁注：「玄貝，貽貝也。」

〔二九〕通鑑三三注引「周人」作「殷人」。爾雅釋魚：「玄貝，貽貝。」郭璞注：「黑色貝也。」郝懿行義疏：「王會篇：『共人玄貝。』孔晁注以共人爲吴、越，玄貝即貽貝也。鹽鐵論錯幣篇云：『夏后氏以玄貝，周人以紫石。』按紫石即紫貝，如彼所説，則殷人蓋白貝歟？」器案：管子山權數篇：「梁山之陽，綪絤夜石之幣，天下無有。」又揆度篇：「桓公問於管子曰：『吾聞海内玉幣有七策，可得而聞乎？』管子對曰：『陰山之礝碈，一策也；燕山之紫山白金，一策也；發朝鮮之文皮，一策也；汝漢之右衢黃金，一策也；江陽之珠，一策也；秦明山之曾青，一策也；禺氏邊山之玉，一策也。』」又輕重丁篇：「因使玉人刻石而爲璧，尺者萬泉，八寸者八千，七寸者七千，珪中四千，瑗中五百。璧之數已具。」蓋紫石、玉幣之屬，即古之泉刀，儀禮士相見禮：「凡執幣者不趨。」賈公彦疏：「案小行人合六幣，玉馬皮圭璧帛皆稱幣。」郝懿行謂「紫石即紫貝」，非是。

〔三〇〕史記平準書：「物盛而衰，固其變也。……太史公曰：『物盛則衰，時極而轉。一質一文，終始之變也。』」

〔三一〕盧文弨曰：「大典『征』作『正』。」禮記玉藻：「山澤列而不賦。」

〔三二〕「則」字原無，今據下句文例補。

〔三三〕「無」上原無「所」字，楊樹達曰：「元本作『易所無』，是。」器案：楊校引元本，即今定爲明初本，尋御覽八三六引正有「所」字，今據補正。孟子公孫丑下：「古之爲市也，以其所有，易其所無者。」

〔三四〕詩經衛風氓：「氓之蚩蚩，抱布貿絲。」毛傳：「布，幣也。」鄭箋：「幣者，所以貿物也。」周禮載師注：「先鄭曰：『里布者，布參印書，廣二寸，長二尺，以爲幣，貿易物。』」

〔三五〕此句下，張之象本、沈延銓本、金蟠本有「刀布之幣」四字。說文貝部貝下云：「古者，貨貝而寶龜，周而有泉，到秦廢貝行錢也。」漢書師丹傳：「古者，以龜貝爲貨，今以錢易之，民以故貧，宜可改幣。」

〔三六〕張之象注曰：「司馬貞曰：『古者，寶龜貨貝。食貨志有十朋五貝，皆用爲貨。貝各有多少，兩貝爲朋，故直二百一十六，元龜十朋，故直二千一百六十，已下各有差也。錢本名泉，言貨之流如泉也，故周有泉府之官。及景王乃鑄大錢。刀者，錢也，食貨志有契刀、錯刀。契刀長二寸，直五百。錯刀以黄金錯，直五千。其形如刀，故曰刀，以其利於人也。布泉者，言貨流布，故周禮有三夫之布。食貨志貨布長二寸五分，首長八分，足枝長八分。布者，布於民間也。』」

〔三七〕漢書董仲舒傳：「今漢繼秦之後，如朽木糞牆矣，雖欲善治之，亡可奈何。法出而姦生，令下而詐起，如以湯止沸，抱薪救火，愈甚亡益也。」

〔三八〕荀子大略篇：「上好義，（從王念孫校。）則民闇飾矣；上好富，則民死利矣。」即此文所本。賈子新書大政篇：「聖明則士闇飾矣。」

〔三九〕史記平準書：「至文帝時，……令民縱得自鑄錢。」

〔四〇〕說文手部：「擅，專也。」後禁耕篇：「吴王專山澤之饒。」又下文云：「王者外不障海澤。」國疾篇云：

「外障山海。」障即管也，見下注〔五五〕。

〔四一〕盧文弨曰：「『奸』，張本作『姦』，下『奸僞』同。」器案：後刺權篇：「姦猾交通山海之際。」輕重篇：「誅姦猾。」漢書武帝紀：「元狩六年詔：『姦猾爲害。』」又田蚡傳：「灌夫通姦猾，侵細民。」又主父偃傳：「外銷姦猾。」字俱作「姦猾」，謂姦邪猾亂也。後世有「老姦巨猾」語，本此。

〔四二〕張之象注曰：「食貨志曰：『孝文五年，爲錢益多而輕，乃更鑄四銖錢，其文爲半兩，除盜鑄錢令，使民放鑄。』吳王濞傳曰：『吳王濞者，高帝兄劉仲之子也。上患吳、會稽輕悍，無壯王以填之，諸子少，乃立濞於沛爲吳王。孝惠、高后時，天下初定，郡國諸侯，各務自拊循其民。吳有豫章郡（據顔師古引韋昭説，當衍「豫」字。）銅山，濞則招致天下亡命者，益鑄錢，煮海水爲鹽，以故爲賦，國用益饒。』佞幸傳曰：『鄧通者，蜀郡南安人也，以擢船爲黄頭郎，文帝悦焉。上使善相者相通，曰：當貧餓死。文帝曰：能富通者在我也，何謂貧乎？於是賜通蜀嚴道以鑄錢。鄧氏錢布天下，其富如此。』食貨志曰：『吳以諸侯即山鑄錢，富埒天子，後卒叛逆。鄧通，大夫也，以鑄錢財過王者。故吳、鄧錢布天下。』」

〔四三〕張之象、金蟠注曰：「食貨志曰：『建元以來，用少，縣官往往即山鑄錢，民益盜鑄，不可勝數。因有司言，造銀錫白金。以爲天用莫如龍，地用莫如馬，人用莫如龜。故白金三品：其一龍文，直三千；其二馬文，直五百；其三龜文，直三百。』」按漢書張湯傳：「縣官空虚，湯承上指，請造白金及五銖錢。」

〔四四〕史記平準書：「赤側錢賤，民巧法用之。」這裏説「民多巧新幣」，意同。漢書食貨志下：「賈誼諫曰：『法使天下公得顧租鑄銅錫爲錢，敢雜以鉛鐵爲它巧者其罪黥。然鑄錢之情，非殽雜爲巧，則不可得贏。』」史記平準書又寫道：「百姓抏獘以巧法。」又酷吏傳：「事益多，民巧法。」「巧」用法也同。本書相刺篇：「巧僞良民。」淮南子本經篇：「飾智以驚愚，設詐以巧上。」高誘注：「巧，欺也。」俞樾謂：「『民多巧』三字衍文。」非是。

〔四五〕倪邦彦本、正嘉本、張之象本、太玄書室本、沈延銓本、金蟠本「衡三」作「衡二」，都是形近之誤。史記平準書：「於是悉禁郡國無鑄錢，專令上林三官鑄。」就是指的這件事。集解：「漢書百官表：『水衡都尉，武帝元鼎二年初置，掌上林苑，屬官有上林均輸、鍾官、辨銅令。』然則上林三官，其是此三令乎！」又見漢書食貨志下、通典卷十、文獻通考卷十五。案漢置水衡都尉、水衡丞掌上林苑，也就等於周代的林衡、水衡二官。國語齊語：「山立三衡。」韋昭注：「周禮有山虞林衡之官。衡，平地，掌平其政也。」

〔四六〕「匠」原作「近」，據孫詒讓説校改。孫云：「『吏近』義不可通，『近』當爲『匠』，謂鑄泉之工匠也。干禄字書：『匠俗作近。』（亦見唐易州御注道德經及僧定太等造像記。）『近』與『近』相似故因而致誤。」

〔四七〕因物類推，來比較錢貨的輕重厚薄。漢書文帝紀：「皆以此令，比類從事。」

〔四八〕漢書武帝紀元狩六年詔曰：「日者，有司以幣輕多姦，農傷而末衆，又禁兼并之塗，故改幣以約之，廢期有月，而山澤之民未諭。」這裏所謂「信故疑新」，即漢武帝詔「未諭」之説也。又王莽傳中：「是時，百姓便安漢五銖錢，以莽錢大小兩行，難知，又數變改，不信。」其事頗與此同。説略本楊樹達。

〔四九〕「貞」原誤作「真」，上文云：「姦貞並行。」即指此，今據改正。

〔五〇〕古書常以「半」、「倍」對言，半就是二分之一，倍就是一的兩倍。本書水旱篇：「用不具則田疇荒，穀不殖，用力鮮，功自半，器便與不便，其功相什而倍也。」管子制分篇：「以半擊倍。」吴子料敵篇：「以半擊倍。」孟子公孫丑上：「故事半古之人，功必倍之。」吕氏春秋任地篇：「半其功，可使倍。」淮南子兵略篇：「故費不半而功自倍也。」陸機文選豪士賦序：「故曰：才不半古，而功已倍之。」晉書蔡謨傳：「征西將軍庾亮移鎮石城議：『方之於前，倍半之舉也。昔石生不能敵其半，而征西欲當其倍，愚所疑也。』」宋書曆志下：「祖沖之辯戴法興難新曆云：『倍半相違。』」這些都很好地說明了古人以「半」「倍」對文的用法。

〔五一〕張之象本、沈延銓本、金蟠本「或」作「惑」，古通。漢書食貨志下：「民用錢，郡縣不同，或用輕錢，百加若干，或用重錢，平稱不受。法錢不立，吏急而壹之虖？則大爲煩苛，而力不能勝；縱而弗呵虖？則市肆異用，錢文大亂。」錢文猶言錢法，荀子禮論篇：「文之至也。」楊注：「文謂法度也。」賈誼所言，足與此文互證。

〔五二〕「故」原作「政」，今據孫詒讓説校改。俞樾曰：「錢之善惡，豈得謂『無增損於政』乎？『於政』二字疑衍文。『鑄僞金錢以有法』，『以』讀爲『已』，謂鑄僞金錢有重法，而錢之善惡仍如故，見其無益也。漢書食貨志曰：『盜鑄金錢罪皆死，而吏民之犯者不可勝數。』即此義矣。」孫云：「俞讀『以』爲『已』，是也，而疑『於政』二字爲衍，則非。此當作『而錢之善惡無增損於故』，今本『故』譌爲『政』，義遂不可通。」

〔五三〕黄季剛曰：「『用人』當作『用者』解。」

〔五四〕這當是春秋師説。史記商君傳：「利不百，不變法；功不十，不易器。」漢書韓安國傳：「利不十者不易業，功不百者不變常。」意義和此相近。這裏也是文學引春秋師説來反對變法改制的意思。又蕭望之傳：「五帝三王，教化所不施，不及以政。」

〔五五〕禮記王制："名山大澤不以封。"注："與民同財，不得障管，亦賦稅之而已。"三國志吳書顧雍傳："吳壹等因此漸作威福，遂造作榷酤障管之利。"

禁耕*第五

大夫曰："家人有寶器，尚函匣而藏之，況人主之山海乎〔一〕？夫權利〔二〕之處，必在深山窮澤之中，非豪民不能通其利。異時〔三〕，鹽鐵未籠〔四〕，布衣有朐邴〔五〕，人君有吳王，皆鹽鐵初議也〔六〕。吳王專山澤之饒，薄賦其民〔七〕，賑贍窮乏〔八〕，以成私威。私威積而逆節〔九〕之心作。夫不蚤絕其源而憂其末，若決呂梁〔一〇〕，沛然，其所傷必多矣。太公曰：『一家害百家，百家害諸侯，諸侯害天下，王法禁之〔一一〕。』今放民於權利〔一二〕，罷鹽鐵以資暴彊，遂其貪心，衆邪羣聚，私門成黨〔一三〕，則強禦〔一四〕日以不制，而并兼之徒姦形成也〔一五〕。"

文學曰："民人〔一六〕藏於家，諸侯藏於國，天子藏於海內〔一七〕。故民人以垣牆〔一八〕爲藏閉，天子以四海爲匣匱。天子適諸侯，升自阼階，諸侯納管鍵，執策而聽命，示莫爲主也〔一九〕。是以王者不畜聚，下藏於民，遠浮利，務民之義；義禮立，則民化上〔二〇〕。若是，雖湯、武生存於世，無所容〔二一〕其慮。工商之事，歐冶之任，何姦之能成？三桓專魯〔二二〕，六卿分晉〔二三〕，不以鹽鐵〔二四〕。故權利深者，不在山海，在朝廷；一家害百家，在蕭牆〔二五〕，而不在朐邴也。」

大夫曰：「山海有禁而民不傾，貴賤有平〔二六〕而民不疑。縣官設衡立準，人從所欲〔二七〕，雖使五尺童子〔二八〕適市，莫之能欺。今罷去之，則豪民擅其用而專其利。決市閭巷〔二九〕，高下在口吻〔三〇〕，貴賤無常，端坐〔三一〕而民豪，是以養强抑弱而藏於跖〔三二〕也。彊養弱抑，則齊民消〔三三〕，若衆穢〔三四〕之盛而害五穀。一家害百家，不在朐邴，如何也？」

文學曰：「山海者，財用之寶路〔三五〕也。鐵器者，農夫之死士〔三六〕也。死士用，則仇讎滅，仇讎滅〔三七〕，則田野闢，田野闢而五穀熟。寶路開，則百姓贍而民用給，民用給則國富。國富而教之以禮〔三八〕，則行道有讓〔三九〕，而工商不相豫，人懷敦樸以〔四〇〕相接，而莫相利。夫秦、楚、燕、齊，土力不同，剛柔異勢〔四一〕，巨小之用，居句〔四二〕之宜，黨〔四三〕殊俗易，各有所便。縣官籠而一之，則鐵器失其宜，而農民失其便。器用不便，則農夫罷於壄而草萊不辟；草萊不辟，則民困乏。故鹽冶之處，大傲〔四四〕皆依山川，近鐵炭〔四五〕，其勢咸遠而作劇。郡中卒踐更者〔四六〕，多不勘〔四七〕，責取庸〔四八〕代。縣邑或以户口〔四九〕賦鐵，而賤平其準。良家〔五〇〕以道次〔五一〕發僦運鹽、鐵，煩費〔五二〕，百姓病苦之。愚竊見一官之傷千里，未覩其在胸邴也。」

＊管子國蓄篇寫道：「以田畝籍，謂之禁耕。」尹知章注：「是止其耕稼也。」篇中，文學欲以「縣官籠而一之，則鐵器失其宜，而農民失其便。器用不便，則農夫罷於野而草萊不辟」；草萊不辟，則民困乏」，造成這樣的後果，歸咎於鹽鐵官營，以攻桑弘羊。而桑弘羊則揭露文學的目的，是「罷鹽、鐵以資暴强」，讓「豪民擅其用而專其利」，認爲如不堅決地給以打擊，就會「強禦日以不制」。這明確地揭示了這場以鹽、鐵爲辯論中心的實質。

〔一〕通典卷十、文獻通考卷十五作：「家人有寶器，尚猶柙而藏之，況天地之山海乎？」「家人」就是下文「民人」的意思。史記季布傳索隱：「家人，謂居家之人也。」漢書惠帝紀注：「家人，言庶人之家。」又欒布傳注：「家人，言編户之人也。」又汲黯傳注：「家人，猶言庶人家也。」又董賢傳注：「家人，猶庶人也。」通鑑六注：「家人，猶今所謂齊民也。」明初本、華氏本「匣」作「匱」。

〔二〕「權利」，本書習用常語，就是權勢、利益的意思。荀子勸學篇：「權利不能傾也，羣衆不能移也。」史記鄭世家：「語有之，以權利合者，權利盡而交疏。」又武安侯傳：「宗族賓客，各爲權利。」又主父偃傳：「嚴安上書：『貴仁義，賤權利。……爲知巧權利者進。』」又貨殖傳：「若至力農畜工虞商賈，爲權利以成富，大者傾郡，中者傾縣，下者傾鄉里者，不可勝數。」這裏指「豪民」掌握了爲數不少的勞動力，「衆邪羣聚，私門成黨」，他們可以指揮這些勞動力，即復古篇所謂「成姦僞之業，遂朋黨之權」是也。

〔三〕史記平準書索隱：「異時，昔時也。」漢書項籍傳注師古曰：「異時，猶言先時也。」

〔四〕漢書張湯傳：「籠天下鹽鐵。」師古曰：「籠羅其事，皆令利入官。」案即收歸國有之意。

〔五〕此文原作「布衣有朐邴、朐邴人吴王皆鹽鐵初議也。君有吴王專山澤之饒」，今據張之象本、沈延銓本、金蟠本校改。通典、文獻通考亦作「布衣有朐邴，人君有吴王」。朐邴即史記貨殖傳的曹邴氏，漢書貨殖傳作丙氏。王先謙漢書補注引鹽鐵論此文説道：「案『朐』即『宛朐』，春秋曹國地也，在今曹州府菏澤縣西南。故史記作曹邴，而當時謂之朐邴也。」案曹邴氏以鐵冶起。王應麟姓氏急就篇上：「朐氏，見姓苑，鹽鐵論：『布衣有朐邴。』」説未可從。

〔六〕「初議」猶言新議，就是説關於鹽、鐵的問題，就提到新的議事日程上來了。秦、漢人往往把「初」字當作「新」字用，史記商君傳：「秦民之國都言初令之不便者以千數。」索隱：「謂鞅新變之法令爲初令。」正義：「初令，謂鞅之新法。」又佞幸傳：「弦次初詩。」索隱：「按初詩即所新造樂章。」又大宛傳：「乃遣使柏始昌、吕越人等，歲十餘輩出此初郡。」漢書張騫傳同，師古曰：「文山以上初置者。」初郡即新建之郡。又漢書元帝紀：「以渭城壽陵亭部原上爲初陵。」又成帝紀：「行幸初陵，赦作徒。」又哀帝紀：「以渭城西北原上永陵亭部爲初陵。」初陵都指新陵，都是「初」作「新」字用之證。

〔七〕漢書荆燕吴傳贊：「吴王擅山海之利，能薄斂以使其衆，逆亂之萌，自其子興。」宋初曰：「『斂』上當有『賦』字。」

〔八〕「乏」原作「小」，今據通典十引改。這由於「乏」本作「⿱丆少」，因缺誤爲「小」。

〔九〕「逆節」，叛逆的行徑，蓋漢時功令用語。漢書景十三王傳：「凡殺無辜十六人，至一家母子三人，逆節絶理。」杜欽傳：「三垂蠻、夷，無逆理之節。」主父偃傳：「今以法割削，則逆節萌起。」賈捐之傳：「背叛逆節。」趙廣漢傳：「逆節傷化。」西域傳上：「前親逆節。」

〔一〇〕呂氏春秋愛類篇：「昔上古龍門未開，呂梁未發。」高誘注：「呂梁，在彭城呂縣，大石在水中，禹決而通之，號曰呂梁。」淮南子本經篇：「龍門未開，呂梁未發。」高誘注：「呂梁，在彭城呂縣，石生水中，禹決而通之，民所由得度也，故曰呂梁也。」莊子達生篇釋文引司馬彪注及水經河水注都以爲在離石縣西。兩説不同，未知孰是。

〔一一〕續漢書百官志五注引太公陰符：「武王問太公：『願聞治亂之要。』太公曰：『其本在吏。』……武王曰：『民亦有罪乎？』太公曰：『民有十大於此，除者則國治而民安。』武王曰：『十大何如？』太公曰：『民勝吏，淳大臣，一大也；民宗强，侵陵羣下，二大也；民甚富，傾國家，三大也；民尊親其君，天下歸慕，四大也；衆暴寡，五大也；民有百里之譽，千里之交，六大也；民以吏威爲權，七大也；恩行於吏，八大也；民服信，以少爲多，奪人田宅，贅人妻子，九大也；民之基業畜產，爲人所苦，十大也。所謂一家害一里，一里害諸侯，諸侯害天下。』」「一里」，此文作「百家」，蓋出别本。

〔一二〕張之象本、沈延銓本、金蟠本「今」作「令」。通典十、文獻通考十五、經濟類編引「放」作「縱」。論語里仁篇：「放於利而行多怨。」集解：「孔安國曰：『放，依也。』」

〔一三〕淮南子氾論篇：「私門成黨，而公道不行。」高誘注：「黨，羣。」説苑君道篇：「私門盛而公家毁。」

〔一四〕詩經大雅蕩：「曾是彊禦。」毛傳：「彊禦，彊梁禦善也。」史記周本紀集解引牧誓鄭玄注：「彊禦，謂强暴也。」春秋繁露必仁且智篇：「其强足以覆過，其禦足以犯詐。」

〔一五〕王先謙曰：「通典『也』作『矣』。」按文獻通考、經濟類編作「而兼并之徒奸形成矣」。漢書武帝紀：「又禁兼并之塗。」李奇曰：「謂大家兼役小民，富者兼役貧民，欲平之也。」文選張平子雜詩注：「兼并，謂大家役小民，富者兼役平民也。」通鑑綱目集覽二三：「謂大家并役小民之力，富者兼有貧者之財。」

〔一六〕通典十引「民人」作「人庶」，文獻通考十五作「庶人」，當是避「民」字諱改。

〔一七〕韓詩外傳十：「王者藏於天下，諸侯藏於百姓，農民藏於囷庾，商賈藏於篋匱。」説苑反質篇：「天子藏於四海之内，諸侯藏於境内，大夫藏於其家，士庶人藏於篋櫝。」漢書蕭望之傳：「古者藏於民，不足則取，有餘則予。」説略本楊樹達。

〔一八〕新序雜事三：「燕惠王遺樂毅書：『國有封疆，猶家之有垣牆。』」

〔一九〕孫人和曰：「國策趙策三云：『天子巡狩，諸侯辟舍，納于（當衍）筦鍵，攝衽抱几，視膳於堂下，天子已食，退而聽朝也。』史記魯仲連傳作『納筦籥』，索隱云：『辟舍，避正寢。案禮，天子適諸侯，必舍於祖廟。』敦煌本春秋後語作『納莧籥』，『莧』即『筦』之誤字。」器案：賈子新書禮篇：「禮，天子適諸侯之宫，諸侯不敢自阼階者，主之階也。天子適諸侯，諸侯不敢有宫，不敢爲主人也。」禮記坊記：「故天子四海之内無客禮，莫敢爲主焉。故君適其臣，升自阼階，即位於堂，示民不敢有室也。」又見白虎通巡狩篇。

〔二〇〕「義禮立，則民化上」，通典十、文獻通考十五作「利立而人怨上」。器案：此文當作「義立則民化上，利立而人怨上」，鹽鐵論與通典、通考各脱一句。此承上文利義爲言也。

〔二一〕釋名釋姿容：「容，用也。」呂氏春秋審分篇：「諂諛詖賊巧佞之人無所竄其姦矣。」高誘注：「竄猶容也。」

〔二二〕史記魯周公世家：「冬十月，襄仲殺子惡及視而立倭，是爲宣公，……魯由此公室卑，三桓强。」集解：「服虔曰：『三桓，魯桓公之族：仲孫，叔孫，季孫。』又：『悼公之時，三桓勝，魯如小侯，卑於三桓之家。』」漢書張敞傳：「季氏顓魯。」師古曰：「『顓』與『專』同。」

〔二三〕史記晉世家：「昭公六年卒，六卿强，公室卑。」索隱：「韓、趙、魏、范、中行及智氏爲六卿。後韓、趙、魏爲三卿而分晉政，故曰三晉。」又：「頃公十二年，晉之宗家祁傒孫、叔嚮子相惡於君，六卿欲弱公室，乃遂以法盡滅其族，而分其邑爲十縣，各令其子爲大夫，晉益弱，六卿皆大。」漢書五行志下之下：「六卿分晉。」師古曰：「晉出公八年，春秋之傳終矣，出公十七年卒，卒後八十年至靖公，爲韓、趙、魏所滅，而三分其地。蓋晉之衰也，六卿擅權，其後，范氏、中行氏、智氏滅，而韓、趙、魏兼其土地人衆，故猶言『六卿分晉』也。」陶潛聖賢羣輔録：「趙無恤襄子，范吉射昭子，智瑶襄子，荀寅文子，魏多襄子，韓不信簡子，此六族世爲晉卿，並有功名，實弱晉，號曰六卿。」

〔二四〕通典十、文獻通考十五引「鐵」作「冶」，後文有「鹽冶之處」。

〔二五〕論語季氏篇：「吾恐季孫之憂，不在顓臾，而在蕭牆之内也。」集解：「鄭玄曰：『蕭牆，謂屏也。』」

〔二六〕「平」，即本議篇「行姦賣平」之「平」。

〔二七〕「人從所欲」，通典十、文獻通考十五引作「而人得其所」。

〔二八〕古代以身高七尺爲成人，淮南子精神篇：「吾生有七尺之形。」即其證。至於兒童，或稱五尺，或稱六尺。如墨子旗識篇：「五尺童子爲童旗。」孟子滕文公上：「從許子之道，則市賈不貳，國中無僞，雖使五尺之童適市，莫之或欺。」荀子仲尼篇：「仲尼之門，五尺之豎子，言羞稱乎五伯。」韓非子解老篇：

「五尺之愚童子。」戰國策楚策：「悉五尺至六十，三十餘萬。」呂氏春秋重己篇：「使五尺豎子引其棬，而牛恣所以之，順也。」淮南子主術篇：「若指之桑條以貫其鼻，則五尺童子牽而周四海者，順也。」漢書賈誼傳：「五尺以上，不輕得息。」如淳曰：「五尺，謂小兒也。」楊雄解嘲：「五尺童子，羞比晏嬰與夷吾。」這是稱童子爲五尺之證。論語泰伯篇：「可以託六尺之孤。」集解：「孔安國曰：『六尺之孤，謂幼少之君也。』」漢書賈誼傳：「可以寄六尺之孤。」應劭曰：「六尺之孤，未能自立者也。」後漢書明帝紀及李燮傳注並云：「六尺謂年十五以下也。」古人以二歲半爲一尺。」這是稱六尺之證。又案：孟子趙岐注云：「不相欺愚小也。」七經孟子考文云：「古本作『不相欺愚小也，愚小，謂五尺之童也』。」

〔二九〕東觀漢記卷二三：「更始在長安，官爵多羣小，里閭語曰：『使兒居市決，作者不能得。』傭之市空返，問何故，曰：『今日騎都尉往會日也。』由是四方不復信向京師。」則西漢末年猶行市決之制。市決者，蓋即楊雄法言學行篇所謂「一鬨之市，必立之平」者也。漢書杜周傳：「君爲天下決平，不循三尺法。」蓋決市猶決刑，都必須持平也。

〔三〇〕左傳宣公十五年：「諺曰：『高下在心。』」義與此同。蓋存之於心，則曰在心；發之於口，則曰在口吻也。漢書東方朔傳：「吐脣吻。」隋書梁毗傳載劾楊素封事：「榮枯由其脣吻。」「脣吻」即「口吻」也。

〔三一〕「端坐」，猶言安坐。三國志吴書虞翻傳：「端坐悒悒。」晉書東海王越傳：「端坐京輦，以失據會。」

〔三二〕莊子有盜跖篇，寓言也，言跖爲柳下惠之弟。尋柳下惠展禽者，始見於魯僖公時，去孔丘之生於魯襄公二十一年者，約一百年，此於孔丘當爲「所聞」及「所傳聞」之世，時代初不相值，跖蓋虛構之人物耳。後人羌以爲故實，如司馬遷於伯夷列傳歎蹠之「橫行天下，竟以壽終」；李奇謂：「跖，秦大盜也。」張守節謂：「蹠者，黄帝時大盗名」是皆鑿矣。跖、蹠同字。

〔三三〕史記平準書：「亂齊民。」索隱：「晉灼曰：『中國被教整齊之人也。』」又見漢書食貨志下，如淳曰：「齊，等也，無有貴賤謂之齊民，若今言平民矣。」文選長笛賦注：「消，鑠也。」

〔三四〕「穢」，蕪穢，田中雜草。吕氏春秋辨土篇：「弗除則蕪，除之則虚，則草竊之也。」高誘注：「蕪，穢也。」文選招魂：「牽於俗而蕪穢。」集注：「王逸曰：『不治曰蕪，多草曰穢。』」淮南子繆稱篇：「穢生於弗耨。」韓詩外傳二：「田穢稼惡。」漢書嚴延年傳延年報張敞書：「河南秀盛苗穢，何可不除。」

〔三五〕「實」下原無「路」字，今據張敦仁説校補。張云：「按通典十引『實』下有『路』字，此脱，當依補。下文云『實路開則百姓贍』云云，與此相承。張之象本添『而實路開』於『實路開』之上，（沈延銓本、金蟠本同。）拾補又添『五穀熟』於其上，云：『三字脱，當有。』盧意以爲『五穀熟而實路開』方始成文，不知『實路開』自蒙此句，『開』者，謂不管山海，與『五穀熟』迥不相蒙也。拾補誤於張之象本，又失校通典此句，故所説全非。」案：文獻通考十五亦有「路」字。

〔三六〕二「死士」字，原作「死生」，今據張敦仁説校改。張云：「案通典十引二『生』字皆作『士』，此誤，當依改。拾補『生』改『士』，不云通典，亦非。」案：文獻通考十五亦作「士」。

〔三七〕通典十、文獻通考十五不重「仇讎滅」，下文「田野闢」、「國富」亦不重，皆當爲「小二」失去之故也。

〔三八〕論語子路篇：「子適衛，冉有僕。子曰：『庶矣哉！』冉有曰：『既庶矣，又何加焉？』曰：『富之。』曰：『既富矣，又何加焉？』曰：『教之。』」

〔三九〕通典十、文獻通考十五引此句作「禮行則道有讓」。

〔四〇〕「以」下原有「自」字，通典十、文獻通考十五引無，今據刪訂。

〔四一〕「土力」原作「士力」，華氏活字本、張之象本、沈延銓本作「土力」，今據改正。「土力」即園池篇之「地力」，史記平準書及貨殖傳云：「李克盡地力。」史記孟荀列傳、漢書食貨志云：「李悝盡地力之教。」論衡率性篇：「夫肥沃墝埆，土地之本性也。肥而沃者性美，樹稼豐茂；墝而埆者性惡，深耕細鋤，厚加糞壤，勉致人功，以助地力，其樹稼與彼肥沃者相似類也。」其所謂「土地之本性」，即地力之義，蓋存於中者謂之地性，發於外者謂之地力。方岳山莊書事：「且言土力貧，年登苦艱阨。」正用土力。通典十、文獻通考十五引「勢」作「氣」。周禮考工記：「地有氣。」鄭玄注：「氣，剛柔也。」

〔四二〕「句」原作「局」，今據通典十、文獻通考十五引改正。盧文弨曰：「『居局』，今依通典作『倨句』。」張敦仁曰：「案『局』當作『句』，此考工記車人爲耒之倨句也。『居』『倨』同字，通典十引作『倨』，蓋杜改之以合於周禮字耳。管子弟子職云：『居句如矩。』可爲此作『倨』之證。拾補從通典，『句』是而『倨』非。」器案：「居句」就是曲直的意思，這裏指犂類之曲直而言。禮記樂記：「倨中矩，句中鉤。」荀子宥坐篇：「埤下裾拘。」楊倞注：「『裾』與『倨』同，方也。『拘』讀爲『鉤』，曲也。」案説苑雜言篇作「卑下句倨」，家語三恕篇作「卑下倨拘」。大戴禮記曾子立事篇：「與其倨也寧句。」淮南子兵略篇：「倨句詘伸。」賈子新書容經：「故身之倨佝，手之高下，顏色聲氣，各有宜稱，所以明尊卑，別疏戚也。」

〔四三〕漢書食貨志上：「五家爲鄰，五鄰爲里，四里爲族，五族爲黨，五黨爲州，五州爲鄉，鄉萬二千五百戶也。」

〔四四〕張之象本，沈延銓本、毛扆校本「傲」作「校」，金蟠本作「校」，太玄書室本作「抵」。陳遵默曰：「『傲』

「校」聲借，荀子大略：「其行效，其立效，其坐效，其置顏色、出辭氣效。」即借爲「傚」。「傚」之爲「校」，猶「效」之爲「傚」也。」

〔四五〕漢書食貨志下：「冶熔炊炭。」

〔四六〕漢書昭帝紀注：「如淳曰：『更有三品：有卒更，有踐更，有過更。古者，正卒無常，人皆當迭爲之，一月一更，是謂卒更也；貧者欲得顧更錢者，次直者出錢顧之，月二千，是謂踐更也；天下人皆直戍邊三日，亦名爲更律，所謂繇戍也，雖丞相子亦在戍邊之調，不可人人自行三日戍，又行者當自戍三日，不可往便還，因便住，一歲一更，諸不行者出錢三百入官，官以給戍者，是謂過更也。律説卒踐更者，居也，居更縣中五月乃更也。後從尉律，卒踐更一月，休十一月也。』」

〔四七〕沈延銓本「勘」作「堪」。

〔四八〕「庸」通「傭」。史記欒布傳：「窮困賃傭於齊。」漢書欒布傳「傭」作「庸」。管子治國篇：「耕耨者有時，而澤不必足，則民倍貸以取庸矣。」韓非子外儲説左上：「取庸作者進美羹。」淮南子繆稱篇：「取庸而强飯之，莫之愛也。」漢書景帝紀：「吏發民若取庸采黄金珠玉者，坐臧爲盜。」注：「韋昭曰：『取庸，用其資以顧庸。』」又周勃傳：「取庸苦之，不與錢。」師古曰：「庸謂賃也。」

〔四九〕漢書元帝紀：「今所爲初陵，勿置縣邑。」又百官公卿表上：「皇后公主所食曰邑。」又貢禹傳：「禹以爲古民無賦，算口錢起武帝，征伐四夷，重賦於民，民産子三歲，則出口錢，至於生子輒殺，甚可悲痛。宜令兒七歲去齒，乃出口錢，年二十迺算。」貢禹所言武帝始算口錢事，正與此合。漢書昭帝紀：「元鳳四年春，……毋收四年五年口賦。」如淳曰：「漢儀注：『民年七歲至十四出口賦錢，人二十三，二十錢以食天子，其三錢者，武帝加口錢以補車騎馬。』」這裏説「縣邑或以户口賦鐵」，則且算及年七歲至十四之兒童矣。

〔五〇〕漢書地理志下：「漢興，六郡良家子選給羽林期門。」如淳曰：「醫商賈百工不得豫也。」又馮奉世傳：「以良家子選爲郎。」史記李將軍傳：「廣以良家子從軍擊胡。」索隱：「如淳曰：『良家子，非醫巫商賈百工也。』」續漢書百官志二：「羽林中郎將，比二千石。……羽林郎比三百石。本注曰：『無員，掌宿衛侍從，常選漢陽、隴西、安定、北地、上郡、西河，凡六郡良家補。』」器案：漢陽即漢書地理志下之天水郡，原注云：「武帝元鼎三年置，莽曰填戎，明帝改曰漢陽。」此所謂「良家」者，蓋指此六郡而言。

〔五一〕「道次」猶言「縣次」，漢書百官公卿表上：「縣……有蠻夷曰道。」漢書地理志凡道三十二，蓋漢之道，猶今之少數民族自治縣也。此六郡中以道名者，凡十有二，爲全漢之時三分居一而強；實則地處邊郡，少數民族多與漢人雜處，不必定著於此十二道也。此實爲内郡所無之一大特點，故時人於徵發之事，不謂之「縣次」，而謂之「道次」也。「縣次」者，漢書武帝紀云：「元光五年八月，徵吏民有明當世之務，習先聖之術者，縣次續食，令與計偕。」又元帝紀：「元始二年，……起官寺市里，募徙貧民，縣次給食，至徙所云云。」又匈奴傳下：「載以常車。」劉德曰：「縣易車也。舊司農出錢市車，縣次易牛也。」又食貨志下：「南陽、漢中以往，各以地比給初郡吏卒。」師古曰：「地比謂依其次第。自近及遠曰比。」道次、縣次，與地比義近，亦謂自出發地出車，縣或道則依其次第，自近及遠易牛也。

〔五二〕「煩費」下，原有「邑或以户」四字，今據盧文弨説删。

復古*第六

大夫曰：「故扇水都尉〔一〕彭祖寧歸〔二〕，言：『鹽、鐵令品〔三〕，令品甚明。卒徒衣食縣官〔四〕，作鑄鐵器，給用甚衆，無妨於民。而吏或不良，禁令不行，故民煩苦之。』令〔五〕意總一鹽、鐵〔六〕，非獨爲利入也，將以建本抑末，離朋黨〔七〕，禁淫侈，絶并兼之路也。古者，名山大澤不以封〔八〕，爲下之專利也。山海之利，廣澤之畜，天地〔九〕之藏也，皆宜屬少府；陛下不私，以屬大司農〔一〇〕，以佐助百姓。浮食奇民〔一一〕，好欲擅山海之貨，以致富業〔一二〕，役利細民〔一三〕，故沮事議者衆〔一四〕。鐵器兵刃，天下之大用也，非衆庶所宜事也〔一五〕。往者，豪強大家，得管〔一六〕山海之利，采鐵石鼓鑄〔一七〕，煮海爲鹽〔一八〕。一家聚衆，或至千餘人，大抵盡收放流人民也〔一九〕。遠去鄉里，棄墳墓，依倚大家，聚深山窮澤之中〔二〇〕，成姦僞之業，遂朋黨之權，其輕爲非亦大矣〔二一〕！今者〔二二〕，廣進賢之途，練〔二三〕擇守尉，不待去鹽、鐵而安民也。」

文學曰：「扇水都尉所言，當時之權〔二四〕，一切〔二五〕之術也，不可以久行而傳世，此非明王所以君國子民〔二六〕之道也。詩云：『哀哉爲猶，匪先民是程，匪大猶是經，維邇言是聽〔二七〕。』此詩人刺不通於王道，而善〔二八〕爲權利者。孝武皇帝〔二九〕攘九夷〔三〇〕，平百越〔三一〕，師旅數起，糧食不足。故立田官，置錢，入穀射官〔三二〕，救急贍不給〔三三〕。今陛下繼大功之勤，養勞勑〔三四〕之民，此用麋鬻〔三五〕之時；公卿宜思所以安集百姓〔三六〕，致利除害，輔明主以仁義，修潤洪業之道。明主即位以來，六年於兹，公卿無請減除不急之官〔三七〕，省罷機利〔三八〕之人。人權縣太久〔三九〕，民良〔四〇〕望於上。陛下宣聖德，昭明光，令郡國賢良、文學之士〔四一〕，乘傳〔四二〕詣公車〔四三〕，議五帝、三王之道，六藝〔四四〕之風，册陳安危利害之分，指意粲然。今公卿辨議，未有所定，此所謂守小節而遺大體〔四五〕、抱小利而忘大利者也〔四六〕。」

大夫曰：「宇棟之内〔四七〕，鷰雀不知天地之高〔四八〕；坎井之鼃，不知江海之大〔四九〕；窮夫否〔五〇〕婦，不知國家之慮；負荷之商，不知猗頓之富。先帝計外國之利，料〔五一〕胡、越之兵，兵敵〔五二〕弱而易制，用力少而功大，故因勢變以主〔五三〕四夷，地濱山海，以屬〔五四〕長城，北略河外，開路〔五五〕匈奴之鄉，功未卒。蓋文王受命伐崇〔五六〕，作邑于豐；武王繼之，載尸以行〔五七〕，破商擒紂，遂成王業。曹沫棄三北之恥〔五八〕，而復侵地；管仲負當世之累〔五九〕，而立霸功〔六〇〕。故志大者遺小，用權者離俗〔六一〕。有司思師望〔六二〕之計，遂先帝之業，志在絶胡、貉，擒單于，故未遑扣扃〔六三〕之義，而録拘儒〔六四〕之論。」

文學曰：「鸗雀離巢宇而有鷹隼之憂，坎井之鼃離其居而有蛇鼠之患，況翱翔千仞而游四海乎？其禍必大矣！此李斯所以折翼〔六五〕，而趙高没淵〔六六〕也。聞文、武受命，伐不義以安諸侯大夫〔六七〕，未聞弊諸夏以役夷、狄也。昔秦常舉天下之力以事胡、越〔六八〕，竭天下之財以奉其用，然衆不能畢〔六九〕；而以百萬之師，爲一夫之任，此天下共聞也。且數戰則民勞，久師則兵弊〔七〇〕，此百姓所疾苦，而拘儒之所憂也。」

＊這篇所記述的辯論，以「復古」標題，如實地揭示了這次論戰的實質是復古與反復古的鬬爭。荀子王制篇寫道：「衣服有制，宫室有度，人徒有數，喪祭械用有等宜，聲則非雅聲者舉廢，道則非舊文者舉息，械則非舊器者舉毀，夫是之謂復古。」由是可見，所謂「復古」，結合着這次争論來看，不過是賢良、文學擬就已成事實，維持民間得擅鹽鐵之利，原封不動而已。在這次論戰中，賢良提倡「復諸古而已」（執務篇），文學揚言「復古之道」（利議篇），目的是要求「公卿」們「輔明主以仁義」，而詆毁「鹽鐵令品」。桑弘羊針鋒相對地給予駁斥，指出鹽、鐵官營，「非獨爲利入也，將以建本抑末，離朋黨，禁淫侈，絶并兼之路」，並援引了王制「古者，名山大澤不以封，爲下之專利也」的話，證明政府搞鹽、鐵官營，是根據古制制訂的。這一駁斥使文學們無言以對，被迫轉入其它話題。

〔一〕漢書昭帝紀注：「師古曰：『前爲此官，今不居者，皆謂之故也。』」案「扇」疑「三」字聲近錯了的。漢書地理志安定郡有三水縣，原注云：「屬國都尉治，有鹽官。」漢書百官公卿表：「典屬國，秦官，掌蠻、夷降者，武帝元狩三年，昆邪王降，復增屬國，置都尉、丞、侯千人。」案安定即漢武帝所置五屬國之一，三水爲安定屬國都尉治。凡屬國皆以都尉治之，則彭祖乃屬國都尉也，以其治在三水，故稱三水都尉也。三水有鹽官，故彭祖能言其利弊也。水經河水注：「屬國都尉治三水縣西南，去安定郡三百四十里，侍郎張奐爲安定屬國都尉，治此。」案後漢書張奐傳：「永壽元年，遷安定屬國都尉。」宋李復潏水集五回嚴司理：「昔年在同州，見太守孫亞夫，出一金印，刻曰『三水王印』，其印差小，字畫亦與此（指「陽邑侯印」）略同。」未知即此安定之三水否也。勞幹居延漢簡考釋則以「扇水」爲「肩水」之誤。

〔二〕姚範曰：「漢書哀紀：『予寧三年。』高紀服虔注：『吉曰告，凶曰寧。』百官表有彭祖，爲京兆尹，在元鳳四年。」器案：哀紀注：「師古曰：『寧謂處家持喪服。』」高帝紀上注：「李斐曰：『休謁之名，吉曰告，凶曰寧。』」姚範引作服虔，誤。又馮野王傳注：「如淳曰：『律：吏二千石以上告歸、歸寧，道不過行在所者，便道之官，無辭。』」此彭祖寧歸，蓋爲過長安謁者，故御史大夫桑弘羊得聞其有關鹽、鐵令品的反映。史記李斯傳：「三川守李由告歸咸陽。」李由的父親李斯家在咸陽，故著其歸宿的地方；若彭祖蓋爲過長安謁者，故不言寧歸長安也。後漢書陳忠傳：「尚書令祝諷、尚書孟布等奏，以爲『孝文皇帝定約禮之制，光武皇帝絶告寧之典……』，忠上疏曰：『高祖受命，蕭何創制，大臣有寧告之科，合於致憂之義。建武之初，新承大亂，凡諸國政，多趣簡易，大臣既不得告寧，而羣司營禄念私，鮮循三年之喪，以報顧復之恩者。』」

〔三〕「鹽、鐵令品」謂有關鹽、鐵法令條文。漢書百官公卿表上：「少府屬官有若盧。」注：「如淳曰：『若盧，官名也，藏兵器。品令曰：若盧郎中二十人，主弩射。』」疑此文「令品」亦當作「品令」。漢代凡屬法令條文，有謂「品」者，漢書哀帝紀：「詔諸名田畜奴婢過品者，皆没入縣官。」又匈奴傳上：「故約，漢常遣翁主，給繒絮、食物有品以和親。」注：「師古曰：『品謂等差也。』」有謂「品式」者，漢書宣帝紀：「樞機周密，品式備具，上下相安，莫有苟且之意也。」又孔光傳：「光以高第爲尚書，觀故事品式，數歲，明習漢制及法令。」有謂「程品」者，漢書任敖傳：「吹律調樂，入之音聲，及以比定律令，（臣瓚曰：「謂以比故取類以定法律與條令也。」）若百工，天下作程品。」注：「師古曰：言吹律調者，以定法令，及百工程品，皆取則也。」史記酷吏傳：「於是作沈命法曰：『羣盜起不發覺，發覺而捕弗滿品者，二千石以下至小吏主者皆死。』」正義：「品，程限也。」漢書酷吏傳注師古曰：「品，率也，以人數爲率也。」史記太史公自序：「張蒼爲章程。」集解：「瓚曰：『茂陵書：丞相爲工用程數其中。言百工用材多少之量及制度之程品者是也。』」有謂「儀品」者，漢書梅福傳：「叔孫通遁秦歸漢，制作儀品。」又韓延壽傳：「因與議定嫁娶喪祭儀品。」有謂「條品」者，漢書王莽傳中：「公卿大夫元士食其采，多少之差，咸有條品。」論衡程材篇：「五曹自有條品。」又有謂「科品」者，後漢書安帝紀：「元初五年詔曰：『舊令制度，如有科品。』」又有謂「法品」者，續漢書百官志五劉昭注補引劉劭爵制曰：「春秋傳有庶長鮑，商君爲政，備其法品爲十八級，合關内侯、列侯，凡二十等，其制因古義云云。」及此言「令品」，都是説以法令形式規定的制度。漢書食貨志下：「莽知民苦之，復下詔：『夫鹽，食肴之將，……鐵，田農之本，……先聖知其然也，故斡之，每一斡爲設科條防禁，犯者辠至死。』」王莽所言「鹽、鐵科條」，即此之「鹽、鐵令品」也。太玄書室本、經濟類編不重「令品」二字。玉海一八一引同今本。

〔四〕「卒徒衣食縣官」，就是卒徒衣食仰給於公家的意思。史記平準書：「胡降者皆衣食縣官。」又：「衣食皆仰給縣官。」漢書外戚傳上：「幸得以庶人衣食縣官足矣。」

〔五〕「令」原作「今」，今據張敦仁說校正。張云：「案『今』當作『令』，後刺權篇『令意所禁微』，兩見。」

〔六〕「鐵」原作「錢」，盧文弨曰：「當作『鐵』。」器案：後輕重篇亦有「總一鹽、鐵」語，今據改正。

〔七〕「朋黨」泛指友朋，楚辭離騷注：「朋謂之黨。」韓非子孤憤篇：「臣利在朋黨用私。」史記蘇秦傳：「蘇秦說趙王曰：『塞朋黨之門。』」又蔡澤傳：「蔡澤說應侯曰：『禁朋黨以勵百姓。』」御覽一五七引太公六韜：「友之友謂之朋，朋之朋謂之黨，黨之黨謂之羣。」

〔八〕禮記王制：「名山大澤不以封。」史記吴王濞傳：「太史公曰：『古者，諸侯地不過百里，山海不以封。』」

〔九〕「地」原作「下」，今據張敦仁說校改。張云：「案『下』當作『地』，見史記平準書、漢書食貨志。」

〔一〇〕急就篇第二十七章：「司農少府國之淵，遠取財物主平均。」史記平準書索隱：「韋昭曰：『少府，天子私所給賜經用也。公用屬大司農。』」漢書毋將隆傳：「隆奏言：『大司農錢自乘輿，不以給共養，共養勞賜，壹出少府。蓋不以本臧給末用，不以兵力供浮費，別公私，示正路也。』」又食貨志注：「大司農供軍國之用，少府以養天子也。」案：私有專利之義，孟子公孫丑下：「有私壟斷焉。」韓非子有度篇：「私平陸之都。」義都與此同。

〔一一〕「奇」原作「豪」，今據張敦仁說校改。張云：「『豪』當作『奇』，見平準書、食貨志。『奇民』者，奇衺之民也。小司馬索隱云：『包愷音羈，諸侯也，非農工之儔，故言奇。』其義似誤矣。」案明馮天馭刻本文獻通考十五用史記、漢書此文，作「浮食寄民」。又案：漢書地理志下：「漢興，立都長安，……浮食者多，民去本就末。」潛夫論浮侈篇：「今察洛陽，浮末者什於農夫，虛僞游手者什於浮末。」則浮食指商賈，與游手者有別，游手則不事事者也。

〔一二〕史記平準書、漢書食貨志「業」作「羨」。索隱：「羨，饒也。與『衍』同義。」

〔一三〕晏子春秋諫下：「不顧細民。」韓非子姦劫弑臣篇：「細民思治，……細民安亂。」「細民」猶言「小民」，韓非子亡徵篇：「小民右仗者。……刑戮小民而逆其使。」這都是封建統治階級對勞動人民侮辱之稱。案：史記平準書：「富商大賈，或蹛財役貧。」集解：「漢書音義曰：『蹛，停也。』一曰貯也。」索隱：「蕭該按字林云：『貯，塵也，音佇。』此謂居積停滯塵久也。或作貯，子貢發貯鬻財是也。」蹛財役貧，即此「役利細民」之謂也。

〔一四〕史記平準書：「武帝元狩間，大農上鹽鐵丞孔僅、咸陽言：『山海，天地之藏也，皆宜屬少府；陛下不私，以屬大農佐賦。願募民自給費，因官器作，煮鹽，官與牢盆。浮食奇民，欲擅管山海之貨，似致富羨，役利細民。其沮事之議，不可勝聽。』」索隱：「沮，止也。僅等言山海之藏，宜屬大農，奇人欲擅利，必有沮止之議，此不可聽許也。」又見漢書食貨志下。此文大夫與文學論難語，即據孔咸之言爲説。漢書趙充國傳注、文選舞鶴賦注並云：「沮，壞也。」

〔一五〕漢書食貨志下：「莽病細民苦之，復下詔曰：『夫鹽，食肴之將；酒，百藥之長，嘉會之好；鐵，田農之本；名山大澤，饒衍之臧；五均賒貸，百姓所取平，卬以給澹；錢布銅冶，通行有無，備民用也：此六者，非編户齊民所能家作，必卬於市，雖貴數倍，不得不買；豪民富賈，即要貧弱。先聖知其然也，故斡之，每斡爲設科條防禁，犯者辠至死。』」

〔一六〕史記平準書集解：「張晏曰：『若人執倉庫之管籥。』或曰：『管，固。』」漢書食貨志上：「顓川澤之利，管山林之饒。」師古曰：「管，主也。」通鑑五：「淖齒管齊。」注：「管，掌也。」

〔一七〕漢書終軍傳注：「如淳曰：『鑄銅鐵，扇熾火，謂之鼓。』」左傳昭公二十九年：「遂賦晉國一鼓鐵，以鑄刑鼎。」杜注：「令晉國各出功力，共鼓石爲鐵。」正義：「冶石爲鐵，用橐扇火，動橐謂之鼓。」

〔一八〕「煮海爲鹽」，原作「煮鹽」，御覽八六五引作「煮海爲鹽」，與上句「采鐵石鼓鑄」相儷爲文，今據改正。

〔一九〕通典十、文獻通考十五引「大抵盡收放流人民也」句作「大抵盡流放之人」。史記吴王濞傳：「濞則招致天下亡命者益鑄錢，煮海水爲鹽，以故無賦，國用富饒。……即山鑄錢，煮海水爲鹽，誘天下亡人，謀作亂。……吴所誘皆無賴子弟亡命，鑄錢姦人，故相率以反。」

〔二〇〕王先謙曰：「（此數句）原書當作『盡放流人民，遠去鄉里，棄墳墓，依倚大家，聚深山窮澤之中』，多『收』字『也』字，則文氣不順。『收』『放』形近致衍，又誤加『也』字耳。」器案：史記陸賈傳：「陸生因進説他曰：『足下中國人，親戚昆弟、墳墓在真定。』」漢書元帝紀：「永光四年十月詔：『安土重遷，黎民之性，骨肉相附，人情所願也。頃者，有司緣臣子之義，奏徙郡國民以奉園陵，令百姓遠棄先祖墳墓，破業失産，親戚别離，人懷思慕之心，家有不安之意，是以東垂被虚耗之害，關中有無聊之民，非長久之策也。』」又見荀悦漢紀，俱言棄先祖墳墓，非人情之所願也。

〔二一〕盧文弨曰：「『大』，大典作『殆』。」張敦仁曰：「華本『大』改『殆』。」明初本作「殆」。

〔二二〕「者」原作「自」，盧文弨曰：「當作『日』。」今據郭沫若校本改。太玄書室本作「宜」。

〔二三〕張之象本、沈延銓本、金蟠本「練」作「揀」。案「練」「揀」音義同，六韜有選將練士篇，韓非子和氏篇：「以奉選練之士。」吕氏春秋愛類篇：「選卒練士。」又七月紀：「簡練桀雋。」淮南子道應篇：「選練甲卒。」文選月賦注：「練，擇也。」

〔二四〕「權」上原有「利」字，今删。淮南子泰族篇：「今商鞅之啓塞，申子之三符，韓非之孤憤，張儀、蘇秦之縱横，皆掇取之權，一切之術也。」文與此相似，正無「利」字。這是涉下文「善爲權利」而譌衍的。權謂輕重之宜，漢書韓安國傳：「其勢不相權也。」師古曰：「輕重不等也。」

〔二五〕漢書平帝紀注：「師古曰：『一切者，權時之事，非經常也。猶以刀切物，苟取整齊，不顧長短縱横，故言一切。』」文選琴賦注：「一切，權時也。」

〔二六〕「君國子民」，就是爲國之君以民爲子的意思。史記殷本紀：「君國子民。」漢書嚴安傳：「非所以子民也。」師古曰：「子謂養之如子也。」

〔二七〕詩經小雅小旻文。

〔二八〕陳遵默曰：「『善』當作『喜』。」

〔二九〕漢書惠帝紀：「孝惠皇帝，高祖太子也。」師古曰：「孝子善述父之志，故漢家之謚，自惠帝以下皆稱『孝』也。」又昌邑王傳：「田延年前，離席按劍曰：『且漢之傳謚，常爲「孝」者，以長有天下，令宗廟血食也。』」又見霍光傳。

〔三〇〕論語子罕篇：「子欲居九夷。」集解：「馬融曰：『九夷，東方之夷有九種也。』」皇侃義疏：「東有九夷：一玄菟，二樂浪，三高麗，四滿飾，五鳧更，六索家，七東屠，八倭人，九天狆。」

〔三一〕文選過秦論注：「百越，非一種，若今言百蠻也。」

〔三二〕姚範曰：「『射官』句，『射』字誤。」器案：「入穀射官」，即「入物補官」，「射」讀與「射利」、「射覆」、「射策」之「射」同。蓋官階有大小，入穀有多少，官家懸的以耀民，人民量力以補官，故謂之「射官」也。漢書食貨志上：「今募天下入粟縣官，得以拜爵，得以除罪，如此，富人有爵，農民有錢，粟有所渫。夫能入粟以受爵，皆有餘者也。取於有餘，以供上用，則貧民之賦可損，所謂損有餘補不足，令出而民利者也。」

〔三三〕史記平準書：「自是之後，嚴助、朱買臣等招來東甌，事兩越，江、淮之間蕭然煩費矣。唐蒙、司馬相如開路西南夷，鑿山通道千餘里，以廣巴、蜀，巴、蜀之民罷焉。彭吴賈滅朝鮮，置滄海之郡，則燕、齊之間靡然發動。及王恢謀馬邑，匈奴絶和親，侵擾北邊，兵連不解，天下苦其勞，而干戈日滋，行者齎，居者送，中外騷擾而相奉，百姓抏弊以巧法，財賂衰耗而不贍，入物者補官，出貨者除罪，選舉陵遲，廉恥相冒，武力進用，法嚴令具，興利之臣，自此始也。」漢書賈捐之傳：「至孝武皇帝元狩六年，太倉之粟紅腐而不可食，都内之錢貫朽而不可校，迺探平城之事，録冒頓以來數爲邊害，籍兵厲馬，因富民以攘服之，西連諸國，至于安息，東過碣石，以玄菟、樂浪爲郡，北卻匈奴，萬里更起營塞，制南海以爲八郡，則天下斷獄萬數，民賦數百，造鹽鐵酒榷之利，以佐用度，猶不能足。」漢書高帝紀：「日不暇給。」師古曰：「給，足也。日不暇足，言衆事繁多，常汲汲也。」又禮樂志：「日不暇給。」師古曰：「給，足也，言事務殷多，日日修造，尚不能足，故無暇也。」

〔三四〕説文力部：「劵，勞也，從力卷省聲。」段注：「輈人：『終日馳騁左不楗。』注：『書楗或作劵，鄭云劵今倦字也。』據此，則漢時已『倦』行『劵』廢也。」

〔三五〕楊樹達曰：「禮記月令：『仲秋之月，……是月也，養衰老，授几杖，行麋粥飲食。』此以爲喻。」器案：吕氏春秋仲秋紀作「麋粥」，字同。麋粥，所以養衰老。吕覽高誘注：「今之八月比户賜高年鳩杖粉粢是也。」漢書惠帝紀：「元年詔：『縣道民……其年九十已上，……賜物及當稟鬻米者。』」又武帝紀：「建元元年詔：『民年九十已上，已有受鬻法。』」師古曰：「給米粟以爲糜鬻。」陸賈新語慎微篇：「曾子孝於父母，昏定晨省，調寒温，適輕重，勉之於糜粥之間，行之於衽席之上，而德美重於後世。」續漢書禮儀志中：「仲秋之月，縣道皆案户比民，年始七十者，授之以玉杖，餔之糜粥。」然漢雖有養老餔糜粥之政，而文帝時吏稟當受鬻者，或以陳粟，（見漢書文帝紀元年詔。）安帝時雖有糜粥，糠粃相半，（見後漢書安帝紀元初四年詔。）則郡縣多不認真奉行，率視爲具文而已。

〔三六〕詩經小雅鴻雁序：「鴻雁，美宣王也。萬民離散，不安其居，而能勞來還定安集之，至於矜寡，無不得其所焉。」

〔三七〕漢書昭帝紀：「元平元年春二月詔：『天下以農桑爲本，日者，省用，罷不急官，減外繇，耕桑者益衆，而百姓未能家給，朕甚愍焉。』」師古曰：「不急官，謂非要職者。」又翼奉傳：「罷省不急之用。」後園池篇：「不急之作。」能言篇：「慕於不急。」義同。

〔三八〕後園池篇：「設機利。」史記貨殖傳：「仰機利而食。」正義：「言仰機巧之利也。」又云：「設智巧，仰機利。」又太史公自序：「争於機利。」正義：「争於機利，謂機巧之利也。」「機利」即相機興利。

〔三九〕張敦仁曰：「華本删重『人』字。案下『人』當作『者』，此句與上句連續。」器案：明初本删重「人」字。張之象本、沈延銓本、金蟠本作「人權縣太久」句，縣音懸，義較長，今從之。「權」即「權衡」之「權」，「權縣」即戰國策秦策上所謂「縣衡」，鮑彪注曰：「縣衡，輕重等也。」「權」亦「等輕重」之工具，曰「縣衡」，即「輕重等」，曰「權縣」，蓋謂有待於等輕重也。「人權縣太久」，故下文曰「民良望於上」也。史記李斯傳：

「方今天下之權，命懸於胡亥。」言「權懸」，即此文所本。

〔四〇〕文選謝靈運哀傷詩注：「良，甚也。」

〔四一〕漢書昭帝紀：「始元五年六月詔：『其令三輔、太常舉賢良各二人，郡、國文學高第各一人。』」案此即次年二月參與鹽、鐵論議之六十餘人也。

〔四二〕張之象注曰：「如淳曰：『律：四馬高足爲置傳，四馬中足爲馳傳，四馬下足爲乘傳，一馬二馬爲軺傳，急者乘一乘傳。』顏師古曰：『傳者，若今之驛，古者以車謂之傳車，其後又單置馬，謂之驛騎。』」

〔四三〕漢書百官公卿表上：「衛尉，秦官，……屬官有公車司馬。」師古曰：「漢官儀云：『公車司馬，掌殿司馬門，夜徼宮中，天下上事及闕下，凡所徵召皆總領之。令秩六百石。』」後漢書丁鴻傳注：「公車，署名，公車所在因以名。諸待詔皆居以待命。」

〔四四〕史記滑稽傳：「孔子曰：『六藝於治，一也：禮以節人，樂以發和，書以道事，詩以達意，易以神化，春秋以道義。』」「六藝」，後世稱爲「六經」。

〔四五〕明初本、華氏活字本「小節」作「末節」。説苑尊賢篇：「覩小節固足以知大體矣。」又案荀子榮辱篇：「所謂以狐父之戈钃牛矢也。」楊倞注云：「時人舊有此語。」凡古書用「所謂」處，義俱同，此亦其比。

〔四六〕韓非子十過篇：「顧小利，則大利之殘也。」

〔四七〕「宇棟之内」，原作「宇宙之内」，今改。淮南子覽冥篇：「鳳皇之翔至德也，雷霆不作，風雨不興，川谷不澹，草木不摇，而燕雀佼之，以爲不能與之争於宇宙之間。」高誘注：「宇，屋簷也。宙，棟，梁也。易曰：『上棟下宇。』」器案：説文宀部：「宙，舟輿所極覆也。」宙没有棟梁意義。從高注引易「上棟下宇」這句話來看，知道淮南原文作「宇棟」，不作「宇宙」，傳寫誤「宇棟」爲「宇宙」，又因於注文「棟，梁也」上加「宙」字。古書凡以「宇宙」連文的，都是説上下四方的意思，從没有把它當作「屋簷棟梁」看待的，而且不知「宙棟梁也」之爲不通也。從高注知道淮南原文當作「宇棟」，不作「宇宙」。鹽鐵論此文，本之淮南，原作「宇棟」，傳鈔者習見「宇宙」，鮮見「宇棟」，因錯成「宇宙」了。通鑑五：「秦之始伐趙也，魏王問於大夫，皆以爲秦伐趙，於魏便。……子順曰：『秦，貪暴之國也，勝趙必復他求，吾恐於時魏受其師也。先人有言：「燕雀處屋，子母相哺，呴呴焉相樂也，自以爲安矣。竈突炎上，棟宇將焚，燕雀顔不變，不知禍之將己也。」』」此正以燕雀與棟宇之關係言之，與此文可以互參。淮南子氾論篇：「上棟下宇，以避風雨。」高誘注：「棟，屋檼也。宇，屋之垂也。」案「垂」即「邊」。

〔四八〕句末原有「也」字，今據下三句文例删。

〔四九〕莊子秋水篇：「井鼃不可以語於海者，拘於虚也。」莊子下文作「埳井之鼃」，釋文：「埳音坎，司馬云：『埳井，壞井也。』」

〔五〇〕華氏活字本、攖寧齋鈔本「否」作「匹」。顧廣圻曰：「『否』字是也，讀爲『鄙』。」

〔五一〕「料」，猶言計量。漢書蒯通傳、賈誼傳、馮奉世傳注俱云：「料，量也。」史記韓信傳：「大王自料勇悍仁强，孰與項王？」新序善謀篇「料」作「斷」。新序雜事一：「宋玉對楚王問：『豈能與之斷天地之高？』」文選「斷」作「料」。則「料」又作斷定解。

〔五二〕商君書戰法篇：「若兵敵彊弱（「弱」字衍），將賢則勝，將不如則敗。」以「兵敵」連文，即此文所本。

〔五三〕「主」作「攻擊」解。漢書王陵傳注：「晉灼曰：『主，擊也。』」

〔五四〕文選東京賦注：「屬，逮也。」

〔五五〕禁耕篇：「竇路開則百姓贍而民用給。」漢書谷永傳：「直言之路開。」則「開路」亦漢人習用語。開，通也。

〔五六〕「蓋」原作「善」，形近而誤，今改。「蓋」作發語詞用，領起下面文、武、曹、管四事，下文「故志大」云云的「故」字，正和「蓋」呼應。張之象本、金蟠本以「善」字屬上斷句，未當。後刺復篇「蓋賢良長歎息焉」，史記孝文本紀：「遺詔曰：『朕聞蓋天下萬物之萌生，靡不有死。』」「蓋」俱發語詞。詩經大雅文王有聲：「文王受命，有此武功，既伐于崇，作邑于豐。」史記周本紀：「明年，伐崇侯虎，而作豐邑。」正義：「皇甫謐云：『夏鯀封，虞、夏、商、周皆有崇國。崇國蓋在豐、鎬之間，詩云：「既伐于崇，作邑于豐。」是國之地也。』」

〔五七〕淮南子齊俗篇：「武王伐紂，載尸而行。」史記龜策傳：「（文王）得太公望，興卒聚兵，與紂相攻，文王病死，載尸以行，太子發代將，號爲武王，戰於牧野，破之華山之陽。紂不勝，敗而還走。圍之象郎，自殺宣室。」

〔五八〕淮南子氾論篇：「昔者，曹子爲魯將兵，三戰不勝，亡地千里。使曹子計不顧後，足不旋踵，刎頸於陳中，則終身爲破軍擒將矣。然而曹子不羞其敗，恥死而無功，柯之盟，揄三尺之刃，造桓公之胸，三戰所亡，一朝而反之，勇聞於天下，功立於魯國。」「曹子」即「曹沫」，史記齊太公世家、魯世家、管仲傳、荆軻傳、戰國策燕策下同，穀梁傳莊公十三年、吕氏春秋貴信篇、新序雜事四作「曹劌」，「沫」「劌」音近通用。漢書高帝紀上注：「服虔曰：『師敗曰北。』韋昭曰：『古背字也，背去而走也。』」

〔五九〕攖寧齋鈔本「世」作「時」，漢書武帝紀：「元封五年詔：『士或有負俗之累而立功名。』」晉灼曰：「負俗，謂被世譏論也。」師古曰：「累音力瑞反。」又鄒陽傳：「死而負累。」

〔六〇〕戰國策齊策下：「魯仲連遺燕將書曰：『管子拜三行之過，據齊國之政，一匡天下，九合諸侯，爲五霸首，名高天下，光照鄰國。曹沫爲魯君將，三戰三北，而喪地千里，……曹子以一劍之任，劫桓公於壇位之上，顏色不變，而辭氣不悖，三戰之所喪，一朝而反之，天下震動，諸侯驚駭，威信吴、楚，傳名後世。』」

〔六一〕「離俗」就是不同於世俗的意思。吕氏春秋有離俗覽，漢書司馬相如傳子虚賦：「絶殊離俗。」文選七啓：「飛遁離俗。」集注：「淮南子曰：『單豹背世離俗。』」

〔六二〕楚辭天問：「師望在肆昌何識？」王逸注：「師望，謂太公也。」

〔六三〕「扣扃」，即扣門獻策之意。楚辭離騷：「吾令帝閽開關兮，倚閶闔而望予。」王逸注：「帝謂天帝。閽，主門者也。閶闔，天門也。言己求賢不得，疾讒惡佞，將上訴天帝，使閽人開關，又倚天門，望而距我，使我不得入也。」此用其意。漢書趙廣漢傳：「叩堂户曉賊。」又梅福傳：「昔秦武王好力，任鄙叩關自鬻。」叩户、叩關，義與此同。周禮地官司關：「凡四方之賓客叩關，則爲之告。」鄭玄注：「叩關，謂謁關人也。」孔穎達正義：「叩猶至也。」又漢書楊雄傳上甘泉賦：「選巫咸兮叫帝閽。」服虔注曰：「令巫祝叫呼天門也。」後漢書張衡傳思玄賦：「叫帝閽使闢扉兮。」注：「閽，主門者。」叫閽義與叩扃同。

〔六四〕後漢書左周黄列傳論：「處士鄙生，忘其拘儒。」注：「拘儒，猶褊狹也。」案：荀子修身篇：「勞苦之事，則偷儒轉脱。」注：「或曰：『偷』當爲『輸』，楊子方言云：『儒輸，愚。』郭璞注謂：『懦，懼也。』」輸儒即拘儒，倒言之則曰儒輸也。

〔六五〕史記淮南衡山傳："「匈奴折翅傷翼。」"東觀漢記九馮異傳："「璽書勞異曰：『垂翅回溪，奮翼澠池。』」"義與此同。此承上文「鷇雀離巢」句而言，以喻其敗亡如鷇雀之折翼傷翅也。

〔六六〕「没淵」，承上「坎井之鼃」句言。

〔六七〕「安諸侯」指伐紂，「安大夫」指伐崇。

〔六八〕漢書伍被傳："「被曰：『往者，秦爲無道……遣蒙恬築長城，東西數千里，暴兵露師，常數十萬，死者不可勝數，僵尸滿野，流血千里，於是百姓力屈，欲爲亂者，十室而五……又使尉佗踰五嶺，攻百越；尉佗知中國勞極，止王南越。行者不還，往者莫返，於是百姓離心瓦解，欲爲亂者，十室而七。』」

〔六九〕「衆」讀爲「終」，楚辭屈原遠遊："「羨韓衆之得一。」"又東方朔七諫自悲："「見韓衆而宿之兮。」"王逸注俱云："「『衆』一作『終』。」"史記秦始皇本紀："「三十二年……因使韓終、侯公、石生求仙人不死之藥。」"又："「三十六年……今聞韓衆去不報。」"正義："「衆，音終。」"即二字古通之證。

〔七〇〕管子幼官篇："「數戰則士疲，數勝則君驕。」"又見兵法篇。韓詩外傳十："「里克曰：『數戰則士疲，數勝則主驕。』」"淮南子道應篇、新序雜事五並載里克此言。史記蘇秦傳："「蘇代説燕王曰：『數戰則民勞，久師則兵敝。』」"又李斯傳："「數戰則民勞，久師則兵敝。」"説略本楊樹達。

鹽鐵論校注卷第二

非鞅*第七

大夫曰：「昔商君〔一〕相〔二〕秦也，内立法度，嚴刑罰，飭政教，姦僞無所容〔三〕。外設百倍〔四〕之利，收山澤之税〔五〕，國富民强，器械完飾，蓄積有餘。是以征敵伐國〔六〕，攘地斥境，不賦百姓而〔七〕師以贍。故利〔八〕用不竭而民不知，地盡西河〔九〕而民不苦。鹽、鐵之利，所以佐百姓之急，足〔一〇〕軍旅之費，務蓄積以備乏絶，所給甚衆，有益於國〔一一〕，無害於人。百姓何苦爾，而文學何憂也？」

文學曰：「昔〔一二〕文帝之時，無鹽、鐵之利而民富；今有之而百姓困乏，未見利之所利也，而見其害〔一三〕也。且利不從天來，不從地出〔一四〕，一〔一五〕取之民間，謂之百倍，此計之失者也。無異於愚人反裘而負薪，愛其毛，不知其皮盡也〔一六〕。夫李梅實多者，來年爲之衰〔一七〕；新穀熟而〔一八〕舊穀爲之虧。自天地不能兩盈〔一九〕，而況於人事乎？故利於彼者必耗於此，猶陰陽〔二〇〕之不並曜，晝夜之有〔二一〕長短也。商鞅峭法〔二二〕長利，秦人不聊生，相與哭孝公〔二三〕。吴起長兵攻取，楚人搔動〔二四〕，相與泣悼王。其後楚日以危，秦日以弱。故利蓄而怨積，地廣而禍搆，惡在利用不竭而民不知，地盡西河而人不苦也？今商鞅之册〔二五〕任於内，吴起之兵用於外，行者勤於路，居者匱於室，老母號泣，怨女歎息，文學雖欲無憂，其可得也〔二六〕？」

大夫曰：「秦任商君，國以富强，其後卒并六國而成帝業。及二世之時，邪臣擅斷〔二七〕，公道〔二八〕不行，諸侯叛弛，宗廟隳亡。春秋曰：『末言爾〔二九〕，祭仲亡也。』夫善歌者使人續其聲，善作者使人紹其功〔三〇〕。椎車之蟬攫〔三一〕，負子〔三二〕之教也。周道之成，周公之力也。雖有裨諶之草創〔三三〕，無子産之潤色，有文、武之規矩，而無周、吕之鑿枘〔三四〕，則功業不成。今以趙高之亡秦而非商鞅，猶以崇虎亂殷〔三五〕而非伊尹也。」

文學曰：「善鑿者建周而不拔〔三六〕，善基者致高而不蹷。伊尹以堯、舜之道爲殷國基〔三七〕，子孫紹位，百代不絶。商鞅以重刑峭法爲秦國基，故二世而奪。刑既嚴峻矣，又作爲相坐之法〔三八〕，造誹謗〔三九〕，增肉刑〔四〇〕，百姓齋栗〔四一〕，不知所措手足也〔四二〕。賦斂既煩數矣，又外禁山澤之原，内設百倍之利，民無所開説〔四三〕容言。崇利而簡義，高力而尚功，非不廣壤進地也，然猶人之病水〔四四〕，益水而疾深，知其爲秦開帝業〔四五〕，不知其爲秦致亡道也。狐剌〔四六〕之鑿，雖公輸子不能善其枘。畚〔四七〕土之基，雖良匠不能成其高。譬若秋蓬被霜，遭風則零落〔四八〕，雖有十子産〔四九〕，如之何？故扁鵲不能肉白骨〔五〇〕，微、箕不能存亡國也。」

大夫曰：「言之非難，行之爲難〔五一〕。故賢者處實而效功，亦非徒陳空文〔五二〕而已。昔商君明於開塞之術〔五三〕，假當世之權，爲秦致利成業，是以戰勝攻取，并近滅遠，乘燕、趙，陵齊、楚〔五四〕，諸侯斂袵〔五五〕，西面而向風〔五六〕。其後，蒙恬征胡，斥地千里，踰之河北，若壞朽折腐。何者？商君之遺謀，備飭素脩也〔五七〕。故舉而有利，動而有功。夫畜積籌策，國家之所以强也。故弛廢而歸之民，未覩巨計而涉大道也〔五八〕。」

文學曰：「商鞅之開塞，非不行也；蒙恬却胡千里，非無功也；威震〔五九〕天下，非不强也；諸侯隨風西面，非不從也；然而皆秦之所以亡也。商鞅以權數危秦國，蒙恬以得千里亡秦社稷，此二子者，知利而不知害，知進而不知退，故果身死而衆敗。此所謂戀朐〔六〇〕之智而愚人之計也，夫何大道之有？故曰：『小人先合而後忤〔六一〕，初雖乘馬，卒必泣血〔六二〕。』此之謂也。」

大夫曰：「淑好之人，戚施〔六三〕之所妬也；賢知之士，闒茸〔六四〕之所惡也。是以上官大夫短屈原於頃襄〔六五〕，公伯寮愬子路於季孫〔六六〕。夫商君起布衣，自魏入秦〔六七〕，期年而相之，革法明教，而秦人大治。故兵動而地割〔六八〕，兵休而國富。孝公大說，封之於、商〔六九〕之地方五百里，功如丘山〔七〇〕，名傳後世。世人不能爲，是以相與嫉其能而疵其功也。」

文學曰：「君子進必以道，退不失義，高而勿矜，勞而不伐，位尊而行恭，功大而理順，故俗不疾其能，而世不妬其業。今商鞅棄道而用權，廢德而任力，峭法盛刑，以虐戾爲俗，欺舊交〔七一〕以爲功，刑公族〔七二〕以立威，無恩於百姓，無信於諸侯，人與之爲怨，家與之爲讎〔七三〕，雖以獲功見封，猶食毒肉愉飽〔七四〕而罹其咎也。蘇秦合縱連橫，統理〔七五〕六國，業非不大也；桀、紂與堯、舜並稱，至今不亡，名非不長也，然非者不足貴。故事不苟多，名不苟傳也〔七六〕。」

大夫曰：「縞素不能自分於緇墨，賢聖〔七七〕不能自理於亂世。是以箕子執囚〔七八〕，比干被刑。伍員相闔閭以霸，夫差不道，流而殺之〔七九〕。樂毅信功於燕昭，而見疑於惠王〔八〇〕。人臣盡節以徇名，遭世主之不用。大夫種輔翼越王，爲之深謀，卒擒强吴，據有東夷，終賜屬鏤而死〔八一〕。驕主背恩德，聽流説〔八二〕，不計其功故也，豈身〔八三〕之罪哉？」

文學曰：「比干剖〔八四〕心，子胥鴟夷〔八五〕，非輕犯君以危身，强諫以干名也。憯怛之忠誠，心動於内，忘禍〔八六〕患之發於外，志在匡君救民，故身死而不怨。君子能行是不能禦非，雖在刑戮之中，非其罪也〔八七〕。是以比干死而殷人怨，子胥死而吴人恨。今秦怨毒商鞅之法〔八八〕，甚於私仇，故孝公卒之日，舉國而攻之，東西南北〔八九〕莫可奔走，仰天而歎曰：『嗟乎，爲政之弊，至於斯極也〔九〇〕！』卒車裂族夷，爲天下笑〔九一〕。斯人自殺，非人殺之也。」

* 當先秦百家争鳴時代，諸子百家，各自站在自己的立場，「思以其道易天下」，「彼亦一是非，此亦一是非」，正如淮南子氾論所論述的：「夫弦歌鼓舞以爲樂，盤旋揖讓以修禮，厚葬久喪以送死，孔子之所立也，而墨子非之。兼愛尚賢，右鬼非命，墨子之所立也，而楊子非之。全性保真，不以物累形，楊子之所立也，而孟子非之。」高誘注寫道：「非，譏也。」於是這種叫做「非」的文體，就應運而生。有對某種社會現象進行非譏的，如非命、非相是；有對某種學派進行非譏的，如非儒、非墨是；有對某些有影響的人物進行非譏的，如非十二子是。這種文體，到了漢代，還一直爲人們所利用着，如本書的非鞅篇和王充論衡的非韓篇，就是一個顯明的例子。

淮南子要略寫道：「秦國之俗，貪狼强力，寡義而趨利，可威以刑，而不可化以善，可勸以賞，而不可厲以名，被險而帶河，四塞以爲固，地利形便，畜積殷富，孝公欲以虎狼之勢而吞諸侯，故商鞅之法生焉。」

史記商君列傳集解引劉向新序論寫道：「秦孝公保崤、函之固，以廣雍州之地，東并河西，北收上郡，國富民彊，長雄諸侯，周室歸籍，四方來賀，爲戰國霸君，秦遂以彊，六世而并諸侯，亦皆商君之謀也。夫商君極身無二慮，盡公不顧私，使民內急耕織之業以富國，外重戰伐之賞以勸戎士，法令必行，內不阿貴寵，外不偏疏遠，是以令行而禁止，法出而姦息。故雖書云『無偏無黨』，詩云『周道如砥，其直如矢』，司馬法之勵戎士，周后稷之勸農桑，無以易此，此所以并諸侯也。故孫卿曰：『四世有勝，非幸也，數也。』然無信，諸侯畏而不親。夫霸君若齊桓、晉文者，桓不倍柯之盟，文不負原之期，而諸侯畏其彊而親信之，存亡繼絶，四方歸之，此管仲、舅犯之謀也。今商君倍公子卬之舊恩，棄交魏之明信，詐取三軍之衆，故諸侯畏其彊而不親信也。藉使孝公遇齊桓、晉文，得諸侯之統，將合諸侯之君，驅天下之兵以伐秦，秦則亡矣。天下無桓、文之君，故秦得以兼諸侯。衛鞅始自以爲知霸王之德，原其事不諭也。昔周召施善政，及其死也，後世思之，『蔽芾甘棠』之詩是也。嘗舍於樹下，後世思其德，不忍伐其樹，況害其身乎？管仲奪伯氏邑三百户，無怨言。今衛鞅內刻刀鋸之刑，外深鈇鉞之誅，步過六尺者有罰，棄灰於道者被刑，一日臨渭而論囚七百餘人，渭水盡赤，號哭之聲，動於天地，畜怨積讎，比於丘山，所逃莫之隱，所歸莫之容，身死車裂，滅族無姓，其去霸王之佐亦遠矣。然惠王殺之，亦非也，可輔而用也。使衛鞅施寬平之法，加之以恩，申之以信，庶幾霸者之佐哉！」

以上所舉兩段文章，對於商鞅思想之産生的歷史背景及其作用，是有一定參考價值的。

本篇描述兩方對於商鞅這樣一個具體歷史人物的評價，亦即對於當時所謂「商鞅之法」的全部內容的評價。文學認爲秦之亡天下，由於鞅之變法；大夫則以爲秦之王天下，由於鞅之變法，一是一非，立場截然不同，「商鞅之中於讒誹也二千年」（章太炎訄書）！著者桓寬也是對於商鞅持否定態度的，因而以非鞅作爲本篇標題。

〔一〕史記商君傳正義：「秦封於商，故號商君。」呂氏春秋長見篇高誘注：「鞅，衛之公孫也，故曰公孫鞅，或曰衛鞅。」通鑑卷二注引劉原父曰：「公孫非姓氏，以其出於衛，父爲衛侯，則稱爲公子，祖爲衛侯，則稱爲公孫。」

〔二〕王先謙曰：「通典十『相』作『理』，則原是『治』字。」案：文獻通考十五亦作「理」，此唐人避諱改。

〔三〕韓非子姦劫弑臣篇：「商君説秦孝公以變法易俗而明公道，賞告姦，困末作而利本事。」

〔四〕沈延銓本「設」作「飭」。呂氏春秋至忠篇：「又爲王百倍之臣。」高誘注：「子培之賢，百倍於人。」與這裏的「百倍」義相同。戰國策秦策下：「百倍之國。」又趙策下：「百倍之國。」韓詩外傳五：「挾百倍之欲。」用法也同。

〔五〕漢書司馬遷傳：「蘄孫昌爲秦王鐵官。」秦有鐵官，當是從商君開始的。這篇譏非商君文章的主題，正是推究鹽、鐵之利是從商君開始的。

〔六〕王先謙曰：「『征敵伐國』，通典十作『征伐敵國』，是。」器案：文獻通考十五亦作「征伐敵國」。尋戰國策秦策下：「征敵伐國，莫敢不聽。」句法與此同。漢書五行志下：「秦孝公始用商君攻守之法，東侵諸侯。」

〔七〕通典十、文獻通考十五「而」作「軍」。

〔八〕「用」上原無「利」字，明初本、華氏活字本「用」作「利」，通典十引「用」上有「利」字。盧文弨曰：「『故』下當有『利』字。」器案：盧説是，今據通典引補，下文「惡在利用不竭而民不知，地盡西河而民不苦也」

就是承此而言，正有「利」字。

〔九〕明初本、華氏活字本無「地」字。西河，指黄河以西地方，即當時秦國統治的疆土。資治通鑑卷十胡三省注：「河自砥柱以上、龍門以下爲西河。」戰國策齊策下蘇子説齊閔王：「秦王垂拱而受西河之外。」又燕策上：「蘇代約燕昭王，西河之外云云。」西河之外，指黄河以東地方，即指非秦國疆土。

〔一〇〕通典十、文獻通考十五「足」作「奉」。案：後漢書和帝紀：「章和二年四月戊寅詔：『昔孝武皇帝致誅胡越，故權收鹽鐵之利，以奉師旅之費。』」字亦作「奉」，當從通典、通考改作。

〔一一〕通典十、文獻通考十五「國」作「用」。

〔一二〕「昔」原作「蓋」，今據盧説王校改。王先謙曰：「盧云：『蓋當作昔。』案通典十、文獻通考十五作『昔』。」

〔一三〕明初本、華氏活字本「害」上有「所」字，通典十、文獻通考十五引也有。

〔一四〕慎子逸文：「法非天下，非從地出，發於人間，合乎人心而已。」（守山閣叢書本）淮南子主術：「法者非天墮，非地生。」禮記問喪：「非從天降也，非從地出也。」通典十引此文作「利非從天來，不由地出」。

〔一五〕能言篇：「一歸之於民。」「一」字義與此同，就是完全、都的意思。吕氏春秋貴直篇：「一若此乎？」高誘注：「一猶皆也。」

〔一六〕新序雜事二：「魏文侯出遊，見路人反裘而負芻。文侯曰：『胡爲反裘而負芻？』對曰：『臣愛其毛。』文侯曰：『若不知其裏盡而毛無所恃邪？』」説文衣部：「表，上衣也，從衣毛。古者衣裘，故以毛爲表。」

〔一七〕王先謙曰：「通典十引同。案初學記果木部引作『桃李實多者來歲爲之穰』，御覽九百六十七、九百六十八果部引並同。藝文類聚果部桃下引作『桃李之實多者，來歲足穰』。案凡物豐盛曰穰，下云『自天地不能兩盈』，若作『穰』，則非其義，作『衰』是也。『梅』一作『桃』，蓋所據本有異。」器案：齊民要術三引亦作「桃李實多者，來年爲之穰」。

〔一八〕「而」原作「者」，王先謙曰：「案文義不當有『者』字，此妄人所加，以配上句。通典十無『者』字。」器案：呂氏春秋博志篇：「新穀熟面陳穀虧。」爲次公此文所本，今據改正。劉子新論類感章：「新穀登而舊穀缺。」字也作「而」。

〔一九〕通典十、文獻通考十五「兩盈」作「滿盈」，不可從。呂氏春秋情欲篇：「天地不能兩，而況於人類乎？」此文所本。史記日者傳：「天不足西北，星辰西北移；地不足東南，以海爲池。」此天地不能兩盈之説也。呂氏春秋博志篇：「草與稼不能兩成，新穀熟而陳穀虧。」字都作「兩」。

〔二〇〕「陰陽」指「日月」，説文易部引秘書説：「日月爲易，象陰陽也。」刺復篇：「日月不並明。」

〔二一〕通典十、文獻通考十五「有」作「代」，盧文弨曰：「『有』當作『代』。」

〔二二〕韓非子五蠹篇：「十仞之城，樓季弗能踰者，峭也；千仞之山，跛牂易牧者，夷也。故明主峭其法而嚴其刑也。」淮南子原道篇：「夫峭法刻誅者，非霸王之策也。」文選西征賦注引許慎淮南注：「陗，峻也。」陗、峭字同。峭法，嚴峻的法律。

〔二三〕哭孝公，未詳所出，蓋文學的誣罔之辭，和下文所言「秦日以弱」云云，都是不符合歷史真實的。

〔二四〕張之象本、沈延銓本、金蟠本、兩漢別解「搔動」作「騷動」，古通。淮南子泰族篇：「外内搔動。」字也作

「搔動」，與此同。

〔二五〕張之象注曰：「『册』通作『策』，謀也，籌也。」器案：史記秦始皇本紀：「因遺册。」賈子新書、文選過秦論都作「因遺策」，即其證。

〔二六〕明初本、華氏活字本「也」作「乎」。

〔二七〕斷，指決斷國家政事。又叫做「制斷」，楚策：「制斷君命。」淮南子主術篇：「非平正無以制斷。」又叫做「主斷」，周書史記解：「擅國而主斷。」韓非子姦劫弑臣篇：「大臣猶將得勢，擅事主斷而各爲其私急。」韓非子亡徵：「大臣甚貴，偏黨衆强，壅塞主斷而重擅國者，可亡也。」韓非子外儲説右下：「子之相燕，貴而主斷。」戰國策楚策：「州侯相楚，貴甚矣而主斷。」又：「大臣主斷國。」又衛策：「緤錯主斷於國。」本書周秦篇：「百官以峭法斷割於外。」義與此同。

〔二八〕公道，見上注〔三〕，荀子君道篇：「公道達而私門塞。」又見韓詩外傳六。

〔二九〕「末言爾」，原作「未言介」，今據公羊傳改正。盧文弨曰：「『未』當作『末』，『介』當作『爾』，據公羊桓十五年傳正。」張敦仁曰：「按『介』當作『尒』，『尒』、『爾』同字；『也』作『矣』。凡此書之春秋皆公羊，（具見各篇。）文有異者，（如「矣」、「也」不同是也。其「未」、「尒」之類，乃傳寫譌，不在此限。）蓋次公所稱，與何劭公所注非一本。（故後執務篇稱傳曰「予積也」，而説之以「行積而成君子」，何劭公注僖四年傳則作「序績也」，而云「序，次也；績，功也」，判然有異，於此可決。但如備胡篇之「歸鄆」，何作「運」，和親篇之「誥鼬」，何作「浩油」，論功篇之「茅戎」，「茅」，何作「貿」，疑後人有以左傳字亂之者。蓋次公不必盡同於何休，又不得竟合於左氏也。今亦未敢輒定。）其不在經傳者，則公羊家之説。」俞樾曰：「『介』當作『爾』，『爾』古作『尒』，故誤爲『介』也。此本桓十五年公羊傳文，傳曰：『秋九月，鄭伯突入於櫟。櫟者何？鄭之邑也。曷不言入於鄭？末言爾。曷爲末言爾？祭仲亡矣。』即此文所引也。」器案：「末言爾」爲公羊傳習用語，猶如説不足道也。此傳何休注云：「末者，淺也。」公羊僖三年傳：「此大會也，曷爲末言爾？」何休注：「末者，淺耳。」公羊成十六年傳：「然則何以不言師敗績？末言爾。」何休注：「末，無也，無所取於言師敗績也。」又案：漢書鄒陽傳：「昔者，鄭祭仲許宋人立公子突以活其君，非義也，春秋記之，爲其以生易死，以存易亡也。」

〔三〇〕禮記學記：「善歌者使人繼其聲，善教者使人繼其志。」鄭玄注：「言爲之善者，則使人樂放傚。」

〔三一〕「椎車」原作「推車」，今據張敦仁説校改。張云：「按『推』當作『椎』，後遵道篇『而椎車尚在也』，世務篇『無徒守椎車之語』，不誤，散不足篇『古者，椎車無柔』，亦不誤。椎車者，但斲一木使外圓，以爲車輪，不用三材也。『蜱攫』即『柔』，『柔』即三材之牙也。（廣雅釋器：「䡟𨐈，輮輞也。」淮南子説林訓作「蜱匷」，「蜱」「䡟」同字，「攫」「𨐈」「匷」亦同字。散不足又云：「郡國繇吏素桑楺。」説文作「輮」，「柔」「楺」「輮」皆同字。即三材之牙者，據周禮注鄭司農云。）韓非子八説云：『古者，寡事而備簡，樸陋而不盡，故有珧銚而椎車者。』又云：『故智者不乘椎車，聖人不行椎政。』此語出於彼。（今本韓非、淮南亦誤「椎」爲「推」，皆當訂正。）」器案：抱朴子外篇鈞世：「輜軿妍而又牢，未可謂之不及椎車也。」字亦作「椎車」。又韓非子八説篇因「椎車」而提出「椎政」的説法，「椎政」也是古代質樸之政。漢書周勃傳注應劭曰：「今俗名拙語爲椎儲。」把拙樸之語叫做「椎儲」，正和把拙樸之車叫做「椎車」，意義是一樣的。陸機羽扇賦：「玉輅基於椎輪。」蕭統文選序：「椎輪爲大輅之始。」「椎輪」也就是「椎車」。

〔三二〕郭沫若曰：「負子當是人名，無可考。山海經大荒西經：『西北海之外，大荒之隅，有山而不合，名曰不周負子。』殆古代神話中之人神而移以爲山名者。其詳失傳。」器案：白虎通義疾病篇：「天子病曰不豫，言不復豫政也。諸侯曰負子，子，民也，言憂民不復子之也。」史記魯世家：「史策祝曰：『惟爾元孫王發，勤勞阻疾。若爾三王，是有負子之責於天，以旦代王發之身。』」集解：「孔安國曰：『負子之責，謂疾不可救也。』」負子，公羊傳作「負茲」，桓公十六年公羊傳：「屬負茲。」何休注：「天子有疾稱不豫，諸侯稱負茲，大夫稱犬馬，士稱負薪。」徐彦疏：「諸侯言負茲者，謂負事繁多故致疾。」爾雅釋器：「蓐謂之茲。」郭璞注：「公羊傳曰：『屬負茲。』茲者，蓐席也。」史記周本紀：「衛康叔封布茲。」集解：「徐廣曰：『茲者，籍席之名，諸侯病曰負茲。』」疑椎車之蟬攫，乃古之諸侯因疾病而發明者。

〔三三〕論語憲問篇：「爲命：裨諶草創之，世叔討論之，行人子羽修飾之，東里子産潤色之。」集解：「孔安國曰：『裨諶，鄭大夫名也，謀於野則獲，謀於國則否，鄭國將有諸侯之事，則使乘車以適野，而謀作盟會之辭也。』馬融曰：『子産居東里，因以爲號也。』」皇侃義疏：「裨諶性静怯弱，謂其君作盟會之辭，則入於草野之中以創之獲之。子産才學超過前之三賢，加添潤色周旋會盟之辭也。」

〔三四〕沈濤柴辟亭讀書記：「詩大小雅譜引傳曰：『文王基之，武王鑿之，周公内之。』案『内』讀爲『枘』，鹽鐵論：『有文、武之規矩，而無周、吕之鑿枘，則功業不成。』」案鑿枘的關係，本來是説根據規矩的要求，對於鑿孔與榫頭（枘）的加工，做到密切無間的吻合。引申之，古人則常用來比況如何符合封建統治階級對于作爲封建統治工具——百官有司的要求。淮南子俶真篇：「各欲行其知僞，以求鑿枘於世，而錯擇名利。」楚辭東方朔七諫：「不量鑿而正枘兮，恐榘矱之不同。」楚辭莊忌哀時命：「上同鑿枘於伏戲兮，下合矩矱於虞、唐。」王逸注：「言己德能純美，宜上輔伏戲與同制量，下佐堯、舜與合法度而共治也。」反之，不符合封建統治階級要求的事情，古人則常用圓鑿方枘來形容它。宋玉九辯：「圜鑿而方枘兮，吾固知其鉏鋙而難入。」文選五臣注云：「若鑿圓穴，斫方木内之，而必參差不可入。」

〔三五〕淮南子道應篇：「文王砥德修政，三年，而天下二垂歸之。紂聞而患之，曰：『余夙興夜寐，與之競行，則苦心勞形，縱而置之，恐伐余一人。』崇侯虎曰：『周伯昌行仁義而善謀，太子發勇敢而不疑，中子旦恭儉而知時，若與之從，則不堪其殃，縱而赦之，身必危亡。冠雖弊，必加於頂。及未成，請圖之。』屈商乃拘文王于羑里。」崇侯虎即崇虎，爲殷紂王反對周文王出謀畫策，紂聽其言，導致殷朝的滅亡。左傳僖公十九年：「文王聞崇德亂而伐之。」所謂「崇德亂」，當包括本書所謂「亂殷」在内。

〔三六〕「拔」原作「疲」，今據張敦仁説校改。張云：「按『疲』當作『拔』，與下句『靡』爲韻。老子曰：『善建不拔。』（此書多韻語，如大論篇云：「是以嫫母飾姿而矜夸，西子彷徨而無家。」「夸」「家」爲韻，倒作「夸矜」者誤，拾補正之矣。）」

〔三七〕孟子萬章上：「伊尹耕於有莘之野，而樂堯、舜之道焉。……湯三使往聘之。既而幡然改曰：『與我處畎畝之中，由是以樂堯、舜之道，吾豈若使是君爲堯、舜之君哉！吾豈若使是民爲堯、舜之民哉！吾豈若於吾身親見之哉！』」

〔三八〕韓非子和氏篇：「商君教秦孝公以連什伍，設告坐之過。」史記商君傳：「令民爲什伍而相牧司連坐。」索隱：「牧司，謂相糾發也。一家有罪，而九家連舉，若不糾舉，則十家連坐。」

〔三九〕漢書梅福傳：「上書言：『至秦則不然，張誹謗之罔，以爲漢歐除。』」又路温舒傳：「秦之時，羞文學，好武勇，賤仁義之士，貴治獄之吏，正言者謂之誹謗，遏過者謂之妖言。」漢書文帝紀：「今法有誹謗、訞言之罪。」又灌夫傳：「田蚡曰：『不如魏其、灌夫，日夜招聚天下豪桀壯士與議論，腹誹而心謗。』」則漢代猶承秦制，立誹謗之法。

〔四〇〕漢書刑法志：「陵夷至於戰國，韓任申子，秦用商鞅，連相坐之法，造參夷之誅，增加肉刑大辟，有鑿顛抽脅鑊亨之刑。」

〔四一〕孟子萬章上：「夔夔齋栗。」趙岐注：「敬慎戰懼貌。」

〔四二〕論語子路篇：「刑罰不中，則民無所措手足。」皇侃義疏：「措猶置立也。刑罰既濫，故下民畏懼刑罰之濫，所以蹋天蹐地，不敢自安，是無所自措立手足也。」

〔四三〕史記曹相國世家：「醉而後去，終莫得開説。」集解：「如淳曰：『開謂有所啓白。』」漢書杜欽傳：「開一朝之説而穰侯就封。」又鄒陽傳注：「師古曰：『開謂陳説也。』」本書相刺篇：「夫以伊尹之智，太公之賢，而不能開辭於桀、紂。」義同。百子金丹引「開」作「關」，形近而誤。史記張儀傳集解：「『關』亦作『開』。」荀子臣道篇注：「『關』當爲『開』，傳寫誤耳。」由於草書「關」作「関」，與「開」形近，因而古書中二字往往互誤。

〔四四〕御覽八四九引慎子：「飲過度者生水。」生水就是病水。淮南繆稱篇：「大戟去水。」去水就是治生水之病。

〔四五〕論衡書解篇：「商鞅相孝公，爲秦開帝業。」説與此同。漢人對商鞅的評價是很高的，也是符合歷史真實的。唐韓鄂四時纂要序：「復有商鞅，務耕織，遂成秦帝之基。」

〔四六〕盧文弨曰：「『狐』當作『胍』。案申韓篇『若檃括輔檠之正弧刺』，『狐』『弧』皆『胍』之譌。周禮形方氏：『正其封疆，無有華離之地。』注：『華讀爲佤哨之佤。』佤，苦哇切，佤，邪不正也。」張敦仁曰：「案『狐』當作『弧』，後申韓篇作『弧』，此蓋本與彼同，拾補以爲皆『佤』之譌，未是。次公所用，不必同於鄭周禮注之字也。」（説文亦不載「佤」字。）洪頤煊曰：「案申韓篇：『若隳括輔檠之正弧刺也』，『狐』『弧』皆是『佤』字之譌。周禮形方氏鄭注：『華讀爲佤哨之佤，正之使不佤邪。』賈疏：『佤者，兩頭寬中狹，邪者，謂一頭寬一頭狹。』廣雅釋詁：『刺，衺也。』」器案：廣雅釋詁四：「弧，盭也。」楚辭東方朔七諫：「正法弧而不公。」王逸注：「弧，戾也。」「弧」「狐」「佤」字並通。後刺復篇：「鑿枘刺戾而不合。」刺戾也是狐刺之意。

〔四七〕左傳宣公十一年：「稱畚築。」杜預注：「畚，盛土器。」國語周語：「偫而畚挶。」韋昭注：「畚，土籠也。」漢書五行志上注：「應劭曰：『畚，草籠也，讀與本同。』」

〔四八〕晏子春秋内篇雜上：「譬之猶秋蓬也，孤其根而美枝葉，秋風一至，根且拔矣。」淮南子原道篇：「秋風下霜，倒生挫傷。」高誘注：「草木首地而生，故曰倒生。」下文「雖有十子産，如之何」，言就是有十個像子産那樣的人，對此自然規律，還是没有回天之力，而把它莫奈何也。韓非子外儲説右上：「雖有十田成氏，其如君何？」又五蠹篇：「雖有十黄帝，不能治也。」此文語法本之。

〔四九〕刺復篇言：「獨一公孫弘，如之何？」此文言：「雖有十子産，如之何？」兩相對照，有以見文學語言之咄咄逼人也。

〔五〇〕扁鵲，史記有傳，云：「扁鵲者，渤海郡鄭人也，姓秦氏，名越人。」案勃海無鄭縣，「鄭」乃「鄚」之誤。國語吴語：「緊起死人而肉白骨。」左傳襄公二十二年：「所謂生死而肉骨者也。」

〔五一〕尚書説命中：「非知之艱，行之惟艱。」

〔五二〕文選報任少卿書：「思垂空文以自見。」注：「空文，謂文章也。」漢書司馬遷傳：「故作春秋，垂空文以斷禮義。」史記日者傳：「飾虚功，執空文。」

〔五三〕淮南泰族篇：「今商君之啓塞。」許慎注：「啓之以利，塞之以禁，商鞅之術也。」「啓塞」就是「開塞」，此避漢景帝劉啓諱改。今本商君書第七篇，講的就是開塞的道理，略謂「道塞久矣，今欲開之，必刑九而賞一」云云。史記商君傳索隱：「開謂刑嚴峻則政化開，塞謂布恩賞則政化塞。」又案尉繚子曰：「今天下諸國士所率，無不及二十萬之衆者，然而不能濟功名者，不明乎禁舍開塞也。」韓非子心度篇：「故聖人之治民也，法與時移，而禁與治變，能越力於地者富，能起力於敵者强，强不塞者王，故王道在所開，在所塞。」蓋法家都强調開塞之術也。

〔五四〕荀子議兵篇：「秦之衛鞅，世俗所謂善用兵者也。」漢書藝文志兵權謀家有公孫鞅二十七篇。

〔五五〕「斂袵」就是整斂衣襟，表示拱服的意思。戰國策楚策：「江乙曰：『一國之衆，見君莫不斂衽而拜，撫委而服。』」史記留侯世家：「陛下南鄉稱霸，楚必斂袵而朝。」史記貨殖列傳：「海、岱之間，斂袂而往朝焉。」「斂袂」，索隱本作「斂袵」。

〔五六〕左傳僖公十五年：「羣臣敢在下風。」戰國策秦策上：「山東之國，從風而服。」風字義與此同，都是從孔丘所説的「君子之德風」（見論語顔淵篇）引申而來。

〔五七〕「飭」原作「飾」，「脩」原作「循」，孫詒讓曰：「『飾』當作『飭』，『循』當爲『脩』，並因形近而譌。」姚範説同。器案：姚、孫説是，今據改正。後險固篇：「言備之素脩也。」荀子議兵篇：「前行素脩。」俱可爲證。

〔五八〕史記孝文本紀：「俱棄細過，偕之大道。」史記匈奴傳：「俱蹈大道。」

〔五九〕攖寧齋鈔本「震」作「鎮」，當出臆改。漢書杜欽傳：「威震鄰敵。」

〔六〇〕張之象本、沈延銓本、金蟠本、百家類纂、諸子品節、百子類函「戀」作「攣」。黄季剛曰：「『戀』、『攣』、『朐』，並音同。」器案：史記鄒陽傳：「越攣拘之語，馳域外之議。」新序雜事三同，文選獄中上書自明作「拘攣」。莊子大宗師釋文：「拘拘，司馬云：『體拘攣也。』王云：『不申也。』」後漢書曹褒傳注：「拘攣，猶拘束也。」

〔六一〕楊樹達曰：「淮南人間篇：『故聖人先忤而後合，衆人先合而後忤。』」器案：淮南子氾論篇：「故忤而後合，謂之知權；合而後忤，謂之不知權。」又案：史記魏世家索隱：「此蓋古人之言及俗説，故云『故曰』。」荀子富國篇：「故曰：『天地生之，聖人成之。』此之謂也。」楊倞注：「古者有此語，引以明之也。」本書用「故曰」處，義亦如之。

〔六二〕易屯：「上六，乘馬班如，泣血漣如。」孔穎達正義：「處險難之極，而下無應援，若欲前進，即無所之適，故乘馬班如；窮困闉厄，無所委仰，故泣血漣如。」淮南子繆稱篇：「小人在上位，如寢關曝纊，不得須臾寧，故易曰：『乘馬班如，泣血漣如。』言小人處非其位，不可長也。」潛夫論忠實篇：「季世之臣，不思順天，而時主是諛，……此等之儔，雖見貴於時君，然上不順天心，下不得民意，故率泣血號咷，以辱終也。」

〔六三〕詩邶風新臺：「燕婉之求，得此戚施。」毛傳：「戚施，不能仰者。」鄭箋：「戚施面柔，下人以色，故不能仰也。」

〔六四〕文選報任少卿書：「今以虧形爲掃除之隸，在闒茸之中。」注：「闒茸，猥賤也。吕忱字林曰：『闒茸，不肖也。』」文選奏彈劉整：「閻閻闒茸。」集注：「鈔曰：『賈誼弔屈原云：闒茸尊顯兮。注：儜劣也。三蒼云：不肖也。』吕向曰：『闒茸，小人也。』」

〔六五〕史記屈原傳：「令尹子蘭聞之大怒，卒使上官大夫短屈原於頃襄王，頃襄王怒而遷之。」王逸離騷經章句：「同列大夫上官、靳尚妬害其能，共譖毁之，王乃疏屈原。」

〔六六〕「公伯寮愬子路於季孫」，見論語憲問篇，何晏集解：「馬融曰：『愬，譖也。伯寮，魯人，弟子也。』」

〔六七〕韓非子難言：「公叔痤言國器，反爲悖，公孫鞅奔秦。」吕氏春秋長見篇：「魏公叔痤疾，惠王往問之，曰：『公叔之疾，嗟疾甚矣！將奈社稷何？』公叔對曰：『臣之御庶子鞅，願王以國聽之也；爲不能聽，勿使出境。』王不應，出而謂左右曰：『豈不悲哉！以公叔之賢，而今謂寡人必以國聽鞅，悖也夫！』公叔死，公孫鞅西遊秦，秦孝公聽之，秦果用彊，魏果用弱。非公叔痤之悖也，魏王則悖也。」

〔六八〕「地割」原作「割地」，今據盧文弨説校乙。盧云：「『割地』二字疑倒。」器案：戰國策秦策下：「夫商君爲孝公平權衡，正度量，調輕重，決裂阡陌，教民耕戰，是以兵動而地廣，兵休而國富。」史記蔡澤傳同，就是此文所本，也是在「地」字下安動詞，不在「地」字上安動詞，今據乙正。

〔六九〕「於、商」下原衍「安」字，今删。盧文弨曰：「『安』或作『於』，或作『顔』。」陳遵默曰：「案史記商鞅傳，『鞅既破衛還，秦封之於、商十五邑，號商君。』（「於」舊讀閼、烏二音。）索隱云：『於、商二縣名，在弘農。』漢志弘農郡商下云：『秦相衛鞅邑也。』國策（案見秦策上。）等書，或作『商、於』。桓論用史記，本當作『封之於、商之地五百里』，傳者失讀，誤以『於』爲語詞，復各以臆增改『安』『於』『顏』等字於『商』下。其作『商、於』者，雖失本真，猶與本傳不背。至「商安」，乃『商顏』音變，『顏』古讀如『雁』，（「雁行」作「顏行」即其例。）與『安』同聲，故爲『商安』。又讀如『岸』，故商山之岸更爲商顏，史記河渠書：『自徵引洛水至商顏下。』謂至商山之岸下也。應劭云：『商顏，山名。』師古云：『商顏，商山之顏也。商山之岸善崩，故其名特著。』然則『商顏』者，自是商山之岸，或爲商山之稱，不獨非『商、於』二邑，亦且非商一邑也。至『商、於』所以誤爲『商安』、『商顏』者，『於』舊有閼、烏二讀，在音理喉牙兩部固有相轉之事，惟於地則各有處，不相混耳。凡此謬文，並從史記訂正。」器案：陳校是，今據改正。史記楚世家集解：「商、於之地，在今順陽郡南鄉、丹水二縣，有商城在於中，故謂之商、於。」索隱：「地理志丹水及商屬弘農，今言順陽者，是魏、晉始分置順陽郡，商城、丹水俱隸之。」通典州郡七：「南陽郡内鄉縣於中。」即此地。又引荆州圖云：「今縣東七里於村。」東萊大事記解題：「商於，商洛縣在商州東，本周之商國也。於村在鄧州，古於邑也。」又案：「顏」古讀如「岸」，見漢書司馬相如傳大人賦服虔注，從而屠岸賈也有寫作屠顏賈的。「顏」俗讀有「原」音，從而元和郡縣志又把「商顏」寫成「商原山」了。凡此都足以證明陳校是而盧説非，因附及之。

〔七〇〕韓非子喻老篇：「中無主，則禍福雖如丘山，無從識之。」陸賈新語辨惑篇：「喪丘山之功。」淮南子精神篇：「禍福之至，雖如丘山，無由識之矣。」高注：「丘山喻大。」東方朔答客難：「功若丘山。」本書毁學篇：「名巨大山。」義與此同。然則「功如丘山」，是指功大似丘山一般。史記商君傳集解引新序：「畜怨積讐，比于丘山。」漢書王莽傳上：「一言之勞，然猶皆蒙丘山之賞。」又藝文志注引七略：「書積如丘山。」都是以丘山比喻其大。

〔七一〕戰國策秦策下：「應侯曰：『公孫鞅欺舊交，虜魏公子卬。』」史記蔡澤傳作「欺舊友，奪魏公子卬」。論衡禍虚篇：「商鞅欺舊交，擒魏公子卬，後受誅死之禍。」吕氏春秋無義篇：「公孫鞅爲秦將而攻魏，魏使公子卬將而當之。公孫鞅之居魏也，固善公子卬，使人謂公子卬曰：『凡所爲遊而欲貴者，以公子之故也。今秦令鞅將，魏令公子當之，豈且忍相與戰哉？公子言之公子之主，鞅請亦言之主，而皆罷軍。』於是將歸矣，使人謂公子曰：『歸未有時相見，願與公子坐而相去别也。』公子曰：『諾。』魏吏争之曰：『不可。』公子不聽，遂相與坐。公孫鞅因伏卒與車騎以取公子卬。」張之象本、沈延銓本、金蟠本「交」作「友」，臆改。

〔七二〕史記商君傳：「宗室非有軍功，論不得爲屬籍。」正義：「屬籍，謂屬公族宗正籍書也。宗室無軍功者，皆須論言不得入公族籍書也。」則這裏所謂公族，是指秦之宗室。商君傳又寫道：「於是太子犯法，衛鞅曰：『法之不行，自上犯之。』將法太子；太子，君嗣也，不可施刑，刑其傅公子虔，黥其師公孫賈。……行之四年，公子虔復犯約，劓之。」這裏所謂「刑公族」，即指此事。

〔七三〕明初本「讐」作「難」。漢書賈山傳：「人與之爲怨，家與之爲讐。」

〔七四〕俞樾曰：「『愉』讀爲『偷』，古字通。淮南子説林篇：『狗彘不擇甂甌而食，偷肥其體，而顧近其死。』與此『偷飽』義同。」器案：戰國策燕策上：「人之飢所以不食烏喙者，以爲雖偷充腹，而與死同患也。」史記蘇秦傳「偷」作「愈」，這裏的「愉」字，就是「愈」字的變體。

〔七五〕後褒賢篇：「不能統理。」漢書薛宣傳：「御史大夫内承本朝之風化，外佐丞相，統理天下。」文選求通親親表注：「統，總覽也。」

〔七六〕明初本「傳」作「得」，不可據。荀子不苟篇：「君子名不貴苟傳。」此文本之。

〔七七〕正嘉本、太玄書室本、張之象本、沈延銓本、金蟠本「賢聖」作「聖賢」。王先謙曰：「案藝文類聚布帛部、御覽八百十四布帛部並引作『賢聖』。力耕篇：『賢聖治家非一室（案當作「寶」。）。』論儒篇：『賢聖之憂也。』『賢聖』恒言，無庸倒轉。」

〔七八〕陳遵默曰：「『執囚』讀『縶囚』。」

〔七九〕史記伍子胥傳：「乃自剄死。吳王聞之大怒，乃取子胥尸，盛以鴟夷革，浮之江中。」

〔八〇〕史記樂毅傳：「樂毅爲魏昭王使於燕，遂委質爲臣。後以趙、楚、韓、魏、燕之兵伐齊，破之膠西，下齊七十餘城。齊湣王亡走保莒。會燕昭王死，子惠王立，齊田單縱反間於燕；燕惠王乃使騎劫代將，而召樂毅。樂毅知燕惠王之不善代之，畏誅，遂西降趙。」「信」讀「伸」。

〔八一〕戰國策秦策下：「大夫種爲越王墾草創邑，辟地殖穀，率四方之士，專上下之力，以禽勁吳，成霸功，勾踐終倍而殺之。」（又見史記蔡澤傳，「倍」原誤作「棓」，今改。倍，背也，史記作「負」。）史記越王勾踐世家：「人或讒種且作亂，越王乃賜種劍曰：『子教寡人伐吳七術，寡人用其三而敗吳，其四在子，子爲我從先王試之。』種遂自殺。」史記鄒陽傳獄中上書：「越用大夫種之謀，禽勁吳，霸中國，而卒誅其身。」淮南子氾論篇：「大夫種輔翼越王勾踐，而爲之報怨雪恥，擒夫差之身，開地數千里，然而身伏屬鏤而死。」高誘注：「屬鏤，利劍也。一曰，長劍㩜施鹿盧鋒，曳地屬録而行之也。」

〔八二〕史記魯周公世家：「管叔及其羣弟流言於國。」集解：「孔安國曰：『放言於國。』」漢書孝昭紀贊顏師古注：「流，放也。」

〔八三〕身，親身，本身，本人。史記項羽本紀：「身送之。」漢書西域傳上：「身在漢久。」風俗通義怪神篇：「使臣身言之。」這些「身」字義俱同。爾雅釋詁：「身，余，我也。」郭注：「今人亦自呼爲身。」通鑑一一八注：「晉人多自稱爲身。」

〔八四〕攖寧齋鈔本「剖」作「割」。器案：史記鄒陽傳獄中上書曰：「臣聞比干剖心，子胥鴟夷。」此文本之，鈔本作「割」，臆改。

〔八五〕國語吴語：「乃使取申胥之尸，盛以鴟夷，而投之於江。」韋昭注：「鴟夷，革囊。」吴越春秋夫差内傳作「盛以鴟夷之器」。賈子新書耳痺篇：「身鴟夷而浮江。」史記伍子胥傳：「乃取伍子胥尸，盛以鴟夷革。」集解：「應劭曰：『取馬革爲鴟夷。鴟夷，榼形。』」又鄒陽傳索隱：「韋昭曰：『以皮作鴟鳥形，名曰鴟夷。鴟夷，皮榼也。』服虔曰：『用馬革作囊也，以裹尸，投之于江。』」漢書鄒陽傳顔師古注：「鴟夷即今之盛酒鴟夷幐。」器案：吕氏春秋贊能篇：「盛之（指管仲。）以鴟夷，置之車中。」史記貨殖傳：「適齊則爲鴟夷子皮。」索隱：「大顔曰：『若盛酒者鴟夷也，用之則多所容納，不用則可卷而懷之，不忤於物也。』」今案：證以漢書楊雄傳所載酒箴，則鴟夷乃盛酒皮囊也。

〔八六〕「禍」字原在「發」字上，今據盧文弨、俞樾説校乙。盧云：「『禍』在『患』上，當乙。」俞云：「『禍』字當在『患之』二字之上，即忘禍患之發於外。」

〔八七〕論語公冶長篇：「子謂公冶長可妻也，雖在縲绁之中，非其罪也。」

〔八八〕商鞅是早期法家的傑出代表，是封建法律的奠基人，唐六典寫道：「魏文侯師李悝，集諸國刑書造法經六篇，商鞅傳之，改法爲律以相秦，增相坐之法，造參夷之誅，大辟加鑿顛、抽脅、鑊烹、車裂之制。」因之，由他增訂的法律，當時就稱爲商君之法、商鞅之法或公孫鞅之法。稱爲商君之法的，如韓非子姦劫弑臣篇寫道：「孝公不聽，遂行商君之法。」又定法篇寫道：「商君之法。」李斯上書寫道：「修商君之法。」戰國策秦策上寫道：「今秦婦人嬰兒皆言商君之法，莫言大王之法。」吕氏春秋無義篇高誘注引戰國策寫道：「鞅欲歸魏，秦人曰：『商君之法急，不得出也。』」史記商君傳寫道：「舍人曰：『商君之法，舍人無驗者坐之。』」稱爲商鞅之法的，如淮南泰族篇寫道：「商鞅之法亡秦。」又要略篇寫道：「故商鞅之法生焉。」稱爲公孫鞅之法的，如韓非子内儲説上七術寫道：「公孫鞅之法也，重輕罪。」

〔八九〕古代言四方，常有不憚其煩而言「東西南北」者。韓詩外傳三：「文王寢疾，五日而地動，東西南北，不出國郊。」淮南子泰族篇：「孔子欲行王道，東西南北七十説而不遇。」本書力耕篇：「自京師東西南北，歷山川，經郡國。」相刺篇：「東西南北七十説而不用。」漢書貢禹傳：「商賈求利，東西南北，各用智巧。」用法俱同。

〔九〇〕史記商君傳：「商君亡，至關下，欲舍客宅。客舍人不知其是商君也，曰：『商君之法，舍人無驗者坐之。』商君喟然歎曰：『嗟乎！爲法之敝，一至此哉！』」

〔九一〕後非鞅篇：「卒車裂族夷爲天下笑。」又褒賢篇：「孔申爲涉博士，卒俱死陳，爲天下大笑。」公羊傳莊公三十二年：「從吾言而飲此，則必可以無爲天下戮笑。」韓非子説疑篇：「身死國亡，爲天下笑。」戰國策秦策下：「身死國亡，爲天下笑。」淮南子精神篇：「夫人主之所以殘亡其國家，捐棄其社稷，身死於人手，爲天下笑，未嘗非爲非欲也。」又氾論篇：「身死人手，而爲天下笑。」又人間篇：「頭爲飲器，國分爲三，爲天下笑。」史記褚先生補龜策傳：「不用忠信，聽其諛臣，爲天下笑。」是戰國、秦、漢人以「爲天下笑」爲最大的恥辱。

鼂錯*第八

大夫曰：「春秋之法，君親無將，將而必誅〔一〕。故臣罪莫重於弑君，子罪莫重於弑父。日者〔二〕，淮南、衡山修文學〔三〕，招四方遊士，山東儒墨〔四〕咸聚於江、淮之間，講議集論，著書數十〔五〕篇。然卒於背義不臣，使〔六〕謀叛逆，誅及宗族。鼂錯變法易常〔七〕，不用制度，迫蹙宗室〔八〕，侵削諸侯〔九〕，蕃臣〔一〇〕不附，骨肉不親，吴、楚積怨，斬錯東市〔一一〕，以慰三軍之士而謝諸侯〔一二〕。斯亦誰殺之乎？」

文學曰：「孔子不飲盗泉之流，曾子不入勝母之閭〔一三〕。名且惡之，而況爲不臣不子乎？是以孔子沐浴而朝，告之哀公〔一四〕。陳文子有馬十乘，棄而違之〔一五〕。傳曰：『君子可貴可賤，可刑可殺，而不可使爲亂〔一六〕。』若夫外飾其貌而内無其實，口誦其文而行不猶〔一七〕其道，是盗〔一八〕，固與盗而不容於君子之域。春秋不以寡犯衆〔一九〕，誅絶之義有所止〔二〇〕，不兼怨惡也。故舜之誅，誅鯀；其舉，舉禹〔二一〕。夫以璵璠之玼〔二二〕，而棄其璞，以一人之罪，而兼其衆，則天下無美寶信士也〔二三〕。鼂生言諸侯之地大，富則驕奢，急即合從〔二四〕。故因吴之過而削之〔二五〕會稽，因楚之罪而奪之東海〔二六〕，所以均輕重，分其權，而爲萬世慮也。弦高誕於秦而信於鄭〔二七〕，晁生忠於漢而讎於諸侯。人臣各死其主，爲其國用，此解楊之所以厚於晉而薄於荆也〔二八〕。」

*「晁錯」，史記、漢書本傳作「鼂錯」，或作「朝錯」。漢書景帝紀注師古曰：「『晁』，古『朝』字。」

西漢前期著名的政治家晁錯（公元前二〇〇——公元前一五四年），潁川人（今河南禹縣）。史記（卷一〇一）、漢書（卷四九）有傳。他在年輕時，曾刻苦專研了申不害、商鞅等先秦法家的學説，受到他們思想的熏陶。漢文帝劉恒時爲太子家令，深得太子劉啓的信任，被稱爲「智囊」。劉啓（即漢景帝）即位後，晁錯先被任命爲内史，後又升遷爲御史大夫，是漢景帝的主要策畫人物。

晁錯曾多次上疏，先後向文帝、景帝提出一系列重要建議。他主張削平藩國，獎勵農耕，抗擊匈奴，在西漢初期尖鋭複雜的政治鬭争中，堅持了一條打擊地方割據勢力、加强中央集權、鞏固地主階級專政的政治路綫。

晁錯的政治主張，遭到了强烈反對。景帝三年（公元前一五四年），以吴王劉濞爲首的七國封建割據勢力，打着殺晁錯以「清君側」旗號，發動叛亂，勾結北方匈奴，妄圖推翻漢家中央政權。由於景帝的軟弱，加上大將軍竇嬰和太常袁盎等人的陷害，晁錯成了這次鬭争中的犧牲品，被景帝殺之東市。

〔一〕春秋公羊傳莊公三十二年：「公子牙今將爾，辭曷爲與親弑者同？君親無將，將而誅焉。」又昭公元年：「今將爾，詞曷爲與親弑者同？君親無將，將而必誅焉。」史記淮南衡山傳：「春秋曰：『臣無將，將而誅。』」正義：「將，將帶羣衆也。」漢書王莽傳：「春秋之義，君親無將，將而必誅焉。」漢人引三傳，往往以本經目之，其例不勝枚舉，當時大抵已經約定俗成了。

〔二〕日者，從前。漢書卜式傳顔師古注：「日者，猶言往日也。」

〔三〕修文學，猶如後代之所謂「治經」。韓非子八説篇寫道：「博習辯智如孔、墨，孔、墨不耕耨，則國何得焉？修孝寡欲如曾、史，曾子（案當作「史」）不戰攻，則國何利焉？匹夫有私便，人主有公利。不作而養足，不仕而名顯，此私便也。息文學而明法度，塞私便而一功勞，此公利也。錯法以道民也，而又貴文學，則民之所師法也疑。賞功以勸民也，而又尊行修，則民之産利也惰。夫貴文學以疑法，尊行修以貳功，索國之富强，不可得也。」又五蠹篇寫道：「儒以文亂法，俠以武犯禁，而人主兼禮之，此所以亂也。夫離法者罪，而諸先生（原作「王」，今從一本。竊疑當作「諸生」，「先」字衍文。）以文學取；犯禁者誅，而羣俠以私劍養。故法之所非，君之所取；吏之所誅，上之所養也。法趣上下，四相反也，而無所定，雖有十黄帝，不能治也。故行仁義者非所譽，譽之則害功；工文學者非所用，用之則亂法。楚之有直躬，其父竊羊，而謁之吏，令尹曰：『殺之。』以爲直於君而曲於父，報而罪之。以是觀之，夫君之直臣，父之暴子也。魯人從君戰，三戰三北，仲尼問其故，對曰：『吾有老父，身死莫之養也。』仲尼以爲孝，舉而上之。以是觀之，夫父之孝子，君之背臣也。故令尹誅而楚姦不上聞，仲尼賞而魯民易降北，上下之利，若是其異也，而人主兼舉匹夫之行，而求致社稷之福，必不幾矣。古者，蒼頡之作書也，自環者謂之私，背私謂之公。公私之相背也，乃蒼頡固以知之矣。今以爲同利者，不察之患也。然則爲匹夫計者，莫如修行義而習文學。行義修則見信，見信則受事；文學習則爲明師，爲明師則顯榮：此匹夫之美也。然則無功而受事，無爵而顯榮，有爲政如此，則國必亂、主必危矣。故不相容之事，不兩立也。斬敵者受賞，而高慈惠之行；拔城者受爵禄，而信廉愛之説；堅甲厲兵以備難，而美薦紳之飾；富國以農，距敵恃卒，而貴文學之士；廢敬上畏法之民，而養游俠私劍之屬；舉行如此，治强不可得也。國平養儒俠，難至用介士，所利非所用，所用非所利，是故服事者簡其業，而游學者日衆，是世之所以亂也。……今修文學，習言談，則無耕之勞，而有富之實，無戰之危，而有貴之尊，則人孰不爲也。是以百人事智，而一人用力，事智者衆則法敗，用力者寡則國貧，此世之所以亂也。」

〔四〕「山東儒墨」，後褒賢篇又作「齊、魯儒墨」，淮南子氾論篇：「總鄒、魯之儒墨。」墨子也是魯人，齊、魯、鄒都在山東，故稱「山東儒墨」。漢書游俠傳：「吴濞、淮南，皆招賓客以千數。」

〔五〕漢書藝文志諸子略：「雜家，淮南内二十六篇，淮南外三十三篇。」西京雜記卷三：「淮南王安教鴻烈二十一篇。鴻，大也，烈，明也，言大明禮教，號爲淮南子。」漢書藝文志詩賦略：「淮南王賦八十二篇。」衡山王著書，未聞。」

〔六〕「使」字原在下「晁錯變法易常」句上，今從張敦仁説移正。張云：「按『使』當在『謀』上，錯出耳。謂遊士使淮南、衡山謀叛逆也。」

〔七〕史記袁盎鼂錯傳：「語曰：『變古亂常，不死則亡。』豈錯等謂邪？」此文本之。

〔八〕「室」原作「族」，今據張敦仁説校改。張云：「按『族』當作『室』，涉上文『誅及宗族』而誤。華氏本改爲『臣』（明初本同），非。」

〔九〕史記鼂錯傳：「錯父聞之，從潁川來，謂錯曰：『上初即位，公爲政用事，侵削諸侯，別疏人骨肉，人口議，多怨公者，何也？』」又見漢書鼂錯傳。

〔一〇〕史記酷吏傳：「別疏骨肉，使蕃臣不自安。」蕃臣，謂作蕃屏之臣。左傳僖公二十四年：「昔周公弔二叔之不咸，故封建親戚，以蕃屏周。」孔穎達疏：「封立親戚爲諸侯之君，以爲蕃籬屏蔽。」

〔一一〕史記鼂錯傳：「吴楚七國果反，以誅錯爲名，及竇嬰、袁盎進説，上令鼂錯衣朝衣，斬東市。」又見漢書鼂錯傳。

〔一二〕漢書景帝紀：「三年春正月，吴王濞、膠西王卬、楚王戊、趙王遂、濟南王辟光、菑川王賢、膠東王雄渠皆舉兵反，……遣太尉亞夫，大將軍竇嬰將兵擊之，斬御史大夫鼂錯以謝七國。」又鼂錯傳：「上默然良久曰：『顧誠何如，吾不愛一人（指錯。）謝天下。』」

〔一三〕説苑談叢篇：「邑名勝母，曾子不入，水名盜泉，孔子不飲，醜其聲也。」史記鄒陽傳：「故縣名勝母，而曾子不入。」集解：「漢書云：『里名勝母。』」索隱：「按淮南子及鹽鐵論並云：『里名勝母，曾子不入，以名不順故也。』尸子以爲孔子至勝母縣，暮而不宿，則不同也。」正義：「淮南子、鹽鐵論皆云里名，尸子及此傳云縣名，未詳也。」器案：司馬貞、張守節所引淮南子，見説山篇，今本作「閭」，疑與此皆「里」字之誤。

〔一四〕論語憲問篇：「陳成子弑簡公，孔子沐浴而朝，告於哀公曰：『陳恒弑其君，請討之。』」

〔一五〕論語公冶長篇：「崔子弑齊君，陳文子有馬十乘，棄而違之。」何晏集解：「崔杼作亂，陳文子惡之，捐其四十匹馬，違而去之。」邢昺疏：「有馬十乘，謂四十匹也。」

〔一六〕禮記表記：「子曰：『事君可貴可賤，可富可貧，可生可殺，而不可使爲亂。』」鄭玄注：「謂違廢事君之禮。」孔穎達疏：「言事君可使之貴，可使之賤，可使之富，可使之貧，可使之生，可使之死，但不可使爲亂也。亂謂廢事君之禮也。」

〔一七〕明初本、正嘉本、太玄書室本、張之象本、沈延銓本、金蟠本「猶」作「由」，「猶」、「由」古通。禮記雜記鄭注：「『猶』當爲『由』。」孟子公孫丑篇音義：「丁曰：『由義當作猶，古字借用耳。』」荀子不苟篇：「不由其道則廢。」

〔一八〕文學指斥「外飾其貌而内無其實，口誦其文而行不猶其道」的官吏「是盜」，「固與盜而不容於君子之域」。漢書景帝紀：「後元二年夏四月詔：『縣丞長吏姦法與盜盜，甚無謂也。』」文穎曰：「與盜，謂盜者當治，而知情反佐與之，是則共盜者無異也。」師古曰：「與盜盜者，共盜爲盜耳。」彼文與本書可互參。

〔一九〕春秋僖公五年：「鄭伯逃歸不盟。」公羊傳：「其言逃歸不盟者何？不可使盟也。不可使盟，則其言逃歸何？魯子曰：『蓋不以寡犯衆也。』」

〔二〇〕公羊傳桓公六年：「陳佗者何？陳君也。陳君則曷爲謂之陳佗？絶也。」何休注：「絶者，國當絶。」包慎言誅絶例目曰：「春秋據二百四十二年已成之事以筆削，其所貶美，皆見末正本，將以垂戒於方來者也。譏貶誅絶四者，春秋之科條也，譏貶輕而誅絶重，而譏貶之中，實寓誅絶。任城何劭公注公羊，於二者分别尤審。誅有三等：曰譴讓，曰刑戮，曰磔棄。絶有四等：曰黜爵，曰奪土，曰覆嗣，曰滅宗廟社稷。禮曰：『大罪有五：逆天地者罪及五世，不畏天而怨懟與弑父弑君者是也；誣文、武者罪及四世，變古易常者是也；逆人倫者罪及三世，不能事母、殺世子母弟、亂嫡庶者是也；誣鬼神者罪及二世，亂昭穆、爲淫祀者是也；殺人者罪止其身。春秋所書罪止其身者鮮，而罪及二世三世四世者多，而皆統之於誅絶。今就傳文與何氏注，檃括其目，分而録之，舉一反三，自王公以下，其能免者無幾也。故曰：『孔子成春秋而亂臣賊子懼。』」案絶謂諸侯有罪，當絶其世。孔丘所謂「繼絶世」，指此。

〔二一〕左傳僖公三十三年：「舜之罪也殛鯀，其舉也興禹。」

〔二二〕陳遵默曰：「『玼』讀曰『疵』。」

〔二三〕淮南詮言篇：「天下非無信士也，臨貨分財，必探籌而定分。」史記滑稽傳：「楚王曰：『善。齊王有信士若此哉！』」器案：信士，即誠信之士的意思。

〔二四〕漢書鄒陽傳：「鄒使濟北見情實，示以不從之端，則吴必先歷齊，畢濟北，招燕、趙而總之，如此，則山東之從結而無隙矣。」從結，即謂合縱。漢書主父偃傳：「偃説上曰：古者，諸侯地不過百里，彊弱之形易制；今諸侯或連城數十，地方千里，緩則驕奢，易爲淫亂，急則阻其彊而合從，以逆京師。今以法割削，則逆節萌起，前日朝錯是也。」器案：淮南子覽冥篇：「縱横間之，舉兵而相角。」高誘注：「蘇秦約縱，張儀連横。南與北合爲縱，西與東合爲横，故曰：『縱成則楚王，横成則秦帝。』」（戰國策楚策：「蘇秦曰：『從合則楚王，横成則秦帝。』」史記蘇秦傳同。）西漢初期，山東諸侯勾結叛亂，形勢和戰國之六國合縱以抗强秦相似，故當時一般都以吴、楚七國之倡亂比作合縱。

〔二五〕「之」、「其」互訓，本書習見。管子小問篇：「毁其備，散其積，奪之食。」又輕重甲篇：「故伊尹得其粟而奪之流。」韓非子揚權篇：「探其懷，奪之威。」吕氏春秋慎小篇：「使奪之宅，殘其州。」周禮考工記：「以其一爲之厚。」「之」、「其」同義，與此正同。

〔二六〕漢書吴王濞傳：「朝錯爲太子家令，得幸皇太子，數從容言吴過可削，數上書説之。文帝寬不忍罰，以此吴王日益横。及景帝即位，錯爲御史大夫，説上曰：『昔高帝初定天下，昆弟少，諸子弱，大封同姓，故孽悼惠王王齊七十二城，庶弟元王王楚四十城，兄子王吳五十餘城，封三庶孽，分天下半。今吳王前有太子之隙，詐稱病不朝，於古法當誅；文帝不忍，因賜几杖，德至厚也；不改過自新，迺益驕恣，公即山鑄錢，煮海爲鹽，誘天下亡人，謀作亂逆。今削之亦反，不削亦反。削之其反亟，禍小；不削之其反遲，禍大。』三年冬，楚王來朝，錯因言楚王戊往年爲薄太后服，私姦服舍，請誅之。詔赦，削東海郡；及前二年，趙王有罪，削其常山郡；膠西王卬以賣爵事，有姦，削其六縣。漢廷臣方議削吳，吳王恐削地無已，因欲發謀舉事。……諸侯既新削罰，震恐，多怨錯，及削吳會稽、豫章郡書至，則吳王先起兵誅漢吏二千石以下；膠西、膠東、菑川、濟南、楚、趙亦皆反，發兵西。」

〔二七〕淮南子氾論篇：「夫三軍矯命，過之大者也。秦穆公興兵襲鄭，過周而東；鄭賈人弦高將西販牛，道遇秦師於周、鄭之間，乃矯鄭伯之命，犒以十二牛，賓秦師而卻之，以存鄭國。故事有所至，信反爲過，誕反爲功。」又説山篇：「弦高誕而存鄭，誕者不可以爲常。」高誘注：「弦高矯鄭伯之命，以十二牛犒秦師而卻之，故曰『誕而存鄭』。誕非正也，故曰『不可以爲常也』。」

〔二八〕明初本、華氏活字本、正嘉本、倪邦彥本、太玄書室本、張之象本、沈延銓本、金蟠本「楊」作「揚」。張之象、金蟠注曰：「奉使篇曰：『楚莊王伐宋，宋告急於晉，晉景公求壯士解揚往，命宋毋降楚。道過鄭，鄭新與楚和，乃執解揚而獻之楚。楚王厚賜與約，使反其言，命速宋降。三要乃許。於是楚乘解揚以樓車，令呼宋使降。遂倍楚約，而致晉君之命。莊王將烹之。解揚曰：『受吾君命而出，雖死無二。』顧謂楚臣曰：『爲人臣，無忘盡而得死者。』楚王乃赦之。歸晉，爵爲上卿。」案所引文見説苑。

刺權*第九

大夫曰：「今夫〔一〕越之具區，楚之雲夢，宋之鉅野，齊之孟諸，有國之富而霸王之資也。人君統而守之則强〔二〕，不禁則亡。齊以其腸胃予人，家强而不制，枝大而折榦〔三〕，以專巨海之富而擅魚鹽之利也。勢足以使衆，恩足以卹下，是以齊國内倍〔四〕而外附。權移於臣，政墜於家，公室卑而田宗强〔五〕，轉轂〔六〕游海者蓋三千乘，失之於本而末不可救。今山川海澤之原，非獨雲夢、孟諸也。鼓鑄〔七〕煮鹽，其勢必深居幽谷，而人民所罕至。姦猾交通山海之際，恐生大姦。乘利驕溢，散〔八〕樸滋僞，則人之貴本者寡。大農鹽鐵丞〔九〕咸陽、孔僅〔一〇〕等上請：『願募民自給費，因縣官器〔一一〕，煮鹽予用，以杜浮僞之路。』由此觀之：令意所禁微〔一二〕，有司之慮亦遠矣。」

文學曰：「有司之慮遠，而權家之利近；令意所禁微，而〔一三〕僭奢之道著。自利害〔一四〕之設，三業〔一五〕之起，貴人之家，雲行〔一六〕於塗，轂擊〔一七〕於道，攘公法，申私利，跨山澤，擅官市，非特巨海魚鹽也；執國家之柄，以行海内，非特田常之勢、陪臣〔一八〕之權也；威重於六卿，富累於陶、衛〔一九〕，輿服僭於王公，宫室溢於制度，并兼列宅，隔絶閭巷，閣道〔二〇〕

錯連，足以游觀〔二一〕，鑿池曲道〔二二〕，足以騁騖，臨淵釣魚，放犬走兔，隆豺〔二三〕鼎力〔二四〕，蹋鞠〔二五〕鬬雞〔二六〕，中山素女〔二七〕撫流徵〔二八〕於堂上，鳴鼓巴俞〔二九〕作〔三〇〕於堂下，婦女被羅紈，婢妾曳絺紵，子孫連車列騎〔三一〕，田獵出入，畢弋〔三二〕捷健。是以耕者釋耒〔三三〕而不勤，百姓冰釋〔三四〕而懈怠。何者？己爲之而彼取之，僭侈相效，上升而不息，此百姓所以滋僞而罕歸本也。」

大夫曰：「官尊者禄厚，本美者枝茂。故文王德而子孫封，周公相而伯禽富。水廣者魚大〔三五〕，父尊者子貴。傳曰：『河、海潤千里〔三六〕。』盛德及四海，況之〔三七〕妻子乎？故夫貴於朝，妻貴於室〔三八〕，富曰苟美〔三九〕，古之道也。孟子曰：『王者與人同，而如彼者，居使然也〔四〇〕。』居編户〔四一〕之列，而望卿相之子孫，是以跛夫之欲及樓季〔四二〕也，無錢而欲千金之寶，不亦虚望哉？」

文學曰：「禹、稷自布衣，思天下有不得其所者，若己推而納之溝中，故起而佐堯，平治水土，教民稼穡。其自任天下如此其重也〔四三〕，豈云食禄以養〔四四〕妻子而已乎？夫食萬人之力者，蒙其憂，任其勞〔四五〕。一人失職，一官不治，皆公卿之累也。故君子之仕，行其義〔四六〕，非樂其勢也。受禄以潤賢〔四七〕，非私其利。見賢不隱，食禄不專，此公叔之所以爲文〔四八〕，魏成子所以爲賢也〔四九〕。故文王德成而後封子孫〔五〇〕，天下不以爲黨〔五一〕，周公功成而後受封，天下不以爲貪。今則不然。親戚相推，朋黨相舉，父尊於位，子溢於內，夫貴於朝，妻謁〔五二〕行於外。無周公之德而有其富〔五三〕，無管仲之功而有其侈〔五四〕，故〔五五〕編戶跛夫而望疾步也〔五六〕。」

* 本書又有刺復、相刺、刺議等篇，論衡亦有刺孟篇，這些刺字，都是譏刺的意思。本篇譏刺權家，大夫雖然對於擅山海之利的諸侯給以鞭撻，但却站在當官者的立場，認爲「官高禄厚」，理所當然；文學則以爲權家「僭侈相效」，對社會産生了「滋僞而罕歸本」的壞作用。

〔一〕張敦仁曰：「『夫』當作『吴』，此爾雅釋地有其文也，具區不得單言『越之』甚明。」王啓源曰：「吴全有具區，及夫差世廣封勾踐地，始與越共之。爾雅言吴、越之間有具區，張故疑『夫』爲『吴』之誤。案下云：『宋之鉅野，齊之孟諸。』爾雅則云：『魯有大野，宋有孟諸。』此復與爾雅異，知本書非據之爲説。蓋魯地濱宋，而宋得之，齊湣滅宋，而齊有之，其義自通。越滅吴，得全制具區，非字誤也。」器案：淮南子墬形篇：「越之具區。」字亦作「越」。高誘注：「具區在吴、越之間也。」吕氏春秋有始篇：「吴之具區。」（天中記十引作「越」。）高注與淮南注同。那末，具區單言「吴」或「越」都可，張説非，王説是。

〔二〕張之象本、沈延銓本、金蟠本「君」作「主」，「守」作「一」。

〔三〕漢書灌夫傳：「支大於榦，脛大於股，不折必破。」

〔四〕攖寧齋鈔本「倍」作「陪」。

〔五〕明初本、華氏活字本「田宗」作「巨室」。案：本書相刺篇：「昔趙高無過人之志，而居萬人之位，是以傾覆秦國而禍殃其宗。」續漢書百官志五注引太公陰符：「民宗強，侵陵羣下，二大也。」左傳昭公三年：「肸之宗十一族。」杜注：「同祖曰宗。」晏子春秋外篇：「陂池之魚，入於權宗。」説苑政理篇「權宗」作「權家」。此田宗猶言田氏也。華氏活字本作「巨室」，不知其義而妄改也。

〔六〕管子戒篇：「桓公將東游，問於管仲曰：『我游猶軸轉斛，南至瑯邪。』」日本安井衡管子纂詁卷十、朱亦芹羣書札記卷四俱謂「轉斛」爲「轉轂」之誤，倶是也。史記平準書：「轉轂百數。」集解：「李奇曰：『轂，車也。』」又貨殖傳：「轉轂以百數。」漢書食貨志下：「轉轂百數。」注引李奇曰：「轂，車也。」又貨殖傳：「轉轂百數。」師古曰：「轉轂，謂以車載物而逐利。」

〔七〕「鑄」原作「金」，當是「鑄」之壞文，前復古篇云：「採鐵石鼓鑄，煮海爲鹽。」後水旱篇：「故民得占租鼓鑄煮鹽之時。」與此文同，今據改正。續漢書百官志五：「出鐵多者置鐵官，主鼓鑄。」注引胡廣曰：「鑄銅爲器械，當鑄冶之時，扇熾其火，謂之鼓鑄。」

〔八〕「散」原作「敦」，今據孫貽穀説校改。盧文弨云：「『敦』，孫貽穀疑『散』。」器案：莊子繕性篇：「澆淳散樸。」淮南子俶真篇：「澆淳散樸。」本書本議篇：「散敦厚之樸。」正是本書作「散樸」的例證，今據改正。漢書循吏傳注：「樸大質也，割之散也。」

〔九〕漢書百官公卿表上：「治粟内史，秦官，掌穀貨，有兩丞。景帝後元年更名大農令，武帝太初元年更名大司農。屬官有太倉、均輸、平準、都内、籍田五令丞，斡官鐵市兩長丞。」如淳曰：「斡音筦，或作『幹』，幹，主也，主均輸之事，所謂斡鹽鐵而榷酒酤也。」續漢書百官志三：「大司農卿一人，中二千石。……本注曰：『郡國鹽官、鐵官，本屬司農，中興皆屬郡縣。』」

〔一〇〕史記平準書：「於是以東郭咸陽、孔僅爲大農丞，領鹽鐵事，桑弘羊以計算用事侍中。咸陽，齊之大煮鹽，孔僅，南陽大冶，皆致生累千金，故鄭當時進言之。……有司言：『三銖錢輕，易姦詐，乃更請諸郡國鑄五銖錢，周郭其下，令不可磨取鋊焉。』大農上鹽鐵丞孔僅、咸陽言：『山海，天地之藏也，皆屬少府，陛下不私，以屬大農佐賦。願募民自給費，因官器作，煮鹽，官與牢盆。浮食奇民，欲擅管山海之貨，以致富羨，役利細民。其沮事之議，不可勝聽。敢私鑄鐵器煮鹽者，釱左趾，没入其器物。郡不出鐵者，置小鐵官，便屬所在縣。』使孔僅、東郭咸陽乘傳舉行天下鹽鐵，作官府。」索隱：「東郭，姓；咸陽，名也。按風俗通：『東郭牙，齊大夫，咸陽其後也。』」漢書百官公卿表下：「元鼎二年，大農令孔僅。」

〔一一〕漢書食貨志下：「大農上鹽鐵丞孔僅、咸陽言：『山海天地之臧，宜屬少府，陛下弗私，以屬大農佐賦，願募民自給費，因官器作鬻鹽，官與牢盆云云。』」即謂此事。案：本書率稱天子爲縣官，時制也。史記絳侯周勃世家：「庸知其盜買縣官器。」索隱：「縣官，謂天子也。所以謂國家爲縣官者，夏官王畿内縣即國都也。王者官天下，故曰縣官也。」案：本書地廣篇：「安知國家之政、縣官之事乎？」以「縣官」與「國家」對文，因明白矣。

〔一二〕後刑德篇：「法之微者，固非衆人之所知也。」漢書匈奴傳下顔師古注：「微謂精妙也。」金蟠本「令意」作「今意」，誤。

〔一三〕「而」原作「有」，正嘉本、太玄書室本、張之象本、沈延銓本、金蟠本、楊沂孫校本都作「而」，今據改正。

〔一四〕後擊之篇：「興利害，算車舡。」器案：利害，指言外事得失。漢書張騫傳：「自騫開外國道以尊貴，其吏士上書言外國奇怪利害求使，天子爲其絶遠，非人所樂，聽其言，予節，募吏民無問所從來，爲其備人衆遺之，以廣其道。……使者争言外國利害，皆有城邑，兵弱易擊。」師古曰：「言服之則利，不討則爲害。」

〔一五〕姚範曰：「三業，疑謂鹽鐵、酒榷、均輸也。」器案：鹽、鐵二事，不當並爲一業。此蓋謂鼓鑄、漁、鹽。

〔一六〕張之象注：「如淳曰：『如雲而行，言其衆多也。』」器案：詩大雅韓奕：「諸娣從之，祁祁如雲。」正義：「其行徐靚祁祁然如雲之衆多。」文選羽獵賦：「車騎雲會。」又鮑明遠詠史詩：「軒蓋已雲至。」俱以雲狀車乘之衆多，與此相同。呂氏春秋重己篇注：「貴人，謂公卿大夫也。」

〔一七〕張之象注：「顔師古曰：『言車乘交馳，其轂相擊也。』」案所引見漢書匈奴傳下注。

〔一八〕史記周本紀集解：「服虔曰：『陪，重也，諸侯之臣於天子，故曰陪臣。』」這裏指田常爲齊之臣，於周天子則爲陪臣。

〔一九〕孫志祖讀書脞録：「困學紀聞曰：『魯仲連書：富比乎陶、衛。延篤注戰國策云：陶朱、公子荆。王劭云：魏冉封陶，商君封衛。今案商君封於商，非封衛也。』王氏之言如此。志祖案：商鞅本衛庶孽公子，故當日有衛鞅之稱，非以其封於衛也。潛夫論論榮篇云『衛鞅，康叔之孫也』可證。然此言陶、衛，自當謂陶朱及子貢爾。鹽鐵論刺權篇亦云：『威重於六卿，富累於陶、衛。』」黄季剛曰：「衛謂子貢。」器案：魯仲連書，即魯仲連遺燕將書，見戰國策齊策下及史記魯仲連傳。御覽四七二引劉劭趙都賦：「爰及富人郭侯之倫，貲衍陶、衛，奓溢無垠。」

〔二〇〕後漢書何敞傳：「繕修館第，彌街絶里。」與此文所言「隔絶閭里」義正相同。淮南子本經篇：「延樓棧道。」高誘注：「棧道，飛閣複道相通。」文選上林賦注：「曲閣，閣道委曲也。」

〔二一〕「游」、「觀」古同義。孟子梁惠王下：「吾何修而可以比於先王觀也？」趙岐注：「當何修治可以比先王之游觀乎？」」吕氏春秋季春紀：「禁婦女無觀。」高誘注：「觀，遊。」史記李斯傳獄中上書：「治馳道，興遊觀。」成湯靈臺碑：「游觀河濱。」「遊觀」，今言「遊覽」。

〔二二〕曲道，謂曲池之道也。楚辭招魂：「坐堂伏檻，臨曲池些。」注：「臨曲水清池，可漁釣也。」漢書晁錯傳：「長戟二不當一，曲道相伏，險陒相薄，此劍楯之地也。」亦言其道之曲折，義與此同。

〔二三〕「隆」讀爲吕氏春秋察微篇「吴、楚以此大隆」之「隆」。韓非子八經篇：「其患家隆劫殺之難作。」這些「隆」字，都借作「鬨」。古代從夅從共之字多通假。古文苑揚雄宗正箴：「昔在夏時，太康不恭，有仍二女，五子家降。」（「降」讀如「隆」，與「恭」協韻。）注引楚辭離騷：「太康娱以自縱，不顧難以圖後兮，五子用乎家衖。」「衖」、「縱」協韻，今本作「家巷」，誤。孟子滕文公下、告子下都説：「洚水者，洪水也。」説文水部：「洪，洚水也，从水共聲。洚，从水夅聲。」俱作「户工切」。此古人夅、共同聲之證。「豺」借「材」字。文選西京賦注：「材，伎能也。」這裏的鬨材，即好鬭之材的意思。

〔二四〕漢書酈陽傳：「武力鼎士。」顔師古注、文選注都釋爲「舉鼎之士」。「鼎力」，是説力大可以舉鼎。後除狹篇又作「鼎躍」。漢書東方朔傳：「夏育爲鼎官。」

〔二五〕戰國策齊策上：「六博蹹鞠。」又見史記蘇秦傳，集解：「劉向别録曰：『蹴鞠者，傳言黄帝所作。或曰起戰國之時。蹋鞠，兵勢也，所以練武士知有材也，皆因嬉戲而講練之。』」漢書霍去病傳師古注：「鞠以皮爲之，實以毛，蹵蹋而戲也。」

〔二六〕戰國策齊策上：「鬭雞走犬。」又見史記蘇秦傳。漢書爰盎傳：「鬭雞走狗。」又眭弘傳：「鬭雞走馬。」

又食貨志下：「所忠言：『世家子弟，富人，或鬭雞走狗馬、弋獵博戲亂齊民。』」與此可互參。

〔二七〕史記貨殖傳：「中山地薄人衆，……女子則鼓鳴瑟，跕屣，游媚貴富，入後宮，徧諸侯。」文選思玄賦注：「素女，黄帝時方術之女，黄帝使素女鼓五十絃瑟。」這裏用爲美女的意思。

〔二八〕文選宋玉對楚王問：「引商刻羽，雜以流徵。」徵，亦五聲之一也。

〔二九〕漢書西域傳贊：「作巴俞、都盧……之戲。」師古曰：「巴人，巴州人也。俞，水名，今渝州也。巴俞之人，所謂賨人也，勁鋭善舞，本從高祖定三秦有功，高祖喜觀其舞，因令樂人習之，故有巴俞之樂。」又見禮樂志上及御覽五七四引三巴記。

〔三〇〕王先謙曰：「藝文類聚樂部、御覽五百六十八樂部引『作』上並有『交』字，此脱。」

〔三一〕史記貨殖傳：「連車騎。」又：「連車騎，游諸侯。」又：「或連車騎，交守相。」此文言「連車列騎」，其義一也。

〔三二〕淮南子時則篇：「田獵畢弋。」高誘注：「畢，掩罔也。弋，繳射也。」

〔三三〕史記酈食其傳：「農夫釋耒，工女下機。」正義：「耒，手耕曲木。」

〔三四〕老子顯德章：「涣兮若冰之將釋。」漢書景十三王傳：「使夫宗室擯郤，骨肉氷釋。」師古曰：「氷釋，言銷散也。」

〔三五〕淮南子説山篇：「水廣者魚大，山高者木修。」

〔三六〕公羊傳僖公三十一年：「山川有能潤於百里者，天子秩而祭之。觸石而出，膚寸而合，不崇朝而徧雨乎天下者，唯泰山爾。河、海潤於千里。」漢書武帝紀：「建元元年詔：『河、海潤千里。』」

〔三七〕盧文弨曰：「此書多以『之』作『其』字用，如利議篇『莫知之賈』，國疾篇『識之事故』，皆是。」

〔三八〕楊樹達曰：「儀禮喪禮傳：『夫尊於朝，妻貴於室矣。』白虎通爵篇：『故夫尊於朝，妻榮於室。』通典引五經異義：『婦人以隨從爲義，故夫貴於朝，妻榮於室。』釋名釋親屬：『夫受命於朝，妻受命於室也。』」

〔三九〕論語子路篇：「子謂衛公子荆善居室，始有，曰：『苟合矣！』少有，曰：『苟完矣！』富有，曰：『苟美矣！』」皇侃義疏：「苟，苟且也。富有，謂家道遂大富時也。亦云苟且爲美，非是性之所欲，故云苟美矣。」

〔四〇〕孟子盡心上。

〔四一〕漢書高帝紀下：「諸將故與帝爲編户民。」師古曰：「編户者，言列次名籍也。編音鞭。」又司馬相如傳：「非編列之民。」師古曰：「編列，謂編户也。」

〔四二〕韓非子五蠹篇：「十仞之城，樓季弗能踰者，峭也；千仞之山，跛牂易牧者，夷也。」文又見史記李斯傳，集解：「許慎曰：『樓季，魏文侯之弟。』王孫子曰：『樓季，魏文侯之兄也。』」

〔四三〕孟子離婁下：「禹思天下有溺者，由己溺之也；稷思天下有飢者，由己飢之也，是以如是其急也。」又萬章上：「（伊尹）思天下之民，匹夫匹婦有不被堯、舜之澤者，若己推而内之溝中；其自任以天下之重如此。」這裏是合用孟子兩篇文。

〔四四〕張之象本、沈延銓本、金蟠本「養」下有「其」字。

〔四五〕張之象注曰：「韓信曰：『乘人之車者，載人之患；衣人之衣者，懷人之憂；食人之食者，死人之事。』」

案所引見史記淮陰侯傳、漢書韓信傳。

〔四六〕論語微子篇：「君子之仕也，行其義也。」

〔四七〕後漢書宣秉傳：「所得禄奉，輒以收養親族。」

〔四八〕論語憲問篇：「公叔文子之臣大夫僎與文子同升諸公，子聞之曰：『可以爲文矣。』」

〔四九〕韓詩外傳三：「魏成子食禄日千鍾，什一在内，九在外，以聘約天下之士，是以得卜子夏、田子方、段干木，此三人皆師友之。」

〔五〇〕此句原作「故周德成而後封子孫」，案此承上文「文王德而子孫封」爲言，今改。

〔五一〕此句原無「天下」二字，今據盧文弨説訂補。盧云：「『孫』下當有『天下』二字。」王先謙曰：「荀子儒效篇云：『兼制天下，立七十一國，姬姓獨居五十三人，而天下不稱偏焉。』此語出於彼。」

〔五二〕羣書治要三一引六韜文韜：「後宮不荒，女謁不聽。」荀子大略篇：「湯旱而禱曰：『婦謁盛歟？』」楊倞注：「婦謁盛，謂婦言是用。」説苑君道篇作「女謁盛耶」。韓非子詭使篇：「近習女謁並行。」這裏的「妻謁」，與「婦謁」、「女謁」意同。漢書谷永傳：「古之王者，廢五事之中，失夫婦之紀，妻妾得意，謁行於内，勢行於外，至傾覆國家，或亂陰陽。」後漢書皇后紀序：「閨房肅雍，險謁不行。」注：「謁，請也。言能輔佐君子，和順恭敬，不行私謁。詩序曰：『雖則王姬，猶執婦道，以成肅雍之德，……而無險詖私謁之心。』」

〔五三〕論語先進篇：「季氏富於周公。」何晏集解：「孔安國曰：『周公，天子之宰，卿士也。』」皇侃義疏：「周公，天子臣，食采於周，爵爲公，故謂爲周公也。蓋周公旦之後也。天子之臣，地廣禄大，故周公宜富。」器案：義疏説迂固，説苑反質篇：「傳曰：『周公位尊愈卑，勝敵愈懼，家富愈儉，故周氏八百餘年。』此之謂也。」正謂周公旦自己，非謂周公旦之後也，鹽鐵論此文，亦其明證。

〔五四〕韓非子外儲説左下：「管仲父出，朱蓋青衣，置鼓而歸，庭有陳鼎，家有三歸。孔子曰：『良大夫也，其侈偪上。』」史記管仲傳：「管仲富擬於公室，有三歸、反坫，齊人不以爲侈。」漢書公孫弘傳：「管仲相齊，有三歸，侈擬于君。」

〔五五〕黄季剛曰：「故，此也。」

〔五六〕這句總應上「居編户之列，而望卿相之子孫，是以跛夫之欲及樓季也」三句。「編户跛夫而望疾步也」，語意不周洽，疑「編户」下脱了四字。

刺復*第十

大夫〔一〕爲色矜而心不懌，曰：「但〔二〕居者不知負載〔三〕之勞，從旁議者與當局者異憂〔四〕。方今爲天下腹居郡〔五〕，諸侯並臻〔六〕，中外未然〔七〕，心憧憧〔八〕若涉大川〔九〕，遭風而未薄〔一〇〕。是以夙夜思念國家之用，寢而忘寐，饑而忘食，計數〔一一〕不離於前，萬事簡閱於心〔一二〕。丞史器小〔一三〕，不足與謀，獨鬱大道〔一四〕，思覩文學，若俟周、邵而望高子〔一五〕。御史案事郡國〔一六〕，察廉〔一七〕舉賢才，歲不乏也。今賢良、文學臻者六十餘人〔一八〕，懷六藝〔一九〕之術，騁意極論〔二〇〕，宜若開光發蒙〔二一〕；信往而乖於今，道古而不合於世務〔二二〕。意者〔二三〕不足以知士也？將多飾文誣能以亂實邪？何賢士之難覩也！自千乘倪寬以治尚書位冠九卿〔二四〕，及所聞覩選舉之士，擢升贊憲甚顯〔二五〕，然未見絶倫比〔二六〕，而爲縣官興滯〔二七〕立功也。」

文學曰：「輸子〔二八〕之制材木也，正其規矩而鑿枘調。師曠〔二九〕之諧五音也，正其六律而宫商調。當世之工匠，不能調其鑿枘，則改規矩，不能協聲音，則變舊律。是以鑿枘刺戾而不合，聲音泛越〔三〇〕而不和。夫舉規矩而知宜，吹律而知變，上也；因循而不作，以俟其人，次也。是以曹丞相日飲醇酒〔三一〕，倪大夫閉口不言〔三二〕。故治大者不可以煩，煩則亂〔三三〕；治小者不可以〔三四〕怠，怠則廢。春秋曰：『其政恢卓，恢卓可以爲卿相。其政察察，察察可以爲匹夫〔三五〕。』夫維綱不張〔三六〕，禮義不行，公卿之憂也。案上之文，期會〔三七〕之事，丞史之任也。

尚書曰：『俊乂在官，百僚師師，百工惟時〔三八〕，庶尹允諧〔三九〕。』言官得其人，人任其事，故官治而不亂，事起而不廢，士守其職，大夫理其位，公卿總要執凡〔四〇〕而已。故任能者責成而不勞，任己者事廢而無功。桓公之於管仲，耳而目之〔四一〕。故君子勞於求賢，逸於用之〔四二〕，豈云殆哉？昔周公之相也，謙卑而不鄰〔四三〕，以勞天下之士〔四四〕，是以俊乂滿朝，賢智充門。孔子無爵位，以布衣從才士七十有餘人，皆諸侯卿相之人也〔四五〕，況處三公之尊以養天下之士哉？今以公卿之上位，爵禄之美，而不能致士，則未有進賢之道。堯之舉舜也，賓而妻之。桓公舉管仲也，賓而師〔四六〕之。以天子而妻匹夫，可謂親賢矣。以諸侯而〔四七〕師匹夫，可謂敬賓〔四八〕矣。是以賢者從之若流〔四九〕，歸之不疑。今當世在位者，既無燕昭之下士〔五〇〕，鹿鳴之樂賢〔五一〕，而行臧文、子椒之意〔五二〕，蔽賢妬能，自高其智，訾人之才，足己而不問〔五三〕，卑士而不友，以位尚賢，以禄驕士，而求士之用，亦難矣！」

大夫繆然不言，蓋〔五四〕賢良長歎息焉。

御史〔五五〕進曰：「太公相文、武以王天下，管仲相桓公以霸諸侯〔五六〕。故賢者得位，猶龍得水，騰蛇游霧〔五七〕也。公孫丞相以春秋説先帝〔五八〕，遽即〔五九〕三公，處周、邵之列〔六〇〕，據萬里之勢，爲天下準繩，衣不重彩，食不兼味，以先天下，而無益於治〔六一〕。博士褚泰〔六二〕、徐偃〔六三〕等，承明詔〔六四〕，建節〔六五〕馳傳〔六六〕，巡省郡國，舉孝、廉〔六七〕，勸元元，而流俗不改。招舉賢良、方正、文學之士，超遷〔六八〕官爵，或至卿大夫〔六九〕，非燕昭之薦士，文王之廣賢也〔七〇〕？然而未覩功業所成。殆非龍蛇之才〔七一〕，而鹿鳴之所樂賢也。」

文學曰：「冰炭不同器〔七二〕，日月不並明〔七三〕。當公孫弘之時，人主方設謀垂意於四夷〔七四〕，故權譎之謀進，荆、楚之士用〔七五〕，將帥或至封侯食邑，而勀獲〔七六〕者咸蒙厚賞，是以奮擊〔七七〕之士由此興。其後，干戈不休，軍旅相望，甲士糜〔七八〕弊，縣官用不足，故設險〔七九〕興利〔八〇〕之臣起，磻溪熊羆〔八一〕之士隱。涇、渭〔八二〕造渠以通漕運，東郭咸陽、孔僅〔八三〕建鹽、鐵，策諸利，富者買爵販官，免刑除罪〔八四〕，公用彌多而爲者徇私，上下兼〔八五〕求，百姓不堪，抏弊〔八六〕而從法，故憯急〔八七〕之臣進，而見知、廢格之法起〔八八〕。杜周〔八九〕、咸宣〔九〇〕之屬，以峻文決理〔九一〕貴，而王温舒〔九二〕之徒，以鷹隼〔九三〕擊殺顯。其欲據仁義以道事君者寡〔九四〕，偷合取容者衆〔九五〕。獨以一公孫弘，如之何〔九六〕？」

* 「復」讀如「復逆」之「復」，周禮天官宰夫：「叙羣吏之治，以待賓客之令、諸臣之復、萬民之逆。」鄭玄注：「鄭司農云：『復，請也；逆，迎受王命者；宰夫主諸臣萬民之復逆。』」則「復逆」即後代之所謂「請受」，也就是領奉給的意思。這篇是文學譏刺「今當世在位者」「以公卿之上位，爵禄之美，而不能致士」，反「以禄驕士」，「蔽賢妬能」。

〔一〕「大夫」下原有「曰」字，張敦仁説：「『曰』字當衍。（案諸子品節、諸子彙函、兩漢别解無「曰」字。）此書篇首多云『大夫曰』，故相涉而誤。張之象本改『曰』爲『乃』，（案沈延銓本、金蟠本、毛扆校本同。）似是實非。後擊之篇首『賢良曰文學既拜』，『曰』字亦當衍，（拾補有。）涉救匱篇首『賢良曰』而誤也。」今據删削。

〔二〕黄季剛曰：「但，徒也。」器案：漢書匈奴傳上注：「但，空也。」諸子品節、諸子彙函、兩漢别解無「但」字。

〔三〕張之象本、沈延銓本、金蟠本「載」作「戴」。詩周頌絲衣：「載弁俅俅。」鄭玄箋：「『載』猶『戴』也。」

〔四〕唐書元行沖傳：「當局稱迷，旁觀必審。」語本此。

〔五〕史記季布傳：「河東吾股肱郡。」又見漢書季布傳。通鑑二三引李德裕論亦云：「罷歸股肱郡。」與此言「腹居郡」俱取人體爲喻。國疾篇言「山東天下之腹心」，義與此同。

〔六〕郭沫若曰：「『臻』應作『凑』，形近致譌。」案詳力耕篇注〔五一〕。

〔七〕太玄書室本、諸子品節、諸子彙函、兩漢别解「然」作「洽」。郭沫若曰：「『然』應作『安』，音近致譌。」案：後大論篇：「聖人從事於未然。」此本書作「未然」之證，不必改作。漢書楚元王傳附劉向傳：「夫明者起福於無形，銷患於未然。」又司馬遷傳：「禮禁未然之前，法施已然之後。」又楊雄傳：「不然，壹有隙之後，雖智者勞心於内，辯者轂擊於外，猶不若未然之時也。」又匈奴傳下：「誠先於未然，即蒙恬、樊噲不復施。」宋史職官志：「禁於未然之謂令，施於已然之謂敕。」案未然指事物之未形成者。

〔八〕易咸釋文引王注：「憧憧，往來不絶貌。」

〔九〕易需象：「利涉大川。」

〔一〇〕明初本、華氏活字本「薄」作「泊」，張之象注曰：「通作『泊』。」器案：戰國策楚策：「心揺揺如懸旌，而無所終薄。」語意與此相似，字亦作「薄」。文選謝惠連西陵遇風獻康樂詩注：「『薄』與『泊』，古字通。」

〔一一〕管子七法篇：「剛柔也，輕重也，大小也，實虚也，遠近也，多少也，謂之計數。」注：「凡此十二事，必計之以知其數也。」荀子王制篇：「武侯、嗣公，聚斂計數之君也。」韓非子難一篇：「計數之所出也。」

〔一二〕論語堯曰篇：「簡在帝心。」朱熹集注：「簡，閱也。」

〔一三〕論語八佾篇：「子曰：『管仲之器小哉！』」何晏集解：「言其器量小也。」

〔一四〕漢書宣帝紀：「朕不明六藝，鬱於大道。」孟康曰：「鬱，不通也。」漢舊儀：「五鳳三年正月乙巳朔，策命杜延年爲御史大夫，云：『朕鬱於大道。』」

〔一五〕「高子」原作「子高」，盧文弨曰：「沈諸梁也。」今據陳遵默説校乙。陳云：「案公羊閔二年傳云：『齊桓公使高子將南陽之甲，立僖公而城魯。或曰：自鹿門至於争門者是也。魯人至今以爲美談，曰：猶望高子也。』桓氏通究公羊，本書每用其文，此即其一。如沈諸梁則何可望之有？盧校非也。」案此文「俟周、邵而望高子」，就是期待文學之切，猶如期待周公、邵公和高子一樣。張之象本、沈延銓本、金蟠本「邵」作「召」，下同。

〔一六〕漢書百官公卿表上：「御史大夫，秦官，位上卿，銀印青綬，掌副丞相。有兩丞，秩千石，一曰中丞，在殿中蘭臺，掌圖籍祕書，外督部刺史，内領侍御史，員十五人，受公卿奏事，舉劾按章。」漢舊儀：「其以詔使案事御史，爲駕一封，敕令駕二封，皆獨能奏事，各以所職，劾中二千石以下。」

〔一七〕漢書武帝紀：「元朔元年詔：興廉舉孝，……有司奏：『不舉孝，不奉詔，當以不敬論；不察廉，不勝任也，當免。』」又陳萬年傳：「爲郡吏，察舉至縣令。」師古曰：「屢被察廉及舉薦。」又張敞傳：「敞本以鄉有秩補太守卒史，察廉爲甘泉倉長。」又循吏黄霸傳：「使領郡錢穀計，簿書正，以廉稱。察補河東均輸長，（師古曰：「以廉見察而遷補。」）復察廉爲河南太守丞。」

〔一八〕後雜論篇：「賢良茂陵唐生、文學魯萬生之倫六十餘人，咸聚闕庭。」

〔一九〕「六藝」就是「六經」。史記伯夷傳：「夫學者載籍極博，猶考信於六藝，詩、書雖缺，然虞、夏之文可知也。」又滑稽傳：「六藝於治一也：禮以節人，樂以發和，書以道事，易以神化，春秋以道義。」

〔二〇〕「極論」與後憂邊篇「極言」義同，漢書鼂錯傳：「上親策詔：『各帥其志，以選賢良，明於國家之大體，通於人事之終始，及能直言極諫者，各有人數，以匡朕之不逮。』」這些「極」字，義同，就是盡的意思。

〔二一〕陳遵默曰：「『開光發蒙』，義不相貫，『光』當作『𠑹』，形誤。『開𠑹發蒙』者，開其𠑹蔽，發其蒙覆也。說文：『𠑹，廱蔽也，象儿左右皆蔽形。讀若瞽。』一說：『開光』乃『閞光』之譌，『閞』即『關』字，與『開』形近，古書二字多互誤，『閞』讀爲『貫』，『閞光』者，淮南所云『東閞鴻濛之光』，其義也。『閞光』與『發蒙』，義正相比。」器案：文選聖主得賢臣頌：「進退得關其忠。」集注：「鈔曰：『開者，明白也。』李周翰曰：『關猶用也。』今案鈔『關』爲『開』。」苕溪漁隱叢話前集二一：「蔡寬夫詩話云：『樂天聽歌詩云：長愛夫憐第二句，請君重唱夕陽關。』」今案：白氏長慶集作「開」，是。此「關」「開」二字互誤之證。又案：史記淮南王傳集解：「如淳曰：『發蒙，以物蒙覆其頭而爲發去。』韋昭曰：『如蒙巾發之。』」又汲黯傳正義：「如發蒙覆，……言其易也。」文選長楊賦：「乃今日發蒙，廓然已昭矣。」注曰：「禮記曰：『昭然若發蒙矣。』」

〔二二〕史記始皇紀：「道古以害今，飾虛言以亂實。」漢書董仲舒傳：「善言古者必有驗於今。」後論菑篇：「諸生不可與逐語，信往疑今，非人自是。」

〔二三〕「意者」，猶言「抑或」。韓詩外傳五：「意者天下殆同一也？」又：「意者中國殆有聖人？」漢書楊雄傳解嘲：「意者玄得毋尚白乎？何爲官之拓落也？」文選難蜀父老文：「意者其殆不可乎？」集注：「張銑曰：『意者，耆老自言也。』」張説非是。

〔二四〕漢書兒寬傳：「兒寬，千乘人也。治尚書，事歐陽生。以郡國選詣博士，受業孔安國。貧無資用，嘗爲弟子都養，時行賃作，帶經而鉏，休息輒誦讀，其精如此。以射策爲掌故，功次補廷尉文學卒史。」案漢太常、郎中令、中大夫令、太僕、大理、大行令、宗正、大司農、少府爲正九卿；中尉、主爵都尉、内史，列於九卿。

〔二五〕漢書景帝紀：「又惟酷吏奉憲失中。」又陳湯傳：「罪當在於奉憲。」「憲」即此「贊憲」之「憲」，文選東京賦注：「憲，法也。」奉行法令謂之奉憲，贊佐法令謂之贊憲也。

〔二六〕漢書楊雄傳下：「桓譚以爲絶倫。」師古曰：「無比類。」

〔二七〕漢書董仲舒傳：「興滯補弊。」國語晉語韋昭注：「滯，廢也。」

〔二八〕輸子，即前通有篇、非鞅篇之公輸子。

〔二九〕梁玉繩古今人表攷：「師曠始見逸書太子晉解。左襄十四、晉語八晉主樂大師，字子野。生而無目，見莊子駢拇釋文；故自稱瞑臣，見逸書；又稱盲臣，見説苑建本；亦曰晉野，見抱朴子博喻、文選笙賦。」

〔三〇〕淮南子原道篇：「聲出於口，則越而散矣。」文選七發注：「越，散也。」

〔三一〕史記曹相國世家：「參代何爲漢相國，舉事無所變更，一遵蕭何約束。……日夜飲醇酒。卿大夫已下吏及賓客見參不事事，來者皆欲有言。至者，參輒飲以醇酒。間之，欲有所言，復飲之，醉而後去，終莫得開説，以爲常。」又見漢書曹參傳。

〔三二〕漢書兒寬傳：「寬爲人温良，有廉如自將，善屬文，然懦於武，口弗能發明也。」漢書東方朔傳兒大夫，師古曰：「兒寬也。」蓋兒寬爲御史大夫，故稱兒大夫。漢書賈捐之傳：「縣官嘗言『興瘉薛大夫』。」張晏注曰：「薛廣德爲御史大夫。」器案：本書雜論篇亦稱桑弘羊爲桑大夫，以其是御史大夫故。

〔三三〕尚書説命中：「禮煩則亂。」

〔三四〕「可」下原脱「以」字，今據郭沫若校補。

〔三五〕陸賈新語輔政篇：「察察者有所不見，恢恢者何所不容。」陸賈習穀梁春秋，蓋亦用春秋義，與此可互參。文選長楊賦注：「恢，大也。」又漁父注：「察察，清潔也。」廣雅釋訓：「察察，著也。」漢書五行志、夏侯勝傳都有「察察言」一詞。

〔三六〕張之象本、沈延銓本、金蟠本、諸子品節、諸子彙函、百子金丹「維綱」作「綱維」。管子牧民篇：「四維不張。」

〔三七〕「案上之文」，猶後人言案牘。文選晉紀總論注引劉謙晉紀應瞻表曰：「元康以來，望白署空，顯以台衡之量；尋文謹案，目以蘭薰之器。」即以「文」「案」連及用之。「期會」，指定期的集會。史記貨殖傳：「此寧有政教發徵期會哉？」漢書賈誼傳陳政事疏：「簿書不報，期會之間，以爲大故。」又王吉傳：「上疏云：『公卿幸得遭遇其時，……其務在於期會、簿書、斷獄、聽訟而已，此非太平之基也。』」又韓延壽傳：「治城郭，收賦租，先明布告其日，以期會爲大事。」又伍被傳：「益發甲卒，急其會日。」金石萃編漢十七韓仁銘：「會月三十日如律令。」會日，即期會之日也。

〔三八〕尚書皋陶謨文。蔡沈集傳：「大而千人之俊，小而百人之乂，皆在官使。以天下之才，任天下之治，唐、虞之朝，下無遺才，而上無廢事者，良以此也。師師，相師法也。言百僚皆相師法，而百工皆及時以趨事也。百僚百工，皆謂百官，言其人之相師，則曰百僚，言其人之趨事，則曰百工，其實一也。」

〔三九〕尚書益稷文。蔡沈集傳：「尹，正也。庶尹者，衆百官府之長也。允諧者，信皆和諧也。」

〔四〇〕淮南子説山篇：「不知凡要。」又要略篇：「總要舉凡。」文選長楊賦注：「凡，大旨也。」

〔四一〕吕氏春秋知度篇：「趙襄子之時，以任登爲中牟令，上計言於襄子曰：『中牟有士曰膽胥己，請見之。』襄子見而以爲中大夫。相國曰：『意者君耳而未之目耶？爲中大夫若此其易也！非晉國之故。』襄子曰：『吾舉登也，已耳而目之矣，登所舉，吾又耳而目之，是耳目人終無已也。』遂不復問，而以爲中大夫。」又見韓非子外儲説左上。孔叢子記義篇：「昔舜臣堯，官才任賢，堯一從之。左右曰：『人君用士，當自任耳目，而取信於人，無乃不可乎？』堯曰：『吾之舉舜，已耳目之矣，今舜所舉人，吾又耳目之，是則耳目人終無已也。』」即襲吕覽文。漢書外戚傳上注師古曰：「耳，常聽聞而記之也。」

〔四二〕盧文弨曰：「『之』當作『人』。」案張之象本、太玄書室本、沈延銓本、金蟠本、諸子品節、諸子彙函、兩漢別解、百子金丹作「人」。墨子所染篇：「故善爲君者，勞於論人，而佚於治官。」韓非子難二篇：「桓公曰：『吾聞君人者，勞於索人，佚於使人。』」荀子王霸篇：「故君人勞於索之，而休於使之。」又君道篇：「君人勞於索之，而休於使之。」吕氏春秋士節篇：「賢主勞於求人，而佚於治事。」

〔四三〕盧文弨曰：「『鄰』與『吝』同。大戴子張問入官篇：『不先以身，雖行必鄰也。』注：『鄰，郄。』」洪頤煊曰：「『鄰』是『遴』字之譌。論語泰伯：『如有周公之才之美，使驕而吝。』易蒙：『以往吝。』説文引作『遴』。漢書地理志：『民以貪遴爭訟。』師古曰：『遴與吝同。』」

〔四四〕韓詩外傳三：「周公踐天子之位七年，布衣之士，所贄而師者十人，所友見者十二人，窮巷白屋所先見者四十九人，時進善百人，教士千人，官朝者萬人。當此之時，誠使周公驕而且吝，則天下賢士至者寡矣。成王封伯禽於魯，周公誡之曰：『往矣，子無以魯國驕士。吾文王之子，武王之弟，成王之叔父也，又相天子，吾於天下，亦不輕矣。然一沐三握髮，一飯三吐哺，猶恐失天下之士。』」又見説苑尊賢篇，「吝」作「悋」。

〔四五〕孔丘門徒有多少，自來説法不同，有説是七十人的，如孟子公孫丑篇、韓非子五蠹篇、吕氏春秋遇合篇、淮南子泰族篇及要略篇、漢書藝文志和楚元王傳是也；有説是七十二人的，如史記孔子世家、文翁禮殿圖、魯峻冢壁象、後漢書蔡邕傳、家語七十二弟子解和顔氏家訓誡兵篇是也；有説是七十七人的，如史記仲尼弟子傳（索隱：「孔子家語亦有七十七人。」）及漢書地理志是也。由於其數無定，所以這裏統稱之爲「七十有餘人」。

〔四六〕「妻」、「師」通韻，古在灰部。

〔四七〕「而」原作「之」，正嘉本、太玄書室本、張之象本、沈延銓本、金蟠本作「而」，今據改正。

〔四八〕「賢」、「賓」通韻，古在先部。

〔四九〕管子小匡篇：「近國之民，從如流水。」又戒篇：「四方之外歸君，其猶流水乎！」荀子議兵篇：「民歸之如流水。」左傳昭公三年：「其愛之如父母，而歸之如流水，欲無獲民，將焉辟之。」

〔五〇〕戰國策燕策上：「燕昭王收破燕後即位，卑身厚幣以招賢者，欲將以報讎，故往見郭隗先生曰：『齊因孤國之亂，而襲破燕。孤極知燕小力少，不足以報；然得賢士與共國，以雪先生之恥，孤之願也，敢問以國報讎者奈何？』郭隗先生對曰：『帝者與師處，王者與友處，霸者與臣處，亡國與役處。詘指而事之，北面而受學，則百己者至；先趨而後息，先問而後嘿，則什己者至；人趨己趨，則若己者至；馮几據杖，眄視指使，則廝役之人至；若恣睢奮擊，呴藉叱咄，則徒隸之人至矣：此古服道致士之法也。王誠博選國中之賢者，而朝其門下，天下之士必趨於燕矣。』昭王曰：『寡人將誰朝而可？』郭隗先生曰：『臣聞古之君人，有以千金求千里馬者，三年不能得，涓人言於君曰：請求之。君遣之，三月得千里馬，馬已死，買其骨五百金，反以報君。君大怒曰：所求者生馬，安事死馬而捐五百金？涓人對曰：死馬且買之五百金，況生馬乎？天下必以王爲能市馬，馬今至矣。於是不能期年，千里之馬至者三。今王誠欲致士，先從隗始；隗且見事，況賢於隗者乎？豈遠千里哉？』於是昭王爲隗築宮而師之。樂毅自魏往，鄒衍自齊往，劇辛自趙往，士爭湊燕。燕王弔死問生，與百姓同其甘苦，二十八年，燕國殷富，士卒樂佚輕戰。於是遂以樂毅爲上將軍，與秦、楚、三晉合謀以伐齊；齊兵敗，閔王出走於外，燕兵獨追北，入至臨淄，盡取齊寶，燒其宮室宗廟，齊城之不下者，唯獨莒、即墨。」又見説苑君道篇，文異。

〔五一〕詩小雅鹿鳴序：「鹿鳴，燕羣臣嘉賓也。既飲食之，又實幣帛筐篚以將其厚意，然後忠臣嘉賓得盡費心矣。」

〔五二〕「臧文」，即臧文仲。論語衛靈公篇：「子曰：『臧文仲其竊位者與！知柳下惠之賢，而不與立也。』」古人行文，爲求整飭，往往把古人名字加以割截者，如漢書宣元六王傳：「子高素有顏、冉之資，臧武之智。」即用論語憲問篇「臧武仲之知」之文，把「臧武仲」截割成「臧武」，與此正同。「子椒」原作「子叔」，張之象本、沈延銓本、金蟠本、諸子品節作「子椒」，今據改正。張敦仁曰：「張之象本『叔』改『椒』。按後訟賢篇云：『遭子椒之譖也。』所改蓋是。」

〔五三〕史記秦始皇本紀："秦王足己不問，遂過而不變。"案謂自以爲滿足而不問其他。

〔五四〕蓋，發語詞。史記孟子荀卿傳："蓋墨翟，宋之大夫。"漢書司馬相如傳下言封禪事："蓋號以況榮。"師古曰："蓋，發語辭也。"

〔五五〕御史，周官，以中士爲之，是傳命的小臣。戰國時，職掌記録，戰國策趙策上："張儀爲秦連横説趙王曰：『敝邑秦王使臣敢獻書於大王御史。』"又韓策："張儀爲秦連横説韓王曰：『……是故秦王使使臣獻書大王御史，須以決事。』"史記滑稽列傳："淳于髡曰：『賜酒大王之前，執法在前，御史在後云云。』"又藺相如傳："秦、趙澠池之會，……秦御史前書曰云云，相如顧召趙御史書曰云云。"此皆御史職掌記事之證。漢書百官公卿表上："御史大夫，秦官，……外督部刺史，内領侍御史，員十五人，受公卿奏事，舉劾按章。"續漢書百官志三："侍御史十五人，六百石。本注曰：『掌察舉非法，受公卿羣吏奏事，有違失舉劾之。凡郊廟之祠，及大朝會、大封拜，則二人監威儀，有違失則劾奏。』"則羣御史之參加這次會議，一則"察舉非法"，一則"受公卿羣吏奏事"也。

〔五六〕"下"、"侯"通韻，古在侯部。

〔五七〕韓非子難勢篇："慎子曰：『飛龍乘雲，騰蛇遊霧，雲罷霧霽，而龍蛇與螾螘同矣，則失其所乘矣。』"爾雅釋魚："螣，螣蛇。"郭注："龍類也，能興雲霧而遊其中。"

〔五八〕漢書公孫弘傳："公孫弘，菑川薛人也。少時，爲獄吏，有罪免。家貧，牧豕海上。年四十餘，乃學春秋雜説。武帝初即位，招賢良文學士。是時，弘年六十，以賢良徵爲博士。"史記平準書："公孫弘以春秋之義繩臣下，取漢相。"

〔五九〕正嘉本、諸子品節、諸子彙函「遽」作「據」，太玄書室本同；又「即」作「位」。本書裒賢篇：「公孫弘即三公之位。」漢書董仲舒傳：「太公起海濱而即三公。」師古曰：「即，就也。」

〔六〇〕史記李斯傳太史公曰：「斯之功且與周、邵同列矣。」諸子品節、諸子彙函、兩漢别解「邵」作「召」。

〔六一〕史記平準書：「公孫弘以漢相，布被，食不重味，爲天下先。然無益於俗，稍騖於功利矣。」又見漢書食貨志下。

〔六二〕漢書儒林胡毋生傳：「弟子遂之者蘭陵褚大，……大至梁相。」又兒寬傳：「初，梁相褚大通五經，爲博士；時寬爲弟子。及御史大夫缺，徵褚大，大自以爲得御史大夫；至洛陽，聞兒寬爲之，褚大笑。及至，與寬議封禪於上前，大不能及；退而服曰：『上誠知人。』」又武帝紀：「元狩六年六月，詔曰：『日者，有司以幣輕多姦，農傷而末衆，又禁兼并之塗，故改幣以約之，稽諸往古，制宜於今，廢期有月，而山澤之民未喻。夫仁行而從善，義立則俗易，意奉憲者所以導之未明與？將百姓所安殊路，而撟虔吏以乘勢以侵蒸庶邪？何紛然其擾也！今遣博士大等六人分循天下，存問鰥寡廢疾，無以自振業者貸與之。諭三老、孝弟，以爲民師。舉獨行之君子，徵詣行在所。朕嘉賢者，樂知其人，廣宣厥道。士有特招，使者之任也，詳問隱處亡位，及冤失職，姦猾爲害，野荒治苛者舉奏。郡國有所以爲便者，上丞相、御史以聞。』」注：「師古曰：『褚大也。』」又食貨志下：「天下大氐無慮皆鑄金錢矣，犯法者衆，吏不能盡誅，於是遣博士褚大、徐偃等，分行郡國，舉并兼之徒、守相爲利者。」又五行志中下：「先是比年遣大將軍衛青、霍去病攻祁連，絶大幕，窮追單于，斬首十餘萬級，還，大行慶賞；乃閔海内勤勞，是歲，遣博士褚大等六人，持節巡行天下，存賜鰥寡，假與乏困，舉遺逸獨行君子詣行在所，郡國有以爲便宜者，上丞相、御史以聞。天下咸喜。」案「泰」、「大」古通。

〔六三〕漢書終軍傳：「元鼎（案當作「元狩」。）中，博士徐偃使行風俗，偃矯制使膠東、魯國鼓鑄鹽鐵。還奏事，徙爲太常丞。」又儒林申公傳：「弟子爲博士十餘人，……徐偃，膠西中尉。」

〔六四〕明詔，對於天子詔書的尊稱。本書及漢人作品中習見的「明天子」、「明王」、「明朝」、「明廷」、「明府」、「明舉」等的「明」字，義都相同。漢書鼂錯傳：「奉陛下之明詔。」沈延銓本「詔」誤「諸」。

〔六五〕通鑑一一注：「周禮：『司節，掌邦節，辨其用以輔王命。』注云：『節者，執以行爲信。邦節，珍圭、牙璋、穀圭、琬圭、琰圭也。守邦國用五節，以玉爲之；守都鄙用角節，以角爲之。邦國之使，節用金；門關之節，用符；貨賄之節，用璽；道路之節，用旌。』審此，則古所執以爲信者，皆謂之節。自秦以來，有璽、符、節，則璽自璽，符自符，節自節，分爲三矣。漢之節，即古之旌節也。鄭氏注以節爲漢宮中諸宮詔符，璽節爲漢之印章，旌節爲漢使者所持節，則知漢所謂節，蓋古之旌節也。賢曰：『節者，所以爲信，以竹爲之，柄長八尺，以旄牛尾爲之，眊三重。此漢制也。』」

〔六六〕通鑑一一注：「如淳曰：『四馬，高足爲置傳，中足爲馳傳，下足爲乘傳，一馬、二馬爲軺傳。急者乘一乘傳。』師古曰：『蓋今之驛，古者以車，謂之傳車；其後，單置馬，謂之驛騎。漢律：諸當乘傳及發駕置傳者，皆持尺五寸木傳信，封以御史大夫章；其乘傳，參封之，參，三也；有期會，累封兩端，端各兩封，凡四封；乘置馳傳，五封之，兩端各二，中央一；軺傳，兩馬再封之；一馬一封，以馬駕軺車而乘傳曰一封軺傳。』史炤所謂『依乘符傳而行』者，本此但擇焉而不精，語焉而不詳耳，終不若顏說簡而明。」華氏本「馳」作「持」，明初本誤作「待」。

〔六七〕漢書武帝紀：「元光元年冬十一月，初令郡國，舉孝、廉各一人。」師古曰：「孝謂善事父母，廉謂清廉、有廉隅者也。」又尹翁歸傳：「舉廉爲緱氏尉，……遷補都内令，舉廉爲弘農都尉。」

〔六八〕超遷，超級升遷。史記賈生傳：「文帝召以爲博士，……超遷，一歲至大中大夫。」又張釋之傳：「今陛下以嗇夫口辯而超遷之。」東觀漢記十一張禹傳：「明帝以其明達法理，有張釋之風，超遷非次，拜廷尉。」

〔六九〕史記平準書：「當是之時，招尊方正、賢良、文學之士，或至公卿大夫。」又見漢書食貨志下。

〔七〇〕張敦仁曰：「張之象本『非』下添『特』字，（案沈延銓本、金蟠本同。）似是實非。此句與下句『文王之廣賢也』連讀，『也』、『邪』同字，前後多有之。（褒賢篇：『固若是也？』尤顯然可證。）」器案：「邪」、「也」古多通用，顔之推顔氏家訓音辭篇即已指出，顔云：「邪者，未定之詞，左傳曰『不知天之棄魯邪？抑魯君有罪於鬼神邪』（案見昭公二十六年。），莊子云『天邪地邪』（案當作「父邪母邪」，見大宗師篇。），漢書云『是邪非邪』（案見外戚傳。）之類是也。而北人即呼爲『也』，亦爲誤矣。」荀子正名篇：「如此者，其求物也？養生也？粥壽也？」楊倞注：「『也』皆當爲『邪』，問之辭。」自明人不知「也」、「邪」二字古通，率以臆改之，此文和前非鞅篇「其可得也」，華氏活字本改爲「其可得乎」，如出一轍。前人謂「明人好刊書而古書亡」者，這又是一個例證了。史記周本紀：「西伯曰文王，遵后稷、公劉之業，則古公、公季之法，篤仁敬老慈少，禮下賢者，日中不暇食以待士，士以此多歸之。伯夷、叔齊在孤竹，聞西伯善養老，蓋往歸之。太顛、閎夭、散宜生、鬻子、辛甲大夫之徒，皆往歸之。」

〔七一〕韓非子難勢篇：「夫有雲霧之勢，龍蛇之材，美也。」

〔七二〕韓非子顯學篇：「冰炭不同器而久，寒暑不兼時而至。」東方朔七諫：「冰炭不可以相並。」

〔七三〕淮南子説林篇：「日月不並出。」

〔七四〕左傳昭公三十二年：「天子守在四夷。」漢書蕭望之傳：「今少主以元貴靡不得立而還，信無負於四夷，此中國之大福也。」這些四夷義並同。夷，本謂東方少數民族，這裏則泛指四境以外之少數民族爲四夷，猶如説百蠻一樣。

〔七五〕王先謙曰：「漢書李陵傳：『陵召見武臺，叩頭自請曰：臣所將屯邊者，皆荆、楚勇士，奇材劍客也，力扼虎，射命中。』此用荆楚士之明證。」

〔七六〕「勊」原作「勉」，今據孫詒讓説校改。孫云：「『勉獲』無義，『勉』當爲『勊』，形近而誤。前輕重篇云『克獲之賞以億萬計』，『克』、『勊』字通。」器案：漢書武帝紀：「今大將軍仍復克獲，斬首虜萬九千級。」又宣帝紀：「校尉常惠將烏孫兵，入匈奴右地，大克獲。」又食貨志下：「票騎仍再出擊胡，大克獲。」又金日磾傳：「攻祁連山，大克獲。」又匈奴傳下：「嚴尤諫曰：『雖有克獲之功，胡輒報之。』」則「克獲」爲當時習用語。

〔七七〕後結和篇：「招奮擊。」器案：戰國策秦策下：「大王之國，……奮擊百萬。」又魏策上：「竊聞大王之卒，……奮擊二十萬。」史記淮南衡山傳：「此時有欲從軍者，輒詣京師，被即願奮擊匈奴。」通鑑二注：「奮擊，簡軍中之勇士，敢奮力而擊敵者異之。」

〔七八〕「糜」原作「麋」，黄季剛曰：「『麋』，『糜』字之誤。」今據改正。器案：説文米部：「糜，爛也。」釋名釋飲食：「糜，煮米使糜爛也。」是糜有爛意。字又借作靡，荀子富國篇：「以靡敝之。」史記主父偃傳「靡敝」索隱：「靡，音糜，敝猶凋敝也。」

〔七九〕易習坎：「王公設險，以守其國，險之時用大矣哉！」

〔八〇〕史記平準書：「及王恢設謀馬邑，匈奴絶和親，侵擾北邊，兵連而不解，天下苦其勞，而干戈日滋，行者齎，居者送，中外騷擾而相奉，百姓抏弊以巧法，財賂衰耗而不贍，入物者補官，出貨者除罪，選舉陵遲，廉恥相冒，武力進用，法嚴令具，興利之臣，自此始也。」集解：「韋昭曰：『桑弘羊、孔僅之屬。』」案又見漢書食貨志下。器案：據史記、漢書所載，當時耗財之事，一是抗擊匈奴，二是鑿通西域，三是開發西南，四是築令居，五是置初郡，六是造渠通漕，七是賑災，八是官多，九是徒奴婢衆，十是養馬，十一是修宮室園林，十二是巡幸，十三是賞賜。興利之事，也有十三起：一是因抗擊匈奴、通西南夷，而募豪民田南夷、入粟；二是東置滄海郡，築衛朔方，而募民入奴婢、入羊；三是抗擊匈奴而賣爵；四是造鹿皮幣、白金三品；五是行天下鹽、鐵作；六是算緡；七是入粟補官；八是鑄赤側錢及輸、銅三官；九是告緡、治緡；十是送徒入財爲郎；十一是出牝馬課息；十二是置平準；十三是入粟補官、贖罪，給復。

〔八一〕張之象注曰：「尚書中候曰：『吕尚釣磻溪，得玉璜，刻曰：姬受命佐旌。』六韜曰：『文王卜田，史扁爲卜曰：于渭之陽，將大得焉，非熊非羆，非虎非狼，兆得公侯，天遺汝師。文王齋戒三日，田于渭陽，卒見吕尚，坐茅以漁。』武王曰：『勗哉夫子！尚桓桓，如虎如貔，如熊如羆，于商郊，弗迓克奔，以役西土。勗哉天子！』」

〔八二〕「渭」原作「淮」，不聞漢代於淮造渠以通漕運事，今據當時有關文獻訂正。漢書武帝紀：「元光六年春，穿漕渠通渭。」如淳曰：「水轉運曰漕。」又食貨志下：「鄭當時爲渭漕回遠，鑿漕直渠，自長安至華陰。」師古曰：「回，回繞也。」又見史記平準書。又溝洫志：「太始二年，趙中大夫白公復奏穿渠，引涇水，首起谷口，尾入櫟陽，注渭中，袤二百里，溉田四千五百餘頃，因名曰白渠。」由於涇、渭造渠通漕，並給關中地區農田灌溉創造了條件，故漢人常以涇、渭並提，漢書張禹傳：「及富貴，多買田至四百頃，皆涇、渭溉灌極膏腴上賈。」又司馬相如傳上子虛賦：「出入涇、渭。」又楊雄傳上河東賦：「涌渭躍涇。」

〔八三〕「東郭咸陽」原作「東郭偃」，今據張敦仁説校改。張云：「按云『東郭偃』者，誤也，前刺權篇云：『大農鹽、鐵丞咸陽、孔僅等。』後輕重篇云：『咸陽、孔僅增以鹽、鐵。』平準書、食貨志皆云：『於是以東郭咸陽、孔僅爲大農丞，領鹽、鐵事。』此或本作『東郭咸陽』，或本作『咸陽』，後人旁記『東郭』於旁，以致錯入，而又改去『咸陽』字。」

〔八四〕史記平準書：「孝景時，上郡以西旱，亦復脩賣爵令，而賤其價以招民；及徒復作，得輸粟縣官以除罪。……於是，大農陳藏錢經耗，賦税既竭，猶不足以奉戰士。有司言，……議令民得買爵，及贖禁錮免減罪。諸置賞官，命曰武功爵，級十七萬，凡直三十餘萬金。諸買武功爵官首者，試補吏，先除，千夫如五大夫，其有罪又減二等，爵得至樂卿，以顯軍功，軍功多，用越等，大者封侯卿大夫，小者郎吏，吏道雜而多端，則官職耗廢。」又見漢書食貨志。漢書貢禹傳：「武帝始臨天下，尊賢用士，闢地廣境數千里，自見功大威行，遂從耆欲，用度不足，迺行壹切之變，使犯法者贖罪，入穀者補吏；是以天下奢侈，官亂民貧，盗賊並起，亡命者衆。郡國恐伏其誅，則擇便巧史書，習於計簿，能欺上府者，以爲右職；姦軌不勝，則取勇猛能操切百姓者，以苛暴威服下者，使居大位。故亡義而有財者顯於世，欺謾而善書者尊於朝，誖逆而勇猛者貴於官。故俗皆曰：何以孝弟爲，財多而光榮；何以禮義爲，史書而仕宦；何以謹慎爲，勇猛而臨官。故黥劓而髡鉗者，猶復攘臂爲政於世，行雖犬彘，家富勢足，目指氣使，是爲賢耳。

故謂居官而置富者爲雄桀，處姦而得利者爲壯士，兄勸其弟，父勉其子，俗之壞敗，迺至於是；察其所以然者，皆以犯法得贖罪，求士不得真賢，相、守崇財利，誅不行之所致也。」又蕭望之傳：「聞天漢四年，常使死罪人入五十萬錢，減死罪一等。豪彊吏民，請奪假貸，至爲盜賊以贖罪。其後，姦邪横暴，羣盜並起，至攻城邑，殺郡守，充滿山谷，吏不能禁；明詔遣繡衣使者以興兵擊之，誅者過半，然後衰止。愚以爲此使死罪贖之敗也。」涂本「販」原誤作「敗」。

〔八五〕「兼」原作「無」，今據張敦仁説校改。張云：「按『無』當作『兼』，公爲上，私爲下，『兼』者，兼此二者也。」器案：張説是。園池篇云：「上下俱殫。」「上下俱衍。」輕重篇云：「上下俱足。」未通篇云：「上下交讓。」論勇篇、刑德篇云：「上下相遁。」論功篇云：「上下相使。」周秦篇云：「上下相殺。」語法與此正同，所謂兼、俱、交、相，都兼上下二者言之。「兼」與「無」形近而誤。

〔八六〕史記平準書：「百姓抏弊以巧法。」索隱：「按三蒼：『抏音五官反。』鄒氏又五亂反。按抏者耗也，消耗之名。言百姓貪弊，故行巧抵之法也。」漢書食貨志下：「百姓抏敝以巧法。」師古曰：「抏，訛也，謂摧挫也。巧法，爲巧詐以避法也。抏音五官反。」又吾丘壽王傳：「海内抏敝，巧詐並生。」師古曰：「抏，訛盡也，音五官反。」文選上林賦：「抏士卒之精。」郭璞注曰：「抏，損也。音翫。」文選四子講德論：「驚邊抏士，屢犯蒭蕘。」沈延銓本「抏」誤「抗」，華氏活字本又臆改爲「撫」。

〔八七〕墨子明鬼下：「凡殺不辜者，其得不祥，鬼神之誅，若此之憯速也。」憯急、憯速義同。

〔八八〕史記平準書：「自公孫弘以春秋之義繩臣下，取漢相，張湯用峻文決理爲廷尉，於是見知之法生，而廢格、沮誹窮治之獄用矣。」集解：「張晏曰：『吏見知不舉，劾爲故縱。』如淳曰：『廢格，廢格天子之法使不行也。』」索隱：「格，音閣，亦如字。按謂廢格天子之命而不行，及沮敗誹謗之者，皆被窮治，故云『廢格、沮誹之獄用矣』。」器案：史記酷吏傳：「趙禹與張湯論定諸律令，作見知，吏傳得相監司。」正義：「謂見罪、知有罪，皆須舉之。」漢書刑法志：「孝武招進張湯、趙禹之屬，條定法令，作見知、故縱、監臨部主之法。」又史記酷吏傳：「天子聞使杜式治，以爲廢格沮事。」集解：「漢書音義曰：『武帝使楊可主告緡，没入其財物，縱捕爲可使者，此爲廢格詔書，沮已成之事。』」索隱：「應劭曰：『沮敗已成之事。格音閣。』」

〔八九〕漢書杜周傳：「杜周，南陽杜衍人也。……周爲廷尉，其治大抵放張湯，而善候司，上所欲擠者，因而陷之，上所欲釋，久繫待問，而微見其寃狀。客有謂周曰：『君爲天下決平，不循三尺法，專以人主意指爲獄，獄者固如是乎？』周曰：『三尺安出哉？前主所是著爲律，後主所是疏爲令，當時爲是，何古之法乎？』至周爲廷尉，詔獄亦益多矣。……廷尉及中都官詔獄逮至六七萬人，吏所增加十有餘萬。周中廢，後爲執金吾，逐捕桑弘羊、衛皇后昆弟子刻深，上以爲盡力無私，遷爲御史大夫。」

〔九〇〕孫人和曰：「『咸宣』，史記酷吏列傳作『減宣』，故張之象本改『咸』爲『減』，（沈延銓本、金蟠本同。）然漢書酷吏傳作『咸宣』，百官公卿表：『元封元年，御史中丞咸宣爲左内史。』師古並曰：『咸音減省之減。』又表：『太初元年，故左内史咸宣爲右扶風。』並作『咸』。是『咸』、『減』古通，毋煩改作。急就篇卷二：『減罷軍。』顔注云：『減氏之先爲晉公族大夫，驪姬之難，晉廢公族，因謂其人爲減氏。減者，省也。漢有減宣。』」案漢書酷吏傳：「咸宣，楊人也。……官事辦，稍遷至御史及丞，使治主父偃及淮南反獄，所以微文深詆，殺者甚衆，稱爲敢決疑。」

〔九一〕峻文決理，就是以深文決斷刑理，見上注〔八六〕引平準書。漢書翟方進傳：「峻文深詆。」又酷吏傳：

「微文深詆。」義並同。

〔九二〕漢書酷吏傳：「王温舒，陽陵人也。……以治獄至廷尉史，事張湯，遷爲御史，督盜賊，殺傷甚多。稍遷至廣平都尉，擇郡中豪敢往吏十餘人爲爪牙，皆把其陰重罪，而縱使督責盜，快其意所欲得，此人雖有百罪弗法，即有避回，夷之亦滅宗。……上聞，遷爲河内太守。……部吏如居廣平時。方略捕郡中豪猾，相連坐千餘家。上書請大者至族，小者乃死，家盡没入償臧。奏行不過二日，得可事論報，至流血十餘里。河内皆怪其奏，以爲神速。盡十二月，郡中無犬吠之盜，其頗不得失之，旁郡追求。會春，温舒頓足歎曰：『嗟乎！令冬月益展一月，卒吾事矣。』其好殺行威，不愛人如此。」

〔九三〕史記酷吏傳：「是時，趙禹、張湯以深刻爲九卿矣，然其治尚寬，輔法而行，而縱以鷹擊毛摯爲治。」集解：「徐廣曰：『鷙鳥將擊必張羽毛也。』」漢書酷吏義縱傳：「義縱爲定襄太守，郡中不寒而栗。……縱以鷹擊爲治。」師古曰：「言如鷹隼之擊，奮毛羽，執取飛鳥也。」又史記酷吏傳：「郅都獨先嚴酷，致行法不避貴戚，列侯宗室，見都側目而視，號曰蒼鷹。」

〔九四〕論語先進篇：「所謂大臣者，以道事君，不可則止。」

〔九五〕荀子臣道篇：「偷合苟容，以持禄養交而已耳，謂之國賊。」史記白起王翦列傳：「太史公曰：『偷合取容，以至圽（没）身。』」偷合，即苟合也，詳論儒篇注〔二八〕。

〔九六〕通典卷十七選舉五雜議論中載劉秩論：「逮至（漢孝武帝。）晚歲，務立功名，鋭意四夷，故權譎（北宋本誤「調」。）之謀設，荆、楚之士進，軍旅相繼，官用不足，是以聚歛計料之政生，設險興利之臣起。番係嚴熊羆等經准作渠，（北宋本作「番係嚴熊羆等經淮造渠」，俱有訛衍。）以通漕運。東郭偃、孔僅建鹽鐵諸利策，富者冒爵射官，免刑除罪，公用彌多，而請官者循私，（北宋本作「而爲官者徇私」。）上下並求，百姓不堪，刓弊故巧法。慘急之臣進，而見知、廢格之法。杜周、臧宣之屬，以峻文決理貴，而王温舒之徒，以鷹擊敢殺彰。而法先王之術、習俎豆之容者，無所任用。」即據鹽鐵論爲言，兩唐書劉秩傳無文，今據寒齋藏明倫以訓刻本，而以北宋本校其異同焉。

論儒*第十一

御史曰：「文學祖述〔一〕仲尼，稱誦〔二〕其德，以爲自古及今，未之有也。然孔子脩道魯、衛〔三〕之間，教化洙、泗上之〔四〕，弟子不爲變，當世不爲治，魯國之削滋甚〔五〕。齊宣王褒儒尊學，孟軻〔六〕、淳于髡之徒，受上大夫〔七〕之禄，不任職而論國事〔八〕，蓋齊稷下先生千有餘人〔九〕。當此之時，非一公孫弘也。弱燕攻齊，長驅至臨淄，湣王遁逃，死於莒而不能救〔一〇〕；王建禽於秦，與之俱虜而不能存。若此，儒者之安國尊君，未始有效也。」

文學曰：「無鞭策，雖造父〔一一〕不能〔一二〕調駟馬。無勢位〔一三〕，既舜、禹不能治萬民。孔子曰：『鳳鳥不至，河不出圖，吾已矣夫〔一四〕！』故軺車〔一五〕良馬，無以馳之；聖德仁義，無所施之。齊威、宣之時，顯〔一六〕賢進士，國家富强，威行敵國。及湣王，奮二世之餘烈〔一七〕，南舉楚、淮，北并巨宋，苞十二國〔一八〕，西摧三晉〔一九〕，卻彊秦，五國賓從，鄒、魯之君，泗上諸侯皆入臣。矜功不休，百姓不堪。諸儒諫不從〔二〇〕，各分散，慎到、捷子〔二一〕亡去，田駢如薛〔二二〕，而孫卿適楚〔二三〕。内無良臣，故諸侯合謀而伐之。王建聽流説〔二四〕，信反間〔二五〕，用后勝之計〔二六〕，不與諸侯從親，以亡國。爲秦所禽，不亦宜乎？」

御史曰：「伊尹以割烹事湯〔二七〕，百里以飯牛要穆公，始爲苟合〔二八〕，信然〔二九〕與之霸王〔三〇〕。如此，何言不從？何道不行？故商君以王道説孝公〔三一〕，不用，即以彊國之道，卒以就功。鄒子以儒術干世主，不用，即以變化始終之論〔三二〕，卒以顯名。故馬效千里，不必胡、代；士貴成功，不必文辭。孟軻守舊術〔三三〕，不知世務，故困於梁、宋〔三四〕。孔子能方不能圓〔三五〕，故飢於黎丘〔三六〕。今晚世〔三七〕之儒勤德，時有乏匱，言以爲非，困〔三八〕此不行。自周室以來，千有餘歲，獨有文、武、成、康，如言必參一焉〔三九〕，取所不能及而稱之，猶躄者能言遠不能行也〔四〇〕。聖人異塗同歸〔四一〕，或行或止，其趣一也〔四二〕。商君雖革法改教，志存於彊國利民。鄒子之作，變化之術，亦歸於仁義〔四三〕。祭仲自貶損以行權〔四四〕，時也。故小枉大直，君子爲之〔四五〕。今硜硜然〔四六〕守一道，引尾生〔四七〕之意，即晉文之譎〔四八〕諸侯以尊周室不足道，而管仲蒙恥辱以存亡〔四九〕不足稱也。」

文學曰：「伊尹之干湯，知聖主也。百里之歸秦，知明君也。二君之能知霸主，其冊〔五〇〕素形於己，非暗而以冥冥決事也〔五一〕。孔子曰：『名不正則言不順，言不順則事不成〔五二〕。』如何其苟合而以成霸王也？君子執德〔五三〕秉義而行，故造次必於是，顛沛必於是〔五四〕。孟子曰：『居今之朝，不易其俗，而成千乘之勢，不能一朝居也〔五五〕。』寧窮饑居於陋巷〔五六〕，安能變己而從俗化〔五七〕？闔廬殺僚，公子札去而之延陵，終身不入吴國〔五八〕。魯公殺子赤，叔眄〔五九〕退而隱處，不食其禄〔六〇〕。虧義得尊，枉道取容，効死〔六一〕不爲也。聞正道不行，釋事而退，未聞枉道以求容也。」

御史曰：「論語〔六二〕：『親於其身爲不善者，君子不入也〔六三〕。』有是言而行不足從也。季氏爲無道，逐其君〔六四〕，奪其政，而冉求、仲由臣焉。禮：男女不授受〔六五〕，不交爵。孔子適衛，因嬖臣〔六六〕彌子瑕以見衛夫人〔六七〕，子路不説。子瑕，佞臣〔六八〕也，夫子因之，非正也。男女不交，孔子見南子〔六九〕，非禮也。禮義由孔氏〔七〇〕，且貶道以求容，惡在其釋事而退也？」

文學曰：「天下不平，庶國不寧，明王之憂也。上無天子，下無方伯〔七一〕，天下煩亂，賢聖之憂也。是以堯憂洪水，伊尹憂民，管仲束縛〔七二〕，孔子周流〔七三〕，憂百姓之禍而欲安其危也。是以負鼎俎、囚拘、匍匐以救之〔七四〕。故追亡者趨，拯溺者濡〔七五〕。今民陷溝壑〔七六〕，雖欲無濡，豈得已哉？」

御史默不對。

＊春秋末期，奴隸制走向滅亡，封建制日益興起，在社會大變動的推動下，文化思想領域裏，出現了一個「百家争鳴」的局面，「各思以其道易天下」，較有影響的爲「九流十家」。所謂儒家，就是「九流十家」中的一家。「孔子修成、康之道，述周公之訓，以教七十子，使服其衣冠，脩其篇籍，故儒者之學生焉。」（淮南子要略）由孔丘所創立的儒家學派，曾經打入了所謂「顯學」（韓非子顯學篇）的行列。到了秦始皇統一天下，「焚書坑儒」，給予儒家以沉重打擊。漢承秦制，尊法賤儒，但也不是完全如董仲舒所説的「獨任執法之吏」（漢書董仲舒傳）。隨着漢景帝平定了「清君側」的吴、楚七國之亂，漢武帝平定了「修文學」的淮南、衡山之亂，中央集權逐步鞏固起來。漢武帝時，「海内艾安，府庫充實，而四夷未賓，制度多闕，上方欲用文武，求之如弗及」（漢書公孫弘卜式兒寬傳贊）。漢武帝就接受了董仲舒「推明孔氏，抑黜百家」（漢書董仲舒傳）的建議，這就發出了儒家歷史地位逐漸發生變化的信號。因之，在漢昭帝始元六年，也就是漢武帝死後才六年，就大張旗鼓地召集了這次全國性的鹽、鐵會議。會議雖然是討論鹽、鐵問題，但其中有純儒和反純儒之争。

論儒是歷史上第一次對孔丘、孟軻進行的批判。論戰一開始，文學們以純儒的觀點「祖述仲尼，稱頌其德，以爲自古及今，未之有也」，以孔、孟之道爲「憂百姓之禍而欲安其危」的「治國平天下」之道。御史、大夫持反純儒的觀點，指出：「儒者之安國尊君，未始有效。」「孟軻守舊術，不知世務。」因而不合時宜。

〔一〕禮記中庸：「仲尼祖述堯、舜，憲章文、武。」漢書藝文志：「儒家者流，……，祖述堯、舜，憲章文、武，宗師仲尼。」師古曰：「祖，始也；述，修也。……言以堯、舜爲本始而遵修之。」

〔二〕沈延銓本「誦」作「頌」。

〔三〕張之象本、沈延銓本、金蟠本「魯、衛」作「齊、魯」。

〔四〕禮記檀弓上：「吾與女事夫子於洙、泗之間。」鄭玄注：「洙、泗，魯水名。」

〔五〕孟子告子下：「魯繆公之時，公儀子爲政，子柳、子思爲臣，魯之削也滋甚。」淮南子齊俗篇：「魯國服儒者之禮，行孔子之術，地削名卑，不能親近來遠。……魯治禮而削，知禮而不知體也。」

〔六〕史記田完世家脱「孟軻」二字，臧庸拜經日記十謂當據此補。説本楊樹達。

〔七〕論語鄉黨篇：「朝與上大夫言，誾誾如也。」皇侃義疏：「上大夫，卿也。」

〔八〕此蓋當時客卿之待遇。

〔九〕史記田完世家：「宣王喜文學遊説之士，自如騶衍、淳于髡、田駢、接予、慎到、環淵之徒七十六人，皆賜列第爲上大夫，不治而議論，是以齊稷下學士復盛，且數百千人。」風俗通義窮通篇：「齊威、宣之時，聚天下賢士於稷下，尊寵之，若鄒衍、田駢、淳于髡之屬甚衆，號曰列大夫，皆世所稱，咸作書以刺世。」

〔一〇〕史記田敬仲完世家：「燕、秦、楚、三晉合謀，各出鋭師以伐，敗我濟西，王解而卻，燕將樂毅遂入臨淄，盡取齊之寶藏器。湣王出亡之衛，衛君辟宫舍之，稱臣而共具，湣王不遜，衛人侵之。湣王去走鄒、魯，有驕色，鄒、魯弗內，遂走莒。楚使淖齒將兵救齊，因相齊湣王，淖齒遂殺齊湣王。」

〔一一〕史記秦本紀：「衡父生造父，造父以善御幸於周繆王。」

〔一二〕御覽三五九引「能」下有「以」字，下句同。

〔一三〕「勢」原作「世」，張之象本、沈延銓本、金蟠本、楊沂孫校本及御覽三五九引作「勢」，今據改。本書貧富篇：「況以勢位求之者乎？」是本書作「勢位」之證。慎子威德篇：「堯爲匹夫，不能使其鄰家，至南面而王，則令行禁止。由此觀之，賢不足以服不肖，而勢位足以屈賢矣。」即此文所本。韓非子功名篇：「明君之所以立功成名者四，……四曰勢位。」又難勢篇引慎子：「吾以此知勢位之足恃，而賢智之不足慕也。」韓詩外傳一：「名號傳乎世者，不待勢位而顯。」這些都是以「勢位」連文。「勢位」就是權勢禄位的意思。

〔一四〕論語子罕篇文。皇侃義疏：「聖人王，則有龍馬及神龜負應王之圖書，從河而出，爲瑞也。如龍圖授伏犧、龜書畀姒禹也。」

〔一五〕漢書食貨志下注：「軺，小車也。」

〔一六〕「宣」上原無「威」字，「顯」上原有「不」字，今據張敦仁説補、删。張云：「按『宣』上當有『威』字，『顯』上當無『不』字。下文云：『及湣王奮二世之餘烈。』『二世』者，威也宣也，『餘烈』者，『顯賢進士』也，今本脱衍不可通。」器案：漢書儒林傳：「至於威、宣之際，孟子、孫卿之列，咸遵夫子之業而潤色之，以學顯於當世。」鄧展曰：「威、宣，齊二王。」此即張説所本。

〔一七〕史記陳涉世家：「奮六世之餘烈。」此文本之，涂本「奮」作「奪」，誤。漢書地理志下：「士有申子、韓非刻害餘烈。」師古曰：「烈，業也。」

〔一八〕戰國策齊策下：「今大王之所從十二諸侯，非宋、衛也，則鄒、魯、陳、蔡。」又楚策：「舉宋而東指，則泗上十二諸侯，盡王之有也。……若夫泗上十二諸侯，左縈而右拂之，可一旦而盡也。」淮南子齊俗篇：「泗上十二諸侯，皆率九夷以朝。」史記田敬仲完世家：「泗上十二諸侯皆來朝。」索隱：「邾、莒、宋、魯之比。」又張儀傳索隱：「謂邊近泗水之側，當戰國之時，有十二諸侯，宋、魯、邾、莒之比也。」通鑑注：「泗水出魯國卞縣西南，至方與入泲，宋、魯、鄒、滕、薛、郳等國國於其間。」器案：此言泗上諸侯，猶春秋左傳桓公六年言「漢東之國」也。戰國策秦策上：「楚包九夷。」李斯諫逐客書：「包九夷。」「包」字用法與此同。

〔一九〕漢書地理志下：「晉文公後十六世，爲韓、趙、魏所滅，三家皆自立爲諸侯，是爲三晉。」通鑑注一：「三家分晉國，時因謂之三晉，猶後之三秦、三齊也。」

〔二〇〕荀子彊國篇有荀卿子説齊相文，當是荀子諫齊語。

〔二一〕張敦仁曰：「拾補改『子』爲『予』。按漢書古今人表中：『捷子。』藝文志：『道家，捷子二篇，齊人。』史記孟荀列傳：『接子，齊人。』索隱云：『接子，古著書人之稱號。』（「捷」、「接」同字。）皆作『子』。唯田敬仲世家作『予』，乃譌字，而盧誤據之也。」

〔二二〕淮南子人間篇：「唐子短陳駢子於齊威王，威王欲殺之，陳駢子與其屬出亡奔薛。」「陳駢」就是「田駢」。漢書藝文志：「道家，田子二十五篇。」原注：「名駢，齊人，遊稷下，號『天口駢』。」

〔二三〕史記荀卿傳：「荀卿，趙人，年五十，始來遊學於齊。……田駢之屬皆已死。齊襄王時，而荀卿最爲老師，齊尚脩列大夫之缺，而荀卿三爲祭酒焉。齊人或讒荀卿，荀卿乃適楚。」荀悦前漢紀卷十六：「忠順不失，夙夜匪懈，順理處和，以輔上德，是謂良臣。」

〔二四〕本書相刺篇：「牽於流説。」荀子致仕篇：「流言流説，流事流謀。」注：「流者，無根源之謂。」

〔二五〕周禮秋官士師職：「掌士之八成，……三曰邦諜。」注：「爲異國反閒。」賈公彦疏：「異國欲來侵伐，先遣人往閒候，取其委曲，反來説之，其言諜諜然，故謂之邦諜。用兵之策，勿善於此。故孫子兵法云：『興師十萬，日費千金，内外騷動，以争一日之勝，而受爵禄金寶於人者，非民之將，故三軍之事，莫密於反閒。殷之興也，伊摯在夏，周之興也，吕牙在殷，唯聖賢將能用閒以成此兵之要者也。』」

〔二六〕風俗通義皇霸篇：「到王建，用后勝之計，又賓客多受秦金，勸王朝秦，不修戰備，秦兵平步入臨淄，民無敢格者，遷王建於共。」

〔二七〕孟子萬章上：「伊尹以割烹要湯。」

〔二八〕陸賈新語辨惑篇：「行不敢苟合，言不爲苟容。」文選報任少卿書：「苟合取容。」又離騷注：「偷，苟也。」

〔二九〕黄季剛曰：「然，乃也。」郭沫若讀「然」爲「然後」。

〔三〇〕史記孟荀列傳：「伊尹負鼎，而勉湯以王，百里奚飯牛車下，而繆公用霸，作先合，然後引之大道。」即此文所本。説本楊樹達。

〔三一〕漢書叙傳答賓戲：「商鞅挾三術以鑽孝公。」應劭曰：「王霸、富國、强兵，爲三術也。」師古曰：「王，一也；霸，二也；富國强兵，三也。」

〔三二〕詳後論鄒篇。

〔三三〕孟子滕文公上：「孟子道性善，言必稱堯、舜。」又滕文公下：「吾爲此懼，閑先聖之道，距楊、墨，放淫辭……以承三聖者。」三聖謂夏禹、周公、孔子也。史記孟子傳：「孟軻乃述唐、虞三代之德，是以所如者不合。」

〔三四〕史記孟荀傳：「孟軻困於齊、梁。」

〔三五〕論衡狀留篇：「且圓物投之于地，東西南北，無之不可。……方物集地，一投而止。……賢儒，世之方物也。」南齊書沈憲傳：「此人方圓可施。」言其能隨方就圓也。

〔三六〕蔣超伯南漘楛語二：「爾雅釋丘：『淮南有州黎丘。』注：『今在壽春縣。』劉端臨經傳小記云：『鹽鐵論：孔子能方不能圓，故飢於黎丘。即此。蓋哀公二年，蔡遷於州來，州來即州黎。孔子自陳適蔡，絶糧于是。』郝疏亦以劉説爲允。」器案：吕氏春秋疑似篇：「梁北有黎丘部。」太平寰宇記以爲在河南虞城縣北，應當就是孔子絶糧的地方。

〔三七〕「晚世」，猶言近世，淮南子氾論篇：「晚世之兵。」又覽冥篇注：「晚世，春秋之後，戰國之末。」

〔三八〕正嘉本、倪邦彦本、太玄書室本、張之象本、沈延銓本、金蟠本、楊沂孫校本「困」作「因」。

〔三九〕「參一」，謂參考往事，而定於一。莊子齊物論：「參萬歲而一成純。」「參」「一」字用法與此正同。

〔四〇〕淮南子説山篇：「寇難至，躄者告盲者，負而走，兩人皆活，得其所能也。」

〔四一〕周易繫辭：「天下同歸而殊塗。」

〔四二〕孟子告子下：「三子者，不同道，其趨一也。」趙岐注：「此三人雖異道，所履則一也。」

〔四三〕史記孟荀傳：「騶衍覩有國者益淫侈，不能尚德，若大雅整之於身，施及黎庶矣，乃深觀陰陽消息，而作怪迂之變，終始大聖之篇，十餘萬言。其語閎大不經，……然要其歸，必止乎仁義節儉。」鄒子即騶衍。

〔四四〕張之象、金蟠注曰：「公羊傳曰：『祭仲者何？鄭相也。先鄭伯有善乎鄶公者，通乎夫人，以取其國而遷鄭焉，而野留。莊公死，已葬，祭仲將往省於留，塗出於宋，宋人執之，謂之曰：爲我出忽而立突。祭仲不從其言，則君必死，國必亡；從其言，則君可以生易死，國可以存易亡。少遼緩之，則突可故出，而忽可故反，然後有鄭國。古人之有權者，祭仲也。』」

〔四五〕御覽八三〇引尸子：「孔子曰：『詘寸而信（原誤「倍」，今改。）尺，小枉而大直，吾爲之也。』」淮南子氾論篇：「詘寸而伸尺，聖人爲之；小枉而大直，君子行之。」說略本楊樹達。

〔四六〕論語子路篇：「硜硜然，小人哉。」皇侃義疏：「硜硜，堅正難移之貌也。」又憲問篇：「鄙哉硜硜乎。」何晏注：「此硜硜，徒信己而已。」

〔四七〕淮南子氾論篇：「尾生與婦人期而死之。」高誘注：「尾生，魯人，與婦人期於梁下，水至溺死也。」漢書陳平傳：「今有尾生、孝己之行。」師古曰：「尾生，古之信士，一説即微生高。」

〔四八〕論語憲問篇：「晉文公譎而不正。」何晏集解：「鄭玄曰：『譎者，詐也，謂召於天子，而使諸侯朝之。仲尼曰：以臣召君，不可以訓，故書曰天王狩于河陽。是譎而不正也。』」

〔四九〕漢書韋賢傳：「春秋紀齊桓南伐楚，北伐山戎。孔子曰：『微管仲，吾其被髮左衽矣。』是故棄桓之過而録其功，以爲伯首。」公羊傳僖公十七年：「桓公嘗有繼絶存亡之功。」何休注：「存邢、衛、杞。」淮南子泰族篇：「管子憂周室之卑，諸侯之力征，夷、狄伐中國，民不得寧處，故蒙恥辱而不死，將欲以憂夷、狄之患，平夷、狄之亂也。」

〔五〇〕「册」通「策」。沈延銓本作「策」。

〔五一〕戰國策趙策上：「豈空掩于衆人之言，而以冥冥決事也。」又見史記蘇秦傳，此文本之。文選江淹擬雜詩注：「冥冥，闇昧貌。」

〔五二〕論語子路篇文。

〔五三〕漢書成紀：「詔曰：『朕執德不固。』」

〔五四〕論語里仁篇：「君子無終食之間違仁，造次必於是，顛沛必於是。」集解：「馬融曰：『造次，急遽也。顛沛，僵仆也。』」

〔五五〕語本孟子告子下，困學紀聞八：「鹽鐵論引孟子曰：『居今之朝，不易其俗，而成千乘之勢，不能一朝居也。』又云：『今之士，今之大夫，皆罪人也。』又云：『王者與人同，而如彼者，居使然也。』與今本不同。」翁元圻注曰：「案程大昌考古編：『孝經曰：富貴不離其身，然後能保其社稷。後漢詔引其語，除去不字，或疑東漢近古。』其語近是。今觀鹽鐵論文學所引孟子乃曰：『居今之朝，不易其俗，而成千乘之勢，不能一朝居。』與今孟子文意皆大異。蓋當時借其語爲證，或不盡循其故。不可便謂鹽鐵論爲漢語，而非今孟子之傳也。」

〔五六〕論語雍也篇：「子曰：『賢哉回也！一簞食，一瓢飲，在陋巷，人不堪其憂，回也不改其樂，賢哉回也！』」劉寶楠正義：「説文云：『陋，阨陜也。』陜與狹同。顏子家貧，所居陋狹，故曰陋巷。古人稱巷有二義，里中道謂之巷，人所居亦謂之巷，顏子陋巷，即儒行所云『一畝之宫，環堵之室』，解者以爲街巷之巷，非也。」楊雄解嘲：「或枉千乘於陋巷。」

〔五七〕張之象本、沈延銓本、金蟠本「化」作「也」。

〔五八〕公羊傳襄公二十九年：「僚者，長庶也，即之。季子使而反，至而君之爾。闔廬曰：『先君之所以不與子國而與弟者，凡爲季子故也。將從先君之命與？則國宜之季子者也；如不從先君之命與？則我宜立者也。僚惡得爲君乎？』於是使專諸刺僚，而致國乎季子。季子不受，曰：『爾弑吾君，吾受爾國，是吾與爾爲篡也。爾殺吾兄，吾又殺爾，是父子兄弟相殺，終身無已也。』去之延陵，終身不入吴國。」

〔五九〕華氏活字本、毛扆校本「眄」作「肹」，與公羊傳、穀梁傳及新序節士篇合。

〔六〇〕穀梁傳宣公十七年：「冬十有一月壬午，公弟叔肹卒。其曰公弟叔肹，賢之也。其賢之何也？宣弑而非之也。非之則胡爲不去也？曰兄弟也，何去而之？與之財，則曰我足矣。織屨而食，終身不食宣公之食。」范甯集解：「宣公殺子赤，叔肹非責之。」

〔六一〕漢書蘇武傳：「效死於前。」師古曰：「效，致也。」文選求自試表：「志在效命。」集注：「鈔曰：『效，猶致也。』」

〔六二〕張之象本、沈延銓本、金蟠本「語」下有「云」字。

〔六三〕論語陽貨篇文。

〔六四〕史記魯周公世家：「昭公九月戊戌，伐季氏遂入，平子登臺請曰：『君以讒不察臣罪誅之，請遷沂上。』弗許，『請囚於鄪。』弗許，『請以五乘亡。』弗許。子家駒曰：『君其許之！政自季氏久矣，爲徒者衆，衆將合謀。』弗聽。郈氏曰：『必殺之。』叔孫氏之臣戾謂其衆曰：『無季氏，與有孰利？』皆曰：『無季氏，是無叔孫氏。』戾曰：『然救季氏。』遂敗公師。孟懿子聞叔孫氏勝，亦殺郈昭伯。郈昭伯爲公使，故孟氏得之。三家共伐公，公遂奔。」

受不親。」

〔六五〕「授」下原無「受」字，張之象本、沈延銓本、金蟠本有，今據補。禮記坊記：「禮，非祭，男女不交爵。」又：「故男女授受不親。」鄭玄注：「不親者，不以手相與也。交爵，謂相獻酢。」孟子離婁上：「男女授受不親。」

〔六六〕荀悦前漢紀卷十六：「便辟苟容，順意從諛，是謂嬖臣。」

〔六七〕論語雍也篇：「子見南子，子路不説。」「南子」就是「衛夫人」。衛夫人之稱南子，或許和南威、南后（鄭褎）的「南」字有關。

〔六八〕荀悦前漢紀卷十六：「傾險讒害，誣下惑上，專權擅寵，唯利是務，是謂佞臣。」

〔六九〕吕氏春秋貴因篇：「孔子道彌子瑕見釐夫人，因也。」高誘注：「或云釐爲南子謚。然據其行，不可謚爲釐。」淮南子泰族篇：「孔子欲行王道，東西南北，七十説而無所偶，故因衛夫人、彌子瑕，而欲通其道。」許慎注：「衛夫人，衛靈公夫人南子也。彌子瑕，衛之嬖臣。」

〔七〇〕盧文弨曰：「『氏』下當有『出』字。」案：孟子梁惠王下：「禮義由賢者出。」此盧説所本。張之象本、沈延銓本、金蟠本有「出」字。

〔七一〕「上無天子，下無方伯」，公羊傳莊公四年、僖公元年、又二年、又十四年、宣公十一年都有此文。莊公四年何休注：「有而無益於治曰無，猶易曰：『闃其無人。』」又案：淮南子要略篇、韓詩外傳九、白虎通誅伐篇、説苑修文篇俱有此文。

〔七二〕韓非子難一篇：「桓公解管仲之束縛而相之。」淮南子修務篇：「管仲束縛。」高誘注：「管仲傅相齊公子糾，不死子糾之難而奔魯，束縛以歸，齊桓公用之而伯也。」

〔七三〕呂氏春秋遇合篇：「孔子周流海内，再干世主。」論衡儒增篇：「孔子不能容於世，周流游説七十餘國，未嘗得安。」後漢書范升傳：「孔子尚周流游觀，至於知命，自衛反魯，乃正雅、頌。」又逸民梁鴻傳：「纘仲尼兮周流。」文選羽獵賦注：「周流，周匝流行也。」

〔七四〕韓詩外傳五：「孔子抱聖人之心，彷徨乎道德之域，逍遥乎無形之鄉，倚天理，觀人情，明終始，知得失，故興義厭勢利以持養之。於時，周室微，王道絶，諸侯力征，强劫弱，衆暴寡，百姓靡安，莫之紀綱，禮義廢壞，人倫不理。於是孔子自東自西，自南自北，匍匐救之。」案：詩經邶風谷風：「凡民有喪，匍匐救之。」鄭箋：「言盡力也。」孔穎達正義：「問喪注云：『匍匐猶顛蹷。』」禮記孔子閒居：「凡民有喪，匍匐救之。」孔穎達正義：「言凡人之家有死喪，鄰里匍匐往救助之。」説略本楊樹達。

〔七五〕呂氏春秋舉難篇：「救溺者濡，追逃者趨。」

〔七六〕孟子梁惠王下：「老弱轉於溝壑。」國語吴語：「將轉於溝壑。」注：「轉，入也。」

憂邊*第十二

大夫曰：「文學言：『天下不平，庶國不寧，明王之憂也。』故王者之於天下，猶一室之中也，有一人不得其所，則謂〔一〕之不樂〔二〕。故民流〔三〕溺而弗救，非惠君也。國家有難而不憂，非忠臣也。夫守節死難者，人臣之職也；衣食饑寒者，慈父之道也。今子弟遠勞於〔四〕外，人主爲之夙夜不寧，羣臣盡力畢議〔五〕，册滋〔六〕國用。故少府丞令請建酒榷，以贍邊，給戰士〔七〕，拯民於難也。爲人父兄者，豈可以已乎！內省衣食以卹〔八〕在外者，猶未足，今又欲罷諸用，減奉邊之費，未可爲慈父賢兄也。」

文學曰：「周之季末〔九〕，天子微弱，諸侯力政〔一〇〕，故國君不安，謀臣奔馳。何者？敵國衆而社稷危也。今九州同域，天下一統〔一一〕，陛下優遊巖廊〔一二〕，覽羣臣極言至論〔一三〕，內詠雅、頌〔一四〕，外鳴和鑾〔一五〕，純德〔一六〕粲然，並於唐、虞，功烈〔一七〕流於子孫。夫蠻、貊之人，不食之地〔一八〕，何足以煩慮，而有戰國之憂哉？若陛下不棄，加之以德，施之以惠〔一九〕，北夷必內向，款塞〔二〇〕自至，然後以爲胡制於外臣〔二一〕，即匈奴没齒〔二二〕不食其所用矣〔二三〕。」

大夫曰：「聖主思中國之未寧，北邊之未安，使故廷尉評等問人間所疾苦〔二四〕，拯卹貧賤，周贍不足。羣臣〔二五〕所宣明王之德，安宇內〔二六〕者，未得其紀〔二七〕，故問諸生。諸生議不干天則入淵〔二八〕，乃欲以閭里之治，而況國家之大事，亦不幾〔二九〕矣！發於畎畝〔三〇〕，出於窮巷，不知冰水之寒，若醉而新寤，殊不足與言也。」

文學曰：「夫欲安民富國之道，在於反本，本立而道生〔三一〕。順天之理，因地之利，即不勞而功成。夫不修其源而事其流，無本以統之，雖竭精神，盡思慮，無益於治。欲安之適足以危之，欲救之適足以敗之。夫治亂之端，在於本末而已，不至〔三二〕勞其心而道可得也。孔子曰：『不通於論者難於言治，道不同者，不與相謀〔三三〕。』今公卿意有所倚〔三四〕，故文學之言，不可用也。」

大夫曰：「吾聞爲人臣者盡忠以順職，爲人子者致孝以承業。君有非，則臣覆蓋之。父有非，則子匿逃之〔三五〕。故君薨，臣不變君之政，父没，則子不改父之道也〔三六〕。春秋譏毁泉臺，爲其隳先祖之所爲，而揚君父之惡也〔三七〕。今鹽、鐵、均輸，所從來久矣〔三八〕，而欲罷之，得無害先帝之功，而妨聖主之德乎？有司倚於忠孝之路，是道殊而不同於文學之謀也。」

文學曰：「明者因時而變，知者隨世而制〔三九〕。孔子曰：『麻冕，禮也，今也純，儉，吾從衆〔四〇〕。』故聖人上賢不離古，順俗而不偏宜。魯定公序昭穆，順祖禰〔四一〕，昭公廢卿士，以省事節用〔四二〕，不可謂變祖之所爲，而改父之道也？二世充大阿房以崇緒〔四三〕，趙高增累〔四四〕秦法以廣威〔四五〕，而未可謂忠臣孝子也。」

* 西漢王朝，自從劉邦建立封建制中央集權的政權以來，北方不斷對中原地區進行侵擾，嚴重地威脅着漢王朝的封建統治和中原地區人民的安全。西漢王朝自開國以來，就把憂邊問題作爲國家的頭等大事來

考慮。漢武帝即位以後，來自北方的威脅依然存在，「兵連禍結，三十餘年」（漢書匈奴傳下嚴尤語），爲了鞏固西漢王朝中央集權的封建統治，保證中原地區人民的安全，採取了「興鹽、鐵，設酒榷，置均輸，蕃貨長財，以佐助邊費」（本議篇）的措施。本篇所叙的是賢良和文學對此問題的争論。

〔一〕王先謙曰：「盧云：『當作爲，謂譌。』案『謂』、『爲』古通，非譌字。」

〔二〕説苑貴德篇：「故聖人之於天下也，譬猶一堂之上也，今有滿堂飲酒者，有一人獨索然向隅而泣，則一堂之人皆不樂矣。聖人之於天下也，譬猶一堂之上也，有一人不得其所者，則孝子不敢以其物薦進。」（又見立節篇）漢書刑法志：「古人有言曰：『滿堂而飲酒，有一人鄉隅而悲泣，則一堂皆爲之不樂。』王者之於天下，譬猶一堂之上也，故一人不得其平，爲之悽愴於心。」

〔三〕「流」下原有「沈」字，今據王先謙説校删。王云：「『沈』字當删，『流』、『沈』字古書通用。疑本作『流溺』，後人改注『沈』字於下，遂兩存之。」

〔四〕「勞於」原作「於勞」，今從孫詒讓、黄季剛、郭沫若説乙正。

〔五〕漢書鄒陽傳：「今臣盡智畢議，……畢議願知。」張晏曰：「盡其計議，願王知之。」又嚴助傳：「愛身之死，而不畢其愚。」師古曰：「畢，盡也，盡言其愚也。」又東方朔傳：「非有先生論：『發憤畢誠。』」師古曰：「畢，盡也。」漢書叙傳：「王命論：『英雄陳力，羣策畢舉。』」後誅秦篇：「靡不畢至。」義同。

〔六〕張之象本、沈延銓本、金蟠本「滋」作「兹」，古通。漢書項籍傳：「諸侯並起兹益多。」史記項羽本紀「兹」作「滋」。漢書匈奴傳上：「兹欲鄉和親。」師古曰：「兹，益也。」即借「兹」爲「滋」。

〔七〕漢書賈捐之傳：「造鹽、鐵、酒榷之利，以佐用度，猶不能足。」

〔八〕張之象本、沈延銓本、金蟠本「卹」作「恤」，古通。詩唐風羔裘序：「不卹其民也。」釋文：「本或作『恤』。」

〔九〕「季末」就是季世或末世的意思。後漢書黨錮傳序：「叔末澆訛，王道陵缺。」注：「叔末，猶季末也。」國語晉語注：「季，末也。」

〔一〇〕商君書開塞篇：「力征諸侯者退德。」漢書五行志七中之下：「京房易傳曰：『天子弱，諸侯力政。』」師古曰：「政亦征也。言專以武力相征討。」又藝文志：「王道既微，諸侯力政。」又游俠傳：「陵夷至於戰國，合從連横，力政爭彊。」師古曰：「力政者，棄背禮義，專任威力也。」又兩粵傳：「諸侯力政。」師古曰：「力政，謂以兵力相加也。」

〔一一〕後繇役篇：「今中國爲一統。」史記秦始皇本紀：「法令由一統。……今海内賴陛下神靈，一統皆爲郡縣。」又李斯傳：「足以滅諸侯，成帝業，爲天下一統。」漢書董仲舒傳：「春秋大一統者，天地之常經，古今之通誼也。」師古曰：「一統者，萬物之統，皆歸於一也。春秋公羊傳隱公元年：『春，王正月。何言乎王正月？大一統也。』此言諸侯皆繫統天子，不得自專也。」又王吉傳：「春秋所以大一統者，六合同風，九州共貫也。」義俱同。又本書錯幣篇：「故統一，則民不二也。」復古篇、輕重篇：「統一鹽鐵。」「統一」與「一統」義同。

〔一二〕淮南子本經篇：「與一世而優游。」高誘注：「優游，猶委從也。」漢書兒寬傳：「今將舉大事，優游數年。」又王襃傳：「聖主得賢臣頌：『太平之責塞，優游之望得。』」「巖廊」就是巖峻的廊廟，也就是高峻的朝廷。漢書董仲舒傳：「蓋聞虞、舜之時，游於巖郎之上，垂拱無爲而天下太平。」師古注引文穎曰：

「巖郎，殿下小屋也。」晉灼曰：「堂邊廡。巖郎，謂嚴峻之郎也。」戰國策齊策下：「巖下有貫珠者，襄王呼而問之。」巖下即巖廊之下也。宋李誡營造法式總釋下引義訓：「屋垂謂之宇，宇下謂之廡，步檐謂之廊，檐槐謂之廇。」

〔一三〕「覽羣臣極言至論，内詠雅、頌」，原作「覽羣極言至内論雅、頌」，今據張敦仁說校改。張云：「按『内論』當倒，『論』字上屬句絕，『内』下脫一字，未詳。『内□雅、頌』，四字爲一句，與下文『外鳴和鑾』相對。」器案：張校是，今據乙正。「内」下蓋脫「詠」字，說詳下條注。呂氏春秋直諫篇：「言極則怒，……不肖主無賢者，無賢則不聞極言。」高誘注：「極，盡也。人能受逆耳之盡言者少，故怒之。」史記孝文本紀：「能直言極諫者。」極諫即極言也。漢書元帝紀：「婾合苟從，未肯極言。」又李尋傳：「極言無有所諱。」後漢書陰識傳：「入雖極言正議，與賓客語，未嘗及國事。」「極言」與「至論」義同。文選上吳王書李善注引劉瓛周易注：「至，極也。」漢書董仲舒傳：「武帝制曰：『欲聞大道之要，至論之極。』」「至論」即「至言」，賈山有至言，見漢書本傳。漢書梅福傳：「孝文皇帝好忠諫，說至言。」賈子新書先醒篇：「君好諂諛，而惡至言。」賈誼以至言與諂諛對言，梅福以至言與忠諫並舉，則至言即直言也。

〔一四〕張敦仁說「内」字下脫一字。器案：太玄書室本作「内詠雅、頌」，今據補。漢書司馬相如傳：「方將增太山之封，加梁父之事，鳴和鸞，揚樂頌，上咸五，下登三。」義與此相同，可以爲證。

〔一五〕漢書五行志上：「登車有和鸞之節。」師古曰：「和，鈴也，以金爲之，施於衡上。鸞，亦以金爲鸞鳥而銜鈴焉，施於鑣上。動皆有聲，以爲舒疾之節也。」「鑾」就是「鸞」，「鸞」以形言，「鑾」以質言。張之象本、沈延銓本、金蟠本作「鸞」。

〔一六〕詩經周頌維天之命：「文王之德之純。」孔穎達正義：「謂德之純美無玷缺。」漢書禮樂志：「惟慕純德。」

〔一七〕禮記祭法：「此皆有功烈于民者也。」左傳襄公十九年：「銘其功烈。」孟子公孫丑上：「功烈如彼其卑也。」國語晉語六注：「烈，功也。」功烈同義詞連用。

〔一八〕禮記檀弓：「成子高曰：『死則擇不食之地而葬。』」鄭注：「不食，謂不墾耕。」史記春申君傳：「此皆廣川大水山林谿谷，不食之地也，王雖有之，不得爲地。」

〔一九〕姚範曰：「按此亦迂疎塞白之語耳。」

〔二〇〕漢書宣帝紀：「款塞來享。」應劭曰：「款，叩也，皆叩塞門來服從也。」又司馬相如傳、匈奴傳師古注俱云：「款，叩也。」

〔二一〕胡制者，仍其俗而不改，如屬國之例也。云胡制者，所以別於漢制也。史記南越傳：「懼入見，要用漢法，比內諸侯。」漢書終軍傳：「賜南越大臣印綬，壹用漢法，以新改其俗。」然則當時製訂對域內諸少數民族政策，固有與漢制不同而因地制宜者也。王先謙曰：「儀禮：『他國之人，則曰外臣。』文意言北夷款塞自至，然後以外臣。」器案：制即下文「知者隨世而制」之「制」，「制」古通「政」，謂製定政策方針也。管子明法篇：「政不二門。」韓非子有度篇用其文，作「制不共門」。又內儲説下：「魯孟孫、叔孫、季孫相戮力，劫昭公，遂奪其國而擅其制。」「擅其制」即「擅其政」也。這裏是説，針對匈奴這個具體對象，而酌定制胡的政策方針，使就外臣之列也。當時，稱內附的少數民族爲內臣，史記司馬相如傳：「邛、筰、冉、駹、斯榆之君，皆稱爲內臣。」其稱外臣者，蓋謂典屬國所治者。史記朝鮮傳：「會孝惠、高后時，天下初定，遼東太守即約滿爲外臣。」漢書匈奴傳上：「匈奴新困，宜使爲外臣，朝請於邊。」又南粵傳：「高皇帝幸賜臣佗璽，以爲南粵王，使爲外臣，時内貢職。」

〔二二〕論語憲問篇：「没齒無怨言。」集解：「孔安國曰：『齒，年也。』」義疏：「没，終；齒，年也。」漢書蕭望之傳注：「没齒，終身也。」

〔二三〕「食」讀如左傳昭公七年「食土之毛」之「食」，「食」謂食其土之所出。國語鄭語：「主芣騩而食溱、洧。」韋注：「食謂居其土，食其水也。」穆天子傳四：「庚辰，至於滔水，濁繇氏之所食。」郭璞注：「山海經曰：『有川名三淖，昆吾氏之所食。』亦此類。」這些「食」字，義都相同。

〔二四〕「使故」，原作「故使」，今改正。張之象注曰：「『評』，古本作『平』。」案張所謂「古本」，本無是本，特欺人之語耳。漢書昭帝紀：「始元元年閏月，遣故廷尉王平等五人，持節行郡國，舉賢良，問民所疾苦寃失職者。」此即其事。師古注曰：「前爲此官，今不居者皆謂之故也。」今據此乙「故使」爲「使故」。漢書百官公卿表下：「孝昭始元五年，軍正齊王平子心爲廷尉。」則王平字子心，齊人也。

〔二五〕「羣」原作「君」，張敦仁曰：「華本『君』改『羣』。」今從華本，明初本亦作「羣」，此承上文「覽羣臣極言至論」而言也。

〔二六〕漢書武帝紀：「元朔元年冬十一月詔：『嘉與宇内之士，臻於斯路。』」師古曰：「天地四方爲宇。」

〔二七〕禮記樂記鄭玄注：「紀，總要之名。」國語周語：「紀農協功。」韋注：「紀猶綜理也。」白虎通三綱六紀篇：「紀者，理也。」

〔二八〕淮南子修務篇：「所謂言者，齊於衆而同於俗，今不稱九天之頂，則言黄泉之底，是兩末之端議，何可以公議乎？」楊雄解嘲：「深者入黃泉，高者入無間。」

〔二九〕韓非子姦劫弒臣篇：「是猶盲而欲黑白之情，必不幾矣。」漢書賈山傳：「此皆國家之不幾者矣。」應劭曰：「言不可庶幾也。」李奇曰：「不但幾微，乃著見也。」師古曰：「言漢朝之安，諸侯不當妄起邪意，應説是也。」潛夫論巫列篇：「請謁以求苟免，必不幾矣。」案「幾」讀爲「冀」，「不幾」猶言「無希望」。這裏的「不幾」，也當從應説，就是説諸生有點妄想的意思。

〔三〇〕孟子告子下：「舜發於畎畝之中。」

〔三一〕論語學而篇：「君子務本，本立而道生。」

〔三二〕水旱篇：「議者貴其辭約而指明，可於衆人之聽，不至繁文稠辭，多言害有司化俗之計。」「不至」義與此同，就是「不在」的意思。春秋繁露王道篇：「春秋紀纖芥之失，反之王道，追古貴信結言而已，不至用牲盟而後成約。」史記儒林申公傳：「爲治不至多言，顧力行何如耳。」通志「不至」作「不在」，是其明證。前漢紀卷十作「不致於」，蓋不知其義而臆改之。漢書伍被傳：「吾以爲不至若此，專發而已。」師古曰：「言不須爲此詐，直自發兵而已。」又霍去病傳：「上嘗欲教之吴、孫兵法。對曰：『顧方略何如耳，不至學古兵法。』」（前漢紀卷十三載此事，删「不至」句，蓋亦不得其解而去之也。）又匡衡傳：「顧當得不耳，何至上書。」「至」義與此同，「何至」即「何在」也。後國疾篇：「何至切切如此乎？」與匡衡傳義同。

〔三三〕論語衛靈公篇：「子曰：『道不同，不相爲謀。』」

〔三四〕「倚」借作「踦」。韓非子亡徵篇：「亡、王之機，必其治亂、其彊弱相踦者也。」戰國策趙策上：「齊、秦非復合，則必有踦重者矣。」踦就是偏的意思。

〔三五〕孟子萬章下：「君有過則諫，反覆之而不聽則去。」

〔三六〕論語學而篇：「三年無改於父之道。」

〔三七〕張之象注曰：「春秋曰：『夫人姜氏薨，毁泉臺。』公羊傳曰：『泉臺者何？郎臺也。郎臺則曷爲謂之泉臺？未成爲郎臺，既成爲泉臺。毁泉臺何以書？譏也。何譏爾？築之譏，毁之譏，先祖爲之，已毁之，不如勿居而已矣。』」案張引公羊傳，文公十六年文也。

〔三八〕漢書食貨志下：「故管氏之輕重，李悝之平糴，弘羊均輸，壽昌常平，亦有從徠。」師古曰：「言所從徠久矣。」

〔三九〕史記趙世家：「趙武靈王曰：『先王不同俗，何古之法？帝王不相襲，何禮之循？虙戲、神農，教而不誅，黄帝、堯、舜，誅而不怒，及至三王，隨時制法，因事制禮，法度制令，各順其宜，衣服器械，各便其用，故禮也不必一道，而便國不必古。』」

〔四〇〕論語子罕篇文。集解：「孔曰：『冕，緇布冠也。古者，績麻三十升布以爲之。純，絲也，絲易成，故從儉。』」

〔四一〕公羊傳定公八年：「（從祀先公）從祀者何？順祀也。文公逆祀，去者三人；定公順祀，叛者五人。」何休注：「諫不以禮而去曰叛。去與叛皆不書者，微也。不書禘者，後祫亦順，非獨禘也。言祀者，無已長久之辭。不言僖公者，閔公亦得其順。」

〔四二〕孫詒讓曰：「此即指春秋昭五年『舍中軍』而言，公羊傳云：『舍中軍者何？復古也。』又襄十一年傳：

『作三軍。』傳云：『三軍者何？三卿也。古者，上卿、下卿，上士、下士。』是『舍三軍』即是廢中卿、中士，故云『廢卿士，省事節用』，與公羊復古之義亦相近。」

〔四三〕史記秦始皇本紀：「二世還至咸陽，曰：『先帝爲咸陽朝廷小，故營阿房宫，爲室堂未就，會上崩，罷其作者，復土酈山，酈山事大畢；今釋阿房宫弗就，則是章先帝舉事過也。』復作阿房宫，外撫四夷，如始皇計。」

〔四四〕張之象本、沈延銓本、金蟠本無「增」字。

〔四五〕史記秦始皇本紀：「於是二世乃遵用趙高申法令，乃陰與趙高謀曰：『大臣不服，官吏尚彊，及諸公子必與我争，爲之奈何？』高曰：『臣固願言而未敢也。先帝之大臣，皆天下累世名貴人也，積功勞，世以相傳久矣。今高素小賤，陛下幸稱舉，令在上位管中事，大臣鞅鞅，特以貌從臣，其心實不服。今上出，不因此時案郡縣守尉，有罪者誅之，上以振威天下，下以除去上平生所不可者。今時不師文而決於武力，願陛下遂從時毋疑，即羣臣不及謀。明主收舉餘民，賤者貴之，貧者富之，遠者近之，則上下集而國安矣。』二世曰：『善。』乃行誅大臣及諸公子，以罪過連逮少近官三郎，無得立者。」

鹽鐵論校注卷第三

園池*第十三

大夫曰：「諸侯以國爲家，其憂在內。天子以八極〔一〕爲境，其慮在外。故宇〔二〕小者用菲，功臣者用大。是以縣官開園池，總山海，致利以助貢賦，修溝渠，立諸農〔三〕，廣田牧〔四〕，盛苑囿。太僕〔五〕、水衡、少府〔六〕、大農，歲課諸入田牧〔七〕之利，池籞〔八〕之假〔九〕，及北邊置任田官〔一〇〕，以贍諸用，而猶未足〔一一〕。今欲罷之，絕其源，杜其流，上下俱殫，困乏之應也，雖好省事節用，如之何其可也〔一二〕？」

文學曰：「古者，制地〔一三〕足以養民，民足以承其上。千乘之國〔一四〕，百里之地，公侯伯子男，各充其求贍其欲〔一五〕。秦兼萬國之地，有四海之富，而意不贍，非宇小而用菲，嗜〔一六〕欲多而下不堪其求也。語曰：『廚有腐肉，國有饑民，廄有肥馬，路有餧人〔一七〕。』

今狗馬之養，蟲獸之食〔一八〕，豈特腐肉肥馬〔一九〕之費哉！無用之官，不急之作〔二〇〕，服〔二一〕淫侈之變，無功而衣食縣官者衆，是以上不足而下困乏也。今不減除其本而欲贍其末，設機利，造田畜，與百姓争薦草〔二二〕，與商賈争市利〔二三〕，非所以明主德而相國家也。夫男耕女績〔二四〕，天下之大業也〔二五〕。故古者分地而處之，制〔二六〕田畝而事之。是以業無不食之地，國無乏作〔二七〕之民。今縣官之〔二八〕多張苑囿、公田、池澤，公家有鄣假〔二九〕之名，而利歸權家。三輔〔三〇〕迫近於山、河〔三一〕，地狹人衆，四方並湊〔三二〕，粟米薪菜〔三三〕，不能相贍。公田轉假，桑榆菜果不殖，地力不盡，愚〔三四〕以爲非。先帝之開苑囿、池籞，可賦歸之於民，縣官租税而已。假税殊名，其實一也。夫如是，匹夫之力，盡於南畝，匹婦之力，盡於麻枲〔三五〕。田野闢〔三六〕，麻枲治，則上下俱衍，何困乏之有矣？」

大夫默然，視其〔三七〕丞相、御史。

* 園池，即周官囿人之所掌，秦、漢時又有所發展。史記平準書：「而山川園池市井租税之人，自天子以至于封君湯沐邑，皆各爲私奉養焉，不領於天下之經費。」漢書高帝紀：「二年，故秦苑囿園池，令民得田之。」顔師古注：「養鳥獸曰苑，苑有垣曰囿，所以種植謂之園。」園池實包括山川園池而言。漢書百官公卿表上：「太僕屬官……又邊郡六牧師苑令各三丞。」顔師古注：「漢官儀：『牧師諸苑三十六所，分置北邊、西邊，分養馬三十萬頭。』」續漢書百官志五：「邊縣……其郡有鹽官、鐵官、工官、都水官者，

隨事廣狹，置令長及丞，……有水池及魚利多者，置水官，主平水、收漁稅。」園池不僅設置在京師所在的三輔地區，而且遍布在全國各地。漢書孫寶傳：「時帝舅紅陽侯立使客因南郡太守李尚佔墾草田數百頃，頗有民所假少府陂澤，略皆開發。」這是南郡有園池之證。又昭帝紀：「元鳳三年正月，罷中牟苑，賦貧民。」顏師古注：「在滎陽。」這是河南郡有園池之證。又平帝紀：「元始元年六月，置少府海丞、果丞各一人。」顏師古注：「海丞，主海稅；果丞，主諸果實也。」果丞所掌，應是指朐忍和魚復的「橘官」之類而言（見漢書地理志上），這是巴郡有園池之證。至於養馬苑，則多分佈在緣邊郡縣。景帝紀：「六年六月，匈奴入上郡，取苑馬。」如淳注：「漢儀注：『太僕牧師諸苑三十六所，分布北邊、西邊，以郎爲苑監，官奴婢三萬人，養馬三十萬疋。』」地理志下：「北地郡靈川有河奇苑、號非苑；歸德有堵苑、白馬苑；郁郅有牧師苑官。西河郡鴻門有天封苑。遼東郡襄平有牧師官。」平帝紀：「元始二年春，罷安定呼池苑以爲安民縣。」這些，都是牧師諸苑之見於漢書者。這些園池，規模都是很大的。御覽一九六引漢舊儀：「上林苑中，廣長三百里，……其中離宮七十所，皆養千乘萬騎。」司馬相如還爲它寫了一篇上林賦，有道是：「俶儻瑰瑋，異方殊類，珍怪鳥獸，萬端鱗萃，充牣其中，不可勝記。」完全不是誇大之辭，這不過是一個典型例子罷了。這些園池，是屬於最高統治階層的私房財富，不納入國家賦稅之中。食貨志上：「山川園池市肆租稅之入，自天子至封君之湯沐邑，皆各爲私奉，不領於天下之經費。」顏師古注：「言各收其所賦稅以自供，不入國朝之倉廩府庫也。」這些園池的收入，是一筆很大的數字，就連國家的賦稅，也不能與之比擬。本書貧富篇曾以「食湖池，管山海」相提並論，這不是無稽之談。御覽六二七引桓譚新論：「漢定以來，百姓賦斂，一歲爲四十餘萬萬，吏俸用其半，餘二十萬萬，藏於都內爲禁錢。少府所領園地作務之八十三萬萬，以給宮室供養、諸賞賜。」御覽一九六引漢舊儀：「武帝時使上林苑中官奴婢及天下民貧貲不滿五十萬徙置苑中，人日五錢，到帝得七十億萬，以給軍，擊西域。」這筆龐大的收入，西漢王朝往往用爲收買人心或抗擊侵擾的開支。後者，如漢舊儀所記述的，正當漢武帝之時。至於前者，如漢書文帝紀載：「六年，弛山澤。」顏師古注曰：「弛，解也，解而不禁，與衆庶共其利。」又武帝紀：「建元元年秋七月，詔罷苑馬，以賜貧民。」顏師古注：「養馬之苑，舊禁百姓不得芻牧采樵，今罷之。」又宣帝紀：「地節三年冬十月，又詔池籞未御幸者，假與貧民。」又元帝紀：「初元元年詔，江海陂湖園池屬少府者，以假貧民，勿租賦。」（又見翼奉傳）又賈山傳：「至言：陛下即位，……去諸苑以賦農夫。」魏相傳：「宣帝時，奏請……弛山澤陂池。」顏師古注：「弛，放也，言不禁障也。」由是可見，這筆收入，除了爲抗擊侵擾的戰爭提供經費而外，還對鞏固封建中央集權制也起了重大的作用。文學的爭園池，除了破壞抗擊侵擾而外，還有一個目的，這就是如田蚡傳所説的：「波彼田園（師古曰：『波』讀曰『陂』。」），宗族賓客，爲權利，横潁川。」以及本書禁耕篇所反映的：「權利之處，必在深山窮澤之中，非豪民不能通其利。」想把園池奪歸豪民手中。如果這樣，那就會再一次出現「布衣有朐邴，人君有吴王」的混亂局面。桑弘羊堅持了「如之何其可」的寸步不讓的嚴峻態度，堅決主張政治、經濟力量集中於中央政權。

〔一〕淮南子原道篇：「廓四方，柝八極。」高誘注：「八極，八方之極也。」文選聖主得賢臣頌：「周流八極。」王逸九思：「周八極兮歷九州。」漢書司馬相如傳注：「師古曰：『四方四維謂之八方也。』」

〔二〕淮南子俶真篇：「夫牛蹏之涔，無尺之鯉，塊阜之山，無丈之材，所以然者何也？皆其營宇狹小，而不能容巨大也。」（劉晝新論觀量篇作「營宇隘」。）即此文所本。宇謂器宇、器量。莊子庚桑楚：「宇泰定者，發乎天光。」釋文：「宇，器宇也。」晉書武紀：「帝宇量弘厚，容納讜正。」

〔三〕「諸農」指大司農屬官。漢書百官公卿表上：「治粟内史，秦官，……武帝太初元年，更名大司農，屬官有太倉、均輸、平準、都内、籍田五令丞，斡官鐵市兩長丞。」

〔四〕「牧」原作「收」，今據王先謙説校改。王云：「『收』當爲『牧』，西域篇：『擅田牧之利。』『牧』、『收』二字形近致譌，下『田牧』同。」器案：王校是，「田」謂田官所掌，「牧」謂牧師所掌，牧師見題解，田官見下注〔一〇〕。

〔五〕漢書百官公卿表上：「太僕，秦官，……屬官……邊郡六牧師苑令各三丞，……皆屬焉。」

〔六〕漢書百官公卿表上：「少府，秦官，掌山海池澤之税，以給共養。（注，應劭曰：「禁錢以給私養，自別爲藏。少者小也，故稱曰少府。」師古曰：「大司農供軍國之用，少府以養天子也。」）屬官，胞人、都水、均官三長丞。又上林中十池監。」

〔七〕「牧」原作「收」，今據王先謙説校改。

〔八〕漢書宣帝紀：「又詔：『池籞未御幸者，假與貧民。』」蘇林曰：「折竹以繩緜連，禁禦使人不得往來，律名爲籞。」應劭曰：「池者，陂池也；籞者，禁苑也。」又元帝紀：「初元二年三月，詔罷……水衡禁囿，宜春下苑，少府佽飛外池、嚴籞池田，假與貧民。」注：「晉灼曰：『嚴籞，射苑也。』許慎曰：『嚴（案今説文作「籞」。）弋射者所蔽也。』池田，苑中田也。」

〔九〕「假」，就是把池籞假貸給貧民，縣官從而收其租税。漢書食貨志上：「豪民侵陵，分田劫假。」師古曰：「分田，謂貧者無田，而取富人田耕種，共分其所收也。假亦謂貧人賃富人之田也。劫者，富人劫奪其税，侵欺之也。」又王莽傳中：「分田劫假。」師古曰：「假亦謂貧人賃富人之田也。」

〔一〇〕原重「任」字，明初本、張之象本、沈延銓本、金蟠本不重。盧文弨曰：「疑衍。」今據删。漢書元帝紀：「初元五年夏四月，罷……北假田官。」李斐曰：「主假賃見官田與民，收其假稅也，故置田農之官。」又西域傳上有渠犂田官北邊，指與匈奴接壤地方。本書利議篇：「作世明主，憂勞萬民，思念北邊之未安。」漢書食貨志下有北邊騎士，又云：「於是天子北至朔方，東封泰山，巡海上，旁北邊以歸。」

〔一一〕張之象本、沈延銓本、金蟠本無「而」字，「未」作「不」。

〔一二〕孟子梁惠王下：「如之何其可也？」又告子下：「如之何其可也？」趙岐注前云：「安可哉？」注後云：「豈可哉？」

〔一三〕本書未通篇：「古者，制田百步爲畝，民井田而耕，什而籍一。」削地即制田也。國語齊語：「制地分民。」

〔一四〕左傳哀公十四年、論語先進篇俱言「千乘之國」，即「百里之地」之諸侯也。禮記王制：「公侯田方百里。」孟子萬章下：「天子之制，地方千里，公侯皆方百里，伯七十里，子男五十里，凡四等。不能五十里，不達於天子，附於諸侯，曰附庸。」

〔一五〕公羊傳桓公十五年：「王者無求。」何休注：「王者千里，畿内租稅，足以共費，四方各以其職來貢，足以尊榮，當以至廉無爲，率先天下，不當求，求則諸侯貪，大夫鄙，士庶盗竊。」

〔一六〕「嗜」原作「者」，御覽三六引作「嗜」，今據改正。蓋「嗜」原作「耆」，漢書景帝紀：「減耆欲。」又貢禹傳：「從耆欲。」師古注俱云：「『耆』讀曰『嗜』。」「耆」、「者」形近，因而致譌。

〔一七〕孟子梁惠王上：「庖有肥肉，廐有肥馬，民有饑色，野有餓莩，此率獸而食人也。」華氏活字本「餧」作

「餒」。

〔一八〕漢書元帝紀：「初元元年九月詔：『太僕減穀食馬，水衡省肉食獸。』二年三月詔：『罷黄門乘輿狗馬。』」又食貨志下：「其没入奴婢，分諸苑養狗馬禽獸。」案：禮記儒行：「鷙蟲攫搏。」孔穎達疏：「蟲是鳥獸通名。」

〔一九〕「肥馬」原作「秣馬」，此句「腐肉肥馬」，俱承上文「廚有腐肉，……廐有肥馬」而言，不能一承一不承，今爲改正。

〔二〇〕漢書元帝紀：「初元三年六月詔：『……勞於非業之作，衛於不居之宮。』」師古曰：「不急之事，故云非業也。」又：「建昭五年春三月詔：『……與不急之事，以妨百姓。』」

〔二一〕姚範曰：「『服』上疑脱三字。」

〔二二〕管子八觀篇：「薦草多衍。」尹知章注：「薦，茂草也。」莊子齊物篇：「麋鹿食薦。」釋文：「薦，司馬云：『美草也。』崔云：『甘草也。』郭璞云：『三蒼云：六畜所食曰薦。』」韓非子内儲説上篇：「獸鹿唯薦草而就。」漢書趙充國傳：「今虜亡其美地薦草。」師古曰：「薦，稠草。」

〔二三〕孟子公孫丑下：「以左右望而罔市利。」趙岐注：「左右睍望，見市中有利，罔羅而取之。」

〔二四〕張之象本、沈延銓本、金蟠本「績」作「織」。

〔二五〕水旱篇：「農，天下之大業也。」案：漢書文帝紀：「二年正月詔：『夫農，天下之本也。』二年九月詔：『農，天下之大本也。』十三年六月詔：『農，天下之本務莫大焉。』」景帝紀：「後三年詔：『農，天下之本也。』」溝洫志：「武帝元鼎六年詔：『農，天下之本也。』」義俱與此同。

〔二六〕「制」原作「利」，郭沫若曰：「『利』當爲『制』，『制』古作『𠛎』，形近而譌。」器案：郭説是，上文正言「制地足以養民」，又未通篇「古者，制田百步爲畝」云云，即此所謂「制田畝而事之」也，今據改正。

〔二七〕「乏作」就是「非正業之作」。漢書元帝紀：「初元三年詔：『勞於非業之作，衛於不居之宫。』」師古曰：「不急之事，故云非業也。」案「乏作」與「非業之作」意同，「非業」即「非正業」，於文「反正爲乏」，故云「乏作」也。明初本作「乏食」，臆改。

〔二八〕王先謙曰：「『之』字衍。」

〔二九〕禮記王制注：「名山大澤不以封者，與民同財，不得障管，亦賦税之而已。」孔穎達疏：「其諸侯不得障塞管領。」假謂假賃，見上注〔九〕。

〔三〇〕漢書百官公卿表上：「右扶風與左馮翊、京兆尹，是爲三輔。」服虔曰：「皆治在長安城中。」

〔三一〕楊樹達曰：「書盤庚疏引鄭玄曰：『祖乙居耿，土地迫近山川，嘗圮焉。』此蓋尚書家舊説，而桓用之。西域篇云：『吴、越迫于江海。』句例正同。」案：山指華山，河指黄河。史記項羽本紀：「關中阻山、河四塞。」

〔三二〕史記貨殖傳：「武昭治咸陽，因以漢都。長安諸陵，四方輻湊，並至而會，地小人衆，故其民益玩巧而事末也。」又云：「夫三河在天下之中，若鼎足，王者所更居也，建國各數百千歲，土地小狹，民人衆，都國諸侯所聚會。」

〔三三〕張敦仁曰：「『菜』當作『采』，『薪采』語出公羊傳，（案見哀公十四年。）亦見毛詩板三章傳。『薪采』與『粟米』相對。下文『菜果』別見。」

〔三四〕沈延銓本無「愚」字，非是。「愚」者，文學自稱之詞。結和篇：「愚竊見其亡。」與此同。

〔三五〕吕氏春秋上農篇：「是以春秋冬夏，皆有麻枲絲繭之功。」説文：「枲，麻也。」

〔三六〕張之象本、沈延銓本、金蟠本「闢」作「辟」。

〔三七〕經濟類編無「其」字。

輕重*第十四

御史進曰：「昔太公封於營丘〔一〕，辟草萊而居焉。地薄人少，於是通利末之道，極女工〔二〕之巧。是以鄰國交於齊，財畜貨殖，世爲彊國〔三〕。管仲相桓公，襲先君之業，行輕重之變〔四〕，南服彊楚而霸諸侯。今大夫君〔五〕修太公、桓、管之術，總一鹽、鐵，通山川之利而萬物殖。是以縣官用饒足〔六〕，民不困乏，本末並利，上下俱足，此籌計之所致，非獨耕桑農也。」

文學曰：「禮義者，國之基也，而權利者，政之殘也〔七〕。孔子曰：『能以禮讓爲國乎？何有〔八〕？』伊尹、太公以百里興其君，管仲專於〔九〕桓公，以千乘之齊，而不能至於王〔一〇〕，其所務非也。故功名隳壞而道不濟。當此之時，諸侯莫能以德，而争於公利〔一一〕，故以權相傾。今天下合爲一家〔一二〕，利末惡欲行？淫巧惡欲施？大夫君以心計〔一三〕策國用，構〔一四〕諸侯，參以酒榷，咸陽、孔僅增以鹽、鐵，江充〔一五〕、楊可〔一六〕之等，各以鋒鋭〔一七〕，言利末之事析秋毫〔一八〕，可爲〔一九〕無間矣。非特管仲設九府〔二〇〕，徼山海〔二一〕也。然而國家衰耗，城郭空虛。故非特崇仁義無以化民，非力本農無以富邦〔二二〕也。」

御史曰：「水有猵獺而池魚勞〔二三〕，國有强禦〔二四〕而齊民消。故茂林之下無豐草，大塊之間無美苗〔二五〕。夫理國之道，除穢鋤豪〔二六〕，然後百姓均平，各安其宇〔二七〕。張廷尉論定律令，明法以繩天下，誅姦猾，絶并兼之徒，而强不凌弱，衆不暴寡〔二八〕。大夫君〔二九〕運籌策，建〔三〇〕國用，籠天下鹽、鐵諸利，以排富商大賈，買官贖罪，損有餘，補不足〔三一〕，以齊黎民。是以兵革東西征伐，賦斂不增而用足。夫損益之事，賢者所覩，非衆人之所知也。」

文學曰：「扁鵲撫息脈而知疾所由生〔三二〕，陽氣盛，則損之〔三三〕而調陰，寒氣盛，則損之而調陽，是以氣脈調和，而邪氣〔三四〕無所留矣。夫拙醫不知脈理之腠、血氣之分，妄刺〔三五〕而無益於疾，傷肌膚而已矣。今欲損有餘，補不足，富者愈〔三六〕富，貧者愈貧矣。嚴法任刑，欲以禁暴止姦，而姦猶不止，意者非扁鵲之用鍼石，故衆人未得其職也〔三七〕。」

御史曰：「周之建國也，蓋千八百諸侯〔三八〕。其後，彊吞弱，大兼小，並爲六國。六國連兵結難數百年〔三九〕，内拒敵國，外攘四夷。由此觀之：兵甲不休，戰伐不乏，軍旅外奉，倉庫内實。今以天下之富，海内之財，百郡之貢，非特齊、楚之畜，趙、魏之庫也。計委量入〔四〇〕，雖急用之，宜無乏絶之時。顧大農等以術體躬稼〔四一〕，則后稷之烈〔四二〕，軍四出而用不繼，非天之財少也？用鍼石，調陰陽，均有無，補不足，亦非也〔四三〕？上大夫君〔四四〕與〔四五〕治粟都尉管領大農事，灸刺稽滯，開利百脈，是以萬物流通，而縣官富實。當此之時，四方征暴亂，車甲之費，克獲之賞，以億萬計〔四六〕，皆贍大司農。此者扁鵲之力，而鹽、鐵之福也。」

文學曰：「邊郡山居谷處，陰陽不和，寒凍裂地，衝風〔四七〕飄鹵〔四八〕，沙石凝積，地勢無所宜。中國，天地之中，陰陽之際也，日月經其南，斗極〔四九〕出其北，含衆和之氣，産育庶物。今去而侵邊，多斥不毛〔五〇〕寒苦之地，是猶棄江皋河濱〔五一〕，而田於嶺坂菹澤也。轉倉廩之委，飛〔五二〕府庫之財，以給邊民。中國困於繇賦〔五三〕，邊民苦於戍禦。力耕不便種糴，無桑麻之利，仰中國絲絮而後衣之，皮裘蒙毛〔五四〕，曾不足蓋形〔五五〕，夏不失複〔五六〕，冬不離窟，父子夫婦内藏於專室〔五七〕土圜〔五八〕之中。中外空虚，扁鵲何力？而鹽、鐵何福也？」

＊輕重之學，是我國古代一種重要的政治、經濟理論，包括的内容比較廣泛，舉凡古代封建國家權衡輕重所採取的政治、經濟、財政、貿易的政策或措施，都屬於這一理論的應用範疇。在管子一書中，對於「行輕重之變」，有比較詳細的論述。這次鹽、鐵會議中，突出地反映了漢武帝所制定的政策是多方面地採取了輕重理論。輕重理論的特點，就在於如何主動地掌握對立事物的基本矛盾，利用其相反而又相成的辯證關係，統籌兼顧，從而獲得比較合理的解決辦法，不是一成不變的，而是隨時間推移、地方各别，而有所畸輕畸重，以便於鞏固封建地主的政權，維護地主階級的利益。正如桑弘羊自己所闡發的那樣：「時世不同，輕重之務異」，「輕重之制異，而利害之分明」（俱詔聖篇）。他深知「輕之爲重，淺之爲深，有緣而然」（刑德篇），只有力排儒生胡謅的「損益無輕重」（崇禮篇）的讕言，才能「執準守時，以輕重御民」，「御輕重而役諸侯」（俱力耕篇）。本書所提及的問題，諸如質文、刑德、陰陽、義利、因革、損益、本末、上下、公私、内外、高下、遠近、深淺、剛柔、息耗、虚實、有無、多少、盛衰、成敗、貧富、言行、行止、語默，以及物資集散、商品貴賤、調濟盈虚、有餘和不足，如此等等，都是屬於這一理論範疇的「太公、管仲之術」。採取這些政策措施的結果是：「總一鹽、鐵，通山川之利而萬物殖。是以縣官用饒足，民不困乏，本末並利，上下俱足。此籌計之所致。」這又是所謂的「損益之事」，只能爲「賢者所覩，非衆人之所知也」。就連文學也不得不承認：「故因吴之過而削之會稽，因楚之罪而奪之東海，所以均輕重，分其權，而爲萬世慮也。」（晁錯篇）這表明桑弘羊輔佐漢武帝推行的輕重政策，是繼承和發展了自春秋以來屬於管子這一流派的政治經濟思想的。桑弘羊充分發揮了他那「心計」的專長，又採取了「興利害」（擊之篇）的堅決措施，使有關輕重理論政策的推行，得到保證。這「籌計」二字，很好地説明了輕重理論的全部涵義；這「損益之事」，充分地説明了輕重政策的具體措施。在這一理論指導之下，當時

取得的成績是驚人的、輝煌的。至於文學的「鹽、鐵何福」的非難，是毫無力量的。

〔一〕藝文類聚五一、職官分紀五〇引「營丘」下有「之墟」二字。呂氏春秋長利篇：「太公望封於營丘之渚。」

〔二〕張之象本、沈延銓本、金蟠本「女工」作「女紅」，後並同。

〔三〕史記貨殖傳：「太公望封於營丘，地潟鹵，人民寡。於是太公勸其女功，極技巧，通魚鹽，則人物歸之，繈至而輻湊。故齊冠帶衣履天下，海、岱之間，斂袂而往朝焉。」

〔四〕史記貨殖傳：「管子修之，設輕重九府，則桓公以霸，九合諸侯，一匡天下。」正義：「管子之輕重，謂錢也。夫治民有輕重之法，周有大府、玉府、内府、外府、泉府、天府、職内、職金、職幣，皆掌財幣之官，故云九府也。」又管仲傳：「貴輕重。」索隱：「輕重謂錢也，今管子有輕重篇。」又齊太公世家：「設輕重、魚鹽之利。」索隱：「按管子有理人輕重之法七篇，輕重，謂錢也。」疑今所傳輕重甲至庚七篇，本都冠以「治人」二字，如它篇冠「山」字之比，尹知章作注時，以其犯唐諱而删去之，而唐人所見者，自有不删之本，故司馬貞舉之，或曰理人輕重，或曰輕重也。又漢書食貨志下：「今有緩急，故物有輕重。」李奇曰：「上令急於求米，則民重米，緩於求米，則民輕米。」管子輕重篇尹知章注：「輕重猶貴賤也。凡物多則賤，少則貴，物之情也。操多少以御貴賤，運財者之所務也。」

〔五〕「君」原作「各」，今據姚鼐、黄季剛説校改。張敦仁曰：「本篇又云：『大夫君以心計策國用。』又云：『大夫各運籌策。』又云：『上（此字誤，未詳。器案：不誤，詳下注。）大夫君與（此字誤，見下。器案：亦不誤，見下注。）治粟都尉。』凡二『各』字，二『君』字，皆當作『名』，名者，桑大夫之名也，即云今大夫弘羊耳。蓋始元議文本如此，而次公沿之者。一譌而爲『各』，再譌而爲『君』。」姚鼐曰：「『各』乃『君』字之誤，篇内稱『大夫君』者非誤也。稱弘羊『大夫君』，猶稱『相君』矣。張以『各』與『君』皆爲『名』字之誤者，非。」黄季剛曰：「按『君』不誤，御史對文學言，無㡿其長名之理，即文學亦不能㡿三公之名。」器案：漢書孫寶傳：「御史大夫張忠署寶主簿，……寶曰：『高士不爲主簿，而大夫君以寶爲可。』」則漢人習稱御史大夫爲「大夫君」，與此正同，今據改正。漢書劉屈氂傳「君侯」，如淳曰：「漢儀注：『列侯爲丞相，故稱君侯。』」又王訢傳「使君」，師古曰：「爲使者，故謂之使君。」「君」字用法，與此正同。

〔六〕張敦仁曰：「按『足』字當衍。華本删『縣』字，非。」

〔七〕漢書食貨志上：「今背本而趨末，食者甚衆，是天下之大殘也。」師古曰：「殘謂傷害也。」

〔八〕論語里仁篇文。

〔九〕張之象本、沈延銓本、金蟠本無「管仲專於」四字。案：孟子公孫丑上：「管仲得君如彼其專也。」此桓文所本，張本等删去，非是。

〔一〇〕史記管晏傳太史公曰：「管仲，世所謂賢臣，然孔子小之，豈以爲周道衰微，桓公既賢，而不勉之至王，乃稱霸哉！」吕氏春秋順民篇：「是用萬乘之國，其霸猶少，桓公則難與往也。」高誘注：「往，王也。言其難與致與王也。」新序雜事四：「桓公用管仲則小也，故至於霸而不足以王。故孔子曰：『小哉，管仲之器。』蓋善其遇桓公，惜其不能以王也。」越絶書越絶外傳計倪篇：「一乎仲，二乎仲，斯可致王，但霸，何足道。」

〔一一〕「公利」，原作「公私」，今據陳遵默説校改。陳云：「『公私』與上下不諧，『私』疑當作『利』，『公』與

『功』通，詩：『以奏膚公。』毛傳：『公，功也。』『公利』即『功利』，『德』與『功利』相反，争於功利，則莫能以德矣。」器案：陳校是。管子國蓄篇：「有功利不得鄉。」荀子王霸篇：「挈國以呼功利。」注：「功，役使；利，貪求之也。」史記平準書：「然無益於治，稍騖於功利矣。」漢書食貨志上：「外事四夷，内興功利，役費並興，而民去本。……然而無益於俗，稍務於功利矣。」又云：「時大司農中丞耿壽昌以善爲算，能商功利。」師古曰：「商，度也。」又溝洫志：「商延年皆明計算，能商功利。」此當時言功利之事，今據改正。

〔一二〕淮南子覽冥篇：「天下合而爲一家。」史記吴王濞傳：「天下同姓爲一家。」

〔一三〕漢書食貨志下：「弘羊，洛陽賈人之子，以心計，年十三侍中。」師古曰：「不用籌算。」荀悦漢紀作「以能心計」。通鑑十九胡三省注：「心計者，不必用籌算而知其數也。」案：徐岳數術記遺：「計數既捨數術，宜從心計。」甄鸞注：「言捨數術者，謂不用算籌，宜以心計之。……或問曰：『令甲乙各驅羊一羣，人問各多少，甲曰：我得乙一口，即與乙等。乙曰：我得甲一口，即加半多於甲。問各幾何？』答曰：『甲九口，乙十一口。』」顔師古、胡三省之説都本於此也。史記貨殖傳：「乃用范蠡、計然。」集解：「徐廣曰：『計然者，范蠡之師也，名研，故諺曰研、桑心算。』」漢書叙傳：「答賓戲：『研、桑心計於無垠。』」孟康曰：「研，古之善計也。桑，桑弘羊也。」後漢書孔融傳：「上書薦禰衡曰：『弘羊潛計。』」潛計亦謂心計。漢書梁丘賀傳：「以能心計爲武騎。」則當時能心計者，不止弘羊一人也。

〔一四〕「構」借作「遘」。漢書司馬遷傳：「媒孽其短。」臣瓚曰：「媒謂遘合會之。」左傳桓公十六年：「構急子。」注：「構會其過。」文選爲曹公作書與孫權：「實爲佞人所構會也。」

〔一五〕漢書江充傳：「江充字次倩，趙國邯鄲人也。……初，充召見犬臺宮，自願以所常被服冠見上，上許之。……上以充爲謁者，使匈奴，還，拜爲直指繡衣使者，督三輔盜賊，禁察踰侈，貴戚近臣多奢僭，充皆舉劾，奏請没入車馬，令身待北軍擊匈奴。奏可。」這裏所説江充禁服，當指此事。

〔一六〕「楊可」原作「耕谷」，今據張敦仁説校改。盧文弨曰：「『耕谷之』三字衍，雲谷雜記引無。」張云：「『耕谷』蓋『楊可』二字之誤。楊可告緡，江充禁服，後國病篇連言之。雲谷雜記不足據也。」楊樹達曰：「按褒賢篇云：『趙綰、王臧之等。』救匱篇云：『葛繹、彭侯之等。』句例正同，明『之』非衍字。張説得之。」

〔一七〕鋒鋭，猶言猛烈，後備胡篇：「辟鋒鋭而取罷極。」義與此同。

〔一八〕史記平準書：「於是以東郭咸陽、孔僅爲大農丞，領鹽、鐵事，桑弘羊以計算用事侍中。咸陽，齊之大煮鹽，孔僅，南陽大冶，皆致生累千金，故鄭當時進言之。弘羊，雒陽賈人子，以心計，年十三侍中。故三人言利事析秋豪矣。」索隱：「按言百物豪芒，至秋皆美細。今言弘羊等三人，言利事纖悉，能分析其秋豪也。」案又見漢書食貨志下。通鑑十九注：「毫至秋而鋭小，言其剖析細微，雖秋毫之小，亦可分而爲二也。」

〔一九〕正嘉本、倪邦彦本、太玄書室本、張之象本、沈延銓本、金蟠本、百家類纂、諸子品節、百子類函、諸子彙函、諸子拔萃「爲」作「謂」。

〔二〇〕史記管晏傳集解：「劉向别録曰：『九府書，民間無有。』」索隱：「按九府，蓋錢之府藏，其書論鑄錢之輕重，故云輕重九府。」

〔二一〕史記平準書：「齊桓公用管仲之謀，通輕重之權，徼山海之業，以朝諸侯，用區區之齊，顯成霸名。」漢書嚴安傳：「民離本而徼末矣。」師古曰：「徼，要求也。」

〔二二〕「邦」字不諱，疑出後人所改。

〔二三〕王先謙曰：「御覽九百十二獸部引『猵』作『獱』，注云：『獱音頻。』又云：『獨曰獱，羣曰獺。』案『猵』『獱』同字。淮南子兵略篇：『畜池魚者必去猵獺。』」器案：御覽引注，乃是纂修御覽或修文殿御覽諸書時隨文所加，不是鹽鐵論舊有注文。淮南子許慎注云：「猵，獺之類，食魚者也。」孟子離婁上：「爲淵驅魚者，獺也。」

〔二四〕詩經大雅蕩：「曾是彊禦。」毛傳：「彊梁禦善也。」孔穎達疏：「彊梁者，任威使氣之貌。禦善者，見善事而抗禦之，是心不嚮善、不從教化之人也。」

〔二五〕齊民要術一原注引「茂林」作「茂木」。說苑談叢篇：「高山之巔無美木，傷於多陽也；大樹之下無美草，傷於多陰也。」左傳襄公二十九年：「松柏之下，其草不殖。」

〔二六〕史記樂書：「蕩滌邪穢。」後漢書楊震傳：「政以得賢爲本，理以去穢爲務。」曹操自明本志令：「故在濟南，始除殘去穢。」穢字義與此同。離騷注：「穢，行之惡也。」

〔二七〕楚辭招魂：「高堂邃宇。」王逸注：「宇，屋也。」此文「各安其宇」，猶通有篇之言「各安其居」。明初本、華氏本「宇」作「家」，臆改。

〔二八〕漢書景帝紀：「後二年夏四月詔：『彊毋攘弱，衆毋暴寡。』」續漢書百官志五劉昭注引蔡質漢儀：「詔書舊典，刺史班宣，周行郡國，省察治政，黜陟能否，斷理冤獄，以六條問事，非條所問，即不省。一條：强宗、豪右田宅踰制，以强陵弱，以衆暴寡。二條：二千石不奉詔書，遵承典制，倍公向私，旁詔牟利，侵漁百姓，聚斂爲姦。三條：二千石不卹疑獄，風厲殺人，怒則任刑，喜則任賞，煩擾苛暴，剥戮黎元，爲百姓所疾，山崩石裂，妖祥訛言。四條：二千石選署不平，苟阿所愛，蔽賢寵頑。五條：二千石子弟，怙恃榮勢，請託所監。六條：二千石違公下比，阿附豪强，通行貨賂，割損政令。」

〔二九〕「君」原誤作「各」，上文「大夫君以心計策國用」，下文「上大夫君」，均作「大夫君」，今據改正。

〔三〇〕張之象本、沈延銓本、金蟠本「建」作「達」。

〔三一〕老子七十七章：「天之道，損有餘而補不足。」

〔三二〕淮南子泰族篇：「所以貴扁鵲者，非貴其隨病而調藥，貴其擪息脉血，知病之所從生也。」高誘注：「言人之喘息脉之病可知。」漢書王嘉傳注：「案脈，案謂切診也。」撫脈即案脈。

〔三三〕正嘉本、張之象本、沈延銓本、金蟠本「之」作「乏」。下同。

〔三四〕淮南子泰族篇：「邪氣無所留滯。」素問論評虛實論：「邪氣盛則實，精氣奪則虛。」漢書東方朔傳：「心氣動則精神散而邪氣及。」

〔三五〕刺，針灸也。淮南子精神篇：「吾安知夫刺灸而欲生者之非惑也。」

〔三六〕張之象本、沈延銓本、金蟠本「愈」作「益」。下同。

〔三七〕「鍼石」，涂本原誤作「鐵石」。「未得其職」就是「未得其所」的意思。漢書趙廣漢傳：「廣漢爲京兆尹，廉明威制豪彊，小民得職。」師古曰：「得職，得其常所也。」

〔三八〕漢書賈山傳：「昔者，周蓋千八百國。」周禮大司徒職正義引孝經説：「周千八百諸侯。」禮記王制正義引五經異義公羊説：「殷三千諸侯，周千八百諸侯。」案吕氏春秋愛類篇：「禹於是疏河決江，爲彭蠡之障，乾東土，所活者千八百國。」則傳説中的夏禹時也有千八百國之説，此俱言其多耳。蓋中國古代以三爲多數，凡爲三之倍數的，也是説其多。

〔三九〕史記孝文本紀：「夫久結難連兵，中外之國，將何以自寧？」漢書匈奴傳下：「兵連禍結，三十餘年。」

〔四〇〕禮記王制：「以三十年之通制國用，量入以爲出。」漢書食貨志下：「計本量委。」又魏相傳：「量入制用，以備凶災。」

〔四一〕漢人行文，凡以「顧」字置於句首的，一般都作「特」字解。史記張耳陳餘傳：「顧其勢初定，未敢參分而王。……顧爲王實不反，獨吾等爲之。」淮陰侯傳：「顧王策安所決耳。……顧諸君不察耳。……顧恐臣計未足用。……顧力不能耳。」漢書孫寶傳：「顧受將命，分當相直。」這些「顧」字，顔師古注漢書，或訓爲「念」，或訓爲「反」，都是不對的。又案漢書公孫弘傳注顔師古曰：「躬謂身親行之。」

〔四二〕王先謙曰：「則，法也。」器案：漢書元帝紀建昭四年詔：「承先帝之休烈。」師古曰：「烈，業也。」

〔四三〕「陰陽」二字原無，今據上文意補。水旱篇：「陰陽調，星辰理，風雨時。」執務篇：「陰陽調，風雨時。」又：「調陰陽而息盜賊。」皆足爲證。姚範曰：「『亦』疑『者』。」王先謙曰：「上云『非天之財少也』，此云『亦非也』，『亦』下有奪文。文學言『妄刺而無益於疾』，故御史答以『用鍼石，調均有無，補不足，亦非妄刺而無益於疾也』，如此，上下文乃貫串。」黄季剛曰：「『二『也』字讀爲『邪』』。」器案：姚、王説未諦，黄説是，今從之。

〔四四〕姚範曰：「『君』字衍。」案「君」字非衍文，已見上注〔五〕。上大夫謂卿也。漢書佞幸鄧通傳：「官至上大夫。」又石奮傳：「奮爲太中大夫二千石，以上大夫禄歸老於家。」又司馬遷傳：「上大夫壺遂。」索隱：

「遂爲詹事，秩二千石，故位上大夫也。」案百官表有太中大夫，無上大夫，則上大夫即太中大夫也。論語鄉黨篇：「朝與上大夫言。」皇侃義疏：「上大夫，卿也。」

〔四五〕張敦仁曰：「按『與』當作『爲』。平準書、食貨志皆云：『而桑弘羊爲治粟都尉領大農。』（元封元年）可證。」陳遵默曰：「與，以也，不必破字。」

〔四六〕張之象本、沈延銓本、金蟠本無「以億萬計」四字。

〔四七〕楚辭九歌：「衝風至兮水揚波。」又：「衝風起兮横波。」五臣注：「衝風，暴風也。」漢書韓安國傳注師古曰：「衝風，疾風之衝突者也。」

〔四八〕文選封燕然山銘：「經磧鹵。」注：「説文曰：『鹵，西方鹹地也。』」

〔四九〕初學記二四、御覽一五六引劉向五經要義：「王者受命創使，建國立都，必居中土，所以總天地之和，據陰陽之正，均統四方，以制萬國者也。」與此説「中國」義同。極，北辰。

〔五〇〕「毛」指植物。穀梁傳定公元年注：「凡地之所生謂之毛。」「不毛」就是不生長植物。公羊傳宣公十二年注：「墝埆不生五穀曰不毛。」漢書西南夷傳注：「不毛，言不生草木。」

〔五一〕漢書賈山傳：「江皋河瀕，雖有惡種，無不猥大。」李奇曰：「皋，水邊淤地也。」

〔五二〕漢書主父偃傳、嚴安傳俱有「飛芻輓粟」語，師古曰：「運載芻槀，令其疾至，故云飛芻也。」

〔五三〕張之象本、沈延銓本、金蟠本「賦」作「役」。

〔五四〕後備胡篇：「衣皮蒙毛。」器案：詩邶風旄丘：「狐裘蒙戎。」史記晉世家：「狐裘蒙茸。」集解：「服虔曰：『蒙茸，以言亂貌。』」正義：「蒙茸，言狼藉也。」「蒙毛」、「蒙戎」、「蒙茸」，義同。

〔五五〕本書力耕篇：「織者不強，無以掩形。」又錯幣篇：「或無以充虛蔽形也。」文子十守篇：「衣足以蓋形禦寒。」「蓋形」、「掩形」、「蔽形」，義同。

〔五六〕洪頤煊曰：「說文：『𥦗，地室也。從穴復聲。詩曰：陶𥦗陶穴。』淮南氾論篇：『古者，民澤處復穴。』高誘注：『復穴，重窟也。』禮記月令鄭注：『古者複穴。』正義：『複穴者，謂窟居也。』『𥦗』『復』『複』三字通用。」王先謙曰：「言當暑不去複衣。」黃季剛曰：「『失』猶『去』也。」器案：洪說是，王說非。上文已經提及「皮裘蒙毛，曾不足蓋形」，那末怎樣在夏天具有複衣的條件呢？「複」和「窟」相對爲文，「複」應當讀爲「𥦗」。後散不足篇「陶桴複穴」的「複」字，就和這裏的「複」字同義。詩大雅緜：「陶復陶穴。」「陶復」與「陶穴」分言，那末，「複」自可單用了。月令正義引庾蔚之云：「複謂地上累土爲之，穴則穿地也。」這裏是說，邊民衣不蔽體，冬天固然不離窟，就是夏天也不去複穴啊。說略本陳遵默。

〔五七〕淮南子本經篇：「民之專室蓬廬，無所歸宿。」高誘注：「專，特小室也。」又修務篇：「獨守專室。」高誘注：「專室，小室也。」

〔五八〕周禮秋官序官司圜注：「鄭司農曰：『圜謂圜土也。』」漢書司馬遷傳：「幽於圜牆之中。」師古曰：「圜牆，獄也。」這裏「土圜」即謂四面土牆蓋的房子。

未通*第十五

御史曰：「內郡〔一〕人衆，水泉薦草〔二〕，不能相贍；地勢溫濕，不宜牛馬；民蹠耒〔三〕而耕，負檐而行，勞罷而寡功。是以百姓貧苦，而衣食不足，老弱負輅〔四〕於路，而列卿大夫或乘牛車〔五〕。孝武皇帝平百越以爲園〔六〕圃，卻羌、胡以爲苑囿〔七〕，是以珍怪異物，充於後宫，騊駼〔八〕駃騠〔九〕，實於外廐〔一〇〕，匹夫莫不乘堅良〔一一〕，而民間厭橘柚〔一二〕。由此觀之：邊郡〔一三〕之利亦饒矣！而曰『何福之有』，未通於計也。」

文學曰：「禹平水土〔一四〕，定九州，四方各以土地所生貢獻〔一五〕，足以充宫室，供人主之欲，膏壤萬里，山川之利，足以富百姓，不待蠻貊之地、遠方之物而用足〔一六〕。聞〔一七〕往者未伐胡、越之時，繇賦省而民富足，温衣飽食，藏新食陳，布帛充用，牛馬成羣。農夫以馬耕載，而民莫不騎乘；當此之時，卻走馬以糞〔一八〕。其後，師旅數發，戎馬不足，牸牝入陣〔一九〕，故駒犢生於戰地。六畜不育於家，五穀不殖於野，民不足於糟糠，何橘柚之所厭〔二〇〕？傳曰：『大軍之後，累世不復〔二一〕。』方今郡國，田野有隴〔二二〕而不墾，城郭有宇〔二三〕而不實，邊郡何饒之有乎？」

御史曰：「古者，制田百步爲畝，民井田而耕，什而藉一，義先公而後己，民臣之職也〔二四〕。先帝哀憐百姓之愁苦，衣食不足，制田二百四十步而一畝〔二五〕，率三十而税一〔二六〕。墮民〔二七〕不務田作，饑寒及己，固其理也。其不耕而欲播，不種而欲穫〔二八〕，鹽、鐵又何過乎？」

文學曰：「什一而藉，民之力也。豐耗美惡，與民共之。民勤，己不獨衍；民衍，己不獨勤〔二九〕。故曰：『什一者，天下之中正也〔三〇〕。』田雖三十，而以頃畝出税，樂歲粒米狼戾〔三一〕而寡取之，凶年饑饉而必求足。加之以口賦更繇之役〔三二〕，率一人之作，中分其功。農夫悉其所得，或假貸而益之。是以百姓疾耕力作〔三三〕，而饑寒遂及己也。築城者先厚其基而後〔三四〕求其高，畜民者先厚其業而後求其贍。論語曰：『百姓足，君孰與不足乎〔三五〕？』」

御史曰：「古者，諸侯争强，戰國並起，甲兵不休，民曠於田疇，什一而藉，不違其職〔三六〕。今賴陛下神靈，甲兵不動久矣，然則民不齊出於南畝〔三七〕，以口率被墾田而不足，空倉廩而賑貧乏〔三八〕，侵益日甚，是以愈惰而仰利縣官也。爲斯君者亦病矣〔三九〕，反以身勞民；民猶背恩棄義而遠流亡，避匿〔四〇〕上公〔四一〕之事。民相倣傚，田地日蕪〔四二〕，租賦不入，抵扞〔四三〕縣官。君雖欲足，誰與之足乎？」

文學曰：「樹木數徙則殘〔四四〕，蟲獸徙居則壞。故『代馬依北風，飛鳥翔故巢』，莫不哀其生〔四五〕。由此觀之，民非利避上公之事而樂流亡也。往者，軍陣數起，用度不足，以訾〔四六〕徵賦，常取給見民〔四七〕，田家〔四八〕又被其勞，故不齊出於南畝也。大抵逋流〔四九〕，皆在大家，吏正〔五〇〕畏憚，不敢篤〔五一〕責，刻急細民，細民不堪，流亡遠去；中家爲之絶出〔五二〕，後亡者爲先亡者服事〔五三〕；録民〔五四〕數創於惡吏，故相倣傚，去尤甚而就少愈者〔五五〕多。傳曰：『政寬者民死之，政急者父子離〔五六〕。』是以田地日荒，城郭空虛。夫牧民〔五七〕之道，除其所疾，適其所安，安而不擾，使而不勞，是以百姓勸業而樂公賦〔五八〕。若此，則君無賑於民，民無利於上，上下相讓〔五九〕而頌聲作〔六〇〕。故取而民不厭，役而民不苦。靈臺之詩〔六一〕，非或使之，民自爲之。若斯，則君何不足之有乎？」

御史曰：「古者，十五入大學〔六二〕，與小役；二十冠而成人，與戎；五十以上〔六三〕，血脈溢剛，曰艾壯。詩曰：『方叔元老，克壯其猷〔六四〕。』故商師若烏，周師若荼〔六五〕。今陛下哀憐百姓，寬力役之政〔六六〕，二十三始傅〔六七〕，五十六而免，所以輔耆壯而息老艾也〔六八〕。丁者治其田里，老者修其唐園〔六九〕，儉力趣〔七〇〕時，無饑寒之患。不治其家而訟縣官，亦悖矣。」

文學曰：「十九年已下爲殤〔七一〕，未成人也；二十而冠，三十而娶，可以從戎事；五十已上曰艾老，杖於家〔七二〕，不從力役，所以扶不足而息高年也；鄉飲酒之禮〔七三〕，耆老異饌，所以優耆耄而明養老也。故老者非肉不飽，非帛不暖〔七四〕，非杖不行。今五十已上至六十，與子孫服輓輸〔七五〕，並給繇役，非養老之意也。古有大喪者，君三年不呼其門〔七六〕，通其孝道，遂其哀戚之心也。君子之所重而自盡者，其惟親之喪乎〔七七〕！今或僵尸〔七八〕，棄衰經而從戎事，非所以子百姓、順孝悌之心也。周公抱成王聽天下，恩塞海内，澤被四表〔七九〕，矧惟人面〔八〇〕，含仁保德，靡不得其所。詩云：『夙夜基命宥密〔八一〕。』陛下富於春秋〔八二〕，委任大臣，公卿輔政，政教未均，故庶人議也〔八三〕。」

御史默不答也〔八四〕。

* 這篇就與抗擊匈奴侵擾的自衛戰爭密切相關的賦稅與繇役問題展開辯論。由於漢武帝進行正義的自衛戰爭，「平百越以爲園圃，卻羌、胡以爲苑囿」，贏得了「甲兵不動久矣」、「邊郡之利亦饒矣」的大好形勢。這對於當時封建社會生產力順利發展，起了重大作用。然而出現這樣的局面，是需要大量的人力和物力的。文學在賦稅和繇役問題上大做文章，企圖否定漢武帝的功業，是不足以服人的。

實際上，在賦稅問題上，漢武帝時的制度，已經由什而藉一，減輕爲三十而稅一。在繇役問題上，則是「二十三始賦，五十六而免」。比古代的「二十與戎事」、「五十以上……曰艾壯」，即至「元老」還要服兵役的制度，縮短了若干年。

〔一〕漢書宣帝紀：「本始元年詔：『内郡國舉文學高第。』」韋昭曰：「中國爲内郡，緣邊有夷狄障塞者爲外郡。」又地理志下：「都邑頗放效吏及内郡賈人，往往以杯器食。」

〔二〕漢書景帝紀：「元年春正月詔曰：『郡國或磽陿，無所農桑繫畜，或地饒廣薦草莽、水泉利，而不得徙。』」如淳曰：「莊周云：『麋鹿食曰薦。』一曰草稠曰薦，深曰莽。」案所引莊周語，見莊子齊物論。

〔三〕淮南子主術篇：「一人蹠耒而耕。」高誘注：「蹠，蹈。」明初本、華氏本誤作「秉耒」。

〔四〕淮南子人間篇：「負軛而浮之河。」與此「負輅」之「負」義同。明初本、華氏本誤作「負戴」。

〔五〕史記平準書：「漢興，接秦之弊，丈夫從軍旅，老弱轉糧饟，作業劇而財匱，自天子不能具鈞駟，而將相或乘牛車，齊民無蓋藏。」漢書高五王傳：「其後，諸侯唯得衣食租税，貧者或乘牛車。」又外戚傳上：「王媪隨使者詣闕，時乘黄牛車，故百姓謂之黄牛媪。」

〔六〕「園」原作「囿」，今據張敦仁説、王先謙説校改。張云：「按『囿』當作『園』，涉下句而誤。」王云：「按張説是。御覽九百六十六、九百七十三果部、事類賦果部引並作『園』。」

〔七〕漢書嚴助傳：「陛下以四海爲境，九州爲家，八藪爲囿，江海爲池。」義與此同。

〔八〕説文馬部：「騊駼，北野之良馬。」漢書楊雄傳注：「騊駼馬出北海上。」

〔九〕史記鄒陽傳：「食以駃騠。」集解：「漢書音義曰：『駃騠，駿馬也，生七日（文選上林賦郭璞注作「三日」。）而超其母。』」索隱：「案字林云：『決啼二音，北狄之良馬也，馬父贏母。』」正義：「駃騠，音決蹄，北狄良馬也。」

〔一〇〕史記蘇秦傳：「大王誠能用臣之愚計，則韓、魏、齊、燕、趙、衛之妙音美人，必充後宫，燕、代橐駝良馬，必實外廐。」又見戰國策楚策。史記李斯傳：「鄭、衛之女不充後宫，而駿良駃騠不實外廐。」以「後宫」與「外廐」對言，與此正同。

〔一一〕「乘堅良」即後取下篇之「乘堅驅良」。史記越王句踐世家：「乘堅驅良逐狡兔。」後漢書和熹鄧皇后紀：「温衣美飯，乘堅驅良。」注：「堅謂好車，良謂善馬也。墨子曰：『聖王爲衣服之法，堅車良馬，不知貴也。』」

〔一二〕說文甘部：「猒，飽也。」

〔一三〕沈延銓本「郡」作「鄙」。案：輕重篇亦云「邊郡山居谷處」，沈延銓本臆改。

〔一四〕尚書舜典：「帝曰：『俞，咨禹，汝平水土，惟時懋哉！』」

〔一五〕史記夏本紀：「禹乃……行山表木，定高山大川，……相地宜所有以貢。」

〔一六〕李榮陛厚岡文集九曰：「按孝武所開諸郡，皆禹九州內地，使無百越、羌、胡，如漢文以前，北不至恒，南不盡衡，何以得膏壤萬里乎？孝武惟不當興可已之兵，求珍異之物；若夫詰戎兵，陟禹跡，服海表，雖仁厚如周家，必以相勵勉。且承平既久，人衆物耗，惟羌、胡美水草，百越土曠，可以蓄馬而容人；我棄之，敵必取之以乘我矣，歷代莫不爭。文學見用兵之累，而忘被兵之害，論猶涉一偏；至其引禹相詆，適足以明孝武之善繼也。」

〔一七〕張之象本、沈延銓本、金蟠本無「聞」字。

〔一八〕老子德經：「天下有道，卻走馬以糞；天下無道，戎馬生於郊。」王弼注：「天下有道，知足知止，無求於外，各修其内而已，故卻走馬以治田糞也。」

〔一九〕楊樹達曰：「韓非子解老篇：『戎馬乏則牸馬出。』」器案：牸馬謂牝馬。詩言戎馬，必云「四牡」，車攻言田馬，亦云「四牡」。漢書食貨志：「衆庶街巷有馬，阡陌之間成羣，乘牸牝者擯而不得會聚。」孟康曰：「皆乘父馬，有牝馬間其間則踶齧，故斥不得會同也。」軍旅之事，尤貴整肅，故戎馬皆是四牡，及軍旅數發，戎馬不足，故牸牝入陣耳。

〔二〇〕王引之經傳釋詞曰："「所猶可也。史記淮陰侯傳曰：『非信無所與計事者。』言無可與計事者也。漢書『所』作『可』，是其證矣。大戴禮武王踐阼篇：『席前右端之銘曰：無行可悔。』可，所也。前有所悔，後不復行，故曰無行所悔。説苑敬慎篇作『無行所悔』，是其證也。」"器案：此文「所」亦作「可」解，本書結和篇："「何嗣之所利？」"漢書蕭望之傳："「何賊之所生？」"用法與此正同。

〔二一〕老子道經："「師之所處，荆棘生焉。大軍之後，必有凶年。」"漢書嚴助傳、魏相傳都有「軍旅之後，必有凶年」語。又案嚴助傳："「淮南王安上書曰：『四年不登，五年復蝗，民生未復。』」"又徐樂傳："「關東五穀數不登，年歲未復。」"「復」字義與此同，就是恢復的意思。又晁錯傳："「敗兵之卒，没世不復。」"師古曰："「永挫折也。」"後國疾篇："「其禍累世不復。」"義與此同。

〔二二〕張之象本、沈延銓本、金蟠本「隴」作「壟」，字通。

〔二三〕楚辭招魂注："「宇，屋也。」"

〔二四〕張之象本、沈延銓本、金蟠本「藉」作「籍」。案説文耒部："「耤，殷人七十而耤，耤，藉税也。」"周禮遂人注："「鄭大夫讀耡爲藉。」"詩大雅韓奕："「實畝實藉。」"鄭箋："「藉，税也。」"左傳宣公十六年："「穀出不過藉。」"杜注："「周法，民耕百畝，公田十畝，借民力而治之，税不過此。」"禮記王制："「古者，公田藉而不税。」"鄭注："「藉之言借也，借民力治公田，美惡取於此，不税民之所自治也。」"所言什一之藉，無作「籍」者，張本等臆改，非是。夏小正："「正月初服於公田。古有公田焉者，古者先服公田而後服其田也。」"吕氏春秋務本篇高誘注："「古者，井田什一而税，公田在中，私田在外，民有禮讓之心，故願先公田而後私也。」"

〔二五〕汪之昌青學齋雜著曰：「井田之制，肇始黃帝，自唐、虞以迄殷、周，溝洫逕涂，九州通行，周禮敍其尺寸深廣尤詳，固無所謂阡陌也。周顯王時，秦孝公用商鞅計，始開阡陌，説者謂改井田舊制，定以二百四十步爲畝。漢書食貨志：『商君壞井田，開阡陌。』顏師古成帝紀注：『阡陌，田間道也。南北曰阡，東西曰陌，蓋秦時商鞅所開也。』然史遷秦本紀云：『商君開阡陌，東地渡洛。』是時，秦所有者雍州之域，即使盡秦地開設阡陌，一依商鞅新法，洛陽以西止耳，洛陽以東，地非秦有，諸國錯峙，各行其便，所謂田疇異畝，雖復先後更張，亦安見一遵秦法，容或有仍舊所定井田者。竊謂洛陽以東開阡陌，原其始當在漢武帝世，食貨志：『武帝末年詔曰：十二夫爲田，一井一屋，故畝五頃。』案井田九百畝，屋三百畝，以千二百畝改五頃，是畝爲二百四十步矣，與商鞅開阡陌後計畝之數適同。禮記王制篇『當今東田』云云。曰東田者，對秦田而言，洛陽居周時九州之中，秦處其西，故對秦田稱東田。禮記正義引盧植曰：『孝文皇帝令博士諸生作此王制之書。』是王制爲漢文時人所作。據王制東田之名，則於時洛陽以東未開阡陌可知。桓書：『先帝制田二百四十步而一畝。』桓氏此論計作在昭帝之時，所稱制田之先帝指武帝無疑。然則洛陽以東之阡陌，開自漢武，此亦顯然之一證矣。」

〔二六〕漢書王莽傳中：「漢世減輕田租，（案見景紀元年五月。）三十而税一，常有更賦，罷癃咸出，而豪民侵陵，分田劫假，厥名三十税一，實什税五也。」

〔二七〕明初本、華氏本、正嘉本、倪邦彦本、張之象本、沈延銓本、金蟠本「墮」作「惰」。

〔二八〕「穫」原作「獲」，張敦仁曰：「華氏本『獲』作『穫』。」案明初本亦作「穫」，今據改正。

〔二九〕盧文弨曰：「張本二『勤』字皆作『饉』，（沈延銓本、金蟠本同。）涂作『勤』，非。前通有篇云：『富者不獨衍，少者不獨饉。」亦以『饉』對『衍』，蓋『饉』有歉義，此又涂本之不可全信者也。」張敦仁曰：「張之象本所改最謬。『勤』『僅』同字，『僅』，少也，『衍』，多也，故以『勤』對『衍』言之，非謂蔬不熟曰饉。前通有篇云：『富者不獨衍，貧者不獨饉。』『饉』蓋『勤』之誤，（集韻二十二稕有「僅」「勵」「堇」三文，「堇」字見史記貨殖列傳，又或作「廑」字，見漢書賈誼傳。通有篇即使歧異，亦必非「饉」字歧異之例，詳於下。）拾補云：『勤，非。』又云：『饉有歉意。』誤於張之象本而爲此說，仍迂曲無所當也。」器案：張說是。漢書揚雄傳注：「『廑』，古『勤』字。」又叙傳注：「『廑』亦『勤』字也。」史記孝文本紀：「今勤身從事。」漢書文帝紀作「今廑身從事」，注：「晉灼曰：『廑』，古『勤』字。」文選長楊賦注：「『廑』，今『勤』字也。」說文广部：「廑，少劣之居，從广堇聲。」引申與人部之「僅」同。漢書賈誼傳：「其次廑得舍人。」師古曰：「『廑』與『僅』同。」史記貨殖傳：「然堇堇物之所有，取之不足以更費。」集解：「應劭曰：『堇，少也。』」蓋「勤」「廑」「僅」皆從「堇」得聲，故從「堇」之字，即有少劣之意。

〔三〇〕公羊傳宣公十五年：「古者曷爲什一而藉？什一者，天下之中正也。」

〔三一〕「狼戾」原作「粱糲」，明初本、華氏本、正嘉本、太玄書室本、張之象本、沈延銓本、金蟠本作「狼戾」，今據改正。孟子滕文公上：「樂歲粒米狼戾。」即此文所本。從「良」從「粱」之字古通，詩經秦風小戎：「五楘梁輈。」漢書地理志注引「梁」作「良」，就是一個例證。從「戾」從「厲」之字古通，墨子非命：「中國爲虛厲。」魯問篇作「國爲虛戾」，莊子人間世：「國爲虛厲。」戰國策趙策：「社稷爲虛戾。」又：「國家爲虛戾。」這都是「厲」「戾」通用的例證。

〔三二〕漢書食貨志上：「今農夫五口之家，其服役者，不下二人，其能耕者，不過百畮，百畮之收，不過百石。春耕夏耘，秋穫冬臧，伐薪樵治，官府給繇役，春不得避風塵，夏不得避暑熱，秋不得避陰雨，冬不得避寒凍，四時之間，亡日休息。又私自送往迎來，吊死問疾，養孤長幼在其中，勤苦如此；尚復被水旱之災，急政暴賦，賦斂不時，朝令而暮改，當具，有者半價而賣，亡者取倍稱之息，於是有賣田宅鬻子孫以償責者矣。」

〔三三〕漢書伍被傳：「當是之時，男子疾耕，不足於糧餽。」本書又言「力耕」，義並同。

〔三四〕「後」字原無，今據下文句例補。考工記匠人：「牆厚三尺，崇三之。」鄭注：「高厚以是爲率，足以相勝。」淮南子泰族篇：「不益其厚而張其廣者毁，不廣其基而增其高者覆。」

〔三五〕這是論語顔淵篇文。

〔三六〕後漢書光武紀下：「無令失職。」注：「職猶常也。」

〔三七〕史記平準書：「陛下損膳省用，出禁錢以振元元，寬貸賦，而民不齊出於南畝，商賈滋衆。」集解：「李奇曰：『齊，皆也。』」語又見漢書食貨志，師古曰：「言農人尚少，不皆務耕種也。」

〔三八〕周禮大宰注：「賦，口率出錢也。」漢書高紀下：「及郡各以其數率。」師古曰：「率，計也。」又文紀：「十二年三月詔：『以户口率置三老、孝悌、力田常員。』」師古曰：「計户口之數以率之。」明初本、華氏本此兩句作「以此率彼墾田而不足，空倉廩而賑之貧乏」，未可據。

〔三九〕孟子公孫丑上：「今日病矣。」趙岐注：「病，罷也。」

〔四〇〕盧文弨曰：「『匱』疑衍。」

〔四一〕盧文弨曰：「『上公』疑倒。」器案：後取下篇：「民困於下，怠於上公。」（從張敦仁校）周禮地官鄉大夫職：「國中自七尺以及六十，野自六尺以及六十有五，皆徵之。」注：「鄭司農曰：『徵之者，給公上之事也。』」文選報孫會宗書：「灌園治産，以給公上。」李善注引蘇林曰：「充縣官之賦斂。」即此文「上公」之意。上公，猶今言公家也。

〔四二〕「蕪」原作「無」，張之象本、沈延銓本、金蟠本作「蕪」，今據改正。下文「田地日荒」，即承此而言。

〔四三〕「抵扞」，猶言抵抗。文選爲石仲容與孫皓書：「距捍中國。」「扞」「捍」同字。

〔四四〕說文歺部：「㱩，病也。」

〔四五〕楊樹達曰：「文選古詩十九首云：『胡馬依北風，越鳥巢南枝。』李善注引韓詩外傳曰：『代馬依北風，飛鳥棲故巢，皆不忘本之謂也。』」器案：後漢書班超傳：「狐死首丘，代馬依風。」注引韓詩外傳曰：「代馬依北風，飛鳥揚故巢也。」淮南子說林篇：「鳥飛反鄉，兔走歸窟，狐死首邱，寒將翔水，各哀其所生。」高誘注：「哀猶愛也。」釋名釋言語：「哀，愛也，愛乃思念之也。」又案：李賢注引韓詩外傳云「飛鳥揚故巢」，與此文「飛鳥翔故巢」之義合。禮記三年問：「今是大鳥獸，則失喪其羣匹，越月踰時焉，則必反巡過其故鄉，翔回焉，鳴號焉，蹢躅焉，踟躕焉，然後乃能去之。小者至於燕雀，猶有啁噍之頃焉，然後乃能去之。」所言，尤足說明此「翔」字之義。

〔四六〕盧文弨曰：「『訾』『貲』同。」案沈延銓本、金蟠本作「資」。漢書景帝紀顏師古注：「『訾』，讀與『貲』同。」

〔四七〕戰國策韓策：「見卒不過二十萬而已。」史記項羽本紀：「軍無見糧。」正義：「顏監云：『無見在之糧。』」又孝文本紀：「發近縣見卒萬六千人。……太僕見馬遺財足。」索隱：「言太僕見在之馬，今留纔足，充事而已。」又高祖功臣侯者年表：「至太初，百年之間，見侯五。」又蕭相國世家：「軍無見糧。」漢書王嘉傳：「少府水衡見錢多。」師古曰：「見在之錢也。」又王莽傳上：「宣帝曾孫有見王五人。」師古曰：「王之見在者。」這些「見」字用法相同，「見民」就是現在的人民。

〔四八〕文選報孫會宗書：「田家作苦。」「田家」即「農夫」也。

〔四九〕俞樾曰：「『逋流』應作『逋賦』，蓋大家所逋負，吏不敢責，而責之細民，遂至流亡矣。若云『逋流皆在大家』，則義不可通。」案：本書復古篇：「往者，豪强大家，得管山海之利，採鐵石鼓鑄，煮海爲鹽。一家聚衆，或至千餘人，大抵盡收放流人民也。遠去鄉里，棄墳墓，依倚大家，聚深山窮澤之中，成姦僞之業，遂朋黨之權，其輕爲非亦大矣。」與此文可互證，俞説非是。

〔五〇〕「吏正」又見後取下篇。禮記王制：「史以獄成告於正。」鄭注：「周禮鄉師之屬。」文選藉田賦注：「正，長也。」

〔五一〕盧文弨曰：「『篤』，張本『督』，（華氏本、沈延銓本、金蟠本同。）涂『篤』，同。後詔聖篇：『渫篤責而任誅斷。』亦是『篤』字。」案周秦篇：「篤責急也。」亦是「篤」字。

〔五二〕「絶」原作「色」（太玄書室本改作「代」），今改。「絶」讀爲「綴」，「綴」謂綴聯，有繼續意。「絶」，古文作「㡭」，即「繼」字所從之偏旁。謂細民既去，中家繼之承擔所有支出也。史記叔孫通傳索隱引賈逵云：「立茅以表位爲蕝。」禮記樂記注：「舞者之位謂之綴。」「綴」即「蕝」之異文，「絶」又「蕝」之省文也。説苑尊賢篇：「簡主聞之，絶食而歎。」書鈔四九引作「綴食而歎」。「綴」「絶」聲近，故得通用。「綴」之爲「絶」，亦猶是也。漢書陳湯傳：「又使中家以下，得均貧富。」

〔五三〕春秋繁露王道篇：「梁内役民無已，其民不能堪。使民比地爲伍，一家亡，五家殺刑。其民曰：『先亡者封，後亡者刑。』」漢書石奮傳：「問百年民所疾苦，惟吏多私，徵求無已，去者便，居者擾，故爲流民法，以禁重賦。」師古曰：「言百姓去其本土者則免於吏徵求，在舊居者則見煩擾，故朝廷特爲流人設法，又禁吏之重賦也。」呂祖謙大事記解題曰：「武帝天資英明，巡狩雖於樂佚游，然身之所歷，目之所覩，蠲除民瘼，亦不少矣。」

〔五四〕「録民」謂謹愿之民。詩經周南正義引孝經援神契：「禄者，録也，上所以敬録接下，下所以敬録事上也。」則録有謹愿之義。荀子修身篇：「程役而不録。」楊注：「録，檢束也。」又榮辱篇：「孝弟原慤，軥録疾力。」楊注：「録謂自檢束也。」「録」當借爲「逯」，説文辵部：「逯，行謹逯逯也。」又目部：「睩，目睞謹也。」「録」「逯」「睩」俱從彔得聲，都有謹義。「録民」，當即如漢書食貨志下之「愿民陷而之刑戮」的「愿民」，師古曰：「愿，謹也。」案荀子君道篇：「愿慤拘録。」以「愿」與「録」並列，明「録」與「愿」同義。則鹽鐵論之「録民」，即食貨志之「愿民」也。

〔五五〕「者」字原無，今據郭沫若校補。張敦仁曰：「按『多』字當衍，『愈』句絶。後散不足篇云：『吾以賢良爲少愈。』」器案：張證「少愈」是，謂衍「多」字非。漢書萬石君傳：「吏多私徵求無已，去者便，居者擾，故爲流民法以禁重賦。」師古曰：「言百姓去其本土者則免於吏徵求，在舊居者則見煩擾，故朝廷特爲流人設法，又禁吏之重賦也。」所説情況，與此正復相似。沈延銓本删去「做傚」二字，未可從。「去尤甚」與「就少愈」對言，碩鼠之詩曰：「逝將去女，適彼樂土，樂土樂土，爰得我所。」夫農夫以安土重遷爲務者也，自三代而有逋逃之責，至兩漢而有流民之法，迫使農民於去就問題上，不得不做出彼善於此之抉擇，誰實爲之耶！

〔五六〕孟子盡心下：「有布縷之徵，粟米之徵，力役之徵。君子用其一，緩其二，用其二而民有殍，用其三而父子離。」

〔五七〕管子有牧民篇，又七法篇寫道：「養人如養六畜。」這就是牧民的最好解釋。蓋奴隸主把管理勞動人民當成管理六畜一般。後來封建統治階級亦襲用此詞。漢書食貨志上：「民者，在上所以牧之。」淮南子覽冥篇：「牧民者，猶畜獸也。」文選晉紀總論注引漢名臣奏：「陳風對問曰：『民如六畜，在牧養者耳。』」這是對勞動人民的極大侮辱。

〔五八〕史記貨殖傳：「故物賤之徵貴，貴之徵賤，各勸其業，樂其事，若水之趨下，日夜無休時，不召而自來，不求而民出之。」

〔五九〕「讓」原作「議」，今據張敦仁、俞樾説校改。張云：「按『議』當作『讓』，後取下篇、世務篇皆不誤。」俞樾説同。

〔六〇〕公羊傳宣公十五年：「古者什一而藉。古者曷爲什一而藉？什一者，天下之中正也。多乎什一，大桀、小桀；寡乎什一，大貉、小貉。什一者，天下之中正也，什一行而頌聲作矣。」漢書賈山傳：「用民之力，不過歲三日，什一而藉，君有餘財，民有餘力，而頌聲作。」又王莽傳中：「古者設廬井八家，一夫一婦田百畝，什一而税，則國給民富而頌聲作。」周禮載師疏引五經異義：「今春秋公羊説：『十一而税。過於十一，大桀、小桀；減於十一，大貉、小貉。十一税，天子之正，十一行而頌聲作。』」這裏的「頌聲作」，就是承上「什一藉民」而言，則亦公羊家説也。

〔六一〕張之象注曰：「賈生曰：『文王志之所在，意之所欲，百姓不愛其死，不憚其勞，從之如集。詩曰：經始靈臺，經之營之，庶民攻之，不日成之。經始勿亟，庶民子來。文王有志爲臺，近規之，民聞之者，磨裹而至，問業而作之，日日以衆。命其臺曰靈臺，命其囿曰靈囿，謂其沼曰靈沼，愛敬之至有。詩曰：王在靈囿，麀鹿攸伏，麀鹿濯濯，白鳥皜皜。王在靈沼，於仞魚躍。文王之澤，下被禽獸，洽於魚鼈，咸若攸樂，而況士民乎？』修文篇曰：『積思爲愛，積愛爲仁，積仁爲靈。靈臺之所以爲靈者，積仁也。神靈者，天地之本，而爲萬物之始也。是故文王始接民以仁，而天下莫不仁焉，文德之至也。』」

〔六二〕漢書食貨志上：「八歲入小學，學六甲、五方、書計之事，始知室家長幼之節。十五入大學，學先聖禮樂，而知朝廷君臣之禮。」

〔六三〕禮記曲禮上：「人生十年曰幼學，二十曰弱冠，三十曰壯有室，四十曰强而仕，五十曰艾服官政，六十曰耆指使，七十曰老而傳，八十九十曰耄。」

〔六四〕這是詩經小雅采芑文。

〔六五〕盧文弨曰：「『烏』，張本『荼』；『荼』，張本『烏』，（沈延銓本、金蟠本同。）今並從涂本。孫云：『困學紀聞三亦如此。』」案困學紀聞：「鹽鐵論引詩曰：『方叔元老，克壯其猷。』故商師若烏，周師若荼。蓋謂商用少而周用老也。」

〔六六〕王應麟漢制考：「周禮鄉大夫：『其舍者，國中貴者、賢者、能者、服公事者、老者、疾者，皆舍。』注鄭司農云：『徵之者，給公上之事也。舍者，謂有復除，舍不收役事也。貴者，若今宗室及關内侯皆復也。服公事，謂若今吏有服除也。老者，謂若今八十九十復羨卒也。疾者，謂若今癃不可事者復之。』疏：『四事皆言若今者，並舉漢法況之。』」此下，即引此文以證之。案：孟子盡心下：「有布縷之徵，粟米之徵，力役之徵。」趙岐注：「力役，民負荷厮養之役也。」

〔六七〕「傳」原誤作「賦」，今據楊樹達説校改。楊云：「『賦』當爲『傳』，聲近字誤也。漢書高帝紀云：『二年五月，發關中老弱未傳，悉詣軍。』如淳曰：『律：二十三傳之疇官，各從其父疇學之。漢儀注云：民年二十三爲正，一歲爲衛士，一歲爲材官騎士，習射御騎馳戰陣。又曰：五十六衰老，乃得免爲庶民，就田里。今老弱未傳者皆發之。未二十三爲弱，過五十六爲老。』樹達按：如淳引漢儀注所云，與此文正合。若漢制民年十五以上至五十六出錢之算賦，别是賦税之事，與此言力役之事不相涉。古『賦』『傳』二字雖相通假，然在漢制，則釐然有别，不容混淆也。」器案：楊引漢書高帝紀注引如淳説，又見史記項羽本紀集解引孟康及如淳説，都是説的力役之徵，不是賦税之事，楊説是，今據改正。

〔六八〕漢書武帝紀注：「師古曰：『六十曰耆，五十曰艾。』」

〔六九〕盧文弨曰：「『唐園』又見後孝養篇，吕氏春秋尊師篇亦有之。」器案：管子輕重甲篇：「北郭者盡屨屨之甿也，以唐園爲本利。請以令禁百鍾之家不得事轜，千鍾之家不得爲唐園。」晏子春秋内篇問下：「治唐園，考菲履。」本書孝養篇：「老親之腹非唐園，唯菜是盛。」又取下篇：「廣第、唐園、良田連比者，不知無運踵之業、竄頭宅者之役也。」則唐園者，蓋謂樹藝蔬果麻枲之園地也。唐園、廣第、良田並舉，唐者虚也，蓋曠虚之義，則唐園者，猶言大園子耳。取下篇舉唐園與運踵之業相連而及之，則唐園爲種植考菲履之原料地耳。華氏本作「丘園」，正嘉本、攖寧齋鈔本、倪邦彦本、太玄書室本、張之象本、沈延銓本、金蟠本作「塘園」，皆不知妄改。

〔七〇〕管子國蓄篇：「彊本趣耕。」尹注：「『趣』讀爲『促』。」

〔七一〕莊子齊物論釋文：「年十九以下爲殤。」案：儀禮喪服傳：「年十九至十六爲長殤，十五至十二爲中殤，十一至八歲爲下殤，不滿八歲以下爲無服之殤。」説文歺部：「殤，不成人也。人年十九至十六死爲長殤，十五至十二死爲中殤，十一至八歲死爲下殤。」

〔七二〕禮記王制：「五十杖於家，六十杖於鄉。」就是此文所本。張之象本、沈延銓本、金蟠本改「家」作「鄉」，非是。太玄書室本「已」作「以」。

〔七三〕禮記鄉飲酒義釋文：「鄭云：『鄉飲酒義者，以其記鄉大夫飲賓於庠序之禮，尊賢養老之義也。別録屬吉禮。』」

〔七四〕孟子盡心上：「五十非帛不暖，七十非肉不飽。」

〔七五〕漢書劉屈氂傳：「征和二年春制詔：『御史，故丞相賀，倚舊故，據高執而爲邪，與美田以利子弟賓客，不顧元元，無益邊穀，貨賂上流，朕思之久矣。終不自革，迺以邊爲援，使内郡自省作車，又令耕者自轉，以困農。』」則此弊政始於公孫賀。居延漢簡釋文第三頁：「延壽太初三年中，父以負馬田敦煌，延壽與父俱來，田事已。」可與此文互證。

〔七六〕公羊傳宣公元年：「古者，臣有大喪，則君三年不呼其門。」春秋繁露竹林篇：「先王之制，有大喪者，三年不呼其門，順其志之不在事也。」白虎通喪服篇：「臣下有大喪，不呼其門者，使得終其孝道，成其大禮。」涂本「君」原誤作「居」。

〔七七〕張之象注曰：「曾子曰：『吾聞諸夫子：人未有自致者也，必也親喪乎！』」案：張所引見論語子張篇文。孟子滕文公上：「親喪固所自盡也。」

〔七八〕「今或僵尸」至「順孝悌之心也」，張之象本、沈延銓本、金蟠本脱此二十三字。

〔七九〕韓詩外傳七：「武王崩，成王幼，周公承文、武之業，履天子之位，聽天子之政，征夷、狄之亂，誅管、蔡之罪，抱成王而朝諸侯，誅賞制斷，無所顧問，威動天地，振恐四海，可謂能武矣。」説苑君道篇：「周公踐天子之位，布德施惠，遠而逾明。」

〔八〇〕「人」原作「南」，今從張敦仁説校改。張云：「『南』字誤也，此必本作『人』，後繇役篇：『惟人面之倫，莫不引領而歸其義。』不誤。墨子明鬼引商書：『矧住（此字當作「隹」，省「惟」爲「隹」也。近江氏聲尚書注説之如此。）人面，胡敢異心。』此語出於彼。後漢書章帝紀：『迄惟人面，靡不率俾。』和帝紀：『戒惟人面，無思不服。』亦可證也。」器案：張説是，「人」古文作「㒺」（見集韻），以形近而譌爲「南」。史記李斯傳：「此禽鹿、視肉，人面而彊行者耳。」亦用「人面」之證。「人面」者，猶後世言「圓顱方趾」之意也。

〔八一〕這是詩經周頌昊天有成命文，毛傳曰：「基，始；命，信；宥，寬；密，寧也。」鄭箋曰：「早夜始順天命，不敢解倦，行寬仁安静之政，以定天下。」

〔八二〕史記李斯傳：「陛下富於春秋。」漢書田蚡傳：「富於春秋。」師古曰：「謂年幼也。齒歷方久，故云『富於春秋』也。」後漢書樂恢傳：「陛下富於春秋。」李賢注：「春秋謂年也。言年少，春秋尚多，故稱富。」

〔八三〕論語季氏篇：「天下有道，庶人不議。」漢書杜延年傳：「庶人私議。」

〔八四〕華氏活字本「默」下有「然」字。太玄書室本「也」作「之」。

鹽鐵論校注卷第四

地廣*第十六

大夫曰："王者包含并覆，普愛無私，不爲近重施，不爲遠遺恩〔一〕。今俱是民也，俱是臣也，安危勞佚不齊，獨不當調邪？不念彼而獨計此，斯亦好議矣？緣邊〔二〕之民，處寒苦之地，距强胡之難，烽燧一動，有没身之累。故邊民百戰，而中國恬卧〔三〕者，以邊郡爲蔽扞〔四〕也。詩云：『莫非王事，而我獨勞〔五〕。』刺不均也。是以聖王懷四〔六〕方獨苦，興師推卻胡、越，遠寇安災〔七〕，散中國肥饒之餘，以調邊境，邊境强則中國安，中國〔八〕安則晏然無事。何求而不默〔九〕也？"

文學曰："古者，天子之立於天下之中，縣內方不過千里〔一〇〕，諸侯列國，不及不食之地，禹貢至於五千里；民各供其君，諸侯各保其國，是以百姓均調〔一一〕，而繇役不勞也。今推胡、越數千里，道路迴避〔一二〕，士卒勞罷。故邊民有刎頸之禍，而中國有死亡之患，此百姓所以嚻嚻〔一三〕而不默也。夫治國之道，由中及外，自近者始〔一四〕。近者親附，然後來遠；百姓內足，然後卹外。故羣臣論或欲田輪臺，明主不許，以爲先救近務及時本業也。故下詔曰：『當今之務，在於禁苛暴，止擅賦〔一五〕，力本農〔一六〕。』公卿宜承意，請減除不任，以佐百姓之急。今中國弊落不憂，務在邊境。意者地廣而不耕，多種而不耨，費力而無功，詩云：『無田甫田，維莠驕驕〔一七〕。』其斯之謂歟？」

大夫曰：「湯、武之伐，非好用兵也；周宣王辟國千里〔一八〕，非貪侵也，所以除寇賊而安百姓也。故無功之師，君子不行；無用之地〔一九〕，聖王不貪。先帝舉湯、武之師，定三垂〔二〇〕之難，一面而制敵，匈奴遁逃，因河、山以爲防，故去砂石鹹鹵不食之地，故割斗辟〔二一〕之縣，棄造陽之地以與胡，省曲塞〔二二〕，據河險，守要害〔二三〕，以寬徭役，保士民。由此觀之：聖主用心，非務廣地以勞衆而已矣。」

文學曰：「秦之用兵，可謂極矣；蒙恬斥境〔二四〕，可謂遠矣。今踰蒙恬之塞，立郡縣寇虜之地〔二五〕，地彌遠而民滋勞。朔方以西，長安以北，新郡之功，外城〔二六〕之費〔二七〕，不可勝計。非徒是也，司馬、唐蒙〔二八〕鑿〔二九〕西南夷之塗，巴、蜀弊於邛、筰〔三〇〕；橫海征南夷〔三一〕，樓船戍東越〔三二〕，荆、楚罷於甌、駱〔三三〕，左將伐朝鮮〔三四〕，開臨屯〔三五〕，燕、齊困於穢貉〔三六〕，張騫通殊遠〔三七〕，納無用，府庫之藏，流於外國；非特斗辟之費、造陽之役也。由此觀之，非人主用心，好事之臣〔三八〕爲縣官計過也〔三九〕。」

大夫曰：「挾〔四〇〕管仲之智者，非爲厮役之使也。懷陶朱之慮者，不居貧困之處〔四一〕。文學能言而不能行，居下〔四二〕而訕上，處貧而非富，大言而不從，高厲而行卑，誹譽訾議，以要名采善〔四三〕於當世。夫禄不過秉握〔四四〕者，不足以言治；家不滿檐石〔四五〕者，不足以計事。儒皆貧羸，衣冠不完，安知國家之政、縣官之事乎？何斗辟造陽也！」

文學曰：「夫賤不害〔四六〕智，貧不妨行。顔淵屢空〔四七〕，不爲不賢。孔子不容〔四八〕，不爲不聖。必將以貌舉人〔四九〕，以才進士，則太公終身鼓刀，寧戚不離飯牛矣〔五〇〕。古之君子，守道以立名，修身以俟時，不爲〔五一〕窮變節，不爲賤易志，惟仁之處，惟義之行。臨財苟得〔五二〕，見利反義〔五三〕，不義而富，無名而貴，仁者不爲也〔五四〕。故曾參、閔子不以其仁易晉、楚之富〔五五〕。伯夷不以其行易諸侯之位，是以齊景公有馬千駟，而不能與之争名〔五六〕。孔子曰：『賢哉回也！一簞食，一瓢飲，在於陋巷，人不堪其憂，回也不改其樂〔五七〕。』故惟仁者能處約、樂〔五八〕，小人富斯暴，貧斯濫矣〔五九〕。楊子曰：『爲仁不富，爲富不仁〔六〇〕。』苟先利而後義，取奪不厭〔六一〕。公卿積億萬，大夫積千金，士積百金，利己并財以聚〔六二〕，百姓寒苦，流離於路，儒獨何以完其衣冠也？」

＊本篇就邊防問題展開辯論。漢書伍被傳注：「如淳曰：廣謂斥大之也。」桑弘羊指出：「先帝舉湯、武之師，定三垂之難」，「非務廣地以勞衆而已矣」，説明這場抗擊匈奴的正義戰爭，不是爲了爭地盤，而是爲了保邊疆；就是在「匈奴遁逃」的有利條件之下，漢王朝不僅没有對匈奴有領土的要求，而且還「割斗辟之縣，棄造陽之地以與胡」，充分體現了民族和睦的願望；又「省曲塞，據河險，守要害，以寬徭役，保士民」，充分體現了保境安民的政策。但是，正如文學所指出的那樣，「今中國……務在邊境，……地廣而不耕」，於是「實邊」的確是急待解決的問題。

如何解決「地廣而不耕」的問題，自來政治家都是把他納入富國安民的政策來考慮的。管子在五輔篇寫道：「實壙（同「曠」。）虚，墾田疇，修牆屋，則國家富。」呂氏春秋貴卒篇寫道：「吳起謂荆王曰：『荆所有餘者地也，所不足者民也；今君王以所不足，益所有餘，臣不得而爲也。』於是令貴人往實廣虚之地。」晁錯在上漢文帝的守邊勸農疏中寫道：「以陛下之時，徙民實邊，使遠方無屯戍之事，塞下之民，父子相保，亡係虜之患，利施後世，名稱聖明。」又寫道：「臣聞古之徙遠方以實廣虚也，相其陰陽之和，嘗其水泉之味，審其土地之宜，觀其屮木之饒，然後營邑立城，製里割宅，通田作之道，正阡陌之界，先爲築室，家有一堂二内（内房），門户之閉，置器物焉；民至有所居，作有所用，此民所以輕去故鄉而勸之新邑也。爲置醫巫，以救疾病，以脩祭祀，男女有昏，生死相卹，墳墓相從，種樹畜長，室屋完安，此所以使民樂其處而有長居之心也。」（漢書鼂錯傳）桑弘羊認爲「聖王懷四方獨苦，興師推卻胡、越，遠寇安災，散中國肥饒之餘，以調邊境，邊境强則中國安，中國安則晏然無事」。而文學却説「今中國弊落不憂，務在邊境，……地廣而不耕，多種而不耨，費力而無功。……非人主用心，好事之臣爲縣官計過也」，認爲領土無用，豈非國家民族的罪人嗎！

〔一〕潛夫論救邊篇：「聖王之政，普覆兼愛，不私近密，不忽疎遠。」明初本、華氏本「并覆」作「徧覆」。

〔二〕漢書食貨志下：「緣邊四夷。」

〔三〕淮南子主術篇：「昔孫叔敖恬卧，而郢人無所害其鋒。」莊子徐无鬼：「孫叔敖甘寢秉羽，而郢人投兵。」文選西征賦注：「恬，静也。」

〔四〕漢書項籍傳：「請以國爲扞蔽。」師古曰：「猶爲齊之藩屏。」「扞蔽」猶「蔽扞」。

〔五〕這是詩經小雅北山文。林昌彝硯桂緒録三曰：「廣雅：『賢，勞也。』小雅北山篇：『我從事獨賢。』孟子萬章篇引此詩而釋之曰：『此莫非王事，我獨賢勞也。』案賢可訓勞，賢勞猶劬勞，故毛詩云『賢，勞也』。桓寬鹽鐵論地廣篇亦曰：『詩云：莫非王事，而我獨勞。刺不均也。』鄭箋、趙注並以賢爲賢才，失其義也。」

〔六〕盧文弨曰：「『四』疑『西』。」徐友蘭曰：「案『四』是，『獨苦』對中國言之。」器案：「四」字不誤，「四方」猶言「四邊」，下文兼言胡、越，則不僅指西方可知。

〔七〕「寇」下原有「國」字，今據張敦仁説校删。太玄書室本「災」下又添「弭」字，非。

〔八〕「國」上原無「中」字，張之象本、沈延銓本、金蟠本有，今據補。

〔九〕張之象本、沈延銓本、金蟠本「不默」作「不可得」。盧文弨曰：「下云：『此百姓所以囂囂而不默也。』

似『默』字是。」

〔一〇〕周書作雒篇：「乃作大邑成周於土中，制郊甸六百里，因西土爲方千里。」呂氏春秋慎勢篇：「古之王者，擇天下之中而立國，擇國之中而立宮，擇宮之中而立廟。天下之地方千里以爲國，所以極治任也。非不能大也，其大不若小，其多不若少。」這是文學的「領土無用」論的理論根據。

〔一一〕莊子天道篇：「所以均調天下。」

〔一二〕「迴避」即回辟，猶言迂回辟遠。漢書李廣傳：「東道少回遠。」師古曰：「回，繞也，曲也。」又趙充國傳：「回遠千里。」師古曰：「回謂路紆曲也。」張之象本、沈延銓本、金蟠本「避」妄改「遠」。

〔一三〕漢書董仲舒傳：「此民之所以嚻嚻苦不足也。」師古曰：「嚻讀與嗷同，音敖。嗷嗷，衆怨愁聲也。」賈誼新書過秦中：「天下嚻嚻，新主之資也。」漢書食貨志下：「天下警警然陷刑者衆。」師古曰：「警警，衆口愁聲也。音敖。」

〔一四〕公羊傳成公十五年：「曷爲殊會吴？外吴也。曷爲外也？春秋内其國而外諸夏，内諸夏而外夷、狄。王者欲一乎天下，曷爲以外内之辭言之？言自近者始也。」何休注：「明當先正京師，乃正諸夏，諸夏正，乃正夷、狄，以漸治之。」春秋繁露王道篇：「春秋立義，……親近以來遠，故未有不先近而致遠者也。故内其國而外諸夏，内諸夏而外夷、狄，言自近者始也。」這裏的「由中及外，自近者始」之説，就是用公羊義。説略本楊樹達。

〔一五〕通鑑二一注：「帝初擊胡，大司農賦稅，專以奉戰士，故有擅賦之法。」

〔一六〕張之象注：「漢紀曰：『征和四年，搜粟都尉桑弘羊與御史大夫（案其時御史大夫爲商丘成）奏言：故輪臺以東，皆故國處，有灌溉田。其旁小國，貴黃鐵綿繒，可以易穀。臣愚以爲可遣屯田詣輪臺，置校尉二人，通利溝渠，田一歲有積穀。募民敢徙者詣田所，就畜積爲産業，稍稍築亭，連城而西，以威西國，輔烏孫，爲便。上乃下詔，深陳既往之悔曰：前有司則欲益民賦以助邊用，是困老弱孤獨也；今又請田輪臺。曩者，朕之不明，興師遠攻，遣貳師將軍。古者出師，卿大夫與謀，參以蓍龜，不吉不行。乃者，遍召羣臣，又筮之卦，得大過，爻在九五，曰：匈奴困敗。方士占星氣，太卜蓍龜皆爲吉，匈奴必破，時不可失。卜諸將，貳師最吉。朕親發貳師，詔之，必無深入。今計謀卦兆皆反謬。貳師軍敗，士卒離散略盡，悲痛常在朕心。今有司請遠田輪臺，欲起亭燧，是唯益擾天下，非所以憂民也。朕不忍聞。當今務在禁苛暴，止擅賦，務本勸農，無乏武備而已。由是不復出軍。封丞相爲富民侯，而勸耕農。自是田多墾闢，而兵革休息。」善謀篇曰：「孝武皇帝自將師，伏兵於馬邑，誘致單于。單于既入塞道，覺之，奔走而去。其後交兵接刃，結怨連禍，相攻擊十年，兵凋民勞，百姓空虛，道殣相望，槽車相屬，寇盜滿山，天下動搖。孝武皇帝後悔之。御史大夫桑弘羊請佃輪臺。詔却曰：『當今之務，務在禁暴，止擅賦；今乃遠西佃，非所以慰民也。朕不忍聞。』封丞相號曰富民侯。遂不復言兵事，國家以寧，繼嗣以定，從韓安國之本謀也。』」案張注引漢紀事，又見漢書西域傳下渠犁國；引善謀篇，見新序善謀下，又見漢書韓安國傳。案輪臺即今之烏魯木齊。

〔一七〕這是詩經齊風甫田文。毛詩序云：「甫田，大夫刺襄公也。無禮義而求大功，不修德而求諸侯，志大心勞，以所求者非其道也。」朱熹集傳云：「田，謂耕治之也；甫，大也；莠，害苗之草也；驕驕，張皇之意。言無田甫田也，田甫田而力不給，則草盛矣。」

〔一八〕崔述豐鎬考信録曰：「詩小雅六月云：『玁狁匪茹，整居焦穫，侵鎬及方，至于涇陽。薄伐玁狁，至于太原。文武吉甫，萬邦爲憲。吉甫燕喜，既多受祉，來歸自鎬，我行永久。』出車云：『王命南仲，往城于方。出車彭彭，旂旐央央。天子命我，城彼朔方。赫赫南仲，玁狁于襄。赫赫南仲，薄伐西戎。』此詠宣王征西北之事也。大雅崧高云：『亹亹申伯，王纘之事，于邑于謝，南國是式。王命召伯，定申伯之宅。王命申伯，式是南邦。因是謝人，以作爾庸。王命召伯，徹申伯土田。』烝民云：『王命仲山甫，式是百辟，出納王命，王之喉舌，袞職有闕，維仲山甫補之。王命仲山甫，城彼東方。仲山甫徂齊，式遄其師。』韓奕云：『王錫韓侯，其追其貊，奄受北國，因以其伯。』此詠宣王經略中原之事也。小雅采芑云：『蠢爾蠻荆，大邦爲讎。方叔元老，克壯其猶。方叔率止，執訊獲醜。顯允方叔，征伐玁狁，蠻荆來威。』大雅江漢云：『江、漢浮浮，武夫滔滔，匪安匪遊，淮夷來求。江、漢湯湯，武夫洸洸，經營四方，告成于王。江、漢之滸，王命召虎，式辟四方，徹我疆土。』常武云：『赫赫明明，王命卿士，南仲大祖，大師皇父，整我六師，以修我戎。王謂尹氏，命程伯休父，左右陳行，戒我師旅，率彼淮浦，省此徐土。徐方既同，天子之功。四方既平，徐方來庭。』此詠宣王經略東南之事也。詩所詠宣王之事，其先後雖未敢盡以篇次爲據，然以其言考之，采芑稱方叔征伐玁狁，蠻荆來威，是玁狁之伐，在東南用師之前也。江漢稱經營四方，告成于王，常武稱四方既平，徐方來庭，是徐、淮之役，在四方略定之後也。以其理推之，西戎逼近畿甸，患在切膚，所當先務，封申城齊，皆關東事，似可稍緩，若淮、漢、荆、徐，則距畿較遠，近者未安，不能遠圖，理之常也。」

〔一九〕漢書西域傳上：「罷弊所恃，以事無用，非久長計也。」師古曰：「無用，謂遠方蠻夷之國。」

〔二〇〕文選羽獵賦：「雖頗割其三垂以贍齊民。」李善注：「三垂，謂西方、南方、東方。武帝侵三垂以置郡，故謂之割。漢書杜欽上書曰：『三垂蠻、夷。』又雄上書曰：『北狄，中國之堅敵，三垂比之縣矣。』爾雅曰：『邊，垂也。』」

〔二一〕張之象本、沈延銓本、金蟠本「斗」作「什」，下並同，二字形近而誤，許慎説文序所謂俗書「人持十爲斗」是也。史記匈奴傳記述這件事也誤作「什」，文云：「漢亦棄上谷之什辟縣造陽地以予胡。是歲，漢之元朔二年也。」集解：「漢書音義曰：『言縣斗辟曲近胡。』」索隱曰：「造陽即斗辟縣中地。」漢書匈奴傳上「什」作「斗」，師古注：「斗，絶也，縣之斗曲入匈奴界者，其中造陽地也。」器案：史記封禪書：「成山斗入海。」索隱：「謂斗絶入海也。」漢書郊祀志上：「盛山斗入海。」師古曰：「斗，絶也。」又匈奴傳下：「匈奴有斗入漢地直張掖郡。」師古曰：「斗，絶也。」又匈奴傳上：「燕亦築長城，自造陽至襄平。」師古曰：「造陽，地名，在上谷界。襄平，即遼東所治也。」資治通鑑六：「燕亦築長城，自造陽至襄平。」注：「韋昭曰：『造陽，地名，在上谷。』余按：漢書所謂『上谷之斗造陽』是也。杜佑曰：『晉太康地志：自北地郡北行九百里，得五原塞；又北出九百里得造陽，即麟州銀城縣。』史記：『秦築長城，自造陽至襄平。』韋昭曰：『造陽地在上谷。』未詳孰是。史記正義曰：『上谷，今嬀州。』王隱地道志曰：『郡在谷之頭，故以上谷名焉。』班志：『襄平縣，遼東郡治所。』」齊召南曰：「案造陽地當在上谷最北，即前文所云『燕亦築長城，自造陽至襄平』者也。據後文，則造陽之北凡九百里，後世如開平州、與州等之地，疑即古之造陽。」沈欽韓漢書疏證曰：「通典：『造陽，在今嬀州北。』唐嬀州，今宣化府懷柔縣治。漢襄平，在今奉天府遼陽州北七十里。」案清奉天府，即今遼寧省。

〔二二〕曲塞，謂長城也。曲，言其曲折。

〔二三〕史記秦始皇本紀：「收要害之郡。」又南越傳：「發兵守要害處。」漢書西南夷傳顏師古注：「要害者，在我爲要，於敵爲害也。」

〔二四〕漢書食貨志下注：「應劭曰：『秦始皇遣蒙恬攘卻匈奴，得其河南造陽之北千里，地甚好，於是爲築城郭，徙民充之，名曰新秦。四方雜錯，奢儉不同，今俗名新富貴者爲新秦，由是名也。』」

〔二五〕漢書食貨志下：「其後，衛青歲以數萬騎出擊匈奴，遂取河南地築朔方。」案：下文之新郡指此。

〔二六〕漢書宣帝紀：「本始元年詔内郡國舉文學高第。」韋昭曰：「中國爲内郡，緣邊有夷、狄障塞者爲外郡。」又匈奴傳上：「於是漢罷外城，以休百姓。」師古曰：「外城，塞外諸城。」

〔二七〕漢書食貨志下：「又興十餘萬人築衛朔方，轉漕甚遠，自山東咸被其勞，費數十百鉅萬，府庫並虚。」

〔二八〕漢書食貨志下：「唐蒙、司馬相如始開西南夷，鑿山通道千餘里，以廣巴、蜀，巴、蜀之民罷焉。」又西南夷兩粤朝鮮傳贊：「西南夷發于唐蒙、司馬相如。」案司馬相如，漢書有傳，亦載其通西南夷道事。唐蒙，番陽令，見漢書西南夷傳。

〔二九〕漢書張騫傳：「然騫鑿空。」蘇林曰：「鑿，開也；空，通也；騫始開通西域道也。」

〔三〇〕漢書西南夷傳：「自滇以北，君長以十數，邛都爲大。自嶲以東北，君長千數，徙、筰都最大。」師古曰：「邛都，今之邛州本其地。筰都後爲沈黎郡。」

〔三一〕横海將軍韓説，見漢書兩粤傳。

〔三二〕樓船將軍楊僕，見漢書兩粤傳。

〔三三〕漢書食貨志下：「武帝因文、景之畜，忿胡、粤之害，即位數年，嚴助、朱買臣等招徠東甌，事兩粤，江淮之間，蕭然煩費矣。」又兩粤傳：「佗以此以兵威財物賂遺閩、粤、西甌、駱役焉。」師古：「西甌，即駱、越也，言西者，以别東甌也。」宋祁曰：「駱，越種也。」

〔三四〕漢書朝鮮傳：「其秋，遣樓船將軍楊僕從齊浮勃海，兵五萬，左將軍荀彘出遼東，誅右渠。右渠發兵距險。」

〔三五〕「屯」原作「洮」，今據黄季剛説校正。黄云：「臨屯，滅朝鮮所置郡。」器案：漢書朝鮮傳：「遂定朝鮮爲真番、臨屯、樂浪、玄菟四郡。」

〔三六〕漢書食貨志下：「彭吴穿穢貊、朝鮮，置滄海郡，則燕、齊之間，靡然發動。」論語子罕篇皇侃義疏：「北有五狄：一月支，二濊貊，三匈奴，四單于，五白屋也。」「穢貉」即「濊貊」。漢書朝鮮傳：「左將軍素、侍中幸，將燕、代卒悍，乘勝軍多驕。樓船將齊卒，入海已多敗亡。」

〔三七〕張騫，漢書有傳，顏師古注引陳壽益部耆舊傳：「騫，漢中成固人也。」

〔三八〕史記楚世家：「好事之君，喜攻之臣，發號用兵，未嘗不以周爲終始。」漢書西南夷兩粵朝鮮傳贊：「三邊之開，皆自好事之臣。」説即本此。

〔三九〕漢書韋玄成傳：「劉歆議曰：『孝武皇帝愍中國罷勞，無安寧之時，迺遣大將軍、驃騎、伏波、樓船之屬，南滅百粵，起七郡；北攘匈奴，降昆邪十萬之衆，置五屬國，起朔方，以奪其肥饒之地；東伐朝鮮，起玄菟、樂浪，以斷匈奴之左臂；西伐大宛，并三十六國，結烏孫，起敦煌、酒泉、張掖，以鬲婼羌，裂匈奴之右臂。單于孤特，遠遁于幕北。四垂無事，斥地遠境，起十餘郡。功業既定，迺封丞相爲富民侯，以大安天下，富實百姓，其規橅可見。』」

〔四〇〕明初本、華氏活字本、拾補本「挾管仲」作「挾管、晏」。

〔四一〕對句，上句末有「也」字，下句末無，亦古書常例。戰國策秦策上：「陳軫曰：『計者事之本也，聽者存亡之機。』」與此句例正同。

〔四二〕論語陽貨篇：「惡居下流而訕上者。」鹽鐵論就是用論語此文而没有「流」字，與漢石經合。漢書朱雲傳：「小臣居下訕上。」也無「流」字。

〔四三〕王先謙曰：「『善』謂人稱善之。『要名采善』，四字連文同意。」案王説是，漢書終軍傳：「干名采譽。」師古曰：「干，求也；采，取也。」「干名采譽」與「求名采善」義同。

〔四四〕論語雍也篇：「子華使於齊，冉子爲其母請粟，……冉子與之粟五秉。」集解：「馬融曰：『十六斛爲秉。』」儀禮聘禮記：「四秉曰筥。」注：「此秉爲刈禾盈手之秉也。」案説文又部：「秉，禾束也。从又持禾。」則秉握爲本義，秉斛爲别義，此本言秉斛，而以秉握爲文者，所以形容其禄之微小耳。

〔四五〕史記淮陰侯列傳：「守儋石之禄者，闕卿相之位。」集解：「晉灼曰：『楊雄方言：海、岱之間名甖爲儋。石，石斗也。』蘇林曰：『齊人名小甖爲儋。石，如今受鮐魚石甖，不過一二石耳。』」漢書蒯通傳：「守儋石之禄。」注：「應劭曰：『齊人名小甖爲儋，受二斛。』晉灼曰：『石，斗石也。』師古曰：『或曰儋者一人之所負擔也。』」又楊雄傳：「乏無儋石之儲，晏如也。」又叙傳：「王命論思，有裋褐之褻，儋石之畜。」「儋」「檐」「擔」通用。明初本作「擔石」。漢書鄒陽傳：「身在貧羸。」師古曰：「衣食不充，故羸瘦也。一曰，羸謂無威力。」

〔四六〕「害」原作「周」，今據盧文弨、俞樾説校改。盧作「害」，云：「『周』譌。」俞云：「『周』字乃『害』字之誤，『不害』猶『不妨』也。」案盧、俞校是。太玄書室本正作「害」。公羊傳宣公六年：「靈公有周狗。」爾雅釋畜郭注引作「害狗」，即二字互誤之證。

〔四七〕論語先進篇：「回也其庶乎，屢空。」何晏集解：「言回庶幾聖道，雖數空匱，而樂在其中矣。」

〔四八〕史記孔子世家：「顔回曰：『夫子之道至大，故天下莫能容。雖然，夫子推而行之，不容何病！不容然後見君子。夫道之不修也，是吾醜也。夫道既已大修而不用，是有國者之醜也。不容何病！不容然後見君子。』」

〔四九〕史記仲尼弟子列傳：「以貌取人，失之子羽。」

〔五〇〕離騷：「吕望之鼓刀兮，遭周文而得舉；甯戚之謳歌兮，齊桓聞以該輔。」王逸注：「吕，太公之氏姓也。鼓，鳴也。或言吕望，太公，姜姓也。未遇之時，鼓刀屠於朝歌也。甯戚脩德不用，退而商賈，宿齊東門外，桓公夜出，甯戚方飯牛，叩角而商歌。桓公聞之，用爲客卿，備輔佐也。」漢書王襃傳聖主得賢臣頌：「伊尹勤於鼎俎，太公困於鼓刀，百里自鬻，甯子飯牛，離此患也。」張之象本、沈延銓本、金蟠本「寧」上有「而」字。

〔五一〕張之象本、沈延銓本、金蟠本「不爲」作「不以」，下同。

〔五二〕正嘉本、太玄書室本、張之象本、沈延銓本、金蟠本「苟得」作「不苟」。王啓源曰：「張改是。」器案：此文自「守道以立名」至「惟義之行」，是所謂君子之所當行，其文每兩句爲一組；自「臨財苟得」至「無名而貴」，是所謂仁者之所不爲，也是每兩句爲一組。「臨財苟得」與「見利反義」一組，若作「不苟」，就應當屬上節君子之行，這樣，文章的格局就被打亂了。張改既屬非是，王説又從而是之，可謂一誤而再誤了。禮記曲禮上：「臨財毋苟得。」

〔五三〕論語憲問篇：「見利思義。」此反用其義。

〔五四〕論語述而篇：「不義而富且貴，於我如浮雲。」

〔五五〕孟子公孫丑下：「曾子曰：『晉、楚之富，不可及也。彼以其富，我以吾仁，彼以其爵，我以吾義，吾何慊乎哉！』」「閔子」二字疑衍。

〔五六〕論語季氏篇：「齊景公有馬千駟，死之日，民無德而稱焉。伯夷、叔齊餓於首陽之下，民到於今稱之。」

〔五七〕論語雍也篇：「子曰：『賢哉回也！一簞食，一瓢飲，在陋巷，人不堪其憂，回也不改其樂。賢哉回也。』」集解：「孔安國曰：『簞，笥也。瓢，瓠也。』」義疏：「簞，竹筥之屬也，用貯飯。瓢，瓠片也。匏，持盛飲也。言顔淵食不重餚，又無雕鏤之器，唯有一簞食、一瓢飲而已也。」

〔五八〕「樂」下原有「貧」字，今删。論語里仁篇：「子曰：『不仁者不可以久處約，不可以長處樂。』」就是此文所本。俞樾曰：「『貧』衍字也，『能處約』語本論語，增一『貧』字，即非其旨。」

〔五九〕論語衛靈公篇：「子曰：『君子固窮，小人窮，斯濫矣。』」

〔六〇〕這是孟子滕文公上所載陽虎語，焦循正義以爲「誤以陽虎爲楊子」。器案：左傳定公九年：「陽虎奔齊，請師以伐魯……鮑文子諫曰：『夫陽虎有寵於季氏，而將殺季孫以不利魯國而求客焉，親富不親仁，君焉用之？』」蓋即據此而言。説苑權謀篇「楊子曰『事之可以之貧，可以之富者，其傷行者也』」云云，語意與此略近。

〔六一〕孟子梁惠王上：「苟爲後義而先利，不奪不饜。」

〔六二〕荀子王制篇：「今將蓄積并聚之於倉廩。」後漢書張衡傳注：「并猶聚也。」

貧富*第十七

大夫曰：「余結髮〔一〕束脩〔二〕，年十三〔三〕，幸得宿衛〔四〕，給事輦轂之下〔五〕，以至卿大夫之位，獲禄受賜，六十有餘年矣〔六〕。車馬衣服之用，妻子僕養之費，量入爲出〔七〕，儉節以居之〔八〕，奉禄賞賜，一二〔九〕籌策之，積浸以致富成業。故分土若一，賢者能守之；分財若一，智者能籌之〔一〇〕。夫白圭之廢著〔一一〕，子貢之三至千金〔一二〕，豈必賴〔一三〕之民哉？運之六寸〔一四〕，轉之息耗〔一五〕，取之貴賤之間耳！」

文學曰：「古者，事業不二，利禄不兼〔一六〕，然諸業不相遠，而貧富不相懸也〔一七〕。夫乘爵禄以謙讓者〔一八〕，名不可勝舉也；因權勢以求利者，入不可勝數也。食湖池，管山海，芻蕘者不能與之争澤，商賈不能與之争利。子貢以布衣致之，而孔子非之〔一九〕，況以勢位求之者乎？故古者大夫思其仁義以充其位，不爲權利以充其私也。」

大夫曰：「山岳有饒，然後百姓贍焉。河、海有潤〔二〇〕，然後民取足焉。夫尋常之污〔二一〕，不能溉陂澤，丘阜之木，不能成宫室〔二二〕。小不能苞〔二三〕大，少不能贍多〔二四〕。未有不能自足而能足人者也，未有不能自治而能治人者也。故善爲人者，能自爲者也，善治人者，能自治者也。文學不能治內，安能理外乎？」

文學曰：「行遠道者〔二五〕假於車〔二六〕，濟江、海者因於舟〔二七〕。故賢士之立功成名，因於〔二八〕資而假物者也〔二九〕。公輸子能因人主之材木，以構宮室臺榭，而不能自爲專屋〔三〇〕狹廬，材不足也。歐冶能因國君之〔三一〕銅鐵，以爲金鑪〔三二〕大鍾，而不能自爲壺鼎盤杅〔三三〕，無其用也。君子能因〔三四〕人主之正朝〔三五〕，以和百姓，潤衆庶，而不能自饒其家，勢不便也。故舜耕歷山，恩不及州里〔三六〕，太公屠牛於朝歌，利不及妻子，及其見用，恩流八荒〔三七〕，德溢四海。故舜假之堯，太公因之周〔三八〕，君子能修身以假道者〔三九〕，不能枉道而假財也。」

大夫曰：「道懸於天，物布於地，智者以衍，愚者以困。子貢以著積顯於諸侯，陶朱公以貨殖尊於當世。富者交焉，貧者贍焉。故上自人君，下及布衣之士，莫不戴其德，稱其仁。原憲、孔伋，當世被饑寒之患，顏回屢空〔四〇〕於窮巷，當此之時，迫於窟穴，拘於緼袍，雖欲假財信姦佞，亦不能也。」

文學曰：「孔子云：『富而可求，雖執鞭之事，吾亦爲之；如不可求，從吾所好〔四一〕。』君子求義，非苟富也。故刺子貢不受命而貨殖焉。君子遭時則富且貴，不遇，退而樂道。不以利累己，故不違義而安取。隱居修節，不欲妨行，故不毁名而趨勢。雖付之以韓、魏之家〔四二〕，非其志，則不居也。富貴不能榮，謗毀不能傷也。故原憲之緼袍〔四三〕，賢於季孫之狐貉；趙宣孟之魚飧〔四四〕，甘於智伯之芻豢〔四五〕；子思之銀珮，美於虞公之垂棘〔四六〕。魏文侯軾段干木之閭〔四七〕，非以其有勢也；晉文公見韓慶，下車而趨〔四八〕，非以〔四九〕其多財，以其富於仁，充於德也。故貴何必財，亦仁義而已矣〔五〇〕！」

＊　這篇是就貧富問題展開的辯論。

〔一〕漢書主父偃傳：「結髮游學。」又霍光金日磾傳贊：「霍光以結髮内侍。」文選李陵答蘇武詩注：「結髮，始成人也，謂男年二十、女年十五時，取笄、冠爲義也。」案據此及下引霍光傳，則當時結髮之年並不限於二十歲了。

〔二〕嚴元照娱親雅言五：「『自行束脩以上，吾未嘗無誨焉。』後漢書延篤傳：『吾自束脩以來。』章懷注：『束脩，謂束帶脩飾。』鄭玄注論語曰：『謂年十五以上也。』元照案：古者，十五而入大學。人自十五以上，不可以無教，故聖人云爾。漢人多用束脩，義與鄭注相類，然非謂十五以上者名束脩，如七年曰悼、十年曰幼之例也。大約謂年十五以上乃束脩之時爾。漢書王莽傳上：『安漢公自初束脩。』師古注：『束脩，謂初學官之時。』據兩漢書注，則束脩非十五歲之名明矣。鹽鐵論：『余結髮束脩，年十三，得宿衛。』此言結髮入學官，年十三而得宿衛，束脩非十五歲之名又明矣。」器案：嚴説是，後漢書和帝紀：「永元十三年詔：『幽、并、涼州，户口率少，邊役衆劇，束脩良吏，進仕路狹。』」又和熹鄧皇后紀：「故能束脩，不觸羅網。」注：「言能自約束脩整也。」又馮衍傳：「豈得珪璧其行、束脩其心而已哉！」

注：「不可空自修潔也。」又劉般傳：「束脩至行，爲諸侯師。」注：「束脩，謂謹束脩潔也。」俱説束脩是約束修整之意。通鑑四八胡注：「束脩，謂束髮自脩者也。」則束又有「束髮」一義，與「束帶」之説，俱可供參考。漢書原涉傳：「結髮自修。」與此文義正同。

〔三〕漢書王尊傳：「年十三，求爲獄小吏，數歲給事太守府。」則年十三，當爲漢人初從事宦學之年。風俗通佚文：「采女，案：采者，擇也，以歲八月，雒陽民，遣中大夫與掖庭丞相工閲視童女，年十三以上，二十以下，長壯妖潔，有法相者，載入後宫。」童男年十三得侍中，當亦采女之比。漢書金日磾傳有弄兒，或即是也。蓋未成年爲弄兒，既成年則爲弄臣也。

〔四〕文選報孫會宗書：「幸賴先人餘業，得備宿衛。」李周翰注：「常侍散騎，宿衛官也。」漢書百官公卿表上：「羽林，掌送從次期門，武帝太初元年置。」續漢書百官志二：「羽林中郎將，比二千石。」本注曰：「主羽林郎。」又曰：「羽林郎比三百石。」本注曰：「無員，掌宿衛侍從，常選漢陽、隴西、安定、北地、上郡、西河凡六郡良家補，本武帝以便馬從獵，還宿殿陛巖下室中，故號巖郎。」

〔五〕漢書司馬遷傳：「報任安書：『僕賴先人緒業，得待罪輦轂下。』」師古曰：「言侍從天子之車輿。」文選曹子建上責躬應詔詩表：「馳心輦轂。」注：「喻在轂輦之下，京城之中。」又求通親親表：「入侍輦轂。」集注：「李善曰：『胡廣漢官解故注曰：轂下，諭在輦轂之下，京城之中也。』劉良曰：『輦轂，天子車飾也。』」又吴都賦注：「輦，王者所乘，故京邑之地，通曰輦焉。」史記平準書：「弘羊，雒陽賈人子，以心計，年十三侍中。」沈欽韓漢書疏證曰：「案其進，蓋入羊爲郎之類。」

〔六〕姚鼐曰：「按武帝在位五十四年，加昭帝始元六年，才六十年耳。桑弘羊侍中，必不在武帝即位前，然則，若非『六十』字舛誤，則桓次公造説之謬矣。」説又見姚所著跋鹽鐵論。

〔七〕禮記王制：「以三十年之通制國用，量入以爲出。」漢書魏相傳：「量入制用，以備凶災。」

〔八〕漢書張安世傳：「安世尊爲公侯，食邑萬户，然身衣弋綈，夫人自紡績，家童七百人，皆有手技作事，内治産業，累積纖微，是以能殖其貨，富於大將軍。」所言節儉自持、致富成業之事，可與此參看。

〔九〕漢書楚元王傳附劉向傳：「羣臣多此比類，難一二記。」又楊惲傳：「天子過此，一二問其過，可以得師矣。」春秋繁露竹林篇：「雖數百起，必一二書。」盧文弨曰：「一二，言次第不遺也。」案：「一二」，猶言挨一挨二。明初本、華氏活字本作「一一」。

〔一〇〕管子國蓄篇：「分地若一，强者能守；分財若一，智者能收。」

〔一一〕史記貨殖傳記：「白圭樂觀時變」，「積著率歲倍」。正義「著」音「貯」。器案：這裏的「廢著」，就是本之史記。史記貨殖傳載：「子貢既學於仲尼，退而仕於衛，廢著鬻財於曹、魯之間。」就是和這裏的「廢著」是一樣的意思。「廢著」，史記平準書又作「廢居」，「居」和「著」，音義都相近。集解：「徐廣曰：『廢居者，貯蓄之名也。有所廢，有所蓄，言其乘時射利也。』」索隱：「劉氏曰：『廢，出賣；居，停蓄也，是出賣於居者爲廢，故徐氏云『有所廢，有所蓄』是也。』」

〔一二〕張之象本、沈延銓本、金蟠本、兩漢別解「白圭」改「子貢」，「子貢」改「陶朱公」，拾補也改從他們，並云：「『涂誤。』」張敦仁曰：「案張之象本『白圭』改『子貢』，『子貢』改『陶朱公』。按所改未是，拾補云『涂誤』者，非也。（涂但依嘉泰本，殊無以意見更改者。即如未通篇：『故商師若烏，周師若荼。』與困學紀聞引同，計王伯厚所見即嘉泰本，亦其一證。閻百詩乃云：『今本『商荼周烏』。』其所見僅張之象以後本耳。）漢世諸書，頗多異説，此當别有所出，（史記仲尼弟子列傳言「子貢家累千金」。）與下文云『子貢以著積顯於諸侯，陶朱公以貨殖尊於當世』，不必相涉。」

〔一三〕莊子讓王篇：「若伯夷、叔齊者，其於富貴也，苟可得已，則必不賴。」「賴」字用法，正與此同。賴就是取的意思。

〔一四〕王先謙曰：「六寸，算法也。漢書律曆志：『其算法用竹徑一分，長六寸，二百七十一枚而成六觚爲一握。』」器案：六寸即指算籌，説文竹部：「筭，長六寸，計曆數者。从竹从弄，言常弄乃不誤也。」案：數術記遺：「積算。」甄鸞注：「今之常算者也，以竹爲之，長四寸，以效四時，方三分，以象三才。」説與此異。

〔一五〕「息耗」，即「盈虚」、「厚薄」之意。漢書天文志：「故候息耗者，入國色視封疆田疇之整治，城郭室屋門户之潤澤。」又董仲舒傳：「察天下之息耗。」師古曰：「息，生也；耗，虚也。」這些「息耗」都作「盈虚」解。大戴禮記易本命篇：「息土之人美，耗土之人醜。」又見淮南子墬形篇，則作「厚薄」解。

〔一六〕荀子富國篇：「能不兼技，人不兼官。」慎子威德篇：「古者，工不兼事，士不兼官。工不兼事則事省，事省則易勝；士不兼官則職寡，職寡則易守。故士位可世，工事可常。」韓非子難一篇：「一人不兼官，一官不兼事。」史記秦始皇本紀：「秦法不得兼方。」淮南子主術篇：「工無二技，士不兼官。」又齊俗篇：「是以人不兼官，官不兼事，士農工商，鄉别州異。是故農與農言力，士與士言行，工與工言巧，商與商言數。是以士無遺行，農無廢功，工無苦事，商無折貨。」後漢書文苑黄香傳引田令：「商者不農。」又劉般傳：「先是時，下令禁民二業，般上言：『郡國以官禁二業，至有田者不漁捕。』」注：「謂農者不得商賈也。」又桓譚傳：「先帝禁人二業。」又張衡傳：「官無二業，事不並濟。」張之象注曰：「齊俗訓曰：『治世之體易守也，其事易爲也，其禮易行也，其責易償也。是以人不兼官云云。』詮言曰：『賈多端則貧，士多技則窮，心不一也。』」

〔一七〕荀子榮辱篇：「是其爲相縣也，幾直夫芻豢之縣糟糠爾哉。」縣、懸音義俱同，懸，隔也。

〔一八〕「乘」與下句「因」字同義。淮南子兵畧篇：「今乘萬民之力而反爲殘賊。」乘字義與此同。文選謝玄暉雜詩注：「乘，因也。」

〔一九〕論語先進篇：「賜不受命，而貨殖焉，億則屢中。」集解：「賜不受教命，唯財貨是殖，億度是非。」

〔二〇〕公羊傳僖公三十一年：「河海潤于千里。」注：「亦能通氣致雨，潤澤及于千里。」莊子列禦寇：「河潤九里，澤及三族。」

〔二一〕八尺曰尋，倍尋曰常，見文選吴都賦注、西京賦注。説文水部：「小池曰污。」

〔二二〕淮南子俶真篇：「塊阜之山，無丈之材。」此用其意。

〔二三〕「苞」同「包」，晉人石苞字仲容，即取名字相應之義。後能言篇：「蓬頭苞堯、舜之德。」潛夫論交際篇：「處子苞顔、閔之賢。」用「苞」字義與此同。

〔二四〕淮南子泰族篇：「夫大生小，多生少，天之道也。故丘阜不能生雲雨，滎水不能生魚鼈者，小也。」

〔二五〕「遠」下原無「道」字，今據羣書治要四二（以下簡稱治要）、長短經論士篇引補，此唐人所見本如是，子略四引無「道」字，則宋本已脱。荀子勸學篇：「假輿馬者，非利足也，而致千里；假舟檝者，非能水也，而絶江海（據王念孫校）。君子生非異也，善假於物也。」此文本之。

〔二六〕長短經「車」作「車馬」。

〔二七〕長短經「舟」作「舟檝」。

〔二八〕「因」下原無「於」字，今據治要、長短經補。意林三此句作「成名者因于資」，也有「于」字。

〔二九〕長短經無「也」字，下有「何以明之」四字一句。張之象本、沈延銓本、金蟠本、兩漢別解無以上十五字。

〔三〇〕張之象本、沈延銓本、金蟠本「專屋」作「專室」。本書「專屋」、「專室」並用。「專室」已見前輕重篇注〔五七〕。

〔三一〕「國君」下原無「之」字，長短經有，今據補正。王先謙曰：「治要『國君』作『君之』，御覽七百五十七器物部引『國君』下亦有『之』字。案有『之』字是也。『歐冶能因國君之銅鐵』，與『公輸子能因人主之材木』、『君子能因人主之正朝』相配成文，元書有『之』字明矣。」張之象本、沈延銓本、金蟠本、兩漢別解無「銅鐵」二字，更非。

〔三二〕説文：「鑪，方鐘也。」

〔三三〕「壺」原作「一」，「杅」原作「材」，治要引「一」作「壺」，「材」作「杅」，意林、長短經「一」作「壺」，「材」作「盂」，「盂」「杅」同字，今據改正。張敦仁曰：「『材』當作『杅』。」王先謙曰：「案張説是也。『杅』『材』形近，故『杅』誤爲『材』。『一』當作『壺』，『壺鼎盤杅』四器，若作『一鼎盤材』，則文不成義。治要正作『壺鼎盤杅』，御覽作『壺鼎盤盂』，『盂』『杅』同字，『壺』誤爲『壹』，轉寫者因改爲『一』耳。」器案：國語越語：「觥飯不及壺飧。」説文人部「侊」下引作「侊飯不及一食」，「壺」錯成「一」，與此情況正同。而漢書薛宣傳「壺矢相樂」之誤爲「壺笑相樂」，尤爲人們所習知之校讎掌故也。又案：墨子兼愛下：「琢於盤盂。」魯問篇作「鍾鼎」，則盤盂亦是銅鐵器。

〔三四〕「因」上原無「能」字，今據治要、長短經校補。王先謙曰：「治要『子』下有『能』字，以上文兩『能因』例之，此『因』上元書有『能』字，而轉寫脱去。『正』作『政』，（長短經同。）古通。」

〔三五〕周禮考工記匠人職：「應門二徹參个。」注：「正門謂之應門，謂朝門也。」賈公彦疏：「正門謂之朝門者，爾雅文。以其應門内路門外有正朝，臣入應門至朝處，君臣正治之所，故謂此門爲應門，是以鄭云『謂朝門也』。」

〔三六〕淮南子俶真篇：「舜之耕陶也，不能利其里，南面王，則德施乎四海，仁非不能益也，處便而勢利也。」又見呂氏春秋慎人篇、説苑雜言篇，説略本楊樹達。器案：論語衛靈公篇：「言不忠信，行不篤敬，雖州里行乎哉！」集解：「鄭玄曰：『萬二千五百家爲州，五家爲鄰，五鄰爲里。』」皇侃義疏：「此王畿遠郊内外民居地名也。」資治通鑑六一：「韓遂語樊稠曰：『與足下州里人。』」胡三省注：「韓遂，金城人，與樊稠皆涼州人也。」則州里猶後世之言鄉里。

〔三七〕淮南子泰族篇：「登泰山，履石封，以望八荒。」呂氏春秋諭大篇注：「四荒，四表之荒服也。」又知度篇注：「四荒，荒裔，遠也。」漢書文帝紀：「後二年詔：『四荒之外。』」師古曰：「四荒，言其荒忽去來無常也。爾雅曰：『孤竹、北户、西王母、日下謂之四荒。』」八荒猶言四荒。

〔三八〕長短經「周」作「周文」。

〔三九〕長短經無「者」字。

〔四〇〕論語先進篇：「子曰：『回也其庶乎！屢空。賜不受命而貨殖焉，億則屢中。』」

〔四一〕這是論語述而篇文。「事」原作「士」，華氏活字本改作「士」，古通。詩東山：「勿士行枚。」毛傳：「士，事也。」説文士部：「士，事也。」

〔四二〕張之象本、沈延銓本、金蟠本「付」作「附」。孟子盡心章上：「孟子曰：『附之以韓、魏之家，如其自視欿然，則過人遠矣。』」張敦仁曰：「張之象本『付』改『附』。按所改似是實非，此文出孟子，而此書所稱孟子，多不與今同。『付』『附』同字，必次公自用『付』也。」（隸釋石經殘碑高宗肜日云：「天既付。」史記殷本紀作「附」，梓材釋文云：「付，如字，馬本作『附』。」皆可證也。）

〔四三〕論語子罕篇：「子曰：『衣弊緼袍，與衣狐貉者立而不恥者，其由也與！』」集解：「孔安國曰：『緼，枲著也。』」禮記玉藻：「纊爲繭，緼爲袍。」正義：「純著新絮者爲繭，雜用舊絮者爲袍。」漢書東方朔傳注師古曰：「緼，亂絮也。」

〔四四〕「飧」原作「食」，金樓子立言上也作「食」。盧文弨曰：「當從公羊傳作『飧』。」案公羊傳宣公六年載晉靈公使勇士某往殺趙盾，「勇士入其大門，則無人門焉者，入其閨，則無人閨焉者，上其堂，則無人焉，附而闚其户，方食魚飧」。盧校是，今據改正。淮南子齊俗篇：「故釐負羈之壺餐，愈於晉獻公之垂棘，趙宣孟之束脯，賢於智伯之大鍾。」又此文所本。龍龕手鑑四食部：「餐（俗）餐、飡，二正，倉安反，餐食也。」蓋字原作「飡」，因脱誤而爲「食」也。漢書高后紀：「二年，……列侯幸得賜餐錢奉邑。」韋昭曰：「孰食曰飡，酒肴曰錢，粟米曰奉。税租奉禄，正所食也。四時得間賜是爲飡錢。飡，小食也。」

〔四五〕孟子告子上：「芻豢之悦我口。」趙岐注：「草食曰芻，穀食曰豢。」呂氏春秋仲秋紀：「案芻豢。」高誘注：「牛羊曰芻，犬豕曰豢。」

〔四六〕金樓子立言上：「故原憲之緼袍，賢於季孫之狐貉；趙孟之内食（當作「魚飧」。），旨於智伯之芻豢；□□□子之銀佩，美於虞公之垂棘。嬌媱之理，豈可恣歟！」就是本之此文。缺誤處可據此文訂補。庾信擬連珠也説：「子思銀佩，美於虞公之垂棘。」晉獻公以垂棘之璧滅虞，見左傳僖公二年。又淮南齊俗篇：「故釐負羈之壺餐，愈於晉獻公之垂棘；趙宣孟之束脯，賢於智伯之大鐘。」義亦相同。

〔四七〕呂氏春秋期賢篇：「魏文侯過段干木之閭而軾之。」高誘注：「閭，里也。周禮：『二十五家爲閭。』軾，伏軾也。」又見淮南子修務篇、新序雜事五。

〔四八〕説苑尊賢篇：「晉文侯行地登隧，大夫皆扶之，隨會不扶。文侯曰：『會，夫爲人臣而忍其君者，其罪奚如？』對曰：『其罪重死。』文侯曰：『何謂重死？』對曰：『身死，妻子爲戮焉。』隨會曰：『君奚獨問爲人臣忍其君者，而不問爲人君而忍其臣者邪？』文侯曰：『爲人君而忍其臣者，其罪何如？』隨會對曰：『爲人君而忍其臣者，智士不爲謀，辨士不爲言，仁士不爲行，勇士不爲死。』文侯援綏下車，辭諸大夫曰：『寡人有腰髀之病，願諸大夫勿罪也。』」案晉文公見韓慶下車而趨事，不見他書，或即此事譌傳，並隨會亦非文侯時人，其譌傳必矣。

〔四九〕「非」下原脱「以」字，據郭沫若説校補。

〔五〇〕孟子梁惠王上：「王何必曰利，亦有仁義而已矣。」

毀學*第十八

大夫曰：「夫懷枉而言正，自託於無欲而實不從，此非〔一〕士之情也？昔李斯與包丘子俱事荀卿〔二〕，既而李斯入秦，遂取三公，據萬乘之權〔三〕以制海内，功侔伊、望，名巨泰山；而包丘子不免於甕牖蒿廬〔四〕，如潦歲之鼃，口非不衆也，卒死於溝壑而已。今内無以養，外無以稱，貧賤而好義〔五〕，雖言仁〔六〕義，亦不足貴者也！」

文學曰：「方李斯之相秦也〔七〕，始皇任之，人臣無二〔八〕，然而荀卿〔九〕謂〔一〇〕之不食，覩其罹不測之禍也〔一一〕。包丘子飯麻蓬藜〔一二〕，修道白屋之下，樂其志，安之於〔一三〕廣厦芻豢，無赫赫〔一四〕之勢，亦無戚戚之憂〔一五〕。夫晉獻垂棘，非不美也，宫之奇見之而歎，知荀息之圖之也〔一六〕。智伯富有三晉〔一七〕，非不盛也，然不知襄子之謀之也。季孫之狐貉，非不麗也，而不知魯君之患之也。故晉獻以寶馬釣〔一八〕虞、虢，襄子以城壞誘智伯。故智伯身禽於趙〔一九〕，而虞、虢卒并於晉，以其務得不顧其後，貪土地而利寶馬也。孔子曰：『人無遠慮，必有近憂〔二〇〕。』今之在位者，見利不虞害，貪得不顧恥，以利易身，以財易死。無仁義之德，而有富貴之禄，若蹈坎穽，食於懸門〔二一〕之下，此李斯之所以伏〔二二〕五刑也。南方有鳥名鵷鶵〔二三〕，非竹實不食，非醴泉不飲，飛過泰山，泰山之鴟，俛啄腐鼠，仰見鵷鶵而嚇。今公卿以其富貴笑儒者，爲之〔二四〕常行，得無若泰山鴟嚇鵷鶵乎？」

大夫曰：「學者所以防固辭〔二五〕，禮者所以文鄙行也。故學以輔德，禮以文質。言思可道，行思可樂〔二六〕。惡言不出於口〔二七〕，邪行不及於己。動作應禮，從容中道〔二八〕。故禮以行之，孫以出之〔二九〕。是以終日言，無口過，終身行，無冤尤〔三〇〕。今人主張官立朝以治民〔三一〕，疏爵分禄〔三二〕以褒賢，而曰『懸門腐鼠』，何辭之鄙背〔三三〕而悖於所聞也？」

文學曰：「聖主設官以授任，能者處之；分禄以任〔三四〕賢，能者受之。義貴無高，義取無多。故舜受堯之天下〔三五〕，太公不避周之三公；苟非其人，簞食豆羹猶爲賴民也〔三六〕。故德薄而位高，力少而任重，鮮不及矣〔三七〕。夫泰山鴟啄腐鼠於窮澤幽谷之中，非有害於人也。今之有司，盜主財而食之於刑法之旁，不知機之是發，又以嚇人，其患惡得若泰山之鴟乎〔三八〕？」

大夫曰：「司馬子言：『天下穰穰〔三九〕，皆爲利往。』趙女不擇醜好，鄭嫗〔四〇〕不擇遠近，商人不媿〔四一〕恥辱，戎士不愛死力，士不在親〔四二〕，事君不避其難〔四三〕，皆爲利禄也。儒、墨内貪外矜，往來游説，栖栖然亦未爲得也〔四四〕。故尊榮者士之願也，富貴者士之期也。方李斯在荀卿之門，闒茸與之齊軫〔四五〕，及其奮翼高舉，龍昇驥騖，過九軼二〔四六〕，翱翔萬仞，鴻鵠華〔四七〕騮且〔四八〕同侶，況跛牂〔四九〕燕雀〔五〇〕之屬乎！席天下之權，御宇内之衆，後車〔五一〕百乘，食禄萬鐘〔五二〕。而拘儒〔五三〕布褐不完，糟糠不飽，非甘菽藿而卑廣廈，亦不能得已。雖欲嚇人，其何已〔五四〕乎！」

文學曰：「君子懷德，小人懷土〔五五〕。賢士徇名，貪夫死利〔五六〕。李斯貪其所欲，致其所惡。孫叔敖早見於未萌，三去相而不悔〔五七〕，非樂卑賤而惡重禄也，慮患〔五八〕遠而避害謹也。夫郊祭之牛，養食〔五九〕朞年，衣之文繡，以入廟堂〔六〇〕，太〔六一〕宰執其鸞刀〔六二〕以啓其毛；方此之時，願任重而上〔六三〕峻坂，不可得也。商鞅困於彭池〔六四〕，吴起之伏王尸〔六五〕，願被布褐而處窮鄙之蒿廬，不可得也。李斯相秦，席〔六六〕天下之勢，志小萬乘；及其囚於囹圄〔六七〕，車裂〔六八〕於〔六九〕雲陽〔七〇〕之市，亦願負薪入東門〔七一〕，行上蔡曲街〔七二〕徑，不可得也。蘇秦、吴起以權勢自殺，商鞅、李斯以尊重自滅，皆貪禄慕榮以没其身，從車〔七三〕百乘，曾不足以載其禍也！」

* 這篇辯論，桓寬名之曰毁學，攻擊的目標在於李斯，其原因在於李斯的「毁學」。李斯建議秦始皇：「請史官非秦記，皆燒之。非博士官所職，天下敢有藏詩、書、百家語者，悉詣守尉雜燒之。敢有偶語詩、書者，棄市。以古非今者，族。吏見知不舉者，與同罪。令下三十日不燒，黥爲城旦。所不去者，醫藥、卜筮、種樹之書，若欲有學法令，以吏爲師。」（史記秦始皇本紀）不准收藏和傳播儒書。秦始皇接受了李斯這個建議，采取了焚書的堅決措施。後來儒生出來反對，這才發生「坑儒」事件。這次鹽、鐵會議上的文學攻擊李斯在「毁學」二字，確能道出問題要害之所在。

〔一〕「此非」原作「非此」，今據張之象本、沈延銓本、金蟠本乙正，「此」即承上文「夫」字所領起的而言。

〔二〕御覽八四一引「包」作「鮑」，王應麟姓氏急就篇下引仍作「包」。顧廣圻曰：「包邱子者，浮邱伯也。漢書楚元王交傳：『俱受詩於浮邱伯，伯者，孫卿門人也。』注：『服虔曰：浮邱伯，秦時儒生。』是其證。」器案：劉向孫卿書録：「春申君死而孫卿廢，因家蘭陵。李斯嘗爲弟子，已而相秦，及韓非號韓子，又浮丘伯皆受業爲名儒。」也是作「浮丘伯」，古通。

〔三〕張之象本、沈延銓本、金蟠本無「之權」二字。

〔四〕易順鼎經義莛撞三曰：「陸賈新語資質篇：『鮑丘之德行，非不高於李斯、趙高也，然伏隱於蒿廬之下，而不録於世，利口之臣害之也。』」下即引此篇文。

〔五〕張敦仁曰：「『義』當作『議』。」

〔六〕張之象本、沈延銓本、金蟠本「仁」作「好」。器案：此句疑當作「雖好言仁義」，史記貨殖傳：「身貧親老，妻子軟弱，歲時無以祭祀，進酒醵飲食，被服不足以自通，如此不慚恥，則無所比矣。無巖處奇士之行，而長貧賤，好語仁義，亦足羞也。」即此文所本。

〔七〕李斯相秦，據史記秦始皇本紀，三十四年出「丞相李斯」之名，自此以前，不載何人爲相，直至二十八年，始有「列侯武城侯王離……丞相隗狀、丞相王綰、卿李斯……與議於海上」之文，蓋距此已六年矣。而史記李斯傳載「以斯爲丞相」，在三十四年之前，則斯之相秦，最晚當在是年矣。

〔八〕漢書谷永傳：「可謂富貴之極，人臣無二。」又佞幸傳贊：「可謂貴重，人臣無二。」

〔九〕華氏活字本「荀卿」作「孫卿」。

〔一〇〕正嘉本、倪本、太玄書室本、張之象本、沈延銓本、金蟠本、毛扆校本、百家類纂、百子類函「謂」作「爲」。

案憂邊篇：「有一人不得其利，則謂之不樂。」語法相同，字也作「謂」。「謂」「爲」古通。

〔一一〕史記李斯傳：「斯長男爲三川守，諸男皆尚秦公主，女悉嫁秦諸公子。三川守李由告歸咸陽，李斯置酒於家，百官長皆前爲壽，門廷車騎以千數。李斯喟然而歎曰：『嗟乎！吾聞之荀卿曰：物禁太盛。夫斯乃上蔡布衣，閭巷之黔首，上不知其駑下，遂擢至此。當今人臣之位，無居臣上者，可謂富貴極矣。物極則衰，吾未知所稅駕也。』」此文言「荀卿爲之不食」，則當有警告李斯之詞，斯所喟然而歎而稱引荀卿之言者，或即戒之之詞也。漢書司馬遷傳：「報任安書曰：『今少卿抱不測之罪。』」師古曰：「不測，謂深也。」

〔一二〕「蓬藜」當即上文之「蒿廬」，謂貧賤者之居。漢書司馬遷傳注：「藜草似蓬。」玉篇艸部蓬、藜，俱云：「蒿類。」二草形相近，故古書多並稱之。

〔一三〕王先謙曰：「『於』當爲『如』。」案「於」猶「如」也，見王引之經傳釋詞。

〔一四〕荀子勸學篇：「無赫赫之功。」漢書何武傳：「所居亦無赫赫名。」文選左太沖詠史詩注：「赫赫，盛也。」

〔一五〕論語述而篇：「小人長戚戚。」漢書楊雄傳：「不戚戚於貧賤。」文選求通親親表集注：「李善曰：『詩曰：戚戚兄弟，莫遠具爾。』鈔曰：『戚戚，憂思也。』」

〔一六〕吕氏春秋權勳篇：「晉獻公使荀息假道於虞以伐虢，荀息曰：『請以垂棘之璧、屈産之乘，以賂虞公而求假道焉，必可得也。』……乃使荀息以屈産之乘爲庭實，而加以垂棘之璧以假道於虞而伐虢。虞公濫於寶與馬而欲許之。宫之奇諫曰：『不可許也。……』虞公弗聽而假之道。荀息伐虢克之，還反伐虞，又克之。」高誘注：「垂棘，美璧所出之地，因以爲名也。」

〔一七〕淮南子齊俗篇：「智伯有三晉而欲不澹。」許慎注：「三晉，智伯兼范、中行地。」史記趙世家：「三國攻晉陽，歲餘，引汾水灌其城，城不没者三版。……襄子懼，乃夜使相張孟同私於韓、魏。韓、魏與合謀，以三月丙戌，三國反滅知氏，共分其地。」

〔一八〕淮南子主術篇：「虞公好寶，而晉獻公以璧馬釣之。」注：「釣，取。」本書力耕篇：「所以誘外國而釣胡、羌之寶也。」釣字義同。

〔一九〕韓非子十過篇：「至於期日之夜，趙氏殺其守隄之吏，而決其水，灌智伯軍。智伯軍救水而亂，韓、魏翼而擊之，襄子將卒犯其前，大敗智伯之軍，而擒智伯。智伯身死軍破，國分爲三，爲天下笑。」張之象本、沈延銓本、金蟠本無「故智伯」三字。

〔二〇〕這是論語衛靈公篇文。

〔二一〕「懸門」，張之象本、沈延銓本、金蟠本作「縣門」，字同。左傳莊公二十八年：「縣門不發。」杜注：「縣門，施於内城門。」又襄公十年：「偪陽人啓門，諸侯之士門焉。縣門發，郰人紇抉之以出。」

〔二二〕張之象本、沈延銓本、金蟠本「伏」作「具」，御覽八四一引作「致」。司馬遷報任安書：「李斯相也具五刑。」

〔二三〕莊子秋水篇：「莊子往見之曰：『南方有鳥，其名鵷鶵，子知之乎？夫鵷鶵發於南海，而飛於北海，非梧桐不止，非練實不食，非醴泉不飲。於是鴟得腐鼠，鵷鶵過之，仰而視之曰嚇。今子欲以子之梁國而嚇我邪？』」就是此文所本。釋文：「司馬云：『嚇，怒其聲，恐其奪己也。』詩箋云：『以口拒人曰嚇。』」這裏的「竹實」，莊子作「練實」（別本作「楝實」。），詩經大雅卷阿鄭箋作「竹實」，與此相同。張之象本、沈延銓本、金蟠本「見」上脱「仰」字。

〔二四〕姚範曰：「『爲』字衍。」陳遵默曰：「『爲』讀『謂』。」郭沫若曰：「『之』猶『其』。」

〔二五〕論語憲問篇：「疾固也。」

〔二六〕孝經聖治章：「言思可道，行思可樂。」

〔二七〕禮記祭義篇：「惡言不出於口，忿言不反於身。」

〔二八〕禮記中庸：「從容中道，聖人也。」

〔二九〕論語衛靈公篇：「君子義以爲質，禮以行之，孫以出之，信以成之。」「孫」同「遜」。明初本、華氏活字本作「遜」。

〔三〇〕孝經卿大夫章：「是故非法不言，非道不行，口無擇言，身無擇行，言滿天下無口過，行滿天下無怨惡。」就是此文所本。盧文弨曰：「『怨』譌『寃』。」華氏活字本「寃尤」作「怨惡」。楊樹達曰：「元本（今定爲明初本。）作『怨惡』，此語本孝經，孝經作『怨惡』，『怨』『寃』同聲通作，非誤字。」

〔三一〕後漢書桓譚傳：「張官置吏，以理萬人。懸賞設罰，以別善惡。」白虎通封公侯篇：「張官設府。」

〔三二〕晏子春秋内篇問上：「裂地而封之，疏爵而貴之。」史記黥布傳：「裂地而王之，疏爵而貴之。」集解：「漢書音義曰：『疏，分也，禹決江疏河是也。』」索隱：「疏，分也。漢書曰：『禹決江疏河。』尚書：『列爵惟五，分之惟三。』按『裂地』是對文，故知『疏』即『分』也。」案：新序雜事五、説苑臣術篇、論衡定賢篇、貞觀政要鑒戒篇俱有此二語。又明初本、華氏活字本「今人主」上有「凡」字。

〔三三〕張之象本、沈延銓本、金蟠本「背」作「倍」。論語泰伯篇：「出辭氣，斯遠鄙倍矣。」就是此文所本。「倍」「背」古通，禮記大學：「上恤孤而民不倍。」注：「『倍』或作『偝』。」這裏，次公可能是用魯論，張本等妄改，非是。朱熹集注曰：「鄙，凡鄙也。『倍』與『背』同，謂背理也。」

〔三四〕張之象本、沈延銓本、金蟠本「任」作「養」。

〔三五〕孟子滕文公下：「非其道，則一簞食不可受於人；如其道，則舜受堯之天下，不以爲泰。」

〔三六〕洪頤煊曰：「論語子張：『未信，則以爲厲己也。』鄭注：『厲讀爲賴。』左傳昭四年：『遂城賴。』公羊、穀梁作『厲』。古『厲』『賴』通用。『賴民』即『厲民』。論語王肅注：『厲，病也。』」

〔三七〕易經繫辭下：「子曰：『德薄而位尊，知小而謀大，力小而任重，鮮不及矣。』」就是此文所本。正嘉本、太玄書室本、張之象本、兩京遺編本、沈延銓本、金蟠本「少」作「小」。王引之經義述聞二曰：「錢氏養新録曰：『德薄而位尊，知小而謀大，力小而任重，兩小字似覺重疊，當從唐石經作力少而任重爲正。後漢書朱馮虞鄭周傳贊注引易，與石經同。三國志王脩傳注引魏略力少任重。』（漢書王莽傳：「自知德薄位尊，力少任大。」今本「少」作「小」，唯北宋景祐本是「少」字。引之案：明王文盛本亦作「少」。）家大人曰：『錢說是也。少與小形聲皆相似，又涉上句知小而誤耳。集解本作力少，（今本作「力小」，乃後人依俗本改之，而虞注尚未改。）引虞注曰：五至初體大過，本末弱，故力少也。又潛夫論貴忠篇及羣書治要、顏師古漢書叙傳注引易注作力少而任重，（荀子儒效篇：「是猶力之少而任重也。」淮南主術篇：「夫舉鼎者，力少而不能勝也。」鹽鐵論毁學篇：「故德薄而位高，力少而任重，鮮不及矣。」明涂禎本如是，張之象本復改「少」爲「小」。）即本繫辭傳文。晉書山濤傳亦曰：德薄位高，力少任重。』」

〔三八〕王先謙曰：「藝文類聚鳥部、御覽九百二十三羽族部引『夫泰山』下並有『之』字，『惡』並作『焉』。」

〔三九〕張敦仁曰：「案『穰穰』，拾補云：『當作壤壤。』（明初本作「攘攘」。）盧據今貨殖列傳云爾，其實非也。漢書張敞傳云：『長安中浩穰。』師古音穰人掌反。然則次公讀史記亦本作『穰』矣。」（大凡駁異之文，洵非必誤，宜各仍其舊。如史記又不得因此文而改爲「穰」也。）徐友蘭曰：「案『穰』『壤』聲音同，莊、列之『大穰』，釋文咸曰：『又作壤。』凡一字重讀者，因聲得義，無塼字。詩『福穰穰』，爾雅：『禳禳，福也。』釋文又作『穰』。是書引詩，又作『瀼』，可列也。」王國維太史公繫年攷略曰：「此桓寬述桑弘羊語。論鹽、鐵事，在始元六年；而論次之桓寬，乃宣帝時人；此論貨殖傳語，即不出之弘羊之口，亦必爲寬所潤色，是宣帝時民間亦有其書。嗣是馮商、褚先生、劉向、楊雄等均見之，蓋在先漢之末，傳世已不止一二本矣。」

〔四〇〕張敦仁曰：「按『嫗』當作『姬』，（「嫗」字不可通。）史記云：『今夫趙女鄭姬，此盡下皆爲利禄也。』皆司馬子言，大夫取貨殖傳檃栝之。（後孝養篇引孟子，亦檃栝之。）」黄季剛曰：「方言：『嫗，色也。』」器案：南史隱逸鄧郁傳：「白日，神仙魏夫人忽來臨降，乘雲而至，從少嫗三十，並著絳紫羅繡袿襹，年皆可十七八許，色艷桃李，質勝瓊瑶。」此稱少女爲嫗之證。「趙女鄭嫗」，「嫗」字不誤，史記誤作「姬」，當據此訂正。漢書灌嬰傳：「擁趙女。」又元后傳：「舞鄭女。」「鄭嫗」即「鄭女」，避上「趙女」複文，故變言「鄭嫗」也。

〔四一〕張之象本、沈延銓本、金蟠本「媿」作「醜」。盧文弨曰：「當作『醜』。」

〔四二〕「士不在親」，「士」當作「仕」，謂仕宦也。此句謂出仕則以身許國而亡親也。漢書爰盎傳：「夫一旦叩門，不以親爲解，不以在亡爲辭。」義可與此互參。漢書酷吏郅都傳：「常稱曰：『已背親而出，身固當奉職死節官下，終不顧妻子矣。』」太玄書室本「親」下臆補「側」字。

〔四三〕史記仲尼弟子傳：「子路曰：『食其食者，不避其難。』」

〔四四〕論語憲問篇：「丘何爲是栖栖者與？」邢昺疏：「栖栖，猶皇皇也。」

〔四五〕漢書鄒陽傳：「使不羈之士與牛驥同皁。」劉向九歎：「同駑贏與乘駔兮，雜班駮之闒茸。」以喻賢愚雜處，與此文同。

〔四六〕文選宣德皇后令：「不改參辰而九星仰止，不易日月而二儀貞觀。」集注：「王肅曰：『二儀，天地也。』劉良曰：『九星，謂九州也。』」以「九」「二」對文，與此正同。這裏的「九」謂九州，「二」謂二儀，「過九軼二」，蓋形容「龍昇驥騖」之翺翔於天地之間也。明初本作「輻輳二京」，華氏本作「輻湊二京」，蓋不得其義而臆改之。

〔四七〕張之象本、沈延銓本、金蟠本「華」作「驊」。明初本「騮」誤「騶」。

〔四八〕盧文弨曰：「『且』下疑脱『難』字。」俞樾曰：「『且』下當有『不』字。」

〔四九〕韓非子五蠹篇：「千仞之山，跛牂易牧者，夷也。」牂，牝羊。

〔五〇〕呂氏春秋長利篇：「今使燕雀爲鴻鵠鳳皇慮，則必不得矣，其所求者，瓦之間隙，屋之翳蔚也。」史記陳涉世家：「燕雀安知鴻鵠之志哉？」

〔五一〕閻若璩四書釋地三續曰：「詩綿蠻講義云：『古人惟尊貴有後車，微賤則無之。』」

〔五二〕六斛四斗爲鍾。

〔五三〕史記賈生傳鵩鳥賦：「拘士繫俗。」漢書、文選「拘士」作「愚士」，「拘儒」即「愚儒」。愚儒見刑德篇。

〔五四〕盧文弨曰：「『已』當作『以』。」案：「已」「以」古通。明初本「何」作「可」。

〔五五〕論語里仁篇：「君子懷德，小人懷土。」漢書韋賢傳：「嗟我小子，豈不懷土。」

〔五六〕文選鵩鳥賦：「貪夫殉財兮，烈士殉名。」

〔五七〕吕氏春秋知分篇：「孫叔敖三爲令尹而不喜，三去令尹而不憂。」莊子田子方篇、荀子堯問篇、淮南子道應篇、又氾論篇、説苑尊賢篇、又雜言篇，以及史記鄒陽傳、循吏傳、漢書賈山傳都説孫叔敖三爲令尹，三去令尹。

〔五八〕「患」字原脱，今據明初本訂補。

〔五九〕「養食」，張之象本、沈延銓本、金蟠本作「食養」。

〔六〇〕史記莊周傳：「子獨不見郊祭之犧牛乎？養食之數歲，衣以文繡，以入太廟，當是之時，雖欲爲孤豚，豈可得乎！」

〔六一〕姚範曰：「『太』字衍。」

〔六二〕詩經小雅信南山：「執其鸞刀，以啓其毛。」毛傳：「鸞刀，刀有鸞者，言割中節也。」正義：「鸞即鈴也，謂刀環有鈴，其聲中節。故郊特牲曰：『割刀之用，而鸞刀之貴，貴其義也。聲和而後斷，是中節也。』」案西征賦：「饔人縷切，鸞刀若飛。」又案：詩經正義釋「啓毛」爲「開毛」。

〔六三〕「上」原作「止」，攖寧齋鈔本作「上」，今據盧文弨説校改。

〔六四〕史記商君傳：「秦發兵攻商君，殺之於鄭黽池。」集解：「徐廣曰：『黽或作彭。』」索隱：「鄭黽池者，時黽池屬鄭故也。而徐廣云『黽或作彭』者，按鹽鐵論云『商君困於彭池』故也。」正義：「黽池去鄭三百里，蓋秦兵至鄭破商邑兵，而商君東走至黽，乃擒殺之。」史記六國年表：「秦孝公二十四年，商君反，死彤地。」「彤地」應作「彭池」，二字都是形近錯了的。

〔六五〕呂氏春秋貴卒篇：「吳起謂荆王曰：『荆所有餘者地也，所不足者民也，今君王以所不足益所有餘，臣不得而爲也。』於是令貴人往實廣虛之地，皆甚苦之。荆王死，貴人皆來。尸在堂上。貴人相與射吳起。吳起號呼曰：『吾示子吾用兵也。』拔矢而走，伏尸插矢而疾言曰：『羣臣亂王，吳起死矣。』」

〔六六〕御覽六四五引「席」作「藉」。

〔六七〕禮記月令：「孟秋之月，……繕囹圄。」正義：「崇精問曰：『獄，周曰圜土，殷曰羑里，夏曰均臺，囹圄，何代之獄？』焦氏答曰：『月令，秦書，則（秦）獄名也，漢曰若盧，魏曰司空是也。』」

〔六八〕「裂」原作「制」，明初本、華氏活字本作「裂」，御覽六四五引也作「裂」，與淮南子人間篇及許慎注合，今據改正。

〔六九〕沈延銓本、金蟠本無「於」字。

〔七〇〕史記李斯傳説李斯腰斬咸陽市，與此不同。器案：淮南子人間篇：「李斯車裂。」許慎注：「李斯，上蔡人也，爲秦相。趙高譖之二世，車裂之於雲陽。」曹鄴讀李斯傳詩：「不見三尺墳，雲陽草空緑。」都説是李斯車裂於雲陽。胡三省通鑑注五十六：「雲陽，屬左馮翊。」這個地方，在秦、漢時代都置有監獄，張懷瓘書斷上：「程邈字元岑，始爲縣衙獄吏，得罪始皇，幽繫雲陽獄。」從而刑人也往往就在雲陽市，曹子建辨道篇：「淮南王安誅於淮南，而謂之獲道輕舉，鉤弋死於雲陽，而謂之尸逝柩空，其爲虛妄甚矣哉！」

〔七一〕「東」原作「鴻」，據王先謙説校改。王云：「案『鴻』字誤，鴻門與上蔡遠不相涉，御覽六百四十五刑法部引作『東門』是也。史記李斯傳：『斯顧謂其中子曰：吾欲與若復牽黄犬，俱出上蔡東門，逐狡兔，豈可得乎！』此語出於彼。」

〔七二〕御覽引無「曲街」二字。急救篇顔師古注：「里中之道曰曲。」

〔七三〕「從車」，上文作「後車」，義同。

褒賢* 第十九

大夫曰：「伯夷以廉饑，尾生以信死〔一〕。由小器〔二〕而虧大體，匹夫匹婦之爲諒也，經於溝瀆而莫之知也〔三〕。何功名之有？蘇秦、張儀，智足以强國，勇足以威敵，一怒而諸侯懼，安居而天下息〔四〕。萬乘之主，莫不屈體卑辭，重〔五〕幣請交，此所謂天下名士也。夫智不足與謀，而權不能舉當世，民斯爲下也〔六〕。今舉亡而爲有，虚而爲盈〔七〕，布衣穿履〔八〕，深念徐行，若有遺亡，非立功名之士，而亦未免於世俗也。」

文學曰：「蘇秦以從顯於趙，張儀以横任於秦，方此之時，非不尊貴也，然智士隨而憂之，知夫不以道進者〔九〕必不以道退，不以義得者必不以義亡。季、孟之權，三桓之富，不可及也，孔子爲之曰『微』〔一〇〕。爲人臣，權均於君，富侔於國者，亡。故其位彌高而罪彌重，禄滋厚而罪滋多〔一一〕。夫行者先全己而後求名，仕者先辟害而後求禄。故〔一二〕香餌〔一三〕非不美也，龜龍聞而深藏，鸞鳳見而高逝者，知其害身也。夫爲烏鵲魚鱉，食香餌而後狂飛奔走，遯頭〔一四〕屈遰，無益於死。今有司盜秉國法，進不顧罪，卒然有急，然後車馳人趨〔一五〕，無益於死。所盜不足償於臧獲〔一六〕，妻子奔亡無處所，身在深牢〔一七〕，莫知恤視。方此之時，何暇得以〔一八〕笑乎？」

大夫曰：「文學〔一九〕高行，矯然若不可卷；盛節絜言〔二〇〕，皦然若不可涅〔二一〕。然戍卒〔二二〕陳勝釋輓輅〔二三〕，首爲叛逆〔二四〕，自立張楚〔二五〕，素非有回、由處士〔二六〕之行，宰相列臣之位也。奮於大澤，不過旬月〔二七〕，而齊、魯儒墨縉紳〔二八〕之徒，肆其長衣，——長衣，容衣也〔二九〕。——負孔氏之禮器詩、書，委質〔三〇〕爲臣。孔甲爲涉博士〔三一〕，卒俱死陳，爲天下大笑。深藏高逝者固若是也？」

文學曰：「周室衰，禮樂壞，不能統理，天下諸侯交争，相滅亡，并爲六國，兵革不休，民不得寧息。秦以虎狼之心〔三二〕，蠶食〔三三〕諸侯，并吞戰國以爲郡縣，伐能矜功，自以爲過堯、舜〔三四〕，而羞與之同。棄仁義而尚刑罰，以爲今時不師於文而決於武。趙高治獄於内，蒙恬用〔三五〕兵於外，百姓愁苦，同心而患秦。陳王赫然奮爪牙爲天下首事〔三六〕，道雖凶而儒墨或干之者，以爲無王之矣，道擁〔三七〕遏不得行，自孔子以至於兹，而秦復重禁之，故發憤於陳王也〔三八〕。孔子曰：『如有用我者，吾其爲東周乎〔三九〕！』庶幾成湯、文、武之功，爲百姓除殘去賊，豈貪禄樂位哉？」

大夫曰：「文學言行雖有伯夷之廉，不及柳下惠之貞，不過高瞻下視，絜〔四〇〕言汙行，觴酒豆肉，遷延〔四一〕相讓，辭小取大，雞廉狼吞〔四二〕。趙綰、王臧之等〔四三〕，以儒術擢爲上卿，而有姦〔四四〕利殘忍之心。主父偃以口舌取大官〔四五〕，竊權重，欺紿宗室，受諸侯之賂，卒皆誅死。東方朔自稱辯略，消堅釋石〔四六〕，當世無雙〔四七〕；然省其私行，狂夫不忍爲，況無東方朔之口，其餘無可〔四八〕觀者也？」

文學曰：「志善者忘惡，謹小者致大。俎豆之間足以觀禮，閨門之内足以論行〔四九〕。夫服古之服，誦古之道，舍此而爲非者〔五〇〕，鮮矣。故君子時然後言，義然後取〔五一〕，不以道得之不居也〔五二〕。滿而不溢，泰而不驕〔五三〕。故袁盎親於景帝，秣馬不過一駟〔五四〕；公孫弘即〔五五〕三公之位，家不過十乘；東方先生説聽言行於武帝，而不驕溢；主父見困厄之日久矣〔五六〕，疾在位者不好道而富且貴，莫知恤士也，於是取饒衍之餘以周窮士之急〔五七〕，非爲私家之業也。當世囂囂，非患儒之雞廉，患在位者之虎飽鴟〔五八〕咽，於求覽〔五九〕無所孑遺耳〔六〇〕。」

* 這篇辯論，是針對所謂「賢人」的褒貶問題的。在階級社會裏，並不存在什麼超階級的「賢人」。在這次論戰中，他們雙方所褒的「賢人」，都是有各自的政治、道德標準的。比如，他們對於孔甲，就提出了各自不同的褒貶意見。文學把孔甲褒之爲「爲百姓除殘去賊」的「賢人」，桑弘羊則把他貶爲「爲天下笑」的愚人。一褒一貶，乍愚乍賢，足見鬬争之尖銳複雜了。

〔一〕戰國策燕策上：「廉如伯夷，不取素餐，汙武王之義而不臣焉，辭孤竹之君，餓而死於首陽之山；廉如此者，何肯步行數千里而事弱燕之危主乎？信如尾生，期而不來，抱梁柱而死；信至如至，何肯揚燕、秦之威於齊，而取大功乎哉？」又見史記蘇秦傳。說苑立節篇：「尾生殺身以成其信，伯夷、叔齊殺身以成其廉。」（從宋咸淳刊本）

〔二〕論語八佾篇：「管仲之器小哉！」何晏集解：「言其器量小也。」

〔三〕論語憲問篇：「子曰：『管仲相桓公，霸諸侯，一匡天下，民到於今受其賜；微管仲，吾其被髮左衽矣。豈若匹夫匹婦之爲諒也，自經於溝瀆而莫之知也！』」皇侃義疏：「諒，信也。自經，自縊也。」

〔四〕孟子滕文公下：「景春曰：『公孫衍、張儀豈不誠大丈夫哉？一怒而諸侯懼，安居而天下熄。』」楊樹達曰：「案意林引孟子亦作『息』，然則古本孟子止作『息』，『火』旁後人所加耳。」

〔五〕「幣」上原無「重」字，今據盧文弨說校補。盧云：「疑有『重』字。」器案：盧校是。吕氏春秋長攻篇：「王若重幣卑辭以請糴於吴，則食可得也。」晏子春秋内篇問上：「請卑辭重幣以說諸侯。」史記仲尼弟子傳：「重寶以說其心，卑辭以尊其禮。」（又見家語屈節解）又范睢傳：「卑辭重幣以事秦。」說苑權謀篇：「若我卑辭重幣以請糴於吴。」都有「重」字，可證。今據訂補。太玄書室本作「厚幣」。

〔六〕論語季氏篇：「困而不學，民斯爲下矣。」

〔七〕論語述而篇：「亡而爲有，虚而爲盈。」

〔八〕漢書鮑宣傳：「衣敝履空。」師古曰：「躡空履也。空，穿也。」「穿履」即「空履」。

〔九〕「進」下原無「者」字，據下句文例當有，今補。又上文「張儀以横任於秦」，張之象本、沈延銓本、金蟠本「横」作「衡」。

〔一〇〕張敦仁曰：「按『爲』當作『謂』，此引論語『故夫三桓之子孫微矣』也。」案見論語季氏篇。「爲」「謂」古通，本書習見。又案：左傳襄公二十三年：「若能孝敬，富倍季氏可也。」又定公九年：「君富於季氏，而大於魯國。」後漢書朱穆傳：「運賞則使餓隸富於季孫。」季氏即三桓之一。

〔一一〕潛夫論杰政篇：「其官益大者罪益重，位益高者罪益深。」

〔一二〕盧文弨曰：「張本『故』下有『夫』字。」案沈延銓本、金蟠本「故」作「夫」。

〔一三〕三略上略：「香餌之下，必有死魚。」説苑尊賢：「猶舉杖而呼狗，張弓而祝雞矣，雖有香餌而不能致者，害之必也。」莊子胠篋：「鉤餌罔罟罾笱之知多，則魚亂於水矣。」釋文：「餌，魚餌也。」

〔一四〕張之象本、沈延銓本、金蟠本「頭」作「身」。

〔一五〕漢書朱博傳：「王卿得敕惶怖，親屬失色，晝夜馳騖。」蕭該音義云：「字書曰：『騖，亂馳也。』」

〔一六〕姚範曰：「『於』下有脱字。」

〔一七〕司馬遷報任安書：「深幽囹圄之中。」後漢書王符傳：「掊死深牢。」又黨錮范滂傳：「幽深牢。」

〔一八〕盧文弨曰：「『以』當作『一』。」

〔一九〕「學」下原有「節」字，盧文弨曰：「『節』字衍。」案張之象本、沈延銓本、金蟠本無，今據删。倪邦彦本作「盛節」，太玄書室本作「抗辭」。

〔二〇〕正嘉本、太玄書室本、張之象本、沈延銓本、金蟠本「絜」作「潔」。

〔二一〕史記屈原傳：「自疏濯淖汙泥之中，蟬蜕於濁穢，以浮游塵埃之外，不獲世之滋垢，皭然泥而不滓者也。」索隱：「泥亦音涅，滓亦音淄，又並如字。」正義：「皭然，上白若反，又子笑反。」器案：據索隱，則讀如論語陽貨之「涅而不淄」也。又據正義「子笑反」音，則皭與皦古音通。

〔二二〕史記陳涉世家：「二世元年七月，發閭左，適戍漁陽九百人，屯大澤鄉。陳勝、吴廣皆次當行。」集解：「徐廣曰：『在沛郡蘄縣。』」

〔二三〕淮南子兵略篇：「秦二世時，百姓之隨逮肆刑挽輅首路死者，一旦不知千萬之數。」許慎注：「輅輓，輦横木也。」史記劉敬傳：「脱輓輅。」集解：「蘇林曰：『一木横鹿車前，一人挽之（漢書有），一人推之。』」索隱：「輓者，牽也，音晚。輅者，鹿車前横木，二人前輓，一人後推之。」

〔二四〕漢書徐樂傳：「雖布衣窮處之士，或首難而危海内，陳涉是也。」師古曰：「首難，謂首唱而作難也。」又馮奉世傳注：「首難，言創首而爲寇難也。」

〔二五〕史記陳涉世家：「三老豪傑皆曰：『將軍身披堅執鋭，伐無道，誅暴秦，復立楚國之社稷，功宜爲王。』陳涉乃立爲王，號爲張楚。」索隱：「按李奇云：『欲張大楚國，故稱張楚也。』」又張耳陳餘傳：「陳王今已張大楚王陳。」器案：張楚又稱大楚，後世稱漢爲大漢、唐爲大唐，如此等等，蓋源於此。史記陳涉世家：「大楚興，陳勝王。」淮南子兵略篇：「戍卒陳勝興於大澤，攘臂袒右，稱爲大楚。」左傳桓公六年杜注：「張，大也。」廣雅釋詁：「張，大也。」

〔二六〕文選鸚鵡賦注：「處士者，隱居放言也。」

〔二七〕漢書車千秋傳：「旬月取宰相封侯。」名山表異録引楊雄疏：「近不過旬月之役。」後漢書楊賜傳：「旬月之間，並見拔擢。」論衡程材篇：「説一經之生，治一曹之事，旬月能之；典一曹之吏，學一經之業，一歲不能立也。」又講瑞篇：「蓂莢、朱草，亦生在地，集於衆草，無常本根，暫時産生，旬月枯折。」「旬月」用法俱同。旬月即滿月也。詩經大雅江漢：「來旬來宣。」毛傳：「旬，徧也。」爾雅釋言：「旬，徧也。」説文日部：「旬，徧也。」漢書翟方進傳有「旬歲」，注：「旬，徧也，滿也。」後漢書何敞傳、三國志魏書劉廙傳有「旬年」，用法亦與此同。

〔二八〕「縉」，張之象本作「薦」。史記五帝本紀：「薦紳先生難言之。」集解：「徐廣曰：『薦紳，即縉紳也，古字假借。』」又封禪書：「縉紳者不道。」集解：「李奇曰：『縉，插也，插笏於紳。紳，大帶。』」索隱：「姚氏云：『縉當作搢，鄭衆注周禮云：縉讀爲薦，謂薦之於紳帶之間。今按鄭意以縉爲薦，則薦亦是進，進而置於紳帶之間，故史記多作薦字也。』」

〔二九〕「長衣容衣也」原作「長衣官之也」，今據張敦仁説校改。盧文弨曰：「『長衣官之也』五字衍。」俞樾説同。明初本、太玄書室本無此五字。姚範曰：「句有誤。」張敦仁曰：「拾補云：『五字衍。』非也，此亦自釋一句。據禮記目録，『長衣』即深衣也，而必釋之者，欲見其爲法服也。『官之』二字乃『容衣』二字形近之譌。後孝養篇云：『雖公西赤不能以（此下衍「養」字。）爲容。』即史記儒林傳所謂『善爲容』者也。華本此處尤多脱。」

〔三〇〕左傳僖公二十三年：「策名委質。」史記晉世家索隱引服虔注云：「古者始仕，必先書其名於策，委死之質所君，然後爲臣，示必死於其君也。」「質」通「贄」，國語晉語：「臣委質于翟之鼓。」韋昭注：「質，贄也。士贄以雉，委贄而退，尚書稱『二生一死質』，故云委死之贄。」

〔三一〕史記孔子世家：「慎年五十七，生鮒，爲陳王涉博士，死於陳下。」又儒林列傳集解：「徐廣曰：『孔子八世孫，名鮒字甲也。』」器案：漢書孔光傳：「順生鮒，鮒爲陳涉博士，死陳下。」孔叢子答問篇：「博士凡仕六旬，老於陳。」下文有將没戒弟子語，與此不同。

〔三二〕淮南子要略篇：「孝公欲以虎狼之勢而吞諸侯。」即此文所本。戰國策西周策：「今秦者虎狼之國也，兼有吞周之意。」高誘注：「秦欲吞滅諸侯，故謂虎狼國也。」又楚策：「夫秦虎狼之國也，有吞天下之心。」又魏策上：「外交强虎狼之秦以侵天下。」又魏策下：「秦與戎翟同俗，有虎狼之心。」史記屈原傳：「秦虎狼之國。」説苑正諫篇：「今秦四塞之國也，有虎狼之心。」

〔三三〕韓非子存韓篇：「諸侯可蠶食而盡。」戰國策趙策上：「稍稍蠶食之。」又趙策下：「秦蠶食韓氏之地。」史記趙世家正義：「蠶食桑葉，漸近必盡也。」

〔三四〕漢書賈山傳：「秦皇帝東巡狩，至會稽、琅邪，刻石著其功，自以爲過堯、舜統。」師古曰：「統，治也。言自美功德，治理天下，過於堯、舜也。」又藝文類聚五九引吾丘壽王驃騎論功論：「昔秦之得天下也，以力而不以德，以詐而不以誠，……遂非唐笑虞，絶滅舊章。」與此相近。

〔三五〕張之象本、沈延銓本、金蟠本「用」作「治」。

〔三六〕史記項羽本紀：「身被堅執鋭首事。」史記陳涉世家：「陳勝雖已死，其所置遣侯王將相，竟亡秦，由涉首事也。」

〔三七〕史記朝鮮傳：「擁閼不通。」「擁遏」即「擁閼」，「擁」借作「壅」。

〔三八〕史記儒林傳：「及至秦之季世，焚詩、書，阬術士，六藝由此缺焉。陳涉之王也，而魯諸儒持孔氏之禮器，往歸陳王。於是孔甲爲陳涉博士，卒與涉俱死。陳涉起匹夫，驅瓦合適戍，旬月以王楚，不滿半歲，竟滅亡，其事至微淺。然而縉紳先生之徒，負孔子禮器，往委質爲臣者，何也？以秦焚其業，積怨而發憤於陳王也。」楊樹達曰：「班序儒林傳，用此節文意。」器案：此節文意，桓寬本之司馬子，班序亦本之史記，楊謂班序用此，可謂本末倒置矣。

〔三九〕這是論語陽貨篇文。何晏集解：「興周道於東方，故曰東周也。」皇侃義疏：「魯在東，周在西，云東周者，欲於魯而興周道，故云『吾其爲東周』也。」

〔四〇〕明初本、正嘉本、太玄書室本、張之象本、沈延銓本、金蟠本「絜」作「潔」。

〔四一〕左傳襄公十四年注：「遷延，退却。」

〔四二〕孫人和曰：「宋蔡元度毛詩名物解卷七引『吞』作『貪』。」器案：埤雅六：「雞廉狼吞。雞飽而食，食每有所擇，故曰小廉如雞。」

〔四三〕漢書郊祀志上：「上鄉儒術，招賢良趙綰、王臧等，以文學爲公卿，欲議古立明堂城南，以朝諸侯，草巡狩封禪，改曆服色，事未就。竇太后不好儒術，使人微伺趙綰等姦利事，按綰、臧，綰、臧自殺。諸所興爲皆廢。」又田蚡傳：「嬰、蚡俱好儒術，推轂趙綰爲御史大夫，王臧爲郎中令。」又儒林傳：「蘭陵王臧，即從（申公）受詩，已通事景帝爲太子少傅，免去。武帝初即位，臧乃上書宿衛，累遷，一歲至郎中令。及代趙綰，亦嘗受詩申公，爲御史大夫。」

〔四四〕張之象本、沈延銓本、金蟠本「姦」作「奸」。案：上注引漢書郊祀志上言趙綰等姦利事，又張蒼傳：「大爲姦利。」又杜欽傳：「使丹奏咸爲姦利，請案驗。」又鮑宣傳：「爲姦利。」則「姦利」爲當時功令中習用語。散不足篇亦云：「私作産業爲姦利。」

〔四五〕楊樹達曰：「史記劉敬傳：『上罵敬曰：齊虜以口舌得官。』」器案：「以口舌」猶今言耍嘴皮。史記廉頗藺相如傳：「藺相如徒以口舌爲勞，而位居我上。」漢書董仲舒傳：「子及孫皆以學至大官。」又東方朔傳：「因自訟獨不得大官。」又趙充國傳：「慶忌至大官。」案辛慶忌傳，徙爲左將軍，卒官。又食貨志上：「蔡癸以好農，使勸郡國，至大官。」案蔡癸，官至弘農太守。則大官蓋指列卿及郡國守相，秩中二千石、二千石、比二千石，但不至公耳。顏氏家訓止足篇所謂「仕宦不可過二千石」，其實指大官也。

〔四六〕「消堅釋石」，疑當作「消堅釋白」，堅白，謂名家所持堅石白馬之説。莊子駢拇篇：「駢於辨者，纍瓦結繩，竄句游心於堅白同異之間。」史記孟子荀卿列傳：「趙亦有公孫龍，爲堅白同異之辨。」漢書藝文志：「名家：公孫龍子十四篇。」師古曰：「爲堅白之辨者。」案今本公孫龍子有白馬、堅白二篇。又藝文志：「毛公九篇。」師古曰：「劉方別録云：『論堅白同異，以爲可以治天下。』」蓋持辨者，無不侈言消堅釋白耳。

〔四七〕楊樹達曰：「文選答客難：『自以爲智能海内無雙。』」器案：通鑑九：「何曰：『至如信者，國士無雙。』」胡三省注：「師古曰：『爲國家之奇士。』余謂何言漢國之士，僅有信一人，他無與比也。」漢書吾丘壽王傳：「子在朕前之時，知略輻凑，以爲天下少雙，海内寡二。」又匡衡傳：「學者多上書薦衡經明，當世少雙。」東觀漢記十九黄香傳：「窮極道術，京師號曰天下無雙。」語意亦同。

〔四八〕張之象本、沈延銓本、金蟠本「可」作「足」。論語泰伯篇：「其餘不足觀也已。」當是此文所本，作「足」較勝。

〔四九〕禮記坊記：「閨門之内，戲而不歎。」新語道基篇：「聖人懷仁仗義，分明纖微，忖度天地，危而不傾，佚而不亂者，仁義之所治也。行之於親近，而疎遠悦；脩之於閨門之内，而名譽馳於外。」潛夫論務本篇：「盡孝悌於父母，正操行於閨門，所以爲列士也。」閨門之内，猶今言家裏。

〔五〇〕「此」字原無，案荀子哀公篇：「哀公問於孔子曰：『吾欲論吾國之士，與之治國，敢問如何取之邪？』孔子對曰：『生今之世，志古之道，居今之俗，服古之服，舍此而爲非者，不亦鮮乎？』」下文又云：「舍此而爲非者，雖有，不亦鮮乎？」文又見大戴禮記哀公問五義篇、家語五儀篇，「舍」下俱有「此」字，今據訂補。荀子楊倞注云：「此謂古也。」又案：資治通鑑五一：「扶風功曹馬融對曰：『夫妻子以累其心，産業以重其志，舍此而爲非者，有，必不多矣。』」胡三省注：「舍，讀曰捨。」明初本、華氏活字本「古之道」作「堯之道」。

〔五一〕論語憲問篇：「夫子時然後言，人不厭其言；樂然後笑，人不厭其笑；義然後取，人不厭其取。」

〔五二〕論語里仁篇：「不以其道得之，不處也。」這裏就是用的論語，而「處」字作「居」，論衡問孔篇、刺孟篇、後漢書陳蕃傳載蕃上疏，吕氏春秋有度篇高誘注引論語，字都作「居」，抱朴子博喻篇：「不以其道，則富貴不足居。」亦用論語文，當都是本之今文。

〔五三〕論語堯曰篇：「泰而不驕。」又曰：「君子無衆寡，無小大，無敢慢，斯不亦泰而不驕乎！」

〔五四〕史、漢本傳不載此事。

〔五五〕漢書董仲舒傳：「太公起海濱而即三公。」師古曰：「即，就也。」

〔五六〕「矣」原作「此」，王先謙曰：「詳文義，不當有『此』字，蓋衍文。」黄季剛曰：「『此』當作『也』。」今案：「此」當作「矣」，史記主父偃傳：「主父曰：『臣結髮游學，四十餘年，身不得遂，親不以爲子，昆弟不收，賓客棄我，我阸日久矣。丈夫生不五鼎食，死即五鼎亨耳。吾日暮途遠，故倒行暴施之。』……上拜主父爲齊相。至齊，遍召昆弟賓客，散五百金與之，數之曰：『始吾貧時，昆弟不我衣食，賓客不我内門；今吾相齊，諸君迎我，或千里，吾與諸君絶矣，毋復入衍之門。』」此文的「我阸日久矣」，就是鹽鐵論所本，今據改正。「見」與「被」意同。

〔五七〕論語雍也篇：「君子周急不濟富。」

〔五八〕「鴟」原作「鵠」，張之象本、沈延銓本、金蟠本作「嗌」。盧文弨曰：「當作『嗌』，涂作『鵠』，未詳。」孫詒讓曰：「『鵠』疑『鵶』之誤，干禄字書『鴟』俗作『鵶』，與『鵠』形近而誤。此以虎鴟之噬咽，喻在位者之貪。盧校從俗本作『嗌咽』，則與『虎飽』之文不相對矣。」器案：孫校是，龍龕手鑑二鳥部：「鵶通鴟。」亦足爲證，今據改正。黄季剛曰：「『鵠』蓋『鶚』之誤。」

〔五九〕張之象注曰：「『覽』通作『攬』，撮持也。」孫詒讓曰：「『覽』與『攬』通。」黄季剛曰：「『覽』讀爲『㩜』。」器案：漢書五行志上：「㩜仲舒。」師古曰：「『㩜』字與『擥』同，謂引取之。」又陳湯傳曰：「㩜城郭之兵。」師古曰：「㩜，總持之也，其字从手。」又王莽傳中：「務自㩜衆事。」師古曰：「『㩜』與『擥』同，其字从手。」

〔六〇〕詩大雅雲漢：「周餘黎民，靡有孑遺。」毛傳：「孑然遺失也。」正義：「孑然，孤獨之貌。」明初本「耳」作「敹」。

鹽鐵論校注卷第五

相刺*第二十

大夫曰：「古者，經井田〔一〕，制廛里〔二〕，丈夫治其田疇，女子治其麻枲，無曠地，無遊人。故非商工〔三〕不得食於利末，非良農〔四〕不得食於收穫，非執政不得食於官爵。今儒者釋耒耜而學不驗〔五〕之語，曠日彌久〔六〕，而無益於治〔七〕，往來浮游〔八〕，不耕而食，不蠶而衣，巧僞〔九〕良民〔一〇〕，以奪〔一一〕農妨政，此亦當世之所患也。」

文學曰：「禹慼〔一二〕洪水，身親其勞，澤行路宿〔一三〕，過門不入〔一四〕。當此之時，簪墮不掇，冠挂不顧〔一五〕，而暇耕乎〔一六〕？孔子曰：『詩人疾之不能默，丘疾之不能伏〔一七〕。』

是以東西南北七十說而不用，然後退而修王道，作春秋〔一八〕，垂之萬載之後，天下折中焉〔一九〕，豈與匹夫匹婦〔二〇〕耕織同哉！傳曰：『君子當時不動，而民無觀也。』故非君子莫治小人，非小人無以養君子〔二一〕，不當〔二二〕耕織爲匹夫匹婦也。君子耕而不學，則亂之道也。」

大夫曰：「文學言治尚於唐、虞，言義高於秋天，有華言〔二三〕矣，未見其實也。昔魯穆公之時，公儀爲相，子思、子柳〔二四〕爲之卿，然北削於齊，以泗爲境，南畏楚人，西賓秦國〔二五〕。孟軻居梁，兵折於齊，上將軍死而太子虜，西敗於秦，地奪壤削，亡河內、河外〔二六〕。夫仲尼之門，七十子之徒，去父母，捐室家〔二七〕，負荷而隨孔子，不耕而學，亂乃愈滋。故玉屑滿篋，不爲有寶；詩書負笈〔二八〕，不爲有道。要在安國家，利人民，不苟繁文〔二九〕衆辭而已。」

文學曰：「虞不用百里奚之謀而滅，秦穆用之以至霸焉。夫不用賢則亡，而不削何可得乎〔三〇〕？孟子適梁，惠王問利，答以仁義〔三一〕。趣舍不合，是以不用而去，懷寶而無語〔三二〕。故有粟不食，無益於饑；覩賢不用，無益於削。紂之時，内有微、箕二子，外有膠鬲、棘子〔三三〕，故其不能存〔三四〕。夫〔三五〕言而不用，諫而不聽，雖賢，惡得有益於治也？」

大夫曰：「橘柚生於江南，而民皆甘之於口，味同也；好音生於鄭、衛〔三六〕，而人皆樂之於耳，聲同也。越人子臧〔三七〕、戎人由余，待譯〔三八〕而後通，而並顯齊、秦，人之心於善惡同也。故曾子倚山而吟，山鳥下翔〔三九〕；師曠鼓琴，百獸率舞〔四〇〕。未有善而不合、誠而不應者也。意〔四一〕未誠與？何故言而不見從，行而不合也？」

文學曰：「扁鵲不能治不受鍼藥之疾，賢聖不能正不食諫諍之君〔四二〕。故桀有關龍逢而夏亡〔四三〕，紂有三仁而商滅〔四四〕，故〔四五〕不患無由余、子臧之論〔四六〕，患無桓、穆之聽耳。是以孔子東西無所遇〔四七〕，屈原放逐於楚國也〔四八〕。故曰：『直道而事人，焉往而不三黜？枉道而事人，何必去父母之邦〔四九〕。』此所以言而不見從、行而不得合者也〔五〇〕。」

大夫曰：「歌者不期於利聲，而貴在中節；論者不期於麗辭，而務在事實。善聲而不知轉〔五一〕，未可爲〔五二〕能歌也；善言而不知變，未可謂能說也。持規而非矩，執準而非繩，通一孔〔五三〕，曉一理，而不知權衡，以所不覩不信人〔五四〕，若蟬之不知雪〔五五〕，堅據古文〔五六〕以應當世，猶辰參之錯，膠柱而調瑟〔五七〕，固而難合矣。孔子所以不用於世，而孟軻見賤於諸侯也。」

文學曰：「日月之光，而盲者不能見；雷電〔五八〕之聲，而聾人不能聞。夫爲不知音者言，若語於瘖聾，何特蟬之不知重〔五九〕雪耶？夫以伊尹之智，太公之賢，而不能開辭於桀、紂，非説者非〔六〇〕，聽者過也。是以荆和抱璞而泣血，曰：『安得良工而剖之〔六一〕！』屈原行吟澤畔〔六二〕，曰：『安得臯陶而察之！』夫人君莫不欲求賢以自輔，任能以治國，然牽於流説〔六三〕，惑於道諛〔六四〕，是以賢聖蔽掩，而讒佞用事，以此亡國破家，而賢士饑於巖穴也〔六五〕。昔趙高無過人之志〔六六〕，而居萬人之位，是以傾覆秦國而禍殃其宗，盡失其瑟，何膠柱之調也？」

大夫曰：「所謂文學高第者〔六七〕，智略能明先王之術，而姿質足以履行其道。故居則爲人師，用則爲世法。今文學言治則稱堯、舜，道行則言孔、墨〔六八〕，授之政則不達〔六九〕，懷古道而不能行，言直而行枉〔七〇〕，道是而情非，衣冠有以殊於鄉曲，而實無以異於凡人。諸生所謂中直者，遭時蒙幸〔七一〕，備數〔七二〕適然耳，殆非明舉所謂〔七三〕，固未可與論治也。」

文學曰：「天設三光以照記〔七四〕，天子立公卿以明治〔七五〕。故曰：公卿者，四海之表儀〔七六〕，神化之丹青〔七七〕也。上有輔明主之任，下有遂聖化之事，和陰陽，調四時，安衆庶，育羣生〔七八〕，使百姓輯睦〔七九〕，無怨思之色，四夷順德，無叛逆之憂，此公卿之職，而賢者之所務也。若伊尹、周、召三公之才，太顛、閎夭九卿〔八〇〕之人。文學不中聖主之明舉，今之執政，亦未能稱盛德也。」

大夫不説〔八一〕，作色不應也。

文學曰：「朝無忠臣者政闇，大夫無直士者位危。任座〔八二〕正言君之過，文侯改言行，稱爲賢君。袁盎面刺絳侯之驕矜〔八三〕，卒得其慶。故觸死亡以干主之過者，忠臣也；犯顔以匡公卿之失者，直士也。鄙人不能巷言面違〔八四〕。方今入穀之教令〔八五〕，張而不施，食禄多非其人，以妨農商工〔八六〕，市井之利，未歸於民，民望不塞〔八七〕也。且夫帝王之道，多墮壞而不脩，詩云：『濟濟多士〔八八〕。』意者誠任用其計，非苟陳虚言而已。」

* 這篇是大夫和文學對面相刺的記録。

〔一〕孟子滕文公上：「方里而井，井九百畝，其中爲公田；八家皆私百畝，同養公田。公事畢，然後敢治私事，所以别野人也。」

〔二〕周禮載師：「以廛里任國中之地。」鄭玄注：「廛里者，若今云邑居。廛，民居之區域也；里，居也。」説文广部：「廛，二畝半也，一家之居。」

〔三〕「商工」，謂自産自銷之手工業者，非謂商人與工人。

〔四〕穀梁傳桓公十四年：「國非無良農工女也。」

〔五〕楊樹達曰：「新語懷慮篇：『世人不學詩、書，行仁義，乃論不驗之語，學不然之事。』」器案：「淮南子氾論篇：『不用之法，聖王弗行；不驗之語，聖王弗聽。』」論衡死僞篇：「不驗之語。」賈公彦周禮正義序周禮廢興：「林孝存以爲武帝知周官末世瀆亂不驗之書，故作十論、七難以排棄之。」

〔六〕韓非子説難篇：「曠日離久。」史記韓非傳作「曠日彌久」。戰國策燕策下、史記刺客傳、又滑稽傳俱有此語。

〔七〕「治」原作「理」，本篇後文「言治尚於唐、虞」，「任能以治國」，「言治則稱堯、舜」，「固未可與論治也」，「天子立公卿以明治」，字俱作「治」，此避唐諱回改未盡者，今輒爲改正。

〔八〕後漢書班固傳：「西都賦：『浮遊近縣。』」李賢注：「浮遊，謂周流也。」

〔九〕正嘉本、張之象本、沈延銓本、金蟠本「僞」作「爲」，古通。

〔一〇〕漢書循吏傳：「諸持鉏鉤田器者，皆爲良民，吏無得問；持兵者，乃爲盜賊。」

〔一一〕沈延銓本「奪」誤「督」。

〔一二〕「慼」原作「蹙」，王先謙曰：「『蹙』字無義，『蹙』當爲『慼』字之誤，『禹慼洪水』者，『禹憂洪水』也。御覽四百三十一人事部引作『慼』，『慼』字之誤。北堂書鈔衣冠部引作『治』，則淺人妄改耳。」黄季剛曰：「『蹙』讀爲『蹙迫』之『蹙』。」器案：王説是，文選難蜀父老：「夏后氏慼之，乃堙洪塞源，決江疏河。」漢書司馬相如傳下作「戚」，即此文所本，今據改正。

〔一三〕「路宿」當作「露宿」，韓非子外儲説右上：「於是太子乃還走避舍，露宿三日。」露宿謂野宿也。

〔一四〕孟子滕文公上：「禹疏九河，瀹濟、漯而注諸海，決汝、漢，排淮、泗而注之江，然後中國可得而食也。當是時也，禹八年於外，三過其門而不入。」

〔一五〕淮南子原道篇：「禹之趨時也，履遺而弗取，冠挂而弗顧。」吴越春秋越王無余外傳：「禹傷父功不成，循江泝河，盡濟暨淮，乃勞身焦思以行，七年，聞樂不樂，過門不入，冠挂不顧，履遺不躡。」御覽七七引傅子：「禹治洪水，冠挂不顧者，不以下憂累其上也。」劉子惜時篇：「禹之趨時也，冠挂而不顧。」

〔一六〕孟子滕文公上：「禹疏九河，瀹濟、漯而注諸海，決汝、漢，排淮、泗而注之江，然後中國可得而食也。當是時也，禹八年於外，三過其門而不入，雖欲耕得乎？……聖人之憂民如此，而暇耕乎？」

〔一七〕論衡對作篇：「孔子曰：『詩人疾之不能默，丘疾之不能伏。』」此文未見所出，蓋論衡即本之鹽鐵論。

〔一八〕漢書楚元王傳附劉向傳：「丘東西南北之人也。」師古曰：「東西南北，言周遊以行其道，不得專在本邦。」淮南泰族篇：「孔子欲行王道，東西南北七十説而不遇。」漢書楊雄傳：「或七十説而不遇。」注：「應劭曰：『孔丘也。』」案莊子天運篇載孔子謂老聃，説他自己所干者七十二君。古代所用數字，凡爲三的倍數的，也是表示多的意思，這是一種誇大的寫法，不必實指。如莊子外物篇：「七十二鑽而無遺策。」史記五帝本紀：「炎帝嘗百草，作方書，一日而遇七十二毒。」又高祖本紀：「左股有七十二黑子。」又封禪書：「古者，封泰山、禪梁父者七十二家。」（梁書許懋傳懋以爲「裁得二十餘主」。）又田敬仲完世家集解引新序：「稷下先生淳于髡之屬七十二人皆輕騶忌。」又滑稽傳：「於是乃朝諸縣令長七十二人。」古樂府相逢狹路間、雞鳴俱云：「鴛鴦七十二。」孟郊和薔薇歌：「花開七十有二行。」凡此也是同樣的例證。後人又有舉成數而説孔丘干七十君的，如説苑善説篇、史記十二諸侯年表、漢書儒林傳序都有此説。呂氏春秋遇合篇更有「所見八十餘君」之説。王充論衡就指出了這不是實指，論衡儒增篇：「孔子所至，不能十國，言七十，增之也。」

〔一九〕張之象本、沈延銓本、金蟠本「載」作「世」。説苑貴德篇：「孔子歷七十二君，冀道之一行，而得施其德，使民生於全育，烝庶安土，萬物熙熙，各樂其終。卒不遇。故覩麟而泣，哀道不行，德澤不洽，於是退作春秋，明素王之道，以示後人，思施其惠，未嘗輟忘。是以百王尊之，志士法焉，誦其文章，傳今不絶，德及之也。」史記孔子世家：「孔子布衣傳十餘世，學者宗之，自天子王侯，中國言六藝者，折中於夫子，可謂至聖矣。」索隱：「宋均云：『折，斷也；中，當也。』」漢書貢禹傳禹上書言得失云：「四海之内，天下之君，微孔子之言，亡所折中。」漢書師丹傳：「折中定疑。」師古曰：「折，斷也，取其言以斷事之中。」

〔二〇〕論語憲問：「豈若匹夫匹婦之爲諒也，自經於溝瀆而莫之知也。」邢昺疏：「匹夫匹婦，謂庶人也，無别妾媵，唯夫婦相匹而已。」

〔二一〕孟子滕文公上：「無君子莫治野人，無野人莫養君子。」

〔二二〕「不當」原作「當不」，姚範曰：「『當不』字倒。」俞樾曰：「『當不』應作『不當』。」案姚、俞説是，今據乙正。太玄書室本「當」作「憂」，臆改。

〔二三〕文選曹子建七啓：「正流俗之華説。」李善注：「論衡曰：『虚談竟於華葉之言，無根之流，安危之際，文人不與，徒能華説之效也。』」李周翰注：「華説，謂不實者也。」「華言」即「華説」也。

〔二四〕「子柳」原作「子原」，明初本、華氏本作「子柳」，今據改。盧文弨曰：「『子原』，説苑雜言篇作『子庚』，乃泄柳字。」案孟子告子下：「魯繆公之時，公儀子爲政，子柳、子思爲臣，魯之削也滋甚。」「子柳」就是「泄柳」。史記循吏傳：「公儀休者，魯博士也，以高第爲魯相。」

〔二五〕史記六國年表：「秦始小國僻遠，諸夏賓之。」又楚世家：「賓之南海。」又蘇秦傳：「六國從親以賓秦。」戰國策趙策上作「以儐畔秦」。案「賓」「儐」俱借「擯」字，謂擯斥也。這裏「西賓秦國」，是説「西爲秦國所擯斥」。

〔二六〕孟子梁惠王上：「梁惠王曰：『及寡人之身，東敗於齊，長子死焉；西喪地於秦七百里；南辱於楚。』」史記魏世家：「惠王三十年，魏伐趙，趙告急於齊。齊宣王用孫子計，救趙擊魏。魏遂大興師，使龐涓將，而令太子申爲上將軍。……與齊人戰，敗於馬陵。齊虜魏太子申，殺將軍涓，軍遂大破。」則上將軍即魏太子申，此文謂「上將軍死而太子虜」，疑誤。閻若璩四書釋地又續曰：「梁河內，今之河內、濟源等縣。梁亦有河外，蘇秦傳：『大王之地，北有河外。』注云……『謂河南地』是也。河東、西亦謂之河內、外，左傳僖十五年：『賂秦伯以河外列城五，內及解梁城。』魏世家『無忌曰：所亡於秦者河外、河內』是也。至河內、外，則梁之河北、河南地，蘇代曰『秦正告魏，我陸攻則擊河內，水攻則滅大梁』是也。」

〔二七〕陸賈新語愼微篇：「棄二親，捐骨肉。」潛夫論讚學篇：「是故無董、景之才，倪、匡之志，而欲强捐身出家，曠日師門者，必無幾矣。」

〔二八〕「詩書」原作「誦詩書」，當衍一字。盧文弨刪「詩」字。張之象本、沈延銓本、金蟠本作「詩書」，無「誦」字，則「詩」讀爲「持」，詩譜序正義引詩含神霧：「詩者，持也。」是「詩」字有「持」義，「持書」與「負笈」對文，意較明白。張、沈、金本可從，今據刪改。或原文本作「持書」，轉寫誤爲「詩書」，又以「詩書」與「負笈」對文不妥，遂於「詩書」上加「誦」字也。論衡書解篇：「或曰：『古今作書者非一，各穿鑿失經之實，傳違聖人質，故謂之蕞殘，比之玉屑。故曰：蕞殘滿車，不成爲道；玉屑滿篋，不成爲寶。』」御覽八〇二引阮子：「雖金玉滿堂，明珠滿室，饑不爲寶，非國之用。」文與此相似，亦以四字爲句。

〔二九〕「繁文」原作「文繁」，今據黄季剛説乙正。

〔三〇〕孟子告子下：「虞不用百里奚而亡，秦穆公用之而霸，不用賢則亡，削何可得與？」盧文弨曰：「『而』下『不』字衍。」黄季剛曰：「『不』字不誤。」器案：黄説是。這是針對上文「北削於齊」、「地奪壤削」而言，「不」字非衍。説略本陳遵默。

〔三一〕孟子梁惠王上：「孟子見梁惠王，王曰：『叟，不遠千里而來，亦將有以利吾國乎？』孟子對曰：『王何必曰利，亦有仁義而已矣。』」

〔三二〕原句上有「夫」字。姚範曰：「疑有誤脱，與下『故有粟不食』云云，不相承。」王先謙曰：「『夫』字衍。」器案：王説可從，今據删。論語陽貨篇：「懷其寶而迷其邦。」此文本之。

〔三三〕盧文弨曰：「『棘子』當即『箕子』。」張敦仁曰：「拾補誤。上句已言『内有微、箕二子』矣，此言『外有』，決非『箕子』可知，當别有所出。華氏本『棘』改『諸』，因其不可解而爲之，非有本也。」器案：莊子逍遥遊：「湯之問棘也。」釋文：「棘，李云：『湯時賢人。』又云：『是棘子。』」這個棘子，應當是湯時那個棘子的後人。列子湯問篇作「殷湯問於夏革」，張湛注：「『革』字，莊子音『棘』。」殷敬順釋文：「『革』音『棘』，夏棘字子棘，爲湯大夫。」明初本、華氏本改作「諸子」，非是。

〔三四〕姚範曰：「『故其』句有誤。」明初本、華氏本此句作「其不能」，亦難通。

〔三五〕張之象本、沈延銓本、金蟠本無「夫」字。

〔三六〕吕氏春秋淫辭篇高誘注：「鄭、衛之音，皆新聲，非雅樂，凡人所説也。」淮南子原道篇：「揚鄭、衛之浩樂。」高誘注：「鄭聲，鄭（字當作「衛」），衛靈公會晉平公事，見韓子十過篇、史記樂書、論衡紀妖篇，與鄭無涉，此當涉上文「鄭聲」而誤。）會晉平公，説新聲，使師延爲桑間、濮上之樂。濮在衛地，故鄭、衛之浩也，必爲鄭爲之俗樂。」漢書禮樂志注：「應劭曰：『桑間，衛地；濮上，濮水之上，皆好新聲。』」

〔三七〕「子臧」，原作「夷吾」，今據張敦仁説校改。張云：「此句有誤，史記列傳云：『管仲夷吾者，潁上人也。』又案鄒陽傳：『是以秦用戎人由余而霸中國，齊用越人蒙而彊威、宣。』索隱云：『越人蒙，未見所出，漢書作子臧。又張晏云：子臧或是越人，蒙字也。』此下句連言『戎人由余』，似即取彼語。『夷吾』或『子臧』之誤也。下文又云：『不患無由余、夷吾（依上則亦當作「子臧」。）之倫，患無桓、穆（依上則當作「穆、威」。）之聽耳』，亦有誤。」器案：張校是。潛夫論論榮篇：「由余生於五狄，越蒙産於八蠻，（「蒙」舊誤「象」，從汪繼培校改。）而功施齊、秦，德立諸夏。」亦作「蒙」，不作「夷吾」，名「蒙」字「子臧」，義正相應。王引之春秋名字解詁云：「越人蒙，字子臧，臧亦藏字。蒙，包藏也。毛詩鄘風：『君子偕老。』傳：『蒙，覆也。』昭十三年左傳杜注：『蒙，裹也。』皆包藏之義也。」據此，則「夷吾」爲「子臧」之誤，可無疑義。且夷吾果越人，「待譯而後通」，而有八十六篇之管子傳世，尤令人不可思議者，此亦一旁證也。然俗語不實，流爲丹青，好事之徒，則有據此而謂管仲爲烏程人者也。明人陳絳金罍子云：「鹽鐵論：『越人夷吾，戎人由余，待譯而後通，並顯齊、秦。』管仲亦越人乎？然並管在齊有管至父，先此有管子奚矣。宋習西吴里語云：『舊傳齊管仲，烏程棲賢山人；晏嬰，長興晏子鄉人。』曰舊傳，不著出何書，證以桓氏之言，則亦有因也。」陳絳欲援桓氏之言，以證成管仲爲烏程人之事出有因，而不知桓書傳本之有誤也。

〔三八〕説文言部：「譯，傳譯四方之語者。」

〔三九〕王先謙曰：「藝文類聚人部引『倚』作『傍』。」器案：莊子外物篇：「人親莫不欲其子之孝，而孝未必愛，故孝己憂而曾參悲。」呂氏春秋必己篇用莊子此文，高誘注：「曾參，其至孝見疑於父，故爲之傷悲也。」論衡感虛篇：「曾子見疑而吟，……吟歌與歎等。」文選蘇子卿古詩注引倉頡篇：「吟，歎也。」又案：張之象注引淮南子説山篇：「曾子攀柩車，引輴者爲之止也。」高誘注：「曾子至孝，送親喪，悲哀，攀援柩車，而挽者感之，爲之止。」

〔四〇〕書鈔一〇九引韓子：「師曠鼓琴，有玄鶴銜明月珠，在庭中舞，失珠，曠掩口而笑。」今韓子十過篇載鼓琴鶴舞，脱失珠事。漢志小説家有師曠六篇，原注：「見春秋，其言淺薄，本與此同，似因託也。」這裏説「師曠鼓琴，百獸率舞」事，當即出師曠一書中。

〔四一〕論語學而篇：「求之與？抑與之與？」熹平石經「抑」作「意」。戰國策秦策上：「誠病乎？意亦思乎？」又燕策下：「意君曰余且慝以成而過。」與此文「意」字，俱通作「抑」。

〔四二〕「食」就是受納的意思。後能言篇：「食文學之至言。」晏子春秋外篇：「君其食諂人言乎？」漢書谷永傳：「不食膚受之愬。」師古曰：「食猶受納也。」説略本楊樹達。華氏本「食」改作「受」，非是。王先謙曰：「治要『諫諍』作『善言』。」

〔四三〕「夏亡」原作「亡夏」，今從明初本、華氏本、治要乙正。

〔四四〕「紂」原作「殷」，今從治要改正。「仁」原作「人」，張之象本、沈延銓本、金蟠本及治要引作「仁」，今據改正。論語微子篇：「微子去之，箕子爲之奴，比干諫而死。孔子曰：『殷有三仁焉。』」

〔四五〕「故」字原無，今據治要引補。

〔四六〕「子臧」原作「夷吾」，今據張敦仁説校改，説見前注〔三七〕。「論」原作「倫」，今據治要引校改。

〔四七〕「遇」原作「適遇」，今據治要引刪「適」字。王先謙曰：「治要無『適』字。疑『適』、『遇』形近致衍。」

〔四八〕「也」字原無，據治要引補。

〔四九〕原脱「何必去父母之邦」句，治要引有，與論語微子篇合，今據訂補。

〔五〇〕此兩句原作「終非以此言而不見從，（明初本、華氏本「從」作「用」。）行而不合者也」，今從治要引校正。

〔五一〕散不足篇也有「變羽之轉」的説法，「轉」就是「調」的意思。淮南子原道篇高誘注：「激、揚、抮、轉，皆曲名也。」又齊俗篇：「其歌樂而無轉，其哭哀而無聲。」又氾論篇：「譬猶不知音者之歌也，濁之則鬱而無轉，清之則燋而無謳。」又修務篇：「故秦、楚、燕、魏之歌也，異轉而皆樂。」高注：「轉，音聲也。」文選謝玄暉和伏武昌登孫權故城：「歌梁想遺轉。」集注：「陸善經曰：『轉，歌聲。』今案音訣，『轉』爲『囀』也。」又繁休伯與魏文帝牋：「能喉轉引聲。」集注：「今案五家本『轉』爲『囀』也。」吴均贈周散騎興嗣詩：「製賦已百篇，彈琴復千轉。」這些「轉」字，意義都相同。南朝時有「五更轉」歌調，後來叫做「五更調」。

〔五二〕沈延銓本、金蟠本「爲」作「謂」。

〔五三〕禮記中庸：「生乎今之世，返古之道，災及其身。」鄭注：「謂曉一孔之人，不知今王之新政可從。」即本此。孔穎達正義：「孔，穴所出，事有多塗，今惟曉一孔之人，不知餘孔通達，惟守此一處也。」淮南子俶真篇：「然而奚仲不能爲逢蒙、造父不能爲伯樂者，是皆諭於一曲，而不通於萬方之際也。」又繆稱篇：「察一曲者，不可與言化。」高誘注：「一曲，一事也。」所言「一曲」，義與此同。華氏本「一孔」作「一經」，非是。

〔五四〕王先謙曰：「『以所不覩不信人』，事類賦蟲部引作『以所不覩而不信』，御覽九百四十四蟲豸部與此同。」器案：埤雅十一、五色線上引也作「以所不覩而不信」。

〔五五〕吕氏春秋任數篇：「無骨者不可令知冰。」高誘注：「無骨之蟲，春生秋死，不知冬寒之有冰雪。」淮南子繆稱篇：「察一時者不可以言大。」高注：「猶蟬不知雪也。」

〔五六〕古文，謂古代書籍。史記五帝本紀贊：「總之，不離古文者近是。」索隱：「古文，即帝德、帝系二書也。」又十二諸侯年表序：「爲成學治古文者要删焉。」索隱：「爲成學治文者要删焉。」又吴太伯世家贊：「余讀春秋古文。」又自序：「年十歲則誦古文。」索隱：「案遷及事伏生，是學誦古文尚書。劉氏以爲左傳、國語、系本等書，是亦名古文也。」許慎説文解字序：「其偁易孟氏、書孔氏、詩毛氏、禮周官、春秋左氏、論語、孝經，皆古文也。」段玉裁注：「古書之言古文者有二，一謂壁中經籍，一謂倉頡所製文字，雖命名本相因，而學士當區别，如古文尚書、古文禮，此等猶言古本，非必古本字字皆古籀，今本則絶無古籀字也。且如許書，未嘗不用魯詩、公羊傳、今文禮，然則云『皆古文』者，謂其所説字形字音字義，皆合倉頡、史籀，非謂皆用壁中古本明矣。」案：段説是，史記十二諸侯年表序之「治古文」，索隱作「治文」，治文，即論語學而之「學文」，馬融曰：「文者，古之遺文。」

〔五七〕淮南子齊俗篇：「今握一君之法籍，以非傳代之俗，譬由膠柱而調瑟也。」史記廉頗傳：「王以名使括，若膠柱而鼓瑟耳。」胡三省通鑑注五云：「鼓瑟者，絃有緩急，調絃之緩急，在柱之轉運，若膠其柱，則絃不可得而調，緩者一於緩，急者一於急，無活法矣。」華氏活字本「錯」上有「舛」字。

〔五八〕王先謙曰：「『電』無聲，疑『霆』字之誤。」黄季剛曰：「『雷』、『電』連類而言。」

〔五九〕盧文弨曰：「『重』疑衍。」器案：盧説非。重謂厚多也，文選東京賦注：「重，多也。」厚多之雪謂之重雪，猶大地謂之重壤（文選琴賦注），大海謂之重溟（文選天台山賦），厚酒謂之重酒（吕氏春秋三月紀注），牢錦謂之重錦（左傳閔公二年）也。

〔六〇〕「者非」原作「也非」，明初本、華氏活字本作「之罪也」，今據張之象本、沈延銓本、金蟠本校改。家語辯物篇：「孔子曰：『吴子爲夷德，可欺而不可以實，是聽者之蔽，非説者之拙也。』」

〔六一〕韓非子和氏篇：「楚人和氏得玉璞楚山中，奉而獻之厲王。厲王使玉人相之，玉人曰：『石也。』王以和爲誑，而刖其左足。及厲王薨，武王即位，和又奉其璞而獻之武王。武王使玉人相之，又曰：『石也。』王又以和爲誑，而刖其右足。武王薨，文王即位，和乃抱其璞而哭於楚山之下，三日三夜，淚盡而繼之以血。王使人問其故，曰：『天下之刖者多矣，子奚哭之悲也？』和曰：『吾非悲刖也，悲夫寶玉而題之以石，貞士而名之以誑，此吾所以悲也。』王乃使人理其璞而得寶焉，遂命曰和氏之璧。」明初本、華氏本「剖」作「別」。

〔六二〕楚辭漁父：「屈原既放，游於江潭，行吟澤畔。」又九章：「俾山川以備禦兮，命咎繇使聽直。」王逸注：「使聖人咎繇聽我之言忠直與否也。」「咎繇」一作「臯陶」，當即此文所本。東方朔七諫：「誰使正其真是兮，雖有八師而不可爲。」王注：「八師謂禹、稷、卨、臯陶、伯夷、倕、益、夔也。」劉向九歎：「立師曠俾端詞兮，命咎繇使並聽。」華氏本「原」下有「之」字。

〔六三〕後遵道篇：「牽儒墨論。」刺議篇：「牽於間言。」史記六國年表：「學者牽於所聞。」又司馬相如傳：「拘文牽俗。」正義：「牽引隨俗之化。」漢書鄒陽傳：「此二國豈係於俗，牽於世，繫奇偏之浮辭哉？」

又：「不牽於卑亂之語。」後漢書隗囂傳：「而欲牽儒生之說，棄千乘之基。」案：史記孝武本紀：「牽拘於詩書古文而不敢騁。」又六國年表：「學者牽於所聞。」又封禪書：「牽拘於詩書古文而不能騁。」牽字義與此同，謂拘泥也。

〔六四〕荀子勸學篇：「以不善先人者謂之諂，以不善和人者謂之諛。」本書論誹篇：「道諛日進而上不聞。」「道諛」就是「諂諛」。莊子天地篇：「世俗之所謂然而然之，所謂善而善之，則不謂之道諛之人也。」史記越句踐世家：「吴已殺子胥，導諛者衆。」義都相同。漢書賈山傳：「是以道諛媮合苟容。」師古曰：「『道』讀曰『導』，導引主意於邪也。」隨文衍義，未當。

〔六五〕史記屈原傳：「人君無愚智賢不肖，莫不欲求忠以自爲，舉賢以自佐，然亡國破家相隨屬，而聖君治國，累世而不見者，其所謂忠者不忠，而所謂賢者不賢也。」漢書司馬遷傳：「顯巖穴之士，……寧得自引深藏於巖穴耶？」

〔六六〕盧文弨曰：「『志』、『智』同。」黄季剛曰：「『志』，古文『識』字。」案黄說是。

〔六七〕高第，就是成績優異的意思。漢書馮野王傳：「上使尚書選第中二千石，而野王行能第一。」師古曰：「定其高下之差也。」資治通鑑二九注：「選第者，選其有行能者，而第其高下之次也。」顔、胡釋「第」字是。漢書朱博傳：「州牧位次九卿，九卿缺，以高第補，其中材則苟自守而已。」以「高第」與「中材」對言，義更爲明白。漢書谷永傳：「其夏，皆令諸方正對策，語在杜欽傳，……永與杜欽爲上第焉。」文選王元長永明九年策秀才文集注：「鈔曰：『高第，秀才明經中高第者也。』李周翰曰：『高第明經，謂德行高遠，明於經術之道第一者也。』」通鑑五〇注：「有道高第，舉有道，對問爲上第也。」結合第一、上第之義觀之，則所謂高第之義自明也。史記循吏傳：「公儀休者，魯博士也，以高第爲魯相。」漢書孔光傳：「博士選三科高第爲尚書，……光以高第爲尚書。」此博士高第也。漢書宣帝紀：「本始元年詔：『内郡國舉文學高第各一人。』」又循吏黄霸傳：「宣帝下詔曰：『詔制御史，其以賢良高第揚州刺史霸爲潁川太守。』」此賢良、文學高第也。又鼂錯傳：「對策者百餘人，唯錯爲高第。」此對策高第也。又朱博傳：「舉博櫟陽令，徙雲陽、平陵三縣，以高第入爲長安令。……遷琅邪太守，以高第入守左馮翊。」又翟方進傳：「逢信已從高第郡守歷京兆、太僕爲衛尉矣。」又儒林嚴彭祖傳：「彭祖爲宣帝博士，至河南、東郡太守，以高第入爲左馮翊。」又循吏召信臣傳：「出補穀陽長，舉高第遷上蔡長。」此令長郡守高第也。又朱博傳：「故事：選郡國守相高第爲中二千石。」此守相高第也。又云：「故事：居部九歲，舉爲守相，其有異材、功效著者，輒登擢。」所云「異材功效著者」云云，即高第之確詁也。又杜欽傳：「陳咸爲少府，在九卿高第。」此九卿高第也。後漢書蔡邕傳：「到署祭酒，甚見敬重，舉高第，補侍御史。」此祭酒高第也。抱朴子外篇審舉篇：「時人語曰：『高第良將怯如雞。』……良將高第，試其膽武，猶復試之以策，況文士乎？」此良將高第也。「高第良將怯如雞」，言其不稱舉，與這裏的文學高第「不中聖主之明舉」，正是一流人物。

〔六八〕張之象本、沈延銓本、金蟠本「言」作「稱」。

〔六九〕論語子路篇：「授之以政，不達。」皇侃義疏：「達猶曉也。」

〔七〇〕「行」下原有「之」字，俞樾曰：「『之』字衍。」今據删定。

〔七一〕「幸」原作「率」，今據王先謙説校改。王云：「『率』當爲『幸』，形相近而誤。」今案：王説可從。史記袁盎鼂錯傳太史公曰：「遭孝文初立，資適逢世。」集解：「張晏曰：『資，才也，適值其世，得騁其才。』」漢書叙傳上：「因勢合變，偶時之會。」顏師古曰：「偶當時之會。」義俱與此相近，可以互參。明初本「率」作「舉」。

〔七二〕淮南子俶真篇：「有之可以備數，無之未有害於用也。」案：史記秦始皇本紀：「博士雖七十人，特備員弗用。」漢書魏相傳：「臣相幸得備員。……臣相幸得備位。」又韓延壽傳：「幸得備位，爲郡表率。」「備數」「備員」「備位」，義俱相近。

〔七三〕漢時舉人有狀，後漢書朱浮傳注引漢官儀博士舉狀曰：「生事愛敬，喪没如禮，通易、尚書、孝經、論語，兼綜載籍，窮微闡奥，隱居樂道，不求聞達，身無金痍痼疾，卅六屬不與妖惡交通，王侯賞賜，行應四科，經任博士。下言某官某甲保舉。」通典十三引督郵板狀文同，惟「闡奥」下有「師事某官，見授門徒五十五人以上」十四字，又二七引作「師事某官，經明受謝，見授門徒，尚五十人以上，正席謝坐，三郡三人」二十六字。此博士舉狀，其他舉狀，當亦類此。此言「明舉所謂」，即指舉狀所言也。

〔七四〕「照記」，白氏六帖事類集二一引作「照明」，姚範曰：「『記』字誤。」案淮南子繆稱篇：「目之精者，可以消澤，而不可以昭認。」又齊俗篇：「日月之所照認。」「照記」與「昭認」、「照認」同，也就是「昭告」的意思。白帖作「照明」，臆改。説略本陳遵默。明初本、華氏本作「照臨」，太玄書室本作「照臨記」，俱未可從。

〔七五〕白帖引「公卿」作「三公」，「明治」作「明理」，避唐諱改。

〔七六〕白帖引「表儀」作「表宜」。文選報任安書李善注引東方朔别傳：「大夫者，天下表儀，萬人法則。」

〔七七〕淮南子主術篇：「故聖人事省而易治，求寡而易澹，不施而仁，不言而信，不求而得，不爲而成，塊然保真，抱德推誠，天下從之，如響之應聲，景之像形，其所修者本也。刑罰不足以移風，殺戮不足以禁姦，唯神化爲貴。」又兵略篇：「廟戰者帝，神化者王。……神化者，法四時也。」又案：楊子法言君子篇：「聖人之言，炳如丹青。」漢書王莽傳下：「明告以生活丹青之信。」師古曰：「丹青之信，言明著也。」文選爲宋公修張良廟教：「修飾丹青。」又阮籍詠懷詩注引東觀漢記：「光武詔曰：『明設丹青之信，廣開東手之路。』」此文「丹青」，亦粉飾之意。

〔七八〕韓非子揚權篇：「至於羣生，斟酌用之，萬物皆盛，而子與其寧。」此「羣生」謂「萬物」。又姦劫弑臣篇：「故其治國也，正明法，陳嚴刑，將以救羣生之亂，去天下之禍。」此「羣生」謂「百姓」。淮南子主術篇：「是故人君者，上因天時，中盡地財，下用人力，是以羣生遂長，五穀蕃殖。」「羣生」亦謂「萬物」。此文「羣生」，兼有「百姓」「萬物」二義。淮南子原道篇：「呴諭覆育萬物羣生。」禮記樂記作「煦嫗覆育萬物」。蓋單言之曰「萬物」，重言之則曰「萬物羣生」也。明初本「育」誤作「囿」。

〔七九〕沈延銓本「睦」作「穆」。

〔八〇〕漢太常、郎中令、中大夫令、太僕、大理、大行令、宗正、大司農、少府爲正九卿，中尉、主爵都尉、内史列於九卿。見漢書百官公卿表。

〔八一〕沈延銓本「説」作「悦」。

〔八二〕吕氏春秋自知篇：「魏文侯燕飲，皆令諸大夫論己。或言君之智也。至於任座，任座曰：『君不肖君也。得中山不以封君之弟，而以封君之子，是以知君之不肖也。』文侯不説，知於顔色。任座趨而出。

次及翟黃，翟黃曰：『君賢君也。臣聞其主賢者，其臣之言直。今者，任座之言直，以是知君之賢也。』文侯喜曰：『可反歟？』翟黃對曰：『奚爲不可？臣聞忠臣畢其忠，而不敢遠其死，任座殆尚在於門。』翟黃往視之，任座在於門，以君令召之。任座入，文侯下階而迎之，終座以爲上客。」又見新序雜事一，二人事互易。漢書古今人表也作「任座」，師古曰：「『座』音才戈反。」據此，則字當作「痤」，與戰國策魏策的公叔痤、范痤字同。鬼谷子摩篇：「正，直也。」

〔八三〕史記袁盎傳：「絳侯爲丞相，朝罷趨出，意得甚。上禮之恭，常自送之。袁盎進曰：『陛下以丞相何如人？』上曰：『社稷臣。』盎曰：『絳侯所謂功臣，非社稷臣。社稷臣，主在與在，主亡與亡。方呂后時，諸呂用事，擅相王，劉氏不絕如帶。是時，絳侯爲太尉，主兵柄，弗能正。呂后崩，大臣相與共畔諸呂，太尉主兵，適會其成功。所謂功臣，非社稷臣。丞相如有驕主色，陛下謙讓，臣主失禮，竊爲陛下不取也。』後朝，上益莊，丞相益畏。」

〔八四〕孫詒讓曰：「『巷言面違』義難通，疑當作『善言庸違』。堯典：『静言庸違。』史記五帝本紀『静言』作『善言』。蓋漢時今文家説如此。次公引書多從今文也。『善』與『巷』草書相近，傳寫誤『善』作『巷』，校者不憭，又改『庸違』作『面違』，遂不可通耳。」黃季剛曰：「『面違』當云『面從』。」郭沫若曰：「『違』與『韙』通，猶言面諛腹誹。」器案：「巷言」不誤。陸賈新語至德篇：「君子之爲治也，塊然若無事，寂然若無聲，官府若無吏，亭落若無民，閭里不訟於巷，老幼不愁於亭，近者無所議，遠者無所聽。」史記始皇本紀三十四年，李斯議燒詩、書百家語云：「入則心非，出則巷議。」漢書藝文志：「小説家者流，蓋出於稗官，街談巷語、道聽塗説者之所造也。」如淳曰：「王者欲知閭巷風俗，故立稗官，使稱説之。」這些「巷訟」、「巷講」、「巷語」，當和這裏的「巷言」義同，即本書未通篇之所謂「庶人議」也。這裏的「鄙人不能巷言面違」，是説我們既不能在閭巷人民中議論執政的是非，又不能當着公卿的面「犯顔以匡公卿之失」。

〔八五〕「方今入穀之教令」，原作「方今人主穀（明初本、華氏活字本「穀」作「用」。）之教令」，張之象本「方今入主穀之」句注云：「穀，禄也。」王先謙曰：「『穀』當爲『彀』，『彀』亦『張』也。『施』與『弛』同。『彀之教令』句，『張而不弛』句，謂鹽鐵法令不改也。」黄季剛曰：「『人主穀』當作『入穀』，食貨志：『始令吏得入穀補官，郎至六百石。』」案黄説是，本書復古篇亦有「入穀射官」之文，今據校正。

〔八六〕「商工」即上文「非工商不得食於利末」之「工商」，非謂工與商。

〔八七〕文選盧諶贈劉琨詩：「下塞民望。」李善注：「塞，滿也。」

〔八八〕這是詩經大雅文王文，毛傳：「濟濟，多威儀也。」

殊路*第二十一

大夫曰：「七十子躬受聖人之術，有名列於孔子之門，皆諸侯卿相之才，可南面〔一〕者數人云〔二〕。政事者冉有、季路，言語宰我、子貢〔三〕。宰我秉事〔四〕，有寵於齊，田常作難，道不行，身死庭中，簡公殺於檀臺〔五〕。子路仕衛，孔悝作亂，不能救君出亡，身菹於衛；子貢、子皐遁逃，不能死其難〔六〕。食人之重禄不能更〔七〕，處人尊官不能存，何其厚於己而薄於君哉？同門共業，自以爲知古今之義，明君臣之禮。或死或亡，二三子〔八〕殊路，何道之悖也！」

文學曰：「宋殤公〔九〕知孔父之賢而不早任，故身死。魯莊知季有〔一〇〕之賢，授之政晚而國亂〔一一〕。衛君近佞遠賢，子路居蒲〔一二〕，孔悝爲政。簡公不聽宰我而漏其謀。是以二君身被放殺，而禍及忠臣。二子者有事而不與其謀，故可以死，可以生，去止其義一也。晏嬰不死崔、慶之難〔一三〕，不可謂不義；微子去殷之亂，可謂不仁乎〔一四〕？」

大夫曰：「至美素璞，物〔一五〕莫能飾也。至賢保真，僞文莫能增也。故金玉不琢〔一六〕，美珠不畫〔一七〕。今仲由、冉求無檀柘之材，隋、和〔一八〕之璞，而强文之，譬若雕朽木〔一九〕而礪鈆刀〔二〇〕，飾嫫母〔二一〕畫土人也〔二二〕。被以五色，斐然成章〔二三〕，及遭行潦〔二四〕流波，則沮矣。夫重懷古道，枕籍詩、書，危不能安，亂不能治，郵里〔二五〕逐雞，雞亦無黨也〔二六〕？」

文學曰：「非學無以治身，非禮無以輔德。和氏之璞，天下之美寶也，待礛諸〔二七〕之工而後明。毛嬙，天下之姣人也〔二八〕，待香澤脂粉而後容〔二九〕。周公，天下之至聖〔三〇〕人也，待賢師學問而後通〔三一〕。今齊世庸士之人〔三二〕，不好學問，專以己之愚而荷負臣任〔三三〕，若無檝舳，濟江海而遭大風，漂没於百仞之淵，東流無崖〔三四〕之川，安得沮而止乎？」

大夫曰：「性有剛柔，形有好惡，聖人能因而不能改。孔子外變二三子之服，而不能革其心。故子路解長劍，去危冠，屈節於夫子之門〔三五〕，然攝齊〔三六〕師友，行行〔三七〕爾，鄙心〔三八〕猶存。宰予晝寢〔三九〕，欲損三年之喪〔四〇〕。孔子曰：『糞土之牆，不可杇也』，『若由不得其死然〔四一〕』。故內無其質〔四二〕而外學其文，雖有賢師良友，若畫脂鏤冰〔四三〕，費日損功。故良師不能飾戚施〔四四〕，香澤不能化嫫母也〔四五〕。」

文學曰：「西子〔四六〕蒙以不潔，鄙夫掩鼻；惡人盛飾，可以宗祀上帝。使二人不涉聖人之門，不免爲窮夫，安得卿大夫之名？故砥所以致於刃〔四七〕，學所以盡其才也。孔子曰：『觚不觚，觚哉，觚哉〔四八〕！』故人事〔四九〕加則爲宗廟器〔五〇〕，否則斯養〔五一〕之爨材〔五二〕。干、越〔五三〕之鋌不厲〔五四〕，匹夫賤之；工人施巧，人主服〔五五〕而朝也。夫醜者自以爲姣，故飾〔五六〕；愚者自以爲知，故不學。觀笑〔五七〕在己而不自知，不好用人，自是之過也。」

* 這篇主要內容是關於宰我、子路之死的討論。「殊路」就是不同的道路的意思。後雜論篇：「意指殊路。」史記禮書：「殊路而同歸。」漢書武帝紀：「元朔六年詔：『所繇殊路。』元狩六年詔：『百姓所安殊路。』」又董仲舒傳：「廉恥殊路。」又司馬遷傳：「趣舍異路。」則此爲當時習用語。

田常是春秋末期新興地主階級代表，他適應封建勢力發展的需要，在齊國推行了一系列革新措施。左傳昭公三年記晏子答叔向一段話，他說：「此季世也，吾弗知，齊其爲陳氏矣。公棄其民，而歸於陳氏。

齊舊四量，豆、區、釜、鍾，四升爲豆，各自其四，以登於釜，釜十則鍾。陳氏三量，皆登一焉，鍾乃大矣；以家量貸而以公量之。山木如市，弗加於山。魚、鹽、蜃蛤，弗加於海。民參其力，二入於公，公聚朽蠹，而三老凍餒。國之諸市，屨賤踊貴。民人痛疾，而或燠休之，其愛之如父母，而歸之如流水，欲無獲民，將焉辟之？」由於田常採取了這些符合人民願望的措施，贏得了齊國人民的擁護，終於在公元前四八一年殺了齊簡公，掌握了齊國的政權，這是齊國新興地主階級向奴隸主貴族奪權的行動，在當時是進步的，符合歷史發展的。在這次鬭争中，孔丘弟子宰我（即宰予）參加了反對田常奪權的鬭争，最終被田常殺掉了。

關於田常殺宰我事，韓非子難言篇寫道：「宰予不免於田常。」李斯上二世書寫道：「田常爲簡公臣，爵列無敵於國，私家之富，與公家均，布惠施德，下得百姓，陰取齊國，殺宰予於庭，即弑簡公於朝，遂有齊國，此天下所明知也。」（史記李斯傳）吕氏春秋慎勢篇寫道：「陳成常果攻宰予於庭中，而弑簡公於朝。」高誘注：「宰予字子我。」淮南人間篇寫道：「陳成常果攻宰予於庭中，而弑簡公於朝。」許慎注：「宰予，孔子弟子，仕於齊。」史記仲尼弟子列傳寫道：「宰我爲臨菑大夫，與田常作亂，以夷其族，孔子耻之。」説苑正諫篇寫道：「田常果攻宰予於庭，賊簡公於朝。」這些，都和本書相合。由於當時夥同一道反對田常的，還有一個監止，（又作闞止，據説也字子我，但找不出字義上「止」與「我」有何關係。）所以史記田敬仲完世家把二人分别得很清楚，寫道：「子我者，監止之宗人也。」又寫道：「田氏之徒追殺子我及監止。」則宰予參加這次反革新活動，是爲了維護奴隸主政權、反對新興地主階級勢力，也是無可懷疑的。然而晚出的「古文春秋左氏傳」，即當時公認爲「左氏不傳春秋」（俱見漢書楚元王傳附劉向傳）的左傳昭公十四年，却把此事全算在闞止賬上，把宰予撇開，想把孔丘認爲可耻的事情一筆抹煞，妄圖以一手掩蓋天下耳目。於是，後來司馬貞在爲弟子傳作索隱時，遂據此獻疑，認爲：「按左氏傳，無宰我與田常作亂之文，然有闞止字子我，而因争寵，遂爲陳恒所殺，恐字與宰予相涉，因誤云然。」自從司馬貞造爲此説，一犬吠影，百犬吠聲，强聒不休，真如桑弘羊所説的「季夏之蛙」一樣，像雲谷雜記一、容齋續筆十五、困學紀聞十一、劉貴陽經説殘稿、陔餘叢考五、過庭録九都紛紛爲孔門鳴冤叫屈。但許多確鑿可憑的材料，如韓非、李斯諸人，吕氏、淮南、史記、説苑諸書，尤其是出自儒生、公羊學家桓寬所整理的本書，都異口同聲地説是孔丘的弟子宰予，不是比左傳的單文孤證更爲可靠嗎？這一重大政治事件的發生，簡公、宰我都死了，孔丘「沐浴而朝，告於哀公曰：『陳恒弑其君，請討之。』公曰：『告夫三子。』孔子曰：『以吾從大夫之後，不敢不告也。君曰告夫三子者！』之三子告，不可。孔子曰：『以吾從大夫之後，不敢不告也』」。左傳昭公十四年也記載了這事：「齊陳恒弑其君壬於舒州。孔丘三日齊而請伐齊三，公曰：『魯爲齊弱久矣，子之伐之將若之何？』對曰：『陳恒弑其君，民之不與者半，以魯之衆，加齊之半，可克也。』公曰：『子告季孫。』孔子辭退而告人曰：『吾以從大夫之後也，故不敢不言。』」孔丘的這種做法，遭到了魯國三家新興地主階級的抵制。公元前四八〇年，蒯聵勾結衛國大夫孔悝，把衛出公驅逐出國而自立爲國君，衛國奴隸主階級内部出現了一片混亂局面。這時，子路正在做孔悝的邑宰。子路是一個「暴虎馮河，死而無悔」的一介勇夫，參加了這次奴隸主階級的内訌，結果被人剁成肉泥，做成肉醬，成了奴隸制度的殉葬品。無論宰我也好，子路也好，一個反對田常奪權，一個參加衛國内訌，他們的死，殊路而同歸，都是爲維護和復辟奴隸制而賣命。

〔一一〕論語雍也篇：「子曰：『雍也可使南面。』」集解：「苞氏曰：『可使南面者，言任諸侯，可使治國政也。』」吕氏春秋士容篇：「士……南面稱寡，而不以侈大。」高誘注：「南面，君位也；孤，寡，謙稱也。

士之如此者，使即南面之君，亦處義而已，不以奢侈廣大也。」大戴禮記子張問入官篇：「三君子南面臨官。」史記樗里子傳：「請必言子於衛君，使子爲南面。」説苑修文篇：「孔子言雍也可使南面，南面者，天子也。」

〔二〕正嘉本、太玄書室本、張之象本、沈延銓本、金蟠本「云」作「可」，屬下爲句。盧文弨曰：「當作『可』。」器案：作「云」是，「云」者，語助詞。韓非子外儲説左上：「如是羹且美，錢布且易云也。」史記封禪書用「云」字作語助詞者，無慮十餘處，如「其詳不可得而記聞云」，「其牲用騂駒、黄牛、羝羊各一云」，「諸神祠皆聚云」，「文公獲若石云」，「其聲殷云」，用法與此正同。

〔三〕論語先進篇：「子曰：『從我於陳、蔡者，皆不及門也。德行：顔淵、閔子騫、冉伯牛、仲弓。言語：宰我、子貢。政事：冉有、季路。文學：子游、子夏。』」

〔四〕盧文弨曰：「誤以闞止爲宰予。」案盧説不可據，説已詳解題。

〔五〕史記田敬仲完世家正義：「檀臺，在青州臨淄縣東北一里。」

〔六〕張之象注曰：「檀弓曰：『孔子哭子路於中庭，有人弔者，而夫子拜之，既哭，進使者而問故。使者曰：醢之矣。遂命覆醢。』盜跖（莊子盜跖篇）曰：『子以甘言説子路，而使從之，使子路去其危冠，解其長劍，而受教於子，天下皆曰孔丘能止暴禁非，其卒之也，子路欲殺衛君而事不成，是子教之不至也。』至公篇（説苑）曰：『子羔爲衛政，刖人之足。衛之君臣亂，子羔走郭門，郭門閉，刖者守門，曰：於彼有缺。子羔曰：君子不踰。曰：於彼有竇。子羔曰：君子不遂。曰：於此有室。子羔入，追者罷。子羔將去，謂刖者曰：吾不能虧損主之法令，而親刖子之足，吾在難中，此乃子之報怨時也，何故逃我？刖者曰：斷足固我罪也，無可奈何。君之治臣也，傾側法令，先後臣以法，欲臣之免於法也，臣知之；獄決罪定，臨當論刑，君愀然不樂，見於顏色，臣又知之；君豈私臣哉？天生仁人之心，其固然也。此臣之所以脱君也。孔子聞之曰：善爲吏者樹德，不善爲吏者樹怨，公行之也。其子羔之謂歟！』」案此事又見韓非子外儲説左下、家語致思篇。

〔七〕盧文弨曰：「『更』，償也，與庚同。」

〔八〕二三子，猶如説你們或他們。論語述而篇：「二三子以我爲隱乎？」又子罕篇：「無寧死於二三子之手乎！」又先進篇：「非我也，夫二三子也。」孟子梁惠王下：「二三子何患乎無君。」左傳昭公三年：「二三子先卜鄰矣，違卜不祥。」文選曹子建贈丁翼詩：「吾與二三子，曲宴此城隅。」又陸士衡贈馮文羆詩：「昔與二三子，遊息承華南。」又江文通雜體詩：「眷我二三子，辭義麗金雘。」這裏用爲他們的意思。

〔九〕「殤」原作「襄」，今據盧文弨、張敦仁説校改。盧氏拾補作「殤」，云：「『襄』訛。」張云：「『襄』當作『殤』，下句『魯莊知季有之賢』，『有』當作『子』，此見於公羊桓二年傳何休注，而次公稱之者，必舊説也。公羊季子（閔元年）、季友（僖十六年）一人而異義，故此必云『季子』，不知者改『子』爲『友』，因譌成『有』字。」（拾補作「友」字，非。）案：公羊桓公二年何休注：「傳道此者，明殤公知孔父賢，而不能用，故致此禍；設使殤公不知孔父賢，焉知孔父死已必死？設使魯莊公不知季子賢，焉知以病召之？皆患安存之時則輕廢之，急然後思之，故常用不免。」

〔一〇〕盧文弨「有」改「友」，云：「『有』訛。」楊沂孫曰：「『有』當作『友』。」器案：太玄書室本、張之象本、沈延銓本、金蟠本作「友」，「有」「友」古通。論語學而篇「有朋」釋文云：「『有』或作『友』。」荀子大略篇楊注：「『友』與『有』同。」

〔一一〕張之象注：「説苑尊賢篇曰：『國家之任賢而吉，任不肖而凶，案往世而視已事，其必然也如合符，此爲人君者不可以不慎也。國家惛亂而良臣見。魯國大亂，季有之賢見。僖公即位而任季子，魯國安寧，外内無憂，行政二十一年，季子之卒，後邾擊其南，齊伐其北，魯不勝其患，將乞師於楚以取全耳。故傳曰：患之起，必自此始也。公子買不可使成，衛公遂不聽君命而擅之，晉内侵於臣下，外困於兵亂，弱之患也。僖公之性，非前二十一年常賢，而後乃漸變爲不肖也。此季子存之所益，亡之所損也。夫得賢失賢，其損益之驗如此，而人主急於所用，甚可疾痛也。夫智不足以見賢，無可奈何矣。若智能見之，而强不能決，猶豫不用，而大者死亡，小者亂傾，此甚可悲哀也。以宋殤公而不知孔父之賢乎？安知孔父死已必死，趨而救之？趨而救之者，是知其賢也。以魯莊公不知季子之賢乎？安知疾將死，召季子而授之國政？授之國政者，是知其賢也。此二君知能見賢，而皆不能用，故宋殤公以殺死，魯莊公以賊嗣。使宋殤公蚤任孔父，將靖鄰國，而況自存乎？』」器案：春秋繁露精華篇：「是故任非其人而國家不傾者，自古至今，未嘗聞也。故吾按春秋而觀成敗，乃切悁悁於前世之興亡也。任賢臣者，國家之興也。夫知不足以知賢，無可奈何矣。知者不能任，大者以死亡，小者以亂危，其若是何耶？以莊公不知季子賢耶？安知病將死召而授以國政？以殤公爲不知孔父賢耶？安知孔父死已必死，趨而救之？二主知皆足以知賢，而不決不能任，故魯莊以危，宋殤以弑。使莊公早用季子，而宋殤素任孔父，尚將興鄰國，豈直弑哉？此吾所悁悁而悲者也。」春秋繁露此文，就是本書及何休公羊傳注所本，説苑也是用的董仲舒説。

〔一二〕史記仲尼弟子傳：「子路爲蒲大夫。」索隱：「蒲，衛邑，子路爲之宰也。」

〔一三〕淮南子精神篇：「晏子與崔杼盟，臨死地而不易其義。」高誘注：「晏子名嬰，字平仲，齊大夫也，崔杼殺齊莊公，盟諸侯曰：『不唯崔、慶是從者，如此盟。』晏子曰：『嬰所不唯忠於君，而利社稷者是從，亦如之。』故曰『臨死地而不易其義』者也。」事詳左傳襄公二十五年。

〔一四〕論語微子篇：「微子去之，箕子爲之奴，比干諫而死。孔子曰：『殷有三仁焉。』」

〔一五〕楊沂孫曰：「『物』上當有『僞』字。」

〔一六〕張敦仁曰：「『金』當作『全』，全玉者，考工記玉人所謂『天子用全』者也。禮器、郊特牲皆云：『大圭不琢。』鄭注皆云：『琢當爲篆。』鄭意以爲即典瑞瑑圭璋璧琮之『瑑』，『篆』『瑑』同字也。或當次公時禮家有如字説之者。」拾補云：「『當作瑑。』未是。」器案：漢書董仲舒傳：「良玉不瑑。」師古曰：「瑑謂雕刻爲文也。」楊子法言寡見篇：「良玉不彫，美言不文。」疑此文「金玉」當作「良玉」，此概舉玉之良者言之，不限於天子所用之「全玉」也。

〔一七〕楊沂孫曰：「『珠』當作『姝』。」張之象注曰：「『畫』音與『壞』同。」反質篇曰：「孔子卦得賁，喟然仰而嘆息，意不平。子張進，舉手而問曰：師聞賁者吉卦，而歎之乎？孔子曰：賁非正色也，是以歎之。吾思也，質素白當正白，黑當正黑，文質又何？吾亦聞之，丹漆不文，白玉不雕，寶珠不飾，何也？質有餘者，不受飾也。』」器案：楊説非。淮南子説林篇：「白玉不琢，美珠不文，質有餘也。」高誘注：「性自然，不復飾。」此與説苑反質篇俱作「珠」，「不畫」即「不飾」、「不文」之意。

〔一八〕漢書司馬遷傳：「材懷隨、和。」師古曰：「隨侯，珠也。和氏，璧也。」楚辭王褒九懷：「瓦礫進寶兮，損棄隨、和。」洪興祖補注：「隨侯之珠，和氏之璧。」「隋」即「隨」，隋時省「隨」作「隋」，所謂「惡『走』省

『隨』」是也。

〔一九〕論語公冶長篇：「宰予晝寢。子曰：『朽木不可雕也，糞土之牆不可杇也。』」

〔二〇〕韓詩外傳七：「鉛刀畜之，而干將用之。」史記賈生傳：「鉛刀爲銛。」索隱：「鉛，錫也。」楚辭東方朔七諫：「鈆刀進御兮，遥棄太阿。」王逸注：「鈆音沿，青金也。」王褒九諫：「鈆刀御兮，頓棄太阿。」漢書叙傳：「答賓戲：『鈆刀皆能一斷。』」

〔二一〕荀子賦篇：「嫫母、力父，是之喜也。」楊注：「嫫母，醜女，黄帝時人。」吕氏春秋遇合篇：「嫫母執乎黄帝。黄帝曰：『屬女德而弗忘，與女正而弗衰，雖惡奚傷。』」高誘注：「惡，醜也。」

〔二二〕莊子田子方篇：「吾所學者直土梗耳。」釋文引司馬云：「土梗，土人也。」案土人即土俑。

〔二三〕論語公冶長篇：「吾黨之小子狂簡，斐然成章。」

〔二四〕左傳隱公三年：「潢汙行潦之水。」正義引服虔曰：「行潦，道路之水。」

〔二五〕續漢書百官志五注引漢官儀：「五里一郵，郵間相去二里半。」

〔二六〕「雞」原作「難」，楊沂孫曰：「『難』當作『誰』。」黄季剛曰：「疑當作『鄰里逐雞，雞亦無黨也』。連雞不能俱棲，（案見戰國策秦策上。）明無黨矣。」器案：「郵」字不必改。黄改「難」爲「雞」，可從。釋「黨」爲「朋黨」之「黨」，則未確。「連雞不能俱棲」之説，見戰國策秦策上，引此爲喻，與上文文意不屬。此處「黨」字，仍是「里黨」、「鄉黨」之「黨」，這裏是説，郵里之間之雞，雖被人亂逐，亦能各識其家而競入也。是以「逐雞」取譬「御民」。荀悦申鑒政體篇：「睹孺子之驅雞也，而見御民之方。孺子驅雞者，急則驚，緩則滯，方其北也，遽要之則折而過南，方其南也，遽要之則折而過北，迫則飛，疎則放，志閑則比之，流緩而不安則食之，不驅之驅，驅之至者也，志安則循路而入路。」蓋漢時談「御民」之術，自有「驅雞」之喻，故前則桑弘羊，後則荀悦，都得據以爲言也。

〔二七〕「礛諸」原作「鑑識」，今據張敦仁說校改。張云：「『鑑識』當作『礛諸』，淮南子說山訓：『玉待礛諸而成器。』説林訓：『璧瑗成器，礛諸之功。』此語出於彼。說文作『厱』，云：『厱諸，治玉石也，讀若藍。』廣雅釋器云：『礛儲，礪也。』『礛』、『厱』、『儲』同字。」

〔二八〕王先謙曰：「莊子齊物論：『麗姬、毛嬙。』成玄英疏：『毛嬙，越王嬖妾。』」案詩陳風月出篇：「佼人僚兮。」釋文：「『佼』字又作『姣』。」說文女部、文選思玄賦注俱云：「姣，好也。」

〔二九〕王先謙曰：「北堂書鈔儀飾部引『香澤脂粉』作『脂粉香澤』。」器案：韓非子顯學篇：「故善毛嬙、西施之美，無益吾面，用脂澤粉黛，則倍其初。」此文本之。

〔三〇〕史記孔子世家太史公曰：「自天子王侯，中國言六藝者，折中於夫子，可謂至聖矣。」漢書杜欽傳：「周公身有至聖之德。」

〔三一〕韓詩外傳五：「周公學乎虢叔。」新序雜事五：「周公學乎太公。」

〔三二〕後遵道篇有「庸人」，與此「齊世庸士之人」義同。文選魏都賦注：「庸謂凡常無奇異也。」

〔三三〕張之象本、沈延銓本、金蟠本「荷負」作「負荷」。文選東京賦注：「荷，負也。」

〔三四〕「崖」通作「涯」。詩經小雅北山釋文：「『涯』本作『崖』。」左傳成公十四年釋文：「『涯』本作『崖』。」爾雅釋丘釋文：「『崖』本作『涯』。」太玄書室本作「涯」。

〔三五〕張之象注曰：「仲尼弟子列傳曰：『子路性鄙，好勇力，志伉直，冠雄雞，佩豭豚，陵暴孔子。孔子設禮，稍誘子路。子路後儒服委質，因門人請爲弟子。』建本篇（説苑）曰：『孔子謂子路曰：汝何好？子路曰：好長劍。孔子曰：非此之問也。請以汝之所能，加之以學，豈可及哉！子路曰：學亦有益乎？孔子曰：夫人君無諫臣則失政，士無教交則失德，狂馬不釋其策，操弓不返於檠，木受繩則直，人受諫則聖，受學重問，孰不順成，毁仁惡士，且近於刑，君子不可以不學。子路：南山有竹，弗揉自直，斬而射之，通於犀革，又何學爲乎？孔子曰：括而羽之，鏃而砥礪之，其入不益深乎？子路拜曰：敬受教哉！』貴德篇（説苑）曰：『子路持劍，孔子問曰：由安用此乎？子路曰：善古者，固以善之；不善古者，固以自衛。孔子曰：君子以忠爲質，以仁爲衛，不出環堵之内，而聞千里之外，不善以忠化，冠暴以仁圍，何必持劍乎？子路曰：由也請攝齊以事先生矣。』」案張注所引建本篇文，又見家語子路初見篇；所引貴德篇文，又見家語好生篇。

〔三六〕論語鄉黨篇：「攝齊升堂。」集解：「孔安國曰：『衣下曰齊。』」皇侃義疏：「裳下縫也。」

〔三七〕論語先進篇：「子路行行如也，……曰：『若由也不得其死然。』」集解：「鄭玄曰：『行行，剛强之貌也。』」

〔三八〕「鄙心」猶言小人之心。吕氏春秋尊師篇：「子張，魯之鄙家也。」「鄙家」即「鄙人」。淮南子修務篇高注：「鄙人，小人也。」

〔三九〕論語公冶長篇：「宰予晝寢，子曰：『朽木，不可雕也，糞土之牆，不可杇也，於予與何誅！』」

〔四〇〕論語陽貨篇：「宰我問：『三年之喪，期已久矣，君子三年不爲禮，禮必壞，三年不爲樂，樂必崩。舊穀既没，新穀既升，鑽燧改火，期可已矣。』子曰：『食夫稻，衣夫錦，於女安乎？』曰：『安！』『女安，則爲之。夫君子之居喪，食旨不甘，聞樂不樂，居處不安，故不爲也。今女安，則爲之。』宰我出。子曰：『予之不仁也。子生三年，然後免於父母之懷。夫三年之喪，天下之通喪也；予也有三年之愛於其父母乎？』」

〔四一〕論語先進篇「由」下有「也」字，本書訟賢篇用這句話，也没有「也」字。案左傳僖公二十八年：「是糞土也。」國語周語下：「蕩以爲魁陵糞土溝瀆。」俱以糞土連文。本草土部黃土條陳藏器曰：「張司空言：『三尺以上曰糞土，三尺以下曰土。』」

〔四二〕王先謙曰：「御覽五百八十五文部引『質』作『實』。」案御覽五八四引也作「實」。但是法苑珠林六七、書鈔八三、一三五、御覽六〇七引都作「質」，「質」字是對的，「質」「文」對言，這是古今常語，不必從後引作「實」。

〔四三〕意林、太平御覽卷六十八引桓譚新論：「畫水鏤冰，與時消釋。」

〔四四〕法苑珠林引「戚施」作「西施」，涉下文而誤。「戚施」注見非鞅篇注〔六三〕。

〔四五〕法苑珠林引「化」作「加」。淮南子修務篇：「啳睽哆噅，籧蒢戚施，雖粉白黛黑，弗能爲美者，嫫母、仳倠也。」高誘注：「嫫母、仳倠，古之醜女。」

〔四六〕「曰西子」三字原無，今補。正嘉本、攖寧齋鈔本、倪邦彦本、太玄書室本、張之象本、沈延銓本、金蟠本、楊沂孫校本「文學」下有「曰」字。仔細研究這裏的文勢，上文是大夫之言，這裏是文學之言，應該是有「曰」字。「蒙」上的「西子」二字，據孟子離婁下：「孟子曰：『西子蒙不潔，則人皆掩鼻而過之；雖有惡人，齋戒沐浴，則可以祀上帝。』」這裏正用孟子之文，應當有「西子」二字。法苑珠林引上文「戚施」

作「西施」，當緣此而誤。御覽六〇七引韓子：「加脂粉則膜母進御，蒙不潔則西施棄野，學之爲脂粉亦厚矣。」金樓子立言下：「加脂粉則宿瘤進，蒙不潔則西施屏。」都説「西子蒙不潔」，今據訂補。

〔四七〕尚書禹貢正義引鄭玄注云：「礪，磨刀刃石也，精者曰砥。」

〔四八〕這是論語雍也篇文。

〔四九〕「人事」原作「事人」，今從張敦仁説乙正。太玄書室本此句作「士加琢則爲宗廟器」。

〔五〇〕論語公冶長篇：「子貢問曰：『賜也何如？』子曰：『汝器也。』曰：『何器也？』曰：『瑚璉也。』」集解：「苞氏曰：『瑚璉者，黍稷器也，夏曰瑚，殷曰璉，周曰簠簋，宗廟器之貴者也。』」

〔五一〕太玄書室本、張之象本、沈延銓本、金蟠本「斯」作「廝」。「斯」「廝」古通。

〔五二〕「爨材」原作「疊才」，今據孫詒讓説校改。孫云：「案此釋論語雍也篇義。蓋亦以觚爲爵，與馬融説同。（集解馬曰：「觚，禮器，一升曰爵，二升曰觚。」）『斯養』即『廝養』；『斯』『廝』古今字，哀二年左傳：『去斯役。』釋文云：『斯本作廝。』『疊才』當作『爨材』，俗書『爨』或作『爂』，（見唐秋日宴石淙序。）『爨』或作『爂』，（見魏大饗碑，「疊」亦「爨」之俗體。）形近而誤。蓋觚以木爲之，（考工記：「梓人爲飲器，觚三升。」）言木加以人事刻鏤，則爲觚，薦之宗廟；否則爲棄材，斯養取以爲薪給爨烹而已。（史記張耳陳餘傳集解引韋昭云：「析薪爲廝，炊烹爲養。」故云廝養之爨材。）此蓋西漢論語經師古義，與何氏集解及皇侃義疏引王肅等説並微異。」

〔五三〕張之象本、沈延銓本、金蟠本「干」誤「于」。尸子勸學篇：「昆吾之金，而銖父之錫，使干、越之工鑄之以爲劍。」荀子勸學篇：「干、越、夷、貉之子。」楊注：「干、越猶言吳越，呂氏春秋：『荆有次非，得寶劍於干、越。』高誘曰：『吴邑也。』」莊子刻意篇：「干、越之劍。」司馬彪曰：「干，吴也。」戰國策趙策：「吴干之劍。」説者謂干即「邗溝」之邗也。

〔五四〕張之象本、沈延銓本、金蟠本「厲」作「礪」。

〔五五〕古代管帶劍叫做「服」。周禮考工記，桃氏爲劍，分上中下三制：「上制，上士服之；中制，中士服之；下制，下士服之。」鄭玄注：「人各以其形貌大小帶之。」史記李斯傳：「陛下服太阿之劍。」吕氏春秋順民篇：「服劍臂刃。」高注：「服，帶。」淮南子修務篇：「苗山之鋋，羊頭之銷，雖水斷龍舟，陸剸兕甲，莫之服帶。」又：「服劍者期於銛利。」又説山篇：「稱以楚頃襄王劍，則貴人争帶之。」高誘注：「託之爲楚頃襄王之所服，故貴人慕而争帶之。」大戴禮記武王踐阼篇劍銘曰：「帶之以爲服。」李尤寶劍銘：「縉紳咸服，翼宣儀刑。」吴越春秋闔廬内傳：「服此劍可以折衝伐敵。」列子湯問篇：「其祖得殷帝之寶劍，一童子服之，却三軍之衆。」張協七命：「楚之陽劍，歐冶所營，……此蓋希世之神兵，子豈能從我而服之乎？」晉書張華傳：「焕曰：『本朝將亂，張公當受其禍，此劍當係徐君墓樹耳，靈異之物，終當化去，不永爲人服也。』」陶弘景刀劍録於漢高帝斬蛇劍、漢平帝衍劍、漢光武秀霸劍、魏武帝孟德劍、齊王芳劍、劉備劍、梁武帝劍，俱用服字，都管帶劍叫做服。

〔五六〕張之象本、沈延銓本、金蟠本「飾」上有「不」字。

〔五七〕司馬遷報任安書：「重爲天下觀笑。」顔師古注：「觀視之而笑也。」明初本「笑」作「醜」。

訟賢*第二十二

大夫曰：「剛者折，柔者卷〔一〕。故季由以强梁死〔二〕，宰我以柔弱殺。使二子不學，未必不得其死。何者？矜己而伐能，小知而巨牧〔三〕，欲人之從己，不能以己〔四〕從人，莫視而自見，莫賈而自貴，此其所以身殺死而終菹醢〔五〕也。未見其爲宗廟器〔六〕，覩其爲世戮也。當此之時，東流亦安之乎〔七〕？」

文學曰：「騏驥之輓鹽車〔八〕，垂頭於太行之坂〔九〕，屠者持刀而睨之。太公之窮困，負販於朝歌也，蓬頭相聚而笑之。當此之時，非無遠筋〔一〇〕駿才也，非文王、伯樂莫知之〔一一〕賈也。子路、宰我生不逢伯樂之舉，而遇狂屠，故君子傷之。若『由不得其死然』，『天其祝予〔一二〕』矣。孔父累華督之難〔一三〕，不可謂不義。仇牧涉宋萬之禍〔一四〕，不可謂不賢也。」

大夫曰：「今之學者，無太公之能，騏驥之才，有以蜂蠆介毒而自害也〔一五〕。東海成顒〔一六〕、河東胡建〔一七〕是也。二子者以術蒙舉，起卒伍，爲縣令。獨非自是，無與合同。引之不來，推之不往〔一八〕，狂狷〔一九〕不遜，忮害不恭〔二〇〕，刻轢公主〔二一〕，侵陵大臣。知其不可而强行之，欲以干名。所由不軌，果没其身。未覩功業所至而見東觀〔二二〕之殃，身得重罪，不得以壽終。狡〔二三〕而以爲知，訐而以爲直，不遜以爲勇，其遭難，故〔二四〕亦宜也。」

文學曰：「二公懷精白〔二五〕之心，行忠正之道，直己以事上，竭力以徇公，奉法推理，不避强禦〔二六〕，不阿所親〔二七〕，不貴妻子之養，不顧私家之業。然卒不能免於嫉妬之人，爲衆枉所排也。其所以累不測〔二八〕之刑而功不遂也。夫公族不正則法令不行〔二九〕，肱肱不正則姦邪興起。趙奢行之平原〔三〇〕，范睢行之穰侯〔三一〕，二國治而兩家全。故君過而臣正，上非而下譏，大臣正，縣令〔三二〕何有〔三三〕？不反〔三四〕諸己而行〔三五〕非於人，執政之大失也。夫屈原之沉淵，遭子椒〔三六〕之譖也；管子得行其道，鮑叔之力也〔三七〕。今不覩鮑叔之力，而見汨羅之禍，雖欲以壽終，無其〔三八〕能得乎？」

* 張敦仁曰：「目録『訟』作『頌』。」「頌」「訟」古通，史記吕后紀：「未敢訟言誅之。」索隱：「訟，誦説也。」漢書東方朔傳：「因自訟獨不得大官。」自訟就是自己稱頌自己。這篇是大夫與文學接着前篇「二三子殊路」問題，提出對於所謂賢者的評價。

文學以爲「子路、宰我生不逢伯樂之舉，而遇狂屠，故君子傷之。若『由不得其死然』，『天其祝予』矣」，認爲他們「卒不能免於嫉妬之人，爲衆枉所排也。其所以累不測之刑而功不遂也」。

大夫則認爲「二子不學，未必不得其死」。即是説，子路、宰我不接受孔丘的思想，就不一定成爲奴隸制的殉葬品。並進而指出「今之學者，……知其不可而强行之，……其遭難，故亦宜也」。

〔一〕淮南子氾論篇：「太剛則折，太柔則卷。」漢書雋不疑傳：「凡爲吏太剛則折，太柔則廢。」

〔二〕老子：「彊梁者不得其死。」

〔三〕「牧」原作「收」，義不可通，二字因形近而誤，詳園池篇注〔四〕，今改正。

〔四〕「己」下原有「之」字，姚範曰：「『之』字衍。」今據删。

〔五〕楚辭屈原九章涉江：「比干菹醢。」注：「『菹』一作『葅』。」文選答蘇武書：「韓彭葅醢。」注：「説文：『葅，肉醬也。』」禮記檀弓上：「夫子哭子路於中庭，有人弔者，而夫子拜之，既哭，進使者而問故，使者曰：『醢之矣。』」説文：「醢，肉醬也。」

〔六〕論語公冶長：「子貢曰：『賜也何如？』子曰：『汝器也。』曰：『何器也？』曰：『瑚璉也。』」集解：「苞氏曰：『瑚璉者，黍稷器也，夏曰瑚，殷曰璉，周曰簠簋，宗廟器之貴者也。』」

〔七〕盧文弨曰：「『東』疑『乘』，子路欲從浮海，故大夫云然。」張敦仁曰：「案拾補大誤。文學言『東流無崖之川』，故大夫云爾。『亦』者，亦前篇也。戰國趙策蘇秦説李兑章：『東流至海，氾濫無止。』文學之語出於彼。」

〔八〕「騏驥」原誤作「騏驎」，王先謙曰：「藝文類聚獸部、御覽八百九十七獸部、事類賦獸部引『驎』並作『驥』，『輓』並作『負』。案文學以騏驥、太公並論，故下文『大夫云：無太公之能，騏驥之才』，正與此言相抵，是此文作『騏驥』甚明，『驎』字誤。御覽八百二十八資産部亦作『驥』，『輓』字與此同。」器案：後漢書馬援傳注引「驎」作「驥」，太玄書室本、張之象本、沈延銓本、金蟠本、楊沂孫校本都作「驥」，本書利議篇也説：「梔驥鹽車。」今據改正。戰國策楚策：「汗明曰：『君亦聞驥乎？夫驥之齒至矣，服鹽車而上太行，蹄申膝折，尾湛胕潰，漉汁灑地，白汗交流，中阪遷延，負棘而不能上。伯樂遭之，下車攀而哭之，解紵衣以冪之。驥於是俛而噴，仰而鳴，聲達於天，若出金石者，何也？彼見伯樂之知己也。』」即此文所本。後漢書注引「輓」作「負」。

〔九〕「太行」下原無「之阪」二字，今補。王先謙曰：「案此文語意不了，『太行』下應有『之阪』二字。戰國楚策：『夫驥之齒至矣，服鹽車而上太行，蹄申膝折，尾湛胕潰，漉汁灑地，白汗交流，中阪遷延，負轅不能上。伯樂遭之，下車攀而哭之。』『阪』『坂』字同，謂山陂極峻者。驥至阪不能上，方始垂頭，非上太行即垂頭也。唐儲光羲詩：『峻阪悲騏驥。』李白詩：『鹽車上峻阪。』並用此語。藝文類聚獸部、御覽資産部、獸部、事類賦獸部引本書『太行』下並有『之阪』二字，此脱。」器案：後漢書注引「太行」下也有「之阪」二字，下尚有「見伯樂則噴而長鳴」八字，御覽八二八引亦有此八字。

〔一〇〕拾補作「筋」，云：「『筋』俗。」

〔一一〕盧文弨曰：「『之』猶『其』。或云：『知、之二字倒。』」

〔一二〕公羊傳哀公十四年：「顔淵死，子曰：『噫，天喪予！』子路死，子曰：『噫，天祝予！』」何休注：「祝，斷也。天生顔淵、子路，爲夫子輔佐，皆死者，天將亡夫子之證。」

〔一三〕張之象注：「左傳曰：『宋華父督見孔父之妻於路，目逆而送之，曰：美而艷。宋督攻孔氏，殺孔父死，取其妻。公怒，督懼，遂弑死公。君子以爲督有無君之心，然後動於惡，故史書弑其君。』春秋曰：『春王正月戊申，宋督殺其君與夷，及其大夫孔父。』公羊傳曰：『及者何？累也。弑君多矣，舍此無累者乎？曰：有，仇牧、荀息皆累也。舍仇牧、荀息無累者乎？曰：有。有則此何以書？賢也。何賢乎孔父？孔父可謂義形於色矣。其義形於色奈何？督將弑殤公，孔父生而存，則殤公不可得而弑也。故於是先攻孔父之家。殤公知孔父死，己必死，趨而救之，皆死焉。孔父正色而立於朝，則人莫敢過而致難於其君者，孔父可謂義形於色矣。』」器案：穀梁傳桓公二年范寧注：「累謂從也。」疏引麋信云：「累者，從也。」

〔一四〕公羊傳莊公十二年：「秋，八月甲午，宋萬弑其君捷。宋萬，宋之卑者也，卑者以國氏。及其大夫仇牧，以尊及卑也。仇牧，閑也。」何休注：「仇牧扞衛其君，故見殺也。」

〔一五〕黄季剛曰：「『也』當作『者』。」案文選補亡詩注：「介，助也。」太玄書室本「以」作「似」，古通。

〔一六〕張敦仁曰：「此云『成、胡』，箴石篇云：『則恐有盛、胡之累。』『成』『盛』同字而歧異。」成顒待考。

〔一七〕漢書胡建傳：「胡建，字子孟，河東人也。……後爲渭城令，治甚有聲。值昭帝幼，皇后父上官將軍安與帝姊蓋主私夫丁外人相善，外人驕恣，怨故京兆尹樊福，使客射殺之，客藏公主廬，吏不敢捕。渭城令建將吏卒圍捕。蓋主聞之，與外人、上官將軍多從奴客往，犇射追吏。吏散走，主使僕射劾渭城令游徼傷主家奴。建報亡它坐。蓋主怒，使人上書告建侵辱長公主，射甲舍門，知吏賊傷奴，辟報，故不窮審。大將軍霍光寢其奏。後光病，上官氏代聽事，下吏捕建，建自殺。吏民稱寃。至今渭城立其祠。」

〔一八〕淮南子修務篇：「引之不來，推之不往。」史記汲黯傳：「招之不來，麾之不去。」

〔一九〕論語子路篇：「狂者進取，狷者有所不爲也。」集解：「苞氏曰：『狂者進取於善道，狷者守節無爲。』」

〔二〇〕淮南子齊俗篇：「今世之爲禮者，恭敬而忮。」許慎注：「忮，害也。」漢書匡衡傳：「或忮害，好陷人於罪。」又：「今之僞薄，忮害不讓極矣。」師古曰：「忮，堅也，謂酷害之心堅也。」又酷吏甯成傳：「汲黯爲忮。」師古曰：「忮，意堅也。」

〔二一〕漢書灌嬰傳：「輘轢宗室，侵犯骨肉。」師古曰：「輘轢，謂蹈踐之也。」文選孫子荆爲石仲容與孫皓書：「陵轢沙漢。」劉良曰：「陵，乘；轢，踐也。」説文車部：「轢，車所踐也。」

〔二二〕「東觀」，張之象本、沈延銓本、金蟠本作「兩觀」，張之象、金蟠注並引家語始誅篇孔子誅少正卯於兩觀之下爲説。案説苑指武篇：「孔子爲魯司寇，七日而誅少正卯於東觀之下。」淮南子氾論篇高誘注：「少正，官；卯，其名也；魯之諂人。孔子相魯，七日，誅之於東觀之下。」那麽，漢人説孔子誅少正卯事，自作「東觀」，家語晚出之書，不可信賴。説略本楊樹達。

〔二三〕張敦仁曰：「華本（明初本同。）『狡』改『絞』，張之象本（沈延銓本、金蟠本同。）改『徼』。案論語釋文云：『徼，古堯反；鄭本作絞，古卯反。』此蓋亦作『絞』，而在鄭前也。後雜論篇云：『直而不徼。』今論語皆作『絞』，然則『絞』、『徼』同字攷歧異歟？」案論語陽貨篇：「惡徼以爲知者，惡不孫以爲勇者，惡訐以爲直者。」即此文所本。

〔二四〕張之象本、沈延銓本、金蟠本「故」作「固」，古通，史記魯周公世家：「咨於固實。」集解：「徐廣曰：『固一作故。』」

〔二五〕漢書食貨志上注：「縞，皓素也，繒之精白者也。」又賈山傳：「天下之士，莫不精白以承休德。」師古曰：「厲精而爲潔白也。」楚辭九章：「精色内白。」王注：「其色精明，内懷潔白。以言賢者亦然，外有精明之貌，内有潔白之志。」急就篇顔師古注：「素謂絹之精白者。」

〔二六〕詩大雅烝民：「不畏彊禦。」後漢書陳蕃傳：「不畏彊禦陳仲舉。」强禦，强梁禦善之人。

〔二七〕孟子公孫丑上：「汙不至阿其所好。」趙岐注釋「阿其所好」爲「阿私所愛」。

〔二八〕漢書司馬遷傳：「今少卿抱不測之罪。」師古曰：「不測謂深也。」文選注：「不測，謂生死不可知。」

〔二九〕詩周南麟趾：「麟之角，振振公族。」

〔三〇〕張之象、金蟠注曰：「趙奢傳曰：『奢，趙之田部吏也，平原君家不肯出租，奢以法治之，殺用事者九人。平原君怒，將殺奢。奢曰：縱君家而不奉公，則法削，法削國弱，諸侯加兵，是無趙也，君安得有此富乎？平原君以爲賢，言之於王，治國賦，國賦大平。』」

〔三一〕張之象注曰：「范雎傳曰：『范雎日益親，復説用數年矣，因請問説曰：臣居山東時，聞齊之有田文，不聞其有王也；聞秦之有太后、穰侯、華陽、高陵、涇陽，不聞其有秦王也。夫擅國之謂王，能利害之謂王，制殺生之謂王，今太后擅行不顧，穰侯出使不報，華陽、涇陽等擊斷無諱，高陵進退不請，四貴備而國不危者，未之有也。爲此四貴者下，乃所謂無王也。然則權安得不傾，令安得從王出乎？臣聞善治國者，乃内固其威，而外重其權。穰侯使者，操王之重，決制於諸侯，剖符於天下，征敵伐國，莫敢不聽。戰勝攻取，則利歸於陶國，弊御於諸侯，戰敗則結怨於百姓，而禍歸於社稷。詩曰：木實繁者披其枝，披其枝者傷其心。大其都者危其國，尊其臣者卑其主。崔杼、淖齒管齊，射王股，擢王筋，縣之於廟梁，宿昔而死。李兑管趙，囚主父於沙丘，五日而餓死。今臣聞秦太后、穰侯用事，高陵、華陽、涇陽佐之，卒無秦王。此亦淖齒、李兑之類也。且夫三代所以亡國者，君專授政，縱酒馳騁弋獵，不聽政事。其所授者，妒賢嫉能，御下蔽上，以成其私，不爲主計，而主不覺悟，故失其國。今自有秩以上至諸大吏，下及王左右，無非相國之人者，是王獨立於朝，臣竊爲王恐萬世之後，有秦國者，非王子孫也。昭王聞之大懼，曰：善。於是廢太后，逐穰侯、高陵、華陽、涇陽君於關外。秦王乃拜范雎爲相。收穰之印，使歸陶國，使縣官給車牛以徙，千乘有餘。到關，關閲其寶器，寶器珍怪，多於王室。秦封范雎以應，號爲應侯。」

〔三二〕盧文弨曰：「似有脱文。」徐友蘭曰：「案『大臣』蒙上『君上大夫』，所謂『侵陵大臣』；『縣令』蒙上『臣下』，謂『成、胡爲縣令』；『反諸己』蒙上『過』『非』；『非於人』蒙上『譏』『正』；文無可增。」論語先進篇：「所謂大臣者，以道事君，不可則止。」

〔三三〕「有」原作「肯」，今據盧文弨説校改。

〔三四〕明初本、涂本、攖寧齋鈔本、正嘉本「反」作「及」。

〔三五〕盧文弨曰：「『行』疑『但』。」

〔三六〕涂本、攖寧齋鈔本、正嘉本「子椒」作「子柳」，非是。離騷：「余以蘭爲可恃兮。」又：「椒專佞以慢諂兮。」又：「覽椒、蘭其若兹兮。」注都説：「子椒、子蘭也。」又王逸序寫道：「譏刺椒、蘭。」公羊傳文公九年：「冬，楚子使椒來聘。椒者何？楚大夫也。」史記屈原傳載譖原的有令尹子蘭，新序節事篇載譖原的有司馬子椒。漢書楊雄傳載反離騷寫道：「脩靈既信椒、蘭之唼佞兮。」蘇林注：「椒、蘭，令尹子椒，子蘭也。」潛夫論明闇篇：「屈原得君而椒、蘭構讒。」後漢書孔融傳載曹操激厲融書寫道：「屈原憚楚，受譖於椒、蘭。」注云：「子椒、子蘭，云見史記。」今史記無「子椒」。

〔三七〕史記管晏列傳：「管仲夷吾者，潁上人也，少時，常與鮑叔牙游，鮑叔知其賢，管仲貧困，常欺鮑叔，鮑叔終善遇之，不以爲言。已而鮑叔事齊公子小白，管仲事公子糾。及小白立爲桓公，公子糾死，管仲囚焉，鮑叔遂進管仲。」

〔三八〕攖寧齋鈔本、正嘉本、太玄書室本、張之象本、沈延銓本、金蟠本、拾補本「無其」作「惡其」，明初本無「無」字。黄季剛曰：「『無』字不煩改。」孫人和曰：「『無其』連用語也。『無其能得乎』，猶言『能得乎』。古書或作『亡其』，莊子外物篇曰：『抑固窶邪？亡其略弗及邪？』吕氏春秋審爲篇：『君將攖之乎？亡其不與？』並爲轉語詞也。張之象改『無』爲『惡』，而抱經從之，是逐狂東走也。」

遵道*第二十三

大夫曰〔一〕：「御史！」

御史未應。

謂丞相史〔二〕曰：「文學結髮〔三〕學語，服膺不舍〔四〕，辭若循環〔五〕，轉若陶鈞〔六〕。文繁如春華，無効如抱風〔七〕。飾虚言〔八〕以亂實，道古以害今。從之，則縣官用廢，虚言不可實而行之；不從，文學以爲非也，衆口囂囂〔九〕，不可勝聽。諸卿都大府〔一〇〕日〔一一〕久矣，通先古，明當世，今將何從而可矣？」

丞相史進曰：「晉文公譎而不正，齊桓公正而不譎〔一二〕，所由不同，俱歸於霸。而必隨古不革〔一三〕，襲故不改，是文質不變〔一四〕，而椎車尚在也。故或作之，或述之〔一五〕，然後法令調於民，而器械便於用也。孔對三君殊意〔一六〕，晏子相三君異道〔一七〕，非苟相反，所務之時異也。公卿既定大業之路，建不竭之本，願無顧細故之語，牽儒、墨論也。」

文學曰：「師曠之調五音〔一八〕，不失宫商。聖王之治世，不離仁義。故有改制之名，無變道〔一九〕之實。上自黄帝，下及三王，莫不明德教，謹庠序〔二〇〕，崇仁義，立教化。此百世〔二一〕不易之道也〔二二〕。殷、周因循〔二三〕而昌，秦王變法而亡。詩云：『雖無老成人，尚有典刑〔二四〕。』言法教也〔二五〕。故没而存之，舉而貫之，貫而行之，何更爲哉？」

丞相史曰：「説西施之美無益於容，道堯、舜之德無益於治〔二六〕。今文學不言所爲治，而言以〔二七〕治之無功，猶不言耕田之方，美富人之囷倉也。夫欲粟者務時，欲治者因世。故商君昭然獨見存亡不可與世俗同者，爲其沮功〔二八〕而多近也。庸人安其故，而愚者果所聞。故舟車之治〔二九〕，使民三年而後安之〔三〇〕。商君之法立，然後民信之〔三一〕。孔子曰：『可與共學，未可與權〔三二〕。』文學可令扶繩循刻，非所與論道術之外也〔三三〕。」

文學曰：「君子多聞闕疑〔三四〕，述而不作〔三五〕，聖達而謀大〔三六〕，叡智而事寡。是以功成而不隳，名立而不頓。小人智淺而謀大，羸弱而任重，故中道而廢〔三七〕，蘇秦、商鞅是也。無先王之法，非聖人之道，而因於己，故亡。易曰：『小人處盛位，雖高必崩。不盈其道，不恒其德，而能以善終身，未之有也。是以初登于天，後入于地〔三八〕。』禹之治水也，民知其利，莫不勸其功〔三九〕。商鞅之立法，民知其害，莫不畏其刑。故夏后功立而王，商鞅法行而亡。商鞅有獨智之慮，世乏獨見之證〔四〇〕。文學不足與權當世，亦無負累蒙殃也〔四一〕。」

＊道就是孟子所謂「遵先王之法」的意思。文學主張治國必遵「先王之法」、「聖人之道」、「一舉而貫之，貫而行之，何更爲哉」！丞相史則認爲儒者「道迂而難遵」，極力反對他們的「隨古不革，襲故不改」。

〔一〕黃季剛曰：「『曰』當作『目』。」器案：「曰」字在這裏是叫呼之意，黃説未可從。

〔二〕丞相史，即後雜論篇「羣丞相、御史」中人。漢書百官公卿表：「相國、丞相，皆秦官，……文帝二年，復置一丞相，有兩長史，秩千石。」這裏所謂丞相史，當即丞相長史。

〔三〕漢書李廣傳：「臣結髮而與匈奴戰。」師古曰：「言始勝冠，即在戰陳。」又儒林傳：「結髮事師數十年。」師古曰：「言從結髮爲童丱，即從師學，著其早也。」文選謝玄暉郡内登望：「結髮倦爲旅。」集注：「李善曰：『漢書曰：霍光結髮内侍。』鈔曰：『結髮，謂始冠，二十成人時也。』」

〔四〕禮記中庸：「得一善，則拳拳服膺而弗失之矣。」漢書東方朔傳：「答客難：『服膺而不釋。』」師古曰：「服膺，俯服其胸臆也。」荀子勸學篇：「功在不舍。」楊倞注：「『舍』與『捨』同。」

〔五〕戰國策燕策：「蘇代約燕昭王曰：『必令其言如循環。』」吳師道曰：「言其無窮，不可致詰也。」又見史記蘇秦傳。文選張華勵志詩注引范子計然：「度如環，無有端，周迴如循環，未始有極。」漢書梅福傳：「從諫若轉圜。」師古曰：「轉圜，言其順易也。」器案：今謂循環無端之言爲車轂轆語。

〔六〕史記鄒陽傳：「獨化於陶鈞之上。」集解：「漢書音義曰：『陶家名模下圓轉者爲鈞，以其能制器爲大小，比之於天。』」索隱：「張晏云：『陶，冶；鈞，範也；作器下所轉者爲鈞。』韋昭曰：『陶，燒瓦之竈。鈞，木長七尺，有絃，所以調爲器具也。』崔浩云：『以鈞制器萬殊，故如造化也。』」又見漢書鄒陽傳注。

〔七〕二「如」字原都作「於」，黄季剛曰：「『於』當作『如』。」今據改正。郭沫若讀「抱」爲「捕」。器案：管子兵法篇：「善者之爲兵，使敵若據虚，若搏景。」漢書主父偃傳：「從之如搏景。」師古曰：「搏，擊也，搏人之陰景，言不可得也。」又谷永傳：「盪盪如係風捕景，終不可得。」義都與此同。又案：「風」從「凡」聲，古音在第七部，音方愔反，今入「東」韻。漢人尚循詩三百篇協韻之舊，如司馬相如上林賦「風」與「篸」協韻，枚乘七發「風」與「林」「心」「音」，又與「林」「潯」「心」「禽」協韻，東方朔七諫「風」與「潭」協韻，楊雄蜀都賦「風」與「金」協韻，李尤牖銘「風」與「陰」協韻，張衡思玄賦「風」與「心」「參」協韻，與此文「風」與「今」協韻，正同。又案：漢書叙傳答賓戲：「馳辯如濤波，摛藻如春華。」師古曰：「藻，文辭也。」亦以「春華」形容文辭，字正作「如」，今據改正。

〔八〕張敦仁曰：「『言』字當衍。」器案：史記秦始皇本紀：三十四年，李斯曰：「語皆道古以害今，飾虚言以亂實。」此次公所本，張氏以爲「言」字是衍文，錯了。

〔九〕漢書董仲舒傳：「此民之所以囂囂苦不足也。」師古曰：「囂讀與嗷同，音敖，嗷嗷，衆怨聲也。」通鑑一七注：「囂，音敖，囂囂，衆怨愁聲也。」

〔一〇〕俞樾曰：「『諸卿』者，大夫以稱丞相史也。『都』之義爲『居』，漢書東方朔傳注曰：『都，居也。』（案朔傳答客難：「都卿相之位。」如淳曰：「都，居也。」）『大府』即謂『丞相府』，言諸卿居丞相府爲日久矣，故下云『通先古，明當世』也。」器案：俞説是，史記滑稽傳與漢書東方朔傳同。又史記酷吏傳：「亞夫爲丞相，禹爲丞相史，府中皆稱其廉平。然亞夫弗任，曰：『極知禹無害，然文深，不可以居大府。』」漢書張湯傳注師古曰：「大府，丞相府也。」又杜周傳注師古曰：「大府，丞相御史之府也。」

〔一一〕正嘉本、張之象本、沈延銓本、金蟠本「日」作「曰」，張之象本、金蟠本並於「曰」字斷句，都不可從。後國病篇「子大夫論京師之日久」，句法與此正同。

〔一二〕論語憲問篇：「晉文公譎而不正，齊桓公正而不譎。」集解：「鄭玄曰：『譎者，詐也。』」

〔一三〕韓非子五蠹篇：「聖人不期循古，不法常可，論世之事，因爲之備。」淮南子氾論篇：「治國有常，而利民爲本；政教有經，而令行爲上。苟利於民，不必法古；苟周於事，不必循舊。夫夏、商之衰也，不變法而亡；三代之起也，不相襲而王。故聖人法與時變，禮與俗化，衣服器械，各便其用，法令制度，各因其宜，故變古未可非，而循俗未足多也。」此文「革」與「改」對文，革亦改也。漢書劉屈氂傳：「終不自革。」師古曰：「革，改也。」本書錯幣篇、非鞅篇之「革法」，殊路篇之「革心」，國疾篇之「革令」，以及論功篇之「不可得而革」，革都作改講。

〔一四〕史記樂書正義：「庾蔚之云：『樂興於五帝，禮成於三王，樂興王者之功，禮隨世之質文。』崔靈恩云：『五帝淳澆不同，故不得相沿爲樂；三王文質不等，故不得相襲爲禮。』」

〔一五〕論語述而：「述而不作。」皇侃義疏：「述者，述於舊章也；作者，新制作禮樂也。」明初本「調」作「行」。

〔一六〕韓非子難三：「葉公子高問政於仲尼，仲尼曰：『政在悦近而來遠。』哀公問政於仲尼，曰：『政在選賢。』齊景公問政於仲尼，仲尼曰：『政在節財。』三公出，子貢問曰：『三公問夫子政一也，夫子對之不同，何？』仲尼曰：『葉都大而國小，民有背心，故曰政在悦近而來遠。魯哀公有大臣三人，外障距諸侯四鄰之士，内比周而以愚於君，使宗廟不掃除、社稷不血食者，必是三臣也，故曰政在選賢。齊景公築雍門，爲路寢，一朝而以三百乘之家賜者三，故曰政在節財。』」又見説苑政理篇、家語辨政篇。漢書武帝紀元朔六年六月詔曰：「朕聞五帝不相復禮，三代不同法，所繇殊路，而建德一也。蓋孔子對定公以徠遠，哀公以論臣，景公以節用。非期不同，所急異務也。」器案：孔子對三公問政，韓非子、説苑、家語皆以爲葉公子高、魯哀公、齊景公，唯漢武帝詔獨以「葉公子高」爲「定公」，尋後漢書崔寔傳政論云：「孔子對葉公以來遠，哀公以臨人，景公以節禮。非其不同，所急異務也。」即本漢武帝詔爲言，則後漢人所見漢武帝詔尚不誤，自臣瓚注漢書，始據誤本爲説，云：「論語及韓子皆言『葉公問政於孔子，孔子答以悦近徠遠』，今云定公，與二書異。」臣瓚既不能正傳本之誤，師古因仍而不深考，所謂以譌傳譌也，亟當據此改正。明初本、華氏本「孔」下有「子」字。

〔一七〕晏子春秋外篇上：「仲尼曰：『靈公汙，晏子事之以整齊；莊公壯，晏子事之以宣武；景公奢，晏子事之以恭儉；君子也。相三君而善不通下，晏子細人也。』」

〔一八〕孟子離婁上：「師曠之聰，不以六律，不能正五音。」趙岐注：「師曠，晉平公之樂太師也。五音，宮、商、角、徵、羽也。」

〔一九〕「道」原作「通」，今據盧文弨説、楊沂孫説校改。盧云：「『通』疑『道』。」楊云：「『通』當作『道』。」器案：漢書董仲舒傳：「仲舒對策曰：『故王者有改制之名，亡變道之實。』」就是此文所本，字正作「道」，今據改正。

之義。」

〔二〇〕孟子梁惠王上：「謹庠序之教。」趙岐注：「庠序者，教化之宫也，殷曰序，周曰庠。謹脩教化，重申孝悌之義。」

〔二一〕公羊傳莊公四年注：「百世，大言之爾，猶詩云：『嵩高維嶽，峻極于天，君子萬年。』」

〔二二〕漢書董仲舒傳：「仲舒對策曰：『道之大原出於天，天不變，道亦不變。』」

〔二三〕「循」原作「修」，今據俞樾、陳遵默説校改。俞云：「『修』當作『循』，『因循』二字同義，『修』則不倫矣。古書『修』、『循』二字往往互誤，説詳王氏讀書雜志。」陳云：「『因修』與『變法』對言，『修』當作『循』。『循』、『脩』形誤，又改爲『修』也。」

〔二四〕這是詩經大雅蕩文。朱熹集傳曰：「老成人，舊臣也；典刑，舊法也。」

〔二五〕「也」字原無，姚範曰：「『教』下有脱文。」王先謙曰：「『言法教』下當有『也』字爲句。」案王説是，今據補正。

〔二六〕韓非子顯學篇：「故善毛嬙、西施之美，無益吾面；用脂澤粉黛，則倍其初。言先王之仁義，無益於治；明吾法度，必吾賞罰者，亦國之脂澤粉黛也。」

〔二七〕姚範曰：「『以』同『已』。」明初本、華氏本「所爲」下有「以」字。

〔二八〕淮南子修務篇：「力竭功沮。」高誘注：「沮，敗也。」

〔二九〕胡元常曰：「『治』，張本『始』。」

〔三〇〕吕氏春秋樂成篇：「舟車之始見也，三世然後安之。」

〔三一〕史記商君傳：「令既具，未布，恐民之不信己，乃立三丈之木於國都市南門，募民有能徙置北門者予十金。民怪之，莫敢徙。復曰：『能徙者予五十金。』有一人徙之，輒予五十金，以明不欺。卒下令。」

〔三二〕論語子罕篇：「子曰：『可與共學，未可與適道；可與適道，未可與立；可與立，未可與權。』」何晏集解：「雖能有所立，未必能權量其輕重之極也。」

〔三三〕商君書更法篇：「夫常人安於故習，學者溺於所聞，此兩者所以居官而守法，非所與論於法之外也。」攖寧齋鈔本「與」誤作「以」。

〔三四〕論語爲政篇：「子張學干祿，子曰：『多聞闕疑，慎言其餘則寡尤；多見闕殆，慎行其餘則寡悔。言寡尤，行寡悔，祿在其中矣。』」

〔三五〕論語述而篇：「子曰：『述而不作，信而好古，竊比於我老彭。』」

〔三六〕「大」原作「小人」二字，正嘉本、太玄書室本、倪邦彦本、張之象本、沈延銓本、金蟠本、楊沂孫校本都作「大」，今據改正。

〔三七〕論語雍也篇：「力不足者，中道而廢。」

〔三八〕困學紀聞一：「鹽鐵論文學引易曰：『小人處盛位，雖高必崩。不盈其道，不恒其德，而能以善終身，未之有也。是以初登於天，後入於地。』說文引易曰：『地可觀者，莫可觀於木。』今易無之，疑易傳及易緯。」案「不恒其德」，易恒卦爻辭。

〔三九〕說苑君道篇：「河間獻王曰：『禹稱民無食，則我不能使也；功成而不利於人，則我不能勸也。故疏河以導之，鑿江通於九派，灑五湖而定東海，民亦勞矣，然而不怨苦者，利歸於民也。』」

〔四〇〕「乏」原作「不」，案玉篇正部：「𤴓，扶法切，文反正爲𤴓，又無資曰，𤴓今作乏。」說文正部引春秋傳「反正爲乏」，見左傳宣公十五年。「乏」與「不」，形近致譌。淮南子氾論篇：「心不知治亂之源者，不可令制法，必有獨聞之聰（從劉績本），獨見之明，然後能擅道而行矣。」彼文言「制法必有獨聞之聰，獨見之明，然後能擅道而行」，此文言「商鞅有獨智之慮」，而「世乏獨見之證」，故「商鞅法行而亡」，正可爲此旁證。

〔四一〕此句原作「亦無累負之殃也」，今據俞樾説校改。俞云：「『負累之殃』，義不可通，『之』乃『蒙』字之誤，下論誹篇：『此獨誰爲負其累而蒙其殃乎？』即承此而言，可知此文當作『負累蒙殃』。」按「累負」亦當從俞樾引論誹篇文乙作「負累」，今俱校正，張之象本、沈延銓本、金蟠本正作「負累」。本書復古篇：「管仲負當世之累而立霸功。」御覽六三五引尚書大傳：「大罪勿纍。」注：「延罪無辜曰纍。」玉篇糸部：「累同纍。」

論誹*第二十四

丞相史曰：「晏子有言：『儒者華於言而寡於實，繁於樂而舒於民，久喪以害生，厚葬以傷業，禮煩而難行，道迂而難遵，稱往古而訾〔一〕當世，賤所見而貴所聞〔二〕。』此人本枉〔三〕，以己爲式〔四〕。此顔異所以誅黜，而狄山死於匈奴也〔五〕。處其位而非其朝，生乎世而訕其上〔六〕，終以被戮而喪其軀，此獨誰爲負其累而蒙其殃乎？」

文學曰：「禮所以防淫，樂所以移風〔七〕，禮興樂正則刑罰中〔八〕。故堤防成而民無水菑，禮義立而〔九〕民無亂患。故禮義壞，堤防決，所〔一〇〕以治者，未之有也。孔子曰：『禮與其奢也寧儉，喪與其易也寧戚〔一一〕。』故禮之所爲作，非以害生傷業也；威儀〔一二〕節文，非以亂化傷俗也。治國謹其禮，危國謹其法。昔秦以武力吞天下，而斯、高以妖孽累其禍，廢古術，隳舊禮，專任刑法，而儒、墨既喪焉。塞士之塗，壅人之口，道諛日進而上不聞其過，此秦所以失天下而殞社稷也。故聖人爲政，必先誅之，僞〔一三〕巧言以輔非而傾覆國家也。今子安取亡國之語而來乎〔一四〕？夫公卿處其位，不正其道，而以意阿邑順風〔一五〕，疾小人淺淺〔一六〕面從，以成人之過也。故知言之死，不忍從苟合〔一七〕之徒，是以不免於縲紲〔一八〕。悲夫！」

丞相史曰：「檀柘〔一九〕而有鄉，萑葦而有藂〔二〇〕，言物類之相從也。孔子曰：『德不孤，必有鄰〔二一〕。』故湯興而伊尹至，不仁者遠矣〔二二〕。未有明君在上而亂臣在下也。今先帝躬行仁聖之道，以臨海内，招舉俊才賢良之士，唯仁是用，誅逐亂臣，不避所親，務以求賢而簡退不肖，猶堯之舉舜、禹之族〔二三〕，殛鯀放驩兜也。而曰『苟合之徒』，是則主非而臣阿，是也？」

文學曰：「臯陶對舜：『在知人，惟帝其難之〔二四〕。』洪水之災，堯獨愁悴而不能治，得舜、禹而九州寧。故雖有堯明之〔二五〕君，而無舜、禹之佐，則純德不流。春秋刺有君而無主〔二六〕。先帝之時，良臣未備，故邪臣得間。堯得舜、禹而鯀殛〔二七〕驩兜誅，趙簡子得叔向〔二八〕而盛青肩詘。語曰：『未見君子，不知僞臣。』詩云：『未見君子，憂心忡忡。既見君子，我心則降〔二九〕。』此之謂也。」

丞相史曰：「堯任鯀、驩兜，得舜、禹而放殛之以其罪，而天下咸服，誅不仁也〔三〇〕。人君用之齊民，而顔異，濟南亭長也〔三一〕，先帝舉而加之高位，官至上卿；狄山起布衣，爲漢議臣〔三二〕，處舜、禹之位，執天下之中〔三三〕，不能以治，而反坐訕上，故驩兜之誅加而刑戮至焉。賢者受賞而不肖者被刑，固其然也。文學又何怪焉？」

文學曰：「論者相扶〔三四〕以義，相喻以道，從善〔三五〕不求勝，服義不恥窮。若相迷以僞，相亂以辭，相矜於後息〔三六〕，期於苟勝，非其貴者也。夫蘇秦、張儀，熒惑〔三七〕諸侯，傾覆萬乘，使人失其所恃；非不辯，然亂之道也。君〔三八〕子疾鄙夫之不可與事君〔三九〕，患其聽從而無所不至也。今子不聽正義以輔卿相，又從而順之，好須臾〔四〇〕之說，不計其後。若〔四一〕子之爲人吏，宜受上戮〔四二〕，子姑默矣〔四三〕！」

丞相史曰：「蓋聞士之居世也，衣服足以勝身，食飲足以供親，内足以相恤，外不求於人。故身修然後可以理家，家理〔四四〕然後可以治官。故飯蔬〔四五〕糲者不可以言孝，妻子飢寒者不可以言慈，緒業不脩〔四六〕者不可以言理。居斯世，行斯身，而有此三累者，斯亦足以默矣。」

* 文選東方朔非有先生論：「誹謗君之行。」李注：「非上所行也。」這篇以論誹爲名，這是對「誹謗君之行」加以評論；具體内容是賢良文學和御史大夫就顏異、狄山反對漢武帝的政策各抒己見。顏異對於當時「令下有不便者」（史記平準書），當面不說，背後亂說；狄山當「匈奴來請和親」時，就主張「結和親」（漢書陳湯傳），以干擾漢武帝的政策。在陳湯的抵制和建議下，顏異「當（去聲）九卿見令不便，不入言而腹誹，論死。自是之後，有腹誹之法」（平準書）。狄山則面誹漢武帝「今自陛下舉兵擊匈奴，中國以空虛，邊大困貧」。當漢武帝問他：「『吾使生居一郡，能無使虜入盜乎？』山曰：『不能。』曰：『居一縣？』曰：『不能。』復曰：『居一鄣間？』山自度辯窮，且下吏，曰：『能。』乃遣山乘鄣，至月餘，匈奴斬山頭而去。」（張湯傳）這兩件事給當時儒生以很大的打擊。丞相史稱引顏異、狄山「處其位而非其朝，生乎世而訕其上」的事例，希望引起賢良、文學的注意，以此作爲借鑑。文學則認爲「先帝之時，良臣未備，故邪臣得間」，顏異、狄山「知言之死，不忍從苟合之徒，是以不免於縲絏」，並說「禮所以防淫，樂所以移風，禮興樂正則刑罰中」。其意若曰，由於刑罰不中，顏異、狄山才弄得「負其累而蒙其殃」。爲什麼刑罰不中？這就是「廢古術，隳舊禮」所造成的結果。

〔一〕「訾」上原有「言」字，據王先謙、俞樾說校刪。

〔二〕晏子春秋外篇：「仲尼之齊，見景公，景公說之，欲封以爾稽，以告晏子。晏子對曰：『不可。彼浩裾自順，不可以教下；好樂緩於民，不可使親治；立命而建事，不可守職；厚葬破民貧國，久喪道哀費日，不可使子民；行之難者在内，而傳者無其外，故異於服，勉於容，不可以道衆而馴百姓。自大賢之滅，周室之卑也，威儀加多，而民行滋薄，聲樂繁充，而世德滋衰。今孔丘盛樂以侈世，飾弦歌鼓舞以聚徒，繁登降之禮、趨翔之節以觀衆，博學不可以儀世，勞思不可以補民；兼壽不能殫其教，當年不能究其禮，積財不能贍其樂；繁飾邪術，以營世君，盛爲聲樂，以淫愚其民；其道也，不可以示世，其教也，不可以導民；今欲封之，以移齊國之俗，非所以導衆存民也。』公曰：『善。』於是厚其禮而留其封，敬見不問其道。仲尼迺行。」又見墨子非儒篇、史記孔子世家、孔叢子詰墨篇。

〔三〕正嘉本、張之象本、沈延銓本、拾補本「此」作「比」，「枉」作「狂」。案説文木部：「枉，衺曲也。」言其人本衺曲，而猶以己爲準則也。

〔四〕「式」原誤「拭」，明初本作「式」，盧文弨曰：「『拭』，大典本『栻』，从『木』。」張敦仁曰：「華氏本『拭』改『式』。」今從明初本、華氏本改正。左傳成公二年：「蠻、夷、戎、狄，不式王命。」

〔五〕張之象、金蟠注曰：「平準書曰：『初，異爲濟南亭長，以廉直，遷至九卿。上與張湯既造白鹿皮幣，問異，異曰：本末不相稱。天子不説。張湯又與異有郤，及人有告異以他議，事下張湯治異。異與客語，客語初令下有不便者，異不應，微反脣。湯奏：當九卿見令不便，不入言而腹誹，論死。自是之後，有腹誹之法。』張湯傳曰：『匈奴來請和親，博士狄山曰：和親便。上問其便。山曰：高帝困平城，乃結和親。孝惠、高后時，天下安樂。及孝文帝欲事匈奴，北邊蕭然苦兵矣。孝景時，吴、楚七國反，景帝寒心者數月，竟景帝不言兵，天下富實。今自陛下舉兵，中國大困。由此觀之，不如和親。上問湯，湯曰：此愚儒無知。狄山曰：臣固愚忠，若御史大夫湯乃詐忠。於是上作色曰：吾使生居一郡，能無使虜入盜乎？曰：不能。曰：居一縣？對曰：不能。復曰：居一鄣間？山自度辯窮，曰：能。於是上遣山乘鄣。至月餘，匈奴斬山頭而去。』」明初本、華氏本「山」下有「所以」二字。

〔六〕論語陽貨篇：「惡居下流而訕上者。」集解：「孔安國曰：『訕，謗毀也。』」

〔七〕淮南子俶真篇注：「風，化也。」

〔八〕論語子路篇：「名不正則言不順，言不順則事不成，事不成則禮樂不興，禮樂不興則刑罰不中，刑罰不中則民無所措手足。」

〔九〕「而」原無，今據上句文例補，華氏本正有「而」字。

〔一〇〕王先謙曰：「『所』當爲『而』。」案：「所」猶「可」也，見王引之經傳釋詞。這裏的「所以」，即「可以」，淮南子主術篇：「然民無掘穴狹廬所以託身者，明主弗樂也。」「所以」即「可以」，與此正同。

〔一一〕這是論語八佾篇文。「戚」同「慼」。

〔一二〕禮記中庸篇：「禮儀三百，威儀三千。」漢書藝文志六藝略：「禮經三百，威儀三千。」師古曰：「威儀三千，乃謂冠、婚、吉、凶，蓋儀禮是也。」

〔一三〕正嘉本、太玄書室本、張之象本、沈延銓本、金蟠本「僞」作「爲」。

〔一四〕戰國策齊策下：「貂勃避席稽首曰：『王惡得此亡國之言乎？』」史記李斯傳：「斯曰：『安得此亡國之言？此非人臣所當議也。』」

〔一五〕「邑」原作「色」，今改。漢書酷吏傳贊：「張湯以知阿邑人主，與俱上下。」蘇林曰：「邑者人相悒納之悒。」師古曰：「如蘇氏之説，邑字音烏合反。然今之書本，或作『色』字，此言阿諛觀人主顔色而上下也。其義兩通。」王念孫曰：「阿邑人主，謂曲從人主之意也。『阿邑』，雙聲字，或作『阿匼』，唐書蕭復傳云『盧杞諂諛阿匼』是也。師古欲從俗本作『色』，以智阿色人主則大爲不詞，乃爲之説曰云云，其失也迂矣。」按王説是，此文作「阿色」，正和師古所見今本漢書是一樣的，今據王説改。又案：文選曹子建七啟：「順風而稱。」集注：「李善曰：『莊子曰：昔黄帝聞廣成子在崆峒之山，故往見之，黄帝順風膝行而進。』鈔曰：『言取下風，尊彼不敢取上也。』」

〔一六〕太玄書室本、張之象本、沈延銓本、金蟠本「淺淺」作「諓諓」。張敦仁曰：「案後國病篇云：『諓諓者，賤也。』與此歧異。公羊文十二年傳云：『惟諓諓善竫言。』（即秦誓『截截善諞言』也。漢書李尋傳、王逸楚辭章句皆作「諓諓」，國語亦有「諓諓」字，説文引尚書又作「戔戔」，見戈部。）與彼篇合。潛夫論救邊云：『淺淺靖言。』與此篇合。『淺』『諓』同字，『竫』『靖』亦同字，當兩存之。力耕篇云：『故伊尹高逝遊薄。』險固篇云：『兼於濟、亳。』『薄』『亳』同字而歧異。訟賢篇云：『東海成顒、河東胡建。』箴石篇云：『則恐有盛、胡之累。』『成』『盛』同字而歧異。散不足篇云：『棧車無柔。』又云：『郡國繇吏素桑楺。』『柔』『楺』同字而歧異。箴石篇云：『亦未見其能用箴石。』餘篇屢見，皆云『鍼』，獨此歧異，『箴』『鍼』亦同字。詔聖篇云：『澹則争止。』餘篇屢見，皆云『贍』，獨此歧異，『澹』『贍』亦同字。皆其例也。」器案：公羊傳文公十二年釋文引賈逵云：「諓諓，巧言也。」漢書李尋傳：「昔秦穆公説諓諓之言，任仡仡之勇，身受大辱，社稷幾亡。」師古曰：「諓諓，小善也。」義與此近。

〔一七〕史記蔡澤傳：「吴起言不取苟合，行不取苟容。」

〔一八〕論語公冶長篇：「雖在縲絏之中。」集解：「孔安國曰：『縲，黑索也；絏，攣也。古者，獄中以黑索拘攣罪人。』」

〔一九〕管子山國軌篇：「有莞蒲之壤，有竹箭檀柘之壤。」「檀柘之壤」，義與「檀柘有鄉」同。漢書地理志下：「南山檀柘。」

〔二〇〕「萑」原作「藿」，正嘉本、張之象本、沈延銓本、金蟠本作「萑」，今據改正。淮南子説林篇：「橘柚有鄉，萑葦有叢。」風俗通義祀典篇：「傳曰：『萑葦有藂。』」説文艸部：「萑，薍也。葦，大葭也。」二字相承，明爲一類。

〔二一〕這是論語里仁篇文。

〔二二〕論語顏淵篇：「舜有天下，選於衆，舉皋陶，不仁者遠矣；湯有天下，選於衆，舉伊尹，不仁者遠矣。」

〔二三〕文選别賦注：「族，類也。」

〔二四〕尚書皋陶謨：「皋陶曰：『都！在知人，在安民。』禹曰：『吁！咸若時，維帝其難之。知人則哲，能官人。安民則惠，黎民懷之。能哲而惠，何憂乎驩兜？何遷乎有苗？何畏乎巧言令色孔壬？』」

〔二五〕張之象本、沈延銓本、金蟠本「明之」作「之明」。

〔二六〕公羊傳僖公二十二年：「宋公與楚人期戰于泓之陽。……已陳，然後襄公鼓之，宋師大敗。故君子大其不鼓不成列，臨大事而不忘大禮，有君而無臣。」何休注：「言朔亦所以起有君而無臣，惟其有王德而無王佐也。」文選四子講德論：「有君而無臣，春秋刺焉。」集注：「李善曰：『公羊傳曰：宋公與楚人期戰於泓之陽，宋師大敗。故君子大其不鼓不成列，臨大辱而不忘大禮，有君而無臣，以爲雖文王之戰，亦不過此也。』鈔曰：『春秋謂穀梁也。凡春秋世，有明君，無賢臣，亦刺之也。』」

〔二七〕「鯀殛」原作「殛鯀」，今據張之象本、沈延銓本、金蟠本校乙，與「驩兜誅」詞例一律。

〔二八〕盧文弨曰：「『叔向』當是『周舍』。」又拾補本「盛青肩」作「盛青眉」。張敦仁曰：「案拾補云『叔向當是周舍』，未是。此必漢世諸書有其語，雖用時代相及求之，如後利議篇云：『故季桓子聽政，柳下惠忽然不見，孔子爲司寇，然後悖熾。』（「悖」「勃」同字也。）周秦篇云：『臧文仲治魯，勝其盜而自矜，子貢曰：民將欺。』（韓詩外傳三「季孫之治魯也」，即此事。）柳下惠與季桓、孔子，臧文與子貢，皆不相及也。劉向所序各篇，往往如此，（劉知幾史通嘗論之。）即其語之尚存於今者。此書稱引廣博，兼取雜説，當時之學，與都水正不甚相遠。」

〔二九〕這是詩經小雅出車文。文選王子淵四子講德論：「世衰道微，僞臣虚稱。」

〔三〇〕孟子萬章上：「舜流共工於幽州，放驩兜於崇山，殺三苗於三危，殛鯀於羽山，四罪而天下咸服，誅不仁也。」

〔三一〕漢書食貨志下：「而御史大夫張湯方貴用事，減宣、杜周等爲中丞，義縱、尹齊、王温舒等用急刻爲九卿，直指夏蘭之屬始出，而大農顔異誅矣。初，異爲濟南亭長，以廉直稱，稍遷至九卿，上與湯既造白鹿皮幣，問異，異曰：『今王侯朝賀以倉璧，直數千，而其皮薦反四十萬，本末不相稱。』天子不説。湯又與異有隙，及人有告異以它議事，下湯治異。異與客語，客語初令下有不便者，異不應，微反脣，湯奏：當異九卿見令不便，不入言而腹非，論死。自是後有腹非之法比。」案：御覽一九四、續漢書百官志注引風俗通：「漢家因秦，大率十里一亭。亭，留也，今縣有亭長；又亭，待也，蓋行旅宿食之所館也。亭吏舊名負弩，改爲亭長，或謂亭父。」

〔三二〕漢書五行志下：「刺殺議臣爰盎事發。」

〔三三〕論語堯曰篇："「堯曰：『咨爾舜，天之曆數在爾躬，允執其中。』」皇侃義疏："「允，信也；執，持也；中，謂中正之道也。」

〔三四〕「扶」就是「會」的意思。史記張儀傳："「而儀振暴其短，以扶其說。」索隱："「案扶，謂說彼之非，成我之是，扶會己之說辭。」東方朔答客難："「與義相扶。」

〔三五〕文選移讓太常博士書："「挾恐見破之私意，而無從善服義之公心。」

〔三六〕張之象本、金蟠本於「後」字斷句，拾補本於「息」字斷句。楊樹達曰："「韓非子外儲說左上云：『鄭有相與爭年者，其一人曰：我與黃帝之兄同年。訟此而不決，以後息者爲勝耳。』」器案：韓詩外傳六："「夫隱諱移茍争言，競爲而後息，不能無害其爲君子也，故君子不爲也。」史記平原君傳集解引劉向別錄："「辨者，别殊類，使不相害，序異端，使下相亂，抒意通指，明其所謂，使人與知焉，不務相迷也。故勝者不失其所守，不勝者得其所求，若是，故辨可爲也。及至煩文以相假，飾辭以相惇，巧譬以相移，引人聲使不得及其意，如此害大道。夫繳紛争言而競後息，不能無害君子。」通鑑三注："「言其言戾，紛然而争，欲人先屈，務在人後方止也。」都作「後息」，盧斷句是。

〔三七〕史記張儀傳："「蘇秦熒惑諸侯，以是爲非，以非爲是。」又孔子世家："「匹夫而熒惑諸侯者，罪當誅。」索隱："「謂經營而惑亂也。」春秋繁露五行相勝篇："「夫火者，大朝有邪讒，熒惑其君。」案：莊子齊物論："「是黃帝之所聽熒也。」釋文："「熒，疑惑也。」索隱「經營」之說非。

〔三八〕張之象本、沈延銓本、金蟠本脱「君」字。

〔三九〕論語陽貨篇："「鄙夫可與事君也與哉？其未得之也，患得之；既得之，患失之。苟患失之，無所不至矣。」

〔四〇〕文選北征賦注：「須臾，少時也。」

〔四一〕張之象本、沈延銓本、金蟠本「若」誤作「君」。

〔四二〕漢書武帝紀：「元朔元年詔：『進賢受上賞，蔽賢蒙顯戮，古之道也。』」又景十三王傳：「大惡仍重，當伏顯戮。」又王尊傳：「甫刑之辟，皆爲上戮。」「顯戮」「上戮」義並同。

〔四三〕張之象本、沈延銓本、金蟠本本篇到此爲止，「丞相史曰」云云，劃入下孝養篇。

〔四四〕「家理」原作「家治」，「家理」承上爲言，孝養篇亦有「居家理者」之文，作「家治」則與上文複矣，今改。孝經廣揚名章：「居家理故治可移於官。」即此文所本。

〔四五〕「蔬」原作「菥」，今據洪頤煊説校改。盧文弨曰：「『菥』當作『蓌』，下同。」案：蓌，香草，與此文義不符，盧説不可從。洪云：「『菥』是『蔬』字之譌。説文：『䟽，通也。从㐅从疋，疋亦聲。』蔬菜之『蔬』或作『蔬』，故又譌爲『菥』字，俗本音奸，非也。」明初本、華氏本作「茹」。

〔四六〕「脩」原作「備」，今從陳遵默説校改。陳云：「緒業，事業也。『備』與『理』不貫，疑本作『脩』，『備』俗作『脩』，與『脩』形近。」今案：陳説是，今據改正。潛夫論實邊篇：「守其緒業。」

孝養*第二十五

文學曰：「善養者不必芻豢也〔一〕，善供服者不必錦繡也。以己之所有盡事其親，孝之至也。故匹夫勤勞，猶足以順禮〔二〕，歠菽飲水〔三〕，足以致其敬。孔子曰：『今之孝者，是爲能養，不敬，何以別乎〔四〕？』故上孝養志，其次養色，其次養體〔五〕。貴其〔六〕禮，不貪其養，禮順心和，養雖不備，可也。易曰：『東鄰殺牛，不如西鄰之禴祭也〔七〕。』故富貴而無禮，不如貧賤之孝悌。閨門〔八〕之内盡孝焉，閨門之外盡悌焉，朋友之道盡信焉，三者，孝之至也。居家理者，非謂積財也，事親孝者，非謂鮮肴也，亦和顏色、承意盡禮義而已矣。」

丞相史曰：「八十曰耋〔九〕，七十曰耄。耄，食非肉不飽，衣非帛不暖〔一〇〕。故孝子曰〔一一〕甘毳以養口，輕暖以養體。曾子養曾皙，必有酒肉〔一二〕。無端絻〔一三〕，雖公西赤不能以爲容〔一四〕。無肴饍，雖閔、曾不能以卒養〔一五〕。禮無虛加，故必有其實然後爲之文〔一六〕。與其禮有餘而養不足〔一七〕，寧養有餘而禮不足。夫洗爵以盛水，升降而進糲〔一八〕，禮雖備，然〔一九〕非其貴者也。」

文學曰：「周襄王之母非無酒肉也，衣食非不如曾皙也，然而被不孝之名，以其不能事其父母也〔二〇〕。君子重其禮，小人貪其養。夫嗟來而招之〔二一〕，投而與之，乞者由〔二二〕不取也。君子苟無其禮，雖美不食焉。故禮，主人不親饋，則客不祭〔二三〕。是饋輕而禮重也。」

丞相史曰：「孝莫大以天下一國養〔二四〕，次祿養，下以力。故王公人君，上也；卿大夫，次也。夫以家人〔二五〕言之，有賢子〔二六〕當路於世者，高堂邃宇，安車大馬，衣輕暖，食甘毳。無〔二七〕者，褐衣皮冠，窮居陋巷，有旦無暮，食蔬糲〔二八〕葷茹〔二九〕，膢臘而後見肉〔三〇〕。老親之腹非唐園，唯菜是盛。夫蔬糲，乞者所不取，而子以養親，雖欲以禮，非其貴也。」

文學曰：「無其能而竊其位〔三一〕，無其功而有其祿，雖有富貴，由蹠、蹻〔三二〕之養也。高臺極望，食案方丈〔三三〕，而不可謂孝。老親之腹非盜囊也，何故常盛不道〔三四〕之物？夫取非有非職，財入而患從之，身且死禍殃，安得膢臘而食肉？曾參、閔子無卿相之養，而有孝子之名；周襄王富有天下，而有不能事父母之累。故禮菲而養豐〔三五〕，非孝也；掠困〔三六〕而以養，非孝也。」

丞相史〔三七〕曰：「上孝養色，其次安〔三八〕親，其次全身。往者，陳餘背漢，斬於泜水〔三九〕；五被〔四〇〕邪逆，而夷三族。近世，主父偃〔四一〕行不軌而誅滅，呂步舒〔四二〕弄口而見戮，行身不謹，誅及無罪之親。由此觀之：虛禮無益於己也。文實配行，禮養俱施，然後可以言孝。孝在實質，不在於飾貌；全身在於謹慎，不在於馳語也〔四三〕。」

文學曰：「言而不誠，期而不信，臨難不勇，事君不忠，不孝之大者也〔四四〕。孟子曰：『今之世，今之大夫，皆罪人也，皆逢〔四五〕其意以順其惡〔四六〕。』今子不忠不信，巧言以亂政，導諛〔四七〕以求合。若此者，不容於世。春秋曰：『士守一不移，循理不外援〔四八〕，共〔四九〕其職而已。』故卑位而言高者，罪也〔五〇〕；言不及而言者，傲也〔五一〕。有詔公卿與斯議，而空戰〔五二〕口也？」

＊　西漢王朝宣揚「以孝治天下」，上而最高統治者，除開國之君外，其餘都在謚號上帶了一個「孝」字，以示提倡。他們把孝道作爲要求人們身體力行的道德規範，這次鹽鐵會議上，賢良、文學和大夫在這方面的發言，沒有根本性的分歧，只是在如何養親才算盡孝的具體問題上有所爭議罷了。

〔一〕禮記祭義：「孝有三：大孝尊親，其次弗辱，其下能養。」又曰：「衆之本教曰孝，其行曰養。」

〔二〕孝經士章：「故以孝事君則忠，以敬事長則順。」又廣要道章：「教民親愛，莫善於孝。教民禮順，莫善於悌。」

〔三〕禮記檀弓下：「孔子曰：『啜菽飲水，盡其歡，斯之謂孝。』」

〔四〕這是論語爲政篇文。

〔五〕論語爲政篇：「子夏問孝，子曰：『色難。』」孟子離婁上：「曾子養曾晳，必有酒肉。將徹，必請所與。問有餘，必曰：『有。』曾晳死，曾元養曾子，必有酒肉。將徹，不請所與。問有餘，曰：『亡矣。』將以復進也。此所謂養口體者也。若曾子，則可謂養志也。」

〔六〕「其」字原無，今據太玄書室本、張之象本、沈延銓本、金蟠本增補。

〔七〕這是周易既濟文。「如」原作「知」，今據張之象本、沈延銓本、金蟠本校改。説苑反質篇：「易稱『東鄰殺牛，不如西鄰之禴祭』，蓋重禮不貴物也。」夏祭曰禴，字又作礿，爾雅釋天：「夏祭曰礿。」釋文引孫炎曰：「礿，薄也，夏時百穀未登，可薦者薄也。」

〔八〕日本傳古文古義孝經有閨門章，其言曰：「閨門之内具禮矣乎。」尋孝經正義御製序並注邢昺正義曰：「孝經者，……各自名家，經文皆同，唯孔氏壁中古文爲異。至劉炫遂以古孝經庶人章分爲二，曾子敢問章分爲三，又閨門一章，凡二十二章。桓譚新論云：『古孝經千八百七十二字，今異者四百餘字。』……其古文二十二章，無出孔壁。先是安國作傳，緣遭巫蠱，未之行也。昶集注之時，尚未見孔傳，中朝遂亡其本，近儒欲崇古學，妄作傳學，假稱孔氏，輒穿鑿更改，又僞作閨門一章。劉炫詭隨，妄稱其善。且閨門之義，近俗之語，必非宣尼正説。案其文云：『閨門之内具禮矣，嚴親嚴兄妻子臣妾繇百姓徒役也。』是比妻子於徒役，文句凡鄙，不合經典。」器案：古文孝經世率斥爲僞作。今此書文學所言「閨門之内盡孝焉，閨門之外盡悌焉」云云，蓋亦古文家言，是漢人固不廢其書也。

〔九〕詩經秦風車鄰毛傳：「八十曰耋。」爾雅釋言：「耋，老也。」郭注：「八十爲耋。」説文老部：「七十曰老，八十曰耋，九十曰耄。」

〔一〇〕孟子盡心下：「五十非帛不煖，七十非肉不飽。」禮記王制：「六十非肉不飽，七十非帛不煖。」

〔一一〕張之象本、沈延銓本、金蟠本「曰」作「日」。案：文選東京賦注：「曰，辭也。」不必改作。漢書丙吉傳：「數奏甘毳食物。」師古曰：「『毳』讀與『脆』同。」

〔一二〕孟子離婁上：「曾子養曾皙，必有酒肉。」

〔一三〕荀子哀公篇：「端衣玄裳，絻而乘路者，志不在食葷。」楊倞注：「端衣玄裳，即朝玄端也。絻與冕同。」器案：端絻，即謂端衣玄裳，絻而乘路，所以祭也。

〔一四〕「以」下原有「養」字，今依張敦仁説校改。張云：「張之象本删『養』字，（沈延銓本、金蟠本、百子類函同。）案此亦改而是者。」案：淮南子齊俗篇：「故公西華之養親也，若與朋友處；曾參之養親也，若事嚴主烈君，其於養一也。」論語先進篇：「『赤，爾何如？』對曰：『端章甫，願爲小相焉。』」集解：「鄭玄曰：『端，玄端也。衣玄端，冠章甫，諸侯日視朝服也。小相，謂相君禮者。』」容，即禮也。

〔一五〕「卒養」，原作「養卒」，今從張之象本、沈延銓本、金蟠本乙正。張敦仁曰：「案此亦改而是者。」又案：這裏所説的曾、閔，就是地廣篇所提到的曾參、閔子，初學記十七引蕭廣濟孝子傳：「閔損與曾參，門徒之中最有孝稱，今言者莫不本之曾、閔。」

〔一六〕「文」字原作「父子」二字，今從黄季剛説校改。黄云：「『父』當爲『文』，『子』羨字也。」楊樹達曰：「『父』乃『文』字之誤，下文云：『文實配行。』可證。」

〔一七〕禮記檀弓上：「子路曰：『吾聞諸夫子：喪禮與其哀不足而禮有餘也，不若禮不足而哀有餘也；祭禮與其敬不足而禮有餘也，不若禮不足而敬有餘也。』」次公所用，蓋逸禮文也。

〔一八〕御覽八五二引「糲」作「糖」。案：「糖」即「餹」，方言十三：「餳謂之餹，凡飴謂之餳。」吕氏春秋異用篇：「仁人之得飴，以養疾侍老也。」高誘注：「飴，餳。」淮南子説林篇：「柳下惠見飴曰：『可以養老。』」

〔一九〕王先謙曰：「御覽八百五十二飲食部引『然』作『焉』，上屬爲句。」

〔二〇〕張敦仁曰：「案『其父母』三字當衍，與上文『周襄王之母』相承接而言之，下文云『而有不能事父母之累』，『父』字亦當衍，其上文不見『母』字，故須言『母』也。公羊僖二十四年傳：『不能乎母也。』此語出於彼，不當連言『父』甚明。」黄季剛曰：「『父母』連類而言。」

〔二一〕陳遵默曰：「『招』與『來』義複。疑本無『來』字，傳者泥於檀弓『嗟來食』之文，因臆增『來』字於『嗟』下。不思『嗟而招之』，『投而與之』，一用檀弓，一用孟子，句勢相對，多綴一字，則不辭也。」

〔二二〕正嘉本、倪邦彦本、太玄書室本、張之象本、沈延銓本、金蟠本、百子類函「由」作「猶」，古通。

〔二三〕禮記坊記：「故食禮，主人親饋，則客祭；主人不親饋，則客不祭。故君子苟無禮，雖美不食焉。易曰：『東鄰殺牛，不如西鄰之禴祭。』實受其福。」

〔二四〕孟子萬章上：「孝子之至，莫大乎尊親；尊親之至，莫大乎以天下養。」

〔二五〕漢書欒布傳：「彭越爲家人時。」師古曰：「家人，猶言編户之人也。」史記欒布傳索隱：「家人，謂居家之人無官職也。」漢書魏豹傳：「秦滅魏，爲庶人。」史記魏豹傳「庶人」作「家人」。

〔二六〕「子」下原有「者」字，今據盧文弨、俞樾説校删。器案：六韜：「殺及當路貴重之臣，是刑上極也。」孟子公孫丑上：「夫子當路於齊。」史記張儀傳：「今秦已當路，子何不往游？」當路，就是居要地、掌握政權的意思。漢書董仲舒傳：「武帝制曰：『當塗之士。』」楊雄解嘲：「當塗者入青雲，失路者委溝壑。」通鑑六六胡注：「當塗，猶言當路也。」

〔二七〕「無」下原有「厭」字，今據俞樾説校删。張敦仁曰：「案『厭』字不當有，下文『食荓糲者葷茹』，『者』字不可通，蓋『者』字本是『厭』字錯出於上，而又誤加『者』於『厭』處也。」俞云：「『厭』字衍，『無者』對上

『有賢子』句爲文，言無賢子當路於世也。」

〔二八〕「蔬」原作「蔛」，今改，説詳論誹篇注〔四五〕。「糲」下原有「者」字，今據盧文弨、張敦仁説校删。（徐友蘭謂「『者』當爲『昔』，讀『齰』」。）後漢書伏堪傳注：「糲，麤米也。」九章算術二：「今有粟一斗，欲爲糲米，得幾何？ 答曰：爲糲米六升。」李籍音義：「糲米，麤也，凡粟五斗得糲米三斗，故粟率五十，而糲率三十。」

〔二九〕儀禮士相見禮鄭注：「葷，辛物，葱薤之屬。」禮記玉藻鄭注：「葷，薑及辛菜也。」説文艸部：「蒜，葷菜也。」「葷，臭菜也。」荀子富國篇楊注：「葷，辛菜也。」又哀公篇注：「葷，葱薤之屬也。」又案：漢書食貨志上注師古曰：「茹，所食之菜也。」又董仲舒傳注師古曰：「食菜曰茹。」

〔三〇〕「肉」下原有「害」字，正嘉本、太玄書室本、倪邦彦本、張之象本、沈延銓本、金蟠本又作「審」，而以「審」字屬下句，非是。今據黄季剛、陳遵默説校删。黄云：「『肉』隸變爲『宍』，遂譌爲『害』，而又連『肉』書之。」陳云：「案『害』字衍。『肉』俗作「『宍』」，『害』俗作『宫』，兩體相似，校者側記『肉』字，轉寫誤並録之。」器案：黄、陳説是，下文正作「膢臘而食肉」，今據删正。韓非子説林下：「三虱相與訟，一虱過之，曰：『訟者奚説？』三虱曰：『爭肥饒之地。』一虱曰：『若亦不患臘之至而茅之燥耳。若又奚患！』於是乃相與聚，嘬其母而食之，彘臞，人乃弗殺。」蓋歲時伏臘乃殺彘也。風俗通義祀典篇：「膢，謹案韓子書：『山居谷汲者，膢臘而買水。』楚俗常以十二月祭，飲食也。又曰嘗新始殺也。食新曰貙膢。」又：「臘，謹案禮傳：『夏曰嘉平，殷曰清祀，周曰大蜡。』漢改爲臘。臘者，獵也，言田獵取獸，以祭祀其先祖也。或曰：『臘者，接也，新故交接，故大祭以報功也。』」

〔三一〕論語衛靈公篇：「臧文仲其竊位者與！知柳下惠之賢而不與立也。」集解：「孔安國曰：『柳下惠，展禽也，知其賢而不舉，爲竊位也。』」

〔三二〕商君書弱民篇：「莊蹻發於内，楚分爲五。」韓子喻老篇：「莊蹊蹻爲盗於境内，而吏不能禁。」（從乾道本）荀子議兵篇：「莊蹻起，楚分爲三四。」楊倞注：「蹻初爲盗，後爲楚將。」吕氏春秋介立篇：「莊蹻之暴郢。」高誘注：「莊蹻，楚成王之大盗。」淮南子主術篇：「明分以示之，則蹠、蹻之姦止矣。」高誘注：「盗蹠，孔子時人。莊蹻，楚威王之將軍，能大爲盗也。」韓詩外傳四：「莊蹻起，楚分爲三四。」史記禮書：「莊蹻起，楚分爲四。」而史記西南夷傳言：「楚威王時，使將軍莊蹻將兵，循江上略巴、蜀、黔中以西。」又見漢書西南夷傳，不言有「蜀」。華陽國志南中志：「周之季世，楚威王遣將軍莊蹻泝沅水，出且蘭，以伐夜郎。」（漢書地理志注、史記西南夷傳正義、藝文類聚七一、御覽七七一、玉潤雜書引作「頃襄王」時。）是莊蹻其人，傳説不一，商君書、荀子、韓詩外傳、史記禮書俱不言何時；韓非子喻老篇、史記西南夷傳索隱以爲楚莊王時；史記、漢書、淮南子注以爲楚威王時；後漢書、華陽國志以爲楚頃襄王時；至吕氏春秋注以爲楚成王時。「成」當從淮南子注作「威」，形近之誤也。成王、莊王在春秋時，威王、頃襄王在戰國時，時代既有差牾；而又或以爲楚王弟，或以爲楚將，或以爲楚盗。蓋其人本楚王弟而爲盗，終爲楚將也。至後漢書以爲莊豪，豪蓋蹻聲之誤。又吕氏春秋異用篇：「跖與企足得飴以開閉取捷。」高注：「企足，莊蹻也。」然則企足蓋莊蹻之字也。乾道本韓非子喻老篇云：「莊蹊蹻爲盗於境内。」即以名字並舉耳，蓋長言之爲企足，短言之則爲蹊也。

〔三三〕孟子盡心下：「食前方丈，侍者數百人。」韓詩外傳九：「食方丈於前（類説作「食前方丈」。），所甘不過一肉。」漢書嚴安傳：「重五味，方丈於前，以觀欲天下。」

〔三四〕漢書翟方進傳：「丞相宜以一不道賊。」如淳曰：「律：『殺不辜一家三人爲不道。』」又蕭望之傳：「諸盜及殺人犯不道者，百姓所疾苦也。」案張斐律表：「逆節絶理，謂之不道。」

〔三五〕禮記坊記：「君子不以菲廢禮，不以美没禮。」

〔三六〕「掠囷」原作「涼囷」，今從黄季剛説校改。俞樾曰：「『涼囷』疑爲『京囷』之誤。大囷曰『京』，管子輕重丁篇『有新成囷京者二家』，正以『囷京』連文。此作『京囷』，猶彼作『囷京』也。蓋承『禮菲養豐』而言，謂其禮苟菲，則雖有囷京之饒，不足言養也。句中『而』字疑衍。」黄季剛曰：「『涼』當作『掠』，書大傳以『梁』爲『涼』，注讀爲『掠』。此是其比矣。」

〔三七〕「相」下原無「史」字，今據張之象本、沈延銓本、金蟠本校補。張敦仁曰：「張之象本『相』下補『史』字。案自前遵道篇『丞相史進曰』以下，皆丞相史詰難文學，盡後，丞相史默然不對，所補是矣。」

〔三八〕禮記祭義：「衆之本教曰孝，其行曰養。養可能也，敬爲難；敬可能也，安爲難；安可能也，卒爲難。」

〔三九〕「泜」原作「沍」，正嘉本、張之象本、沈延銓本、金蟠本都作「泜」。案史記、漢書陳餘傳都作「泜」。唐人俗寫「氐」作「互」，因誤爲「沍」，今改。

〔四〇〕張之象本、沈延銓本、金蟠本「五」作「伍」。黄季剛曰：「『伍胥』之『伍』亦作『五』。」漢書伍被傳：「伍被，楚人也，或言其先伍子胥後也。被以材能稱，爲淮南中郎。是時，淮南王安好術學，折節下士，招致英雋以百數，被爲冠首。久之，淮南王陰有邪謀，被數微諫。……後事發覺，被詣吏自告與淮南王謀反，縱跡如此。天子以伍被雅辭，多引漢美，欲勿誅。張湯進曰：『被首爲王畫反計，罪無赦。』遂誅被。」

〔四一〕漢書主父偃傳：「主父偃，齊國臨菑人也。學長短從横術。晚迺學易、春秋、百家之言。……偃數上疏言事，遷謁者中郎大夫。歲中四遷。……元朔中，偃言齊王内有淫失之行。上拜偃爲齊相。至齊，徧召昆弟賓客，散五百金予之，數曰：『始吾貧時，昆弟不我衣食，賓客不我内門；今吾相齊，諸君迎我或千里。吾與諸君絶矣，毋復入偃之門。』迺使人以王與姊姦事動王，王以爲終不得脱，恐效燕王論死，迺自殺。偃始爲布衣時，嘗游燕、趙，及其貴，發燕事，趙王恐其爲國患，欲上書言其陰事，爲居中，不敢發；及其爲齊相，出關，即使人上書告偃受諸侯金，以故諸侯子多得以封者。及齊王以自殺聞，上大怒，以爲偃劫其王令自殺，迺徵下吏治。偃服受諸侯之金，實不劫齊王令自殺。上欲勿誅，公孫弘争曰：『齊王自殺，無後，國除爲郡入漢，偃本首惡，非誅偃無以謝天下。』迺遂族偃。」

〔四二〕史記儒林傳記董仲舒弟子有温吕步舒，官丞相長史（又見漢書儒林傳）。史記又載使仲舒弟子吕步舒持節決淮南獄，於諸侯擅專斷不報，以春秋之義正之，天子皆以爲是（又見漢書五行志七上）。史、漢俱不詳吕步舒弄口見戮事。漢書文三王傳：「讒臣在其間，左右弄口，積使上下不和。」弄口，即搬弄是非。

〔四三〕史記李斯傳：「掩馳説之口。」又十二諸侯年表：「馳説者騁其辭。」「馳説」即此「馳語」之義。

〔四四〕張之象注曰：「曾子曰：『身也者，父母之遺體也，行父母之遺體，敢不敬乎？居處不莊，非孝也；事君不忠，非孝也；莅官不敬，非孝也；朋友不信，非孝也；戰陳無勇，非孝也。五者不遂，烖及於親，敢不敬乎？』」案引文見禮記祭義篇。

〔四五〕「逢」原作「達」，今據張之象本、沈延銓本、金蟠本、楊沂孫本校改，與孟子合。

〔四六〕孟子告子下：「今之大夫，今之諸侯之罪人也。」又曰：「今之大夫皆逢君之惡。」

〔四七〕漢書賈山傳："是以道諛媮合苟容。"師古曰："『道』讀曰『導』，導引主意於邪也。"案：本書相刺、論誹、雜論等篇作"道諛"。

〔四八〕左傳文公元年："要結外援。"又昭公二十六年："國有外援，下可瀆也。"正義引服虔注："外援，謂太子任，秦之外甥。"

〔四九〕"共"通"恭"，尚書甘誓："今予惟恭行天之罰。"史記夏本紀"恭"作"共"。尚書牧誓："今予發惟恭行天之罰。"史記周本紀"恭"作"共"。左傳僖公十七年釋文："共姬，本亦作『恭』。"

〔五〇〕孟子萬章下："位卑而言高，罪也。"

〔五一〕論語季氏篇："言未及之而言謂之躁。"釋文："『躁』，魯讀爲『傲』。"荀子勸學篇也作"傲"。

〔五二〕明初本、華氏活字本"戰"作"議"，涉上文而誤。上文言"吕步舒弄口"，漢書陸賈傳："畏大臣及有口者。"師古曰："有口，謂辯士。"又張釋之傳："豈效此嗇夫喋喋利口捷給哉？"又朱雲傳："充乘貴辨口。""口"字用法，都與此同。

刺議*第二十六

丞相史曰："山陵不讓椒跬〔一〕，以成其崇；君子不辭負薪之言，以廣其名〔二〕。故多見者博，多聞者知，距諫者塞〔三〕，專己者孤〔四〕。故謀及下者無失策，舉及衆者無頓功〔五〕。詩云：『詢於芻蕘〔六〕。』故布衣皆得風議〔七〕，何況公卿之史乎？春秋士不載文，而書咺者，以爲宰士也〔八〕。孔子曰：『雖不吾以，吾其與聞諸〔九〕。』僕雖不敏，亦嘗傾耳下風〔一〇〕，攝齊句指〔一一〕，受業徑〔一二〕於君子之塗矣。使文學言之而是，僕之言有何害？使文學言之而非，雖微丞相史，孰不非也〔一三〕？」

文學曰：「以正輔人謂之忠，以邪導人謂之佞。夫佛〔一四〕過納善者，君之忠臣，大夫之直士也。孔子曰：『大夫有争臣三人，雖無道，不失其家〔一五〕。』今子處宰士之列，無忠正之心，枉不能正，邪不能匡，順流以容身〔一六〕，從風〔一七〕以説上。上所言則苟聽，上所行則曲從，若影之隨形，響之於聲〔一八〕，終無所是非。衣儒衣，冠儒冠，而不能行其道，非其儒也〔一九〕。譬若土龍〔二〇〕，文章首目具而非龍也。葶歷似菜而味殊〔二一〕，玉石相似而異類〔二二〕。子非孔氏執經守道之儒，乃公卿面從之儒〔二三〕，非吾徒也。冉有爲季氏宰而附益之，孔子曰：『小子鳴鼓而攻之，可也〔二四〕。』故輔桀者不爲智〔二五〕，爲桀斂者不爲仁。」

丞相史默然不對。

＊　此篇文學就丞相史所提出的「使文學言之而非，雖微丞相史，孰不非也」，反脣相譏，直刺丞相史之議爲「順流容身，從風悦上」。

〔一〕張敦仁曰：「『山林不讓椒桂』，『林』字『桂』字皆誤也。『林』當作『陵』，『桂』當作『跬』，『椒跬』，山巔之半步也，故下文云『以成其崇』。」器案：張説可從，今據改正。漢書外戚傳：「上又自爲作賦以傷悼李夫人：『釋輿馬於山椒兮。』」孟康曰：「山椒，山陵也。」文選月賦：「菊散芳於山椒。」李善注：「山椒，山頂也。」又謝惠連泛湖歸出樓中翫月詩注引廣雅：「土高四墮曰椒丘。」楚辭離騷：「馳椒丘且焉止息。」王逸注：「土高四墮曰椒丘。」洪興祖補注引司馬相如上林賦：「出乎椒丘之闕。」云：「椒，山巔也。」荀子勸學篇：「不積跬步，無以至千里。」楊倞注：「半步曰跬。跬與跬同。」

〔二〕史記李斯傳：「上書諫逐客曰：『是以泰山不讓土壤，故能成其大；河、海不擇細流，故能就其深；王者不卻衆庶，故能明其德。』」索隱：「管子（形勢解）云：『海不辭水，故能成其大；泰山不辭土石，故能成其高。』文子曰：『聖人不讓負薪之言，以廣其名。』」

〔三〕大戴禮記子貢問入官篇：「距諫者，慮之所以塞也。」

〔四〕大戴禮記子貢問入官篇：「專獨者，事之所以不成也。」漢書叙傳：「主有專己之威。」

〔五〕淮南子主術篇：「萬人之衆無廢功，千人之衆無絶良。」國語周語注：「頓，敗也。」

〔六〕這是詩經大雅板文。説苑權謀篇：「白屋之士，皆關其謀，芻蕘之役，咸盡其心，故萬舉而無遺籌失策，傳曰：『衆人之智，可以測天，兼聽獨斷，惟在一人，此大謀之術也。』」韓詩外傳三：「夫太山不讓礫石，江、海不辭小流，所以成其大也。詩曰：『先民有言，詢于芻蕘。』博謀也。」韓詩外傳五：「故獨視不若與衆視之明也，獨聽不若與衆聽之聰也，獨慮不若與衆慮之功也；故明王使賢臣輻湊並進，所以通中正而致隱居之士，詩曰：『先民有害，詢于芻蕘。』此之謂也。」漢書賈山傳：「文王之時，豪俊之士，皆得竭其智，芻蕘採薪之人，皆得盡其力，此周之所以興也。」師古曰：「芻，刈草也；蕘，草薪也；言執賤役者也。大雅板之詩曰：『詢于芻蕘。』」

〔七〕詩經小雅北山：「或出入風議。」漢書敍傳下：「從容風議。」師古曰：「『風』讀曰『諷』。」

〔八〕公羊傳隱公元年：「秋七月，天王使宰咺來歸惠公仲子之賵。宰者何？官也。咺者何？名也。曷爲以官氏？宰士也。」

〔九〕這是論語子路篇文。論語「諸」作「之」。原文「諸」下衍「侯」字，今删。説詳通有篇注〔五〕。

〔一〇〕「嘗」原作「當」，姚範曰：「『當』疑『嘗』。」案：二字音形都相近，「嘗」和下面的「矣」字相呼應，今據改正。左傳僖公十五年：「皇天后土，實聞君之言，羣臣敢在下風。」

〔一一〕「句指」，卑恭之貌。楊樹達曰：「淮南修務篇：『今取聖人書，名之孔、墨，則弟子句指而受者必衆矣。』」器案：説苑君道篇：「北面拘指，逡巡而退以求臣，則師傅之材至矣。」「拘指」即「句指」。

〔一二〕「業徑」連文不辭，疑「業」下本無「徑」字，作「受業」，下文文學難詞「執徑守道」，即對此爲言，後人以「業」「經」同義，於「業」下旁注「經」字，轉寫者誤「經」爲「徑」，又誤入正文耳。禮記曲禮上：「請業則起。」鄭玄注云：「業，謂篇卷也。」左傳文公三年：「衞甯武子來聘，公與之宴，爲賦湛露及彤弓，不辭，又不答賦；使行人私焉。對曰：『臣以爲肄業及之也。』」又定公十年：「臣之業在揚水卒章之四言矣。」國語魯語下：「夫歌文王、大明、緜，則兩君相見之樂也，皆昭令德以合好也，皆非使臣之所敢聞也，臣以爲肄業及之，故不敢拜。」又：「穆子曰：『豹之業及匏有苦葉矣，不知其他。』」左傳、國語所説的「業」，都指詩經而言。説文丵部：「業，大版也，所以飾縣鍾鼓，捷業如鋸齒，以白畫之。」許慎只詳其

「縣鍾鼓」之用，而用以寫書之義反無聞焉。秦漢時代，一般書簡對經典則用長簡或大版，即業書之，故儒家之經典、國家之法律，都以二尺四寸簡書之。古代以大版寫「經」，因之，即逕稱「經」爲「業」，如上舉之三例尚矣。至於漢代，如後漢書逸民法真傳：「體兼四業。」李賢注：「謂詩、書、禮、樂也。」漢督郵班碑：「嘖意五業。」類聚三八引王粲荆州文學志：「乃命五業從事宋衷所作文學延朋徒焉。」後漢書儒林謝該傳注引魏略：「樂詳五業並授。」隸釋十二督郵斑碑：「嘖意五業。」「五業」俱指五經，即其證也。

〔一三〕淮南子主術篇：「使言之而是，雖在褐夫芻蕘，猶不可棄也；使言之而非也，雖在卿相人君，揄策於廟堂之上，未必可用。」語法與此相同。論語憲問篇：「微管仲，吾其被髮左衽矣。」左傳昭公元年：「劉子曰：『微禹，吾其魚乎！』」義俱與此同，猶今言没有。

〔一四〕「怫」通「佛」，即輔弼的意思。文選嘯賦：「怫鬱衝流。」笙賦：「中佛鬱以怫悁。」「怫鬱」作「佛鬱」，即其證。

〔一五〕這是孝經諫争章文。唐玄宗注：「争，謂諫也。」

〔一六〕漢書朱雲傳：「雲數上疏，言丞相韋玄成，容身保位，無能往來。」左傳襄公二十五年：「我躬不説。」杜注：「言自今我不能自容説。」孟子盡心上：「有事君人者，事是君則爲容説者也。」吕氏春秋似順篇：「順令以取容。」高誘注：「容，説也。」此文「容身」「説上」對言，義亦相同。

〔一七〕戰國策秦策上：「山東之國，從風而服。」漢書徐樂傳：「偏袒大呼，天下從風。」

〔一八〕左傳昭公十二年：「析父謂子革：『吾子，楚國之望也，今與王言如響，國其若之何！』」管子心術上：

「若影之像形，響之應聲也。」韓詩外傳五：「好惡喻乎百姓，則下應其上如影響矣。」漢書伍被傳：「下之應上，猶景響也。」師古曰：「言如影之隨形，響之應聲。」抱朴子臣節篇：「如影如響，俯伏惟命者，偷容之尸素也。」

〔一九〕張之象本、沈延銓本、金蟠本「其」作「真」。楊樹達曰：「按襄二十九年公羊傳云：『刑人非其人也。』桓擬其句法，張之象妄改。」

〔二〇〕淮南子齊俗篇：「譬若芻狗、土龍之始成，文以青黄，絹以綺繡，纏以朱絲，尸祝袀袨，大夫端冕，以送迎之；及其已用之後，則壤土草蒭而已，夫有孰貴之。」許慎注：「土龍以請雨。」案詳續漢書禮儀志。

〔二一〕張之象本、沈延銓本、金蟠本「味殊」作「殊味」。急就篇：「亭歷桔梗龜骨枯。」顔師古注：「亭歷，一名丁歷，一名草，一名狗齊。」

〔二二〕淮南氾論篇：「夫亂人者，若芎藭之與藁本也，蛇床之與麋蕪也，此皆相似者。故劍工惑劍之似莫邪者，唯歐冶能名其種；工人眩玉之似碧盧者，唯猗頓不失其情。」呂氏春秋審分篇高誘注：「故芎藭之似藁本，蛇床之類薇蕪，碧盧之亂美玉，非猗頓不能别也。」

〔二三〕尚書益稷：「予違汝弼，汝無面從，退有後言。」「面從」，當面唯唯順從。

〔二四〕論語先進篇：「季氏富於周公，而求也爲之聚斂而附益之。子曰：『非吾徒也，小子鳴鼓而攻之，可也。』」

〔二五〕孟子告子下：「孟子曰：『今之事君者，曰：我能爲君辟土地，充府庫。今之所謂良臣，古之所謂民賊也。君不鄉道，不志於仁，而求富之，是富桀也。我能爲君約與國，戰必克。今之所謂良臣，古之所謂民賊也。君不鄉道，不志於仁，而求爲之强戰，是輔桀也。』」

利議*第二十七

大夫曰：「作世〔一〕明主，憂勞萬民〔二〕，思念北邊之未安，故使使者舉賢良、文學高第，詳延〔三〕有道之士，將欲觀殊議異策，虚心傾耳以聽〔四〕，庶幾云〔五〕得。諸生無能出奇計遠圖，伐〔六〕匈奴安邊境之策，抱枯竹〔七〕，守空言〔八〕，不知趨舍之宜，時世之變，議論無所依，如膝癢而搔背，辯訟〔九〕公門〔一〇〕之下，訩訩〔一一〕不可勝聽，如品即口以成事〔一二〕，此豈明主所欲聞哉？」

文學曰：「諸生對册〔一三〕，殊路同歸〔一四〕，指在崇禮義，退財利，復往古之道，匡當世之失，莫不云太平；然未盡可亶用〔一五〕，宜若〔一六〕有可行者焉。執事闇於明禮，而喻〔一七〕於利末，沮事隋〔一八〕議，計慮〔一九〕籌策，以故至今未決。非儒無成事，公卿欲成利〔二〇〕也。」

大夫曰：「色厲而内荏〔二一〕，亂真者也。文表而枲裹〔二二〕，亂實者〔二三〕也。文學哀〔二四〕衣博帶，竊周公之服；鞠躬踧踖〔二五〕，竊仲尼之容；議論稱誦，竊商、賜之辭；刺譏言治，竊〔二六〕管、晏之才。心卑卿相，志小萬乘〔二七〕。及授之政，昏亂不治。故以言舉人〔二八〕，若以毛相馬。此其所以多不稱舉〔二九〕。詔策曰：『朕嘉宇内〔三〇〕之士，故詳延四方豪俊文學博習之士，超〔三一〕遷官禄。』言者不必有德〔三二〕，何者？言之易而行之難〔三三〕。有舍其車而識其牛，貴其不言而多成事也。吴鐸以其舌自破〔三四〕，主父偃以其舌自殺。鶡鴠夜鳴，無益於明〔三五〕；主父鳴鴟〔三六〕，無益於死。非有司欲成利，文學桎梏於舊術〔三七〕，牽於間言者也。」

文學曰：「能言之，能行之者，湯、武也。能言，不能行者，有司也。文學竊周公之服，有司竊周公之位〔三八〕。文學桎梏於舊術，有司桎梏於財利。主父偃以舌自殺，有司以利自困。夫驥之才千里，非造父不能使；禹之知萬人，非舜爲相不能用。故季桓子聽政，柳下惠忽然不見〔三九〕，孔子爲司寇，然後悖〔四〇〕熾。驥，舉之在伯樂〔四一〕，其功在造父〔四二〕。造父攝轡，馬無駑良，皆可取道。周公之時，士無賢不肖，皆可與言治。故御之良者善調馬，相之賢者善使士。今舉異才而使臧〔四三〕騶御之，是猶扼〔四四〕驥鹽車而責之使疾〔四五〕。此賢良、文學多不稱舉也〔四六〕。」

大夫曰：「嘻〔四七〕！諸生闒茸無行，多言而不用，情貌不相副。若穿踰〔四八〕之盜，自古而患之。是孔丘斥逐於魯君，曾不用於世也。何者？以其首攝〔四九〕多端，迂〔五〇〕時而不要也。故秦王燔去其術而不行，坑之渭中而不用〔五一〕。乃安得鼓口舌〔五二〕，申顔眉〔五三〕，預前論議〔五四〕，是非國家之事也？」

* 本篇記述了桑弘羊和文學圍繞興利問題展開的辯論。當時，興利種種（詳刺復篇注〔八〇〕），是漢武帝加强中央集權、抗擊匈奴的一系列重要措施。在辯論中，文學主張「崇禮義，退財利，復往古之道」，企圖瓦解經濟基礎，以達到復古的目的。桑弘羊堅決站在維護漢武帝政治路綫的立場，同文學進行了針鋒相對的鬬争，痛斥他們「抱枯竹，守空言，不知趨舍之宜，時世之變」，是一批「桎梏於舊術」、「情貌不相副」的人物。指出他們的主張是開歷史倒車，讓他們當路，必然導致國家的「昏亂不治」。會上桑弘羊力排衆議，舌戰羣儒，高度贊揚了秦始皇「燔去其術而不行，坑之渭中而不用」的措施，是從秦以來爲「焚書坑儒」拍手稱快的第一人。

〔一〕詩大雅文王序：「文王受命作周也。」鄭玄箋云：「受天命而王天下也。」這裏的「作世」與「作周」義同，猶如説君臨當世。

〔二〕「民」原作「人」，這是唐人轉鈔時避李世民諱改的，今改正。

〔三〕史記儒林傳：「武帝制曰：『故詳延天下方正博聞之士，咸登於朝。』」又見漢書儒林傳，師古注：「詳，悉也。」又漢書董仲舒傳：「制曰：『詳延特起之士。』」師古曰：「詳，盡也，一曰：審也。」又李尋傳：「博延名士，靡不並進。」「博延」與「詳延」義同。

〔四〕史記秦始皇本紀：「使天下之士傾耳而聽。」

〔五〕漢書董仲舒傳：「功烈休德，未始云獲也。」又鄒陽傳：「又非有奇怪云以待難也。」「云」字用法，都與此同。文選陸士衡答賈長淵詩李善注引應劭漢書注云：「云，有也。」又鄒陽傳注如淳曰：「非有奇材異計，欲以爲亂逆也。」又王莽傳上：「臣莽實無奇策異謀。」

〔六〕「伐」字原無，楊樹達引元本有，是，今據補正。元本今定作明初本。

〔七〕「抱」原作「明」，意林三引作「抱」，後人亦有「抱殘守闕」語，今據改正。盧文弨曰：「『枯竹』謂舊簡。」器案：大論篇也有「呻吟槁簡」語，槁簡即枯竹也。又案：春秋繁露俞序篇：「孔子曰：『吾因其行事而加乎王心焉，以爲見之空言，不如行事博深切明。』」語又見史記太史公自序及漢書司馬遷傳。漢書禮樂志：「孔子曰：『安上治民，莫善於禮。』非空言也。」

〔八〕史記高祖本紀：「空言虛語，非所守也。」漢書高帝紀作「虛言亡實之名，非所取也」。

〔九〕說文辡部：「辡，辠人相與訟也。从二辛，方免切。」禮記曲禮上：「分争辯訟，非禮不決。」漢書龔勝傳：「疾言辯訟。」辯借作辡。

〔一〇〕論語鄉黨篇：「入公門，鞠躬如也，如不容。」皇侃義疏：「公，君也，謂孔子入君門時也。」漢書龔勝傳：「不崇禮義，而居公門。」

〔一一〕荀子天論篇：「君子不爲小人匈匈也輟行。」楊倞注：「匈匈，喧嘩之聲。」漢書高帝紀下：「天下匈匈。」師古曰：「匈匈，喧擾之意。」又項籍傳注師古曰：「匈匈，讙擾之意也。」又東方朔傳答賓戲：「君子不爲小人之匈匈而易其行。」師古曰：「匈匈，讙議之聲。」案說文言部：「訩，訟也（從段注本）。訩，或省。」「匈」又「詾」之借字。

〔一二〕楊沂孫曰：「『以成事』，或是『以成字』。」黃季剛曰：「此說『品』字累三『口』以成也。」器案：說文品部：「品，衆庶也。从三口。」段玉裁注云：「人三爲衆，故從三口。」又：「品，多言也，从品相連，……讀與聶同。」段云：「此與言部『讘』音義皆同。」今案：「成事」之「事」，即六書「指事」之「事」，這裏的「品」字，即人多嘴雜之意，與上文「訩訩」正相應。左傳宣公二年：「華元曰：『去之，夫其口衆我寡。』」「口衆」，即「即口以成事」也。太玄書室本「即」誤作「飾」。

〔一三〕張之象、金蟠注曰：「『册』通作『策』。」器案：文選永明九年策秀才文集注：「鈔曰：『策，畫也，略也，言習於智略計畫，隨時問而答之。策有兩種：對策者，應詔也，若上召而問之者曰對策，州縣擧之者曰射策也。對策所興，興於前漢，謂文帝十五年詔擧天下賢良俊士，使之射策。』陸善經曰：『漢武帝始立其科。』」

〔一四〕淮南子修務篇：「此所謂異路而同歸者也。」

〔一五〕太玄經玄瑩：「君子所以亶表也。」注：「亶，盡也。」

〔一六〕孟子盡心上：「宜若登天然，似不可及也。」趙岐注：「將若登天，人不能及也。」案：趙注訓「宜若」爲「將若」，而正文又以「宜」「似」對言，則宜、似同義也。

〔一七〕論語里仁篇：「君子喻於義，小人喻於利。」集解：「孔安國曰：『喻，猶曉也。』」

〔一八〕「隋」，楊樹達引元本（即明初本）作「墮」，正嘉本、倪邦彦本、張之象本、沈延銓本、金蟠本作「隳」。案「隋」、「墮」、「隳」三字古通，詩經衛風氓：「其黄而隕。」毛傳：「隕，隋也。」釋文：「『隋』又作『墮』。」禮記月令：「繼長增高，毋有壞墮。」釋文：「『墮』亦作『隳』。」即其證。

〔一九〕張之象本、沈延銓本、金蟠本「慮」作「利」。經濟類編引「決」下有「也」字。

〔二〇〕「成」下原無「利」字，張之象本、沈延銓本、金蟠本有，今據補。張敦仁曰：「張之象本『成』下補『利』字。案下文云『非有司欲成利』，所補是矣。」

〔二一〕論語陽貨篇：「子曰：『色厲而内荏，譬諸小人，其猶穿窬之盗也與！』」集解：「孔安國曰：『荏，柔也。謂外自矜厲而内柔佞者也。』」

〔二二〕「枲」原作「柔」，今據孫詒讓説校改。孫云：「『柔裏』義不可通，『柔』當爲『枲』，形近而誤。『文表枲裏』，言以文繡爲表衣，而以枲麻爲裏衣也。後散不足篇云『絲裏枲表』，與此詞意正相反而義則同，可以互證。國病篇云：『文表無裏，紈袴枲裝。』義亦略同。」

〔二三〕「者」字原無，攖寧齋鈔本、太玄書室本、張之象本、沈延銓本有，與上句例同，今據補訂。

〔二四〕盧文弨校「裒」作「褎」，云：「『裒』誤。」案説文衣部：「衺衣博裾。」段注謂：「隸作『褒』作『裒』。」不必改字。淮南子氾論篇：「褒衣博帶。」高誘注：「褒衣，謂方與之衣，如今吏人之左衣也。博帶，大帶。」漢書儁不疑傳：「褒衣博帶。」師古曰：「褒，大裾也，言著褒大之衣，廣博之帶也。而説者乃以爲朝服垂褒之衣，非也。」

〔二五〕論語鄉黨篇：「入公門，鞠躬如也，如不容。……攝齊升堂，鞠躬如也，屏氣似不息者。……復其位，踧踖如也。」又：「君在，踧踖如也。」集解：「馬融曰：『踧踖，恭敬貌也。』」義疏：「鞠，曲斂也；躬，身也。」

〔二六〕「竊」原作「過」，形近之誤。此四句平列，都以「竊」爲言，今改正。

〔二七〕漢書刑法志：「天子畿千里，提封百萬井，定出賦六十四萬，并戎馬四萬匹，車萬乘，故稱萬乘之主。」

〔二八〕論語衛靈公篇：「君子不以言舉人。」史記仲尼弟子傳：「孔子聞之曰：『吾以言取人，失之宰予。』」又見韓非子顯學篇、大戴禮記五帝德篇。

〔二九〕稱舉，推薦。漢書朱雲傳：「嘉猥稱雲，欲令爲御史大夫。妄相稱舉，疑有姦心。」又蓋寬饒傳：「以寬饒爲太中大夫，使行風俗，多所稱舉貶黜。」又蕭望之傳：「恭、顯奏望之、堪、更生，朋黨相稱舉。」又何武傳：「於是，武舉公孫禄可大司馬，而禄亦舉武，太后竟自用莽爲大司馬。莽風有司劾奏武、公孫禄互相稱舉，皆免。」

〔三〇〕漢書朱博傳：「漢家至德溥大，宇内萬里。」文選符命論注：「四表曰宇。」

〔三一〕「超」原作「趨」，張之象本、沈延銓本、金蟠本、拾補本作「超」，今據改正。本書刺復篇亦云：「超遷官爵。」詳彼注〔六八〕。

〔三二〕論語憲問篇：「有德者必有言，有言者不必有德。」

〔三三〕左傳昭公十年子皮曰：「非知之實難，將在行之。」僞古文尚書襲之，説命中曰：「非知之艱，行之惟艱。」

〔三四〕淮南子繆稱篇：「吴（御覽一〇〇引如此，今本誤「矣」。）鐸以聲自毁，膏燭以明自鑠。」高誘注：「鐸，大鈴，出於吴。」御覽四五九引韓子：「木鐸以聲自毁，膏燭以明自鑠。」文子上德篇：「鳴鐸以聲自毁，膏燭以明自煎。」

〔三五〕張之象注曰：「鶡鳴，渴鴠也。詩云：『相彼鳱鴠，尚或惡之。』鴠急旦也。增韻曰：『鳱鴠，求旦之鳥，形似雞，晝夜常鳴。』」王先謙曰：「『鶡』一作『鶡』，音轉字變。御覽九百二十一羽族部引此作『鶡旦』。」案張注「渴鴠」之説，見説文鳥部。

〔三六〕史記魯仲連傳正義引魯連子：「先生之言，有似梟鳴。」

〔三七〕史記李斯傳李斯以書對，引申子曰：「有天下而不恣睢，命之曰以天下爲桎梏者，無他焉，不能督責，而顧以其身勞於天下之民，若堯、禹然，故謂之桎梏也。」吕氏春秋七月紀注：「桎梏謂械，在足曰桎，在手曰梏。」又案：本書論儒篇：「孟軻守舊術。」又論誹篇：「廢古術。」又國疾篇：「又安可堅任古術而非今之理也。」術字義俱同，舊術，謂古之道也。禮記樂記：「不接心術。」鄭注：「術猶道也。」

〔三八〕論語衛靈公篇：「子曰：『臧文仲其竊位者與？知柳下惠之賢，而不與立也。』」集解：「孔安國曰：『知其賢而不舉，爲竊位也。』」皇侃義疏：「竊，盗也。臧文仲雖居位，居位不當，與盗位者同，故云『竊位者與』。」明初本、華氏本「位」作「法」，未可據。

〔三九〕盧文弨曰：「二人不同時，或設言。桓子時士師無柳下其人。」器案：此以柳下惠與孔丘同時，與莊子盗跖篇合。

〔四〇〕「悖」與「勃」通。莊子庚桑楚篇：「徹志之勃。」釋文：「『勃』本又作『悖』。」左傳莊公十一年：「禹、湯罪己，其興也悖焉。」釋文：「『悖』本亦作『勃』。」即其證。

〔四一〕莊子馬蹄篇：「伯樂曰：『我善治馬。』」釋文：「樂音洛，姓孫名陽，善馭馬。」

〔四二〕韓詩外傳七：「使驥不得伯樂，安得千里之足？造父亦無千里之手矣。」

〔四三〕「臧」原作「減」，今據孫詒讓説校改。孫云：「『減騶』義不可通，當作『臧騶』，謂『臧獲』與『騶僕』也。莊子盗跖篇又作『臧聚』，『聚』當讀爲『騶』。説文馬部云：『騶，廄御也。』周禮趣馬鄭注云：『趣，養馬者也。』國語楚語説齊有騶馬繻。月令：『命七騶咸駕。』鄭注亦謂即『趣馬』。『趣』、『聚』同從『取』得聲，故『臧聚』即爲『臧騶』。又『臧』俗作『減』，與『滅』形近而誤。」器案：韓非子難勢篇：「夫良馬固車，使臧獲御之，則爲人笑；王良御之，而日取千里。」又顯學篇：「發齒吻形容，伯樂不能以必馬；授車就駕而觀其末塗，則臧獲不疑駑良。」淮南子主術篇：「雖有騏驥騄駬之良，臧獲御之，則馬反自恣，而人弗能制矣。」御覽七四六引尸子：「夫馬者，良工御之，則和馴端正致遠道矣；僕人御之，則遲奔毀車矣。」「僕人」就是「臧」。御馬是專業，一般臧僕是不能勝任的。「騶」雖是「廄御」，也非良工，因而與「臧」並言。這些，都可證成孫説，今據改。

〔四四〕「扼」原作「梔」，今據張之象本、沈延銓本、金蟠本校改。戰國策楚策：「汗明曰：『君亦聞驥乎？夫驥之齒至矣，服鹽車而上太行，蹄申膝折，尾湛胕潰，漉汁灑地，白汗交流，中阪遷延，負轅而不能上。伯樂遭之，下車攀而哭之，解紵衣以冪之。驥於是俛而噴，仰而鳴，聲達於天，若出金石聲者，何也？彼見伯樂之知己也。』」

〔四五〕「責之使疾」，原作「使責之疾」，今據王先謙説校改。淮南子俶真篇：「是猶兩絆騏驥而求其致千里也。」語法正同。

〔四六〕張之象本、沈延銓本、金蟠本本篇到此爲止，「大夫曰」云云以下，劃入下國疾篇。

〔四七〕史記張儀傳：「妻子曰：『嘻！子毋讀書游説，安得此辱乎？』」索隱：「鄭玄曰：『嘻，悲恨之聲。』」文選曹子建七啓集注：「鈔曰：『嘻，歎辭也。』陸善經曰：『嘻，不平之聲。』」

〔四八〕「穿踰」，明初本、攖寧齋鈔本作「穿窬」。論語陽貨篇作「穿窬」，皇侃義疏：「小人爲盗，或穿人屋壁，或踰人垣牆。……江熙曰：『田文之客，能爲狗盜，穿壁如踰而入，盜之密也。……峻其牆宇，謂之免盜，而狗盜者往焉。』」則六朝人所見論語，猶有作「穿踰」之本。孟子盡心篇下：「人能充無穿踰之心。」（從焦循正義本）趙岐注云：「穿牆踰屋。」文選三國名臣贊集注：「鈔曰：『魏志陳羣議復肉刑曰：令無淫殺穿踰之姦矣。』」字亦作「穿踰」。

〔四九〕黄季剛曰：「『攝』與『鼠』、『施』聲轉。」案：「首鼠」見史記魏其武安侯傳，「首施」見後漢書鄧訓傳。史記集解引漢書音義曰：「首鼠，一前一卻也。」

〔五〇〕楊樹達曰：「『迂』疑當作『迕』。」

〔五一〕坑儒之處，史記秦始皇本紀以爲「阬之咸陽」，史記儒林傳正義引衛宏詔定古文尚書序以爲在「驪山陵谷中」（漢書儒林傳注引作「驪山阬谷中」），御覽九七八引古文奇字以爲在「驪山硎谷中」，漢書儒林傳注顏師古謂：「今新豐縣温湯之處，號愍儒鄉，温湯西南三里有馬谷，谷之西岸有阬，父老相傳以爲秦阬儒處也。」賈至旌儒廟碑（文苑英華八四七）以爲在「驪山」，「鄉名坑儒」，「開元末」，改「號曰旌儒」。其以爲在咸陽、新豐者，指其縣而言，驪山者，指其山谷而言，愍儒、坑儒者，指其鄉里而言，時有遠近，地有大小，故名有異同耳。此謂「渭中」者，則就地望而言，渭中者，猶河中、漢中、湟中之比，泛指渭水經流區域耳。漢書溝洫志：「復奏穿渠引涇水，首起谷口，足入櫟陽。」注：「渭中袤二百里。」亦言渭中。

〔五二〕莊子盜跖篇：「多辭謬説，不耕而食，不織而衣，摇脣鼓舌，擅生是非，以迷天下之士。」此柳下跖斥孔丘之辭，桑大夫援用以責文學，十分恰切而痛快。

〔五三〕司馬遷報任少卿書：「乃欲仰首伸眉，論列是非，不亦輕朝廷、羞當世之士邪！」漢書薛宣傳：「可復伸眉於後。」師古曰：「伸眉，言無憂也。」

〔五四〕預前論議，參預御前會議。史記酷吏傳：「匈奴來求和親，羣臣議上前。」漢書張湯傳作「匈奴求和親，羣臣議前」。師古曰：「於上前議事。」論議是漢代一種制度，有專員職掌其事。漢書百官公卿表光禄勳有「大夫，掌論議」。惠棟後漢書補注：「齊職儀曰：『秦置諫大夫，屬郎中令，無常員，多至數十人，掌論議，漢初不置，至武帝始因秦置之，無常員，皆名儒宿德爲之。光武增「議」字爲諫議大夫，置三十人。』」漢書龔勝傳：「劾奏勝吏二千石，常位大夫，皆幸得給事中，與論議。」又諸葛豐傳：「使論議士譏臣無補，長獲素餐之名。」

國疾*第二十八

文學曰：「國有賢士而不用，非士之過，有國者之恥〔一〕。孔子大聖也，諸侯莫能用，當小位於魯，三月，不令而行，不禁而止〔二〕，沛若時雨〔三〕之灌萬物，莫不興起也。況乎位天下之本朝〔四〕，而施聖主之德音教澤乎〔五〕？今公卿處尊位，執天下之要，十有餘年，功德不施於天下，而勤勞於百姓，百姓貧陋困窮，而私家累萬金。此君子所恥，而伐檀〔六〕所刺也。昔者，商鞅相秦，後禮讓，先貪鄙，尚首功〔七〕，務進取，無德厚〔八〕於民，而嚴刑罰於國，俗日壞而民滋怨，故惠王烹葅〔九〕其身，以謝天下。當此之時，亦不能論事矣。今執政患儒貧賤而多言，儒〔一〇〕亦憂執事富貴而多患也。」

大夫視文學，悒悒〔一一〕而不言也。

丞相史曰：「夫辯國家之政事，論執政之得失，何不徐徐道理相喻，何至切切〔一二〕如此乎！大夫難罷鹽、鐵者，非有私〔一三〕也，憂國家之用、邊境之費也。諸生誾誾〔一四〕争鹽、鐵，亦非爲己也，欲反之於古而輔成仁義也。二者各有所宗，時世異務，又安可堅任古術而非今之理也。且夫小雅非人〔一五〕，必有以易之。諸生若〔一六〕有能安集〔一七〕國中，懷〔一八〕來遠方，使邊境無寇虜之災，租稅盡爲諸生除之，何況鹽、鐵、均輸乎！所以貴術儒者，貴其處謙推讓，以道盡人。今辯訟愕愕〔一九〕然，無赤、賜之辭，而見鄙倍〔二〇〕之色，非所聞也〔二一〕。大夫言過，而諸生亦如之，諸生不直謝大夫耳〔二二〕。」

賢良、文學皆離席〔二三〕曰：「鄙人固陋〔二四〕，希涉大庭，狂言多不稱，以逆執事。夫藥酒苦於口而〔二五〕利於病，忠言逆於耳而利於行〔二六〕。故愕愕者福也，諓諓者賊也〔二七〕。林中多疾風，富貴多諛言。萬里之朝，日聞唯唯，而後聞諸生之愕愕，此乃公卿之良藥鍼石〔二八〕。」

大夫色少寬，面文學而蘇賢良〔二九〕曰：「窮巷多曲辯〔三〇〕，而寡見者難喻。文學守死溟涬〔三一〕之語，而終不移。夫往古之事，昔有之語，已可覩矣。今以近世觀之，自以目有所見，耳有所聞，世殊而事異。文、景之際，建元之始，民朴而歸本，吏廉而自重，殷殷屯屯〔三一〕，人衍而家富〔三二〕。今政非改而教非易也，何世之彌薄而俗之滋衰也！吏即少廉，民即寡恥，刑非誅惡，而姦猶不止。世人有言：『鄙儒不如都士〔三四〕。』文學皆出山東，希涉大論。子大夫〔三五〕論京師之日久，願分明政治得失之事，故所以然者也〔三六〕。」

賢良曰：「夫山東，天下之腹心，賢士之戰場也。高皇帝龍飛鳳舉於宋、楚之間，山東子弟〔三七〕蕭、曹、樊、酈、滕、灌之屬爲輔，雖即〔三八〕異世，亦即閎夭、太顛〔三九〕而已。禹出西羌，文王生北夷〔四〇〕，然聖德高世，有萬人之才，負迭〔四一〕羣之任，出入都市〔四二〕，一旦不知返〔四三〕，數然後〔四四〕終於廝役而已。僕雖不生長京師，才駑下愚，不足與大議〔四五〕，竊以所〔四六〕聞閭里長老之言，往者，常民衣服温暖而不靡，器質朴牢而致用，衣足以蔽體，器足以便事〔四七〕，馬足以易步，車足以自載，酒足以合歡而不湛〔四八〕，樂足以理心而不淫，入無宴樂之聞，出無佚游之觀，行即負嬴〔四九〕止則〔五〇〕鋤耘，用約而財饒，本修而民富，送死哀而不華，養生適而不奢，大臣正而無欲，執政寬而不苛；故黎民寧其性，百吏保其官。建元之〔五一〕始，崇文修德，天下乂安。其後，邪臣各以伎藝〔五二〕，虧〔五三〕亂至治，外障山海，内興諸利。楊可〔五四〕告緡〔五五〕，江充禁服〔五六〕，張大夫革令〔五七〕，杜周治獄〔五八〕，罰贖科適，微細〔五九〕並行，不可勝載。夏蘭之屬妄搏，王温舒之徒妄殺，殘吏萌起〔六〇〕，擾亂良民。當此之時，百姓不保其首領〔六一〕，豪富莫必〔六二〕其族姓。聖主覺焉，乃刑戮充等，誅滅殘賊，以殺〔六三〕死罪之怨，塞天下之責〔六四〕，然〔六五〕居民肆然復安。然其禍累世不復，瘡痍至今未息。故百官尚有殘賊〔六六〕之政，而强宰尚有强奪之心。大臣擅權而擊斷〔六七〕，豪猾多黨而侵陵，富貴奢侈，貧賤篡殺，女工〔六八〕難成而易弊，車器難就而易敗，車不累朞，器不終歲，一車千石，一衣十鍾。常〔六九〕民文杯畫案〔七〇〕，机席緝蹈〔七一〕，婢妾衣紈履絲，匹庶粺飯肉食〔七二〕，里有俗，黨有場，康莊〔七三〕馳逐，窮巷蹋鞠〔七四〕，秉耒〔七五〕抱臿〔七六〕，躬耕身織者寡，聚要斂容，傅白黛青者衆〔七七〕。無而爲有，貧而强夸，文表無裏，紈袴〔七八〕枲裝，生不養，死厚送〔七九〕，葬〔八〇〕死殫家，遣女滿車，富者欲過，貧者欲及〔八一〕，富者空減〔八二〕，貧者稱貸。是以民年急而歲促，貧即寡恥，乏即少廉，此所以刑非誅惡而姦猶不止也。故國有嚴〔八三〕急之徵，即生散〔八四〕不足之〔八五〕疾〔八六〕矣。」

＊　這篇討論的是所謂「國疾」問題。賢良認爲不僅秦、漢不如三代，就是漢武帝也是前後判若兩人，「建元之始」一漢武帝，建元之後又一漢武帝。「建元之始，崇文修德，天下乂安。其後，邪臣各以伎藝，虧亂至治，外障山海，内興諸利。……微細並行，不可勝載。……其禍累世不復，瘡痍至今未息」。他們認爲所謂「國疾」，完全是由漢武帝製定的政策造成的。

丞相史指出「諸生闒闒争鹽、鐵」，是「欲反之於古」，斥責他們：「時世異務，又安可堅任古術而非今之理也？」大夫也斥責：「文學守死溟涬之語，而終不移。」「誦死人之語」，「稱往古而訾當世」，這纔是真正的「國疾」。

篇題「疾」原作「病」，張敦仁曰：「目録『病』作『疾』。」今案作「疾」是，本篇末亦作「疾」，今據改正。

〔一〕大戴禮記曾子制言中：「天下無道，循道而行，衡塗而僨，手足不揜，四支不被，此則非士之罪也，有士者之羞也。」又見説苑談叢篇。

〔二〕王先謙曰：「『不令而行，不禁而止』，是孔子相魯三月事，非小位也。事類賦天部引作『嘗居小位，相魯三月』，是也。『居小位』即孟子所謂『委吏乘田』，承上『諸侯莫能用』言。『三月相魯』，下屬爲義。『嘗』、『當』形近致誤。又脱『居』字。『於』亦作『枍』，與『相』形近而誤耳。御覽十一天部作『嘗居上位，相魯三月』，『上』字誤改，而餘文並同。」案太玄書室本「當」作「嘗」。

〔三〕孟子滕文公下：「如時雨降，民大悦。」荀子議兵篇：「若時雨之降，莫不説喜。」

〔四〕「本朝」指朝廷，包括封建王朝及分封諸侯之朝廷而言。若淮南子氾論篇：「立之於本朝之上，倚之於三公之位（上文舉百里奚、伊尹、太公、甯戚）。」高誘注：「本朝，國朝也。」大戴禮記保傅篇：「賢者立於本朝，而天下之豪相率而趨之也（上文舉文王、成湯、越王句踐）。」漢書王褒傳：「聖主得賢臣頌：『去卑辱奥渫而升本朝（上文舉伊尹、太公、百里奚、甯越）。』劉向九歎：「恐登階之逢殆兮，故退伏於末庭，孽臣之號咷兮，本朝蕪而不治（上文舉龍逢、比干、驪姬）。」這些都是兼舉二者而言的。其用於封建王朝的，如吕氏春秋音辭篇：「本朝不静，草木早槁。」漢書梅福傳：「淮南王安緣間而起，所以計慮不成而謀議泄者，以衆賢聚於本朝，故其大臣勢陵不敢和從也。」師古曰：「本朝，漢朝也。」又薛廣德傳：

「蕭望之薦廣德經行，宜充本朝。」又李尋傳：「唯陛下親求賢士，無彊所惡，以崇社稷，尊彊本朝。」又蕭望之傳：「以望之爲平原太守，望之雅意在本朝，遠爲郡守，内不自得。」又匡衡傳：「令海内昭然，咸見本朝之所貴，道德弘於京師，淑問揚於疆外。」後漢書宋意傳：「蕃國婚姻之盛，過於本朝。」又李固傳：「本朝者，心腹也；州郡者，四支也。」又劉陶傳：「宜還本朝，夾輔王室。」其用於分封諸侯的，如荀子仲尼篇：「與之高、國之位，而本朝之臣莫之敢惡也。」又儒效篇：「秦昭王問孫卿子曰：『儒無益於人之國？』孫卿子曰：『……儒者在本朝則美政，在下位則美俗。』」孟子萬章下：「立乎人之本朝，而道不行。」漢書宣元六王傳：「敕諭東平思王宇曰：『今聞王自修有闕，本朝不和。』」師古曰：「謂東平國之朝也。」則本朝施之於封建王朝或分封諸侯俱可，當隨文尋繹其義而解之，鹽鐵論此文則指漢朝也。至於文選聖主得賢臣頌集注：「本朝則謂本州、本縣也。」此於王褒原文，即已不合，殊爲逞臆之辭。至於宋人，多以本朝對異代而言，與此義又別也。

〔五〕漢書楚元王傳附劉向傳：「宜發明詔，吐德音。」又董仲舒傳：「陛下發德音，下明詔。」又韋賢傳：「孝武皇帝功至著也，爲武世宗，此孝宣所以發德音也。」又匡衡傳：「臣衡材駑，無以輔相善義，宣揚德音。」則漢人以帝王之詔爲德音。後詔聖篇：「發德音。」華氏本「教澤」作「敷澤」，未可據。

〔六〕詩經魏風伐檀序：「伐檀，刺貪也。」漢書司馬相如傳：「悲伐檀。」師古曰：「伐檀，魏國之詩，刺在位貪鄙也。」

〔七〕張之象注曰：「魯仲連曰：『彼秦者，棄禮義而上首功之國也。』譙周曰：『秦用商鞅計，制爵二十等，以戰獲首級者，計而受爵。是以秦人每戰勝，老弱婦人皆死，計功賞至萬數，天下謂之上首功之國，皆以惡之也。』司馬貞曰：『秦法，斬首多爲上功，謂斬一人首賜爵一級，故謂秦爲首功之國也。』」案張注見史記魯仲連傳集解及索隱，又見戰國策趙策下。

〔八〕「厚」原作「序」，今據張敦仁説校改。張云：「『序』，當作『厚』。」陳遵默曰：「案張説是。漢荊州刺史度尚碑『厚』作『庨』，三公山碑『厚』作『庨』，並與『序』形近。」

〔九〕它書皆言車裂，此獨言烹菹，未詳所本。

〔一〇〕「儒」字原無，今據張之象本、沈延銓本、金蟠本補。

〔一一〕史記商君傳：「且賢君者各及其身顯名天下，安能邑邑待數十百年以成帝王乎？」大戴禮記曾子制言中：「故君子無悒悒於貧，無勿勿於賤，無憚憚於不聞，……知我吾無訢訢，不知我吾無悒悒。」「邑」「悒」古通。説文心部：「悒，不安也。」

〔一二〕論語子路篇：「朋友切切偲偲。」集解：「馬融曰：『切切偲偲，相切責之貌。』」大戴禮記曾子立事篇：「朋友切切。」

〔一三〕「私」原作「利」，今依郭沫若説校改。

〔一四〕史記魯世家：「太史公曰：『余聞孔子稱曰：甚矣，魯道之衰也，洙、泗之間齗齗如也。』」索隱：「齗，音魚斤反，讀如論語『誾誾如也』。齗齗是鬬争之貌。」案索隱引論語，見鄉黨篇，集解引孔安國曰：「誾誾，中正貌也。」與司馬貞所引義别，蓋出於古文論語、齊論與魯論傳者之不同。

〔一五〕「夫」原作「去」，正嘉本、張之象本、沈延銓本、金蟠本作「夫」，今據改正。漢書司馬相如傳：「揜羣雅。」張揖曰：「詩小雅之材七十四人，大雅之材三十一人。」劉劭人物志九徵：「一至之謂偏材，偏材，小雅之質也。」劉昞注：「徒仁而無義，未能兼濟，各守一行，是以名不及大雅也。」器案：二劉釋小雅是，足與此文參證。此文之「人」，即下文「以道盡人」之「人」，「非人」者，言非人道之至極也。

〔一六〕「若」原作「莫」，王先謙曰：「文義直貫至『何況鹽、鐵、均輸乎』止，『莫』字衍。」郭沫若曰：「『莫』當作『若』。」案郭説是，今據改正。

〔一七〕詩經小雅鴻雁序：「萬民離散，不安其居，而能勞來還定，安集之。」孔穎達疏：「萬民分離逃散，皆不安止其居處，……今還歸本宅安（定）止，安慰而集聚之。」

〔一八〕「懷」下原有「臧之」二字，今據盧文弨説校删。

〔一九〕史記趙世家：「徒聞唯唯，不聞周舍之鄂鄂。」正義：「鄂鄂，直也。」又商君傳：「千人之諾諾，不如一士之諤諤。」家語六本篇：「湯、武以諤諤而昌，桀、紂以唯唯而亡。」「鄂鄂」、「諤諤」與「愕愕」古通。文選三國名臣贊：「神情所涉，豈徒蹇愕而已哉？」集注：「李善曰：『東觀漢記：載憑謝上曰：臣無蹇鄂之節，迺有狂瞽之言。字書：鄂，直言。』音決：『諤或爲鄂。』張銑曰：『愕，直也。』」明初本作「諤諤」。

〔二〇〕論語泰伯篇：「出辭氣，斯遠鄙倍矣。」皇侃義疏：「出言有章，故人不敢鄙穢倍違之也。」

〔二一〕左傳僖公三十二年：「勞師以襲遠，非所聞也。」

〔二二〕「不直」猶今言「不過」，此言諸生不過稍遜大夫一籌耳。史記淮南衡山列傳：「被曰：『不直來爲大王畫耳。』」言不過來爲大王出謀畫策耳。「不直」用法，正與此同。文選顏延年贈王太常詩：「屬美謝繁翰。」李注：「謝猶慚也。」

〔二三〕文選上林賦：「於是二子愀然改容，超若自失，逡巡避席曰：『鄙人固陋，不知忌諱。』」李善注：「廣雅：

『鄙，小也。』」此即寫倣其文，「避席」即「離席」也。

〔二四〕荀子修身篇：「少見曰陋。」

〔二五〕「口」下原無「而」字，今據張之象本、沈延銓本、金蟠本、楊沂孫校本校補。

〔二六〕韓非子外儲説左上：「夫良藥苦於口，而智者勸而飲之，知其入而已己疾也；忠言拂於耳，而明主聽之，知其可以致功也。」史記留侯世家：「忠言逆耳利於行，毒藥苦口利於病。」又淮南衡山傳：「毒藥苦於口利於病，忠言逆於耳利於行。」説苑正諫篇：「孔子曰：『良藥苦於口利於病，忠言逆於耳利於行。』」家語六本篇同。本書能言篇：「藥酒，病之利也。」

〔二七〕「賊」原作「賤」，今據楊樹達、郭沫若説校改。楊云：「古書多以『福』『賊』對文，老子德經第六十五章云：『故以智治國，國之賊；不以智治國，國之福。』荀子大略篇云：『能除患則爲福，不能除患則爲賊。』韓詩外傳七云：『爲善者天報之以福，爲不善者天報之以賊。』後漢書張玄傳云：『事行則爲福，事不行則爲賊。』皆以『福』『賊』對文。史記龜策傳云：『諫者，福也；諛者，賊也。』與此文異義同，尤爲明證。且上文以『病』『行』爲韻，此以『福』『賊』爲韻，若作『賤』，又失其韻矣。」器案：前論誹篇：「疾小人淺淺面從。」「諓諓」「淺淺」古通。公羊傳文公十二年：「惟諓諓善竫言。」何休注：「諓諓，淺薄之貌。」漢書李尋傳：「秦穆公説諓諓之言。」潛夫論救邊篇：「淺淺善靖。」此俱用尚書秦誓「截截善諞言」，而字有異同，蓋今古文之别耳。

〔二八〕左傳襄公二十二年：「孟孫之惡我，藥石也。」杜注：「常志相違戾，猶藥石之療疾。」韓非子喻老篇：「疾在腠理，湯熨之所及也；在肌膚，鍼石之所及也。」

〔二九〕「蘇」下原有「也」字，今據黄季剛説校删。黄云：「『蘇』讀爲『遡』，向也。『也』字羨。」器案：後箴石篇：「盛色而相蘇。」孫詒讓也引此文釋「蘇」爲「向」。荀子議兵篇：「蘇刃者死。」楊倞注：「蘇讀爲傃，傃，向也。」文選西京賦注：「遡，向也。」此黄説所本，今據訂正。「面」讀如史記項羽本紀「馬童面之」之「面」，集解引張晏解「面之」爲「背之」。文選離騷：「偭規矩而改錯。」集注：「王逸曰：『偭，背也。』陸善經曰：『背規矩繩墨之法，而改錯置。』」「偭」「面」古通。這裏就是大夫背着文學而面向賢良講話的意思。張之象本、沈延銓本、金蟠本、楊沂孫校本又改「賢良」爲「丞相史」，所謂求其説不得，又從而爲之辭者也。

〔三〇〕商君書更法篇：「窮巷多怪（一作「恡」），曲學多辨。」史記趙世家：「窮鄉多異，曲學多辯。」文選吴都賦劉淵林注：「曲謂僻也。」

〔三一〕正嘉本、太玄書室本、張之象本、沈延銓本、金蟠本「溟涬」作「渣滓」。案莊子天地篇：「豈兄堯、舜之教民，溟涬然弟之哉？」淮南子本經篇：「江、淮通流，四海溟涬。」高誘注：「溟涬，無岸畔也。」開元占經一引張衡靈憲：「太素之前，幽清玄静，寂寞溟默，不可爲象，厥中爲虚，厥外爲無，如是者永久焉，斯謂溟涬。」玉篇水部：「溟涬，水盛貌。涬，乎冷切。」「溟涬」有不着邊際、大而無當之意，則作「溟涬」自通，無煩改作。明初本作「溟澤」，誤。

〔三二〕「屯」讀爲「軫」，文選羽獵賦：「殷殷軫軫。」注：「盛也。」甘泉賦作「殷轔」，注：「言盛多也。」義並通。黄帝四經稱篇：「其實屯屯。」

〔三三〕漢書食貨志上：「孝景二年，令民半出田租三十而税一也。……然婁敕有司，以農爲務，民遂樂業。至武帝之初，七十年間，國家亡事，非遇水旱，則民人給家足，都鄙廩庾盡滿，而府庫餘財，京師之錢，累百鉅萬，貫朽而不可校，太倉之粟，陳陳相因，充溢露於外，腐敗不可食。衆庶街巷有馬，阡陌之間成羣，乘牸牝者擯而不得會聚。守閭閻者食粱肉，爲吏者長子孫，居官者以爲姓號，人人自愛，而重犯法，先行誼而黜媿辱焉。」三輔黄圖六：「太倉，蕭何造，在長安城外東南。文、景節儉，太倉之粟，紅腐而不可食。」

〔三四〕楊慎譚苑醍醐一曰：「都何以訓美？都者，鄙之對也。左傳曰：『都鄙有章。』淮南子云：『始乎都者，常卒乎鄙。』蓋天子所居輦轂之下，聲名文物之所聚，故其士女，雍容閑雅之態生，今諺云京樣，即古之所謂都，相如傳『車從甚都』是也。邊氓所居蕞爾之邑，狐狸豺狼之所嘷，故其閭閻吝嗇村陋之狀出，今諺云野樣，即古之所謂鄙，老子云『衆人皆有以，而我獨頑似鄙』是也。」案張之象此處出「都鄙」注，全本楊説，今故捨張而用楊。通鑑十一：「叔孫通曰：『若真鄙儒也，不知時變。』」注：「鄙言不通。」姚範曰：「都士謂生長京師者，西京賦所云『都人士女』。」

〔三五〕公羊傳宣公六年：「子大夫也，欲視之，則就而視之。」何休注：「古者，士大夫通曰子。」漢書武帝紀元光元年五月詔，稱賢良爲「子大夫」，注師古曰：「子者，人之嘉稱，大夫，舉官稱也，志在優賢，故謂之子大夫也。」又賈誼傳：「子大夫自有過耳。」服虔曰：「子者，男子美稱。」又董仲舒傳：「子大夫明先聖之業。」後漢書肅宗孝章帝紀：「略聞子大夫之志矣。」文選答客難：「今子大夫脩先王之術。」又魏都賦：「而子大夫之賢者。」李善注：「國語：『越王句踐曰：苟聞子大夫之言。』賈逵曰：『親而近之，故曰子大夫。』」又永明九年策秀才文稱秀才爲「子大夫」，李善注：「國語：『越王句踐曰：苟聞子大夫言。』賈逵曰：『親而近之，故曰子大夫也。』」器案：此文「子大夫」，亦是桑弘羊尊稱賢良之辭，姚鼐謂：「以賢良爲太常、三輔所舉，宜先在京師也。」其説甚是。

〔三六〕正嘉本、張之象本、沈延銓本、金蟠本「失」作「識」。「願」原作「顧」，「失」上原無「得」字，今據王先謙説校改。姚範曰：「『顧分明』句『之』字，疑在『故』字下。」王先謙曰：「『顧』當爲『願』，『失』上當有『得』字，張改非。」黄季剛曰：「『顧』，『願』之譌。『政』羨文。『治失』猶『中失』也。」器案：後散不足篇：「願聞散不足。」執務篇：「願聞方今之急務。」字俱作「願」，與此可以互證。

〔三七〕史記項羽本紀：「籍與江東子弟八千人，渡江而去。」史記高祖本紀：「於是少年豪吏如蕭、曹、樊噲等，皆爲收沛子弟二三千人。」

〔三八〕張之象本、沈延銓本、金蟠本「即」作「既」。王先謙曰：「案『雖即』猶『雖則』也。『則』、『即』雙聲字，張改非。」

〔三九〕論語泰伯篇：「武王曰：『予有亂臣十人。』」集解：「馬融曰：『亂，理也，理官者十人也，謂周公旦、召公奭、太公望、畢公、榮公、太顛、閎夭、散宜生、南宫适，其餘一人，謂文母也。』」

〔四〇〕孟子離婁下：「舜生於諸馮，遷於負夏，卒於鳴條，東夷之人也。文王生於岐周，卒於畢郢，西夷之人也。」此謂「文王生北夷」，蓋傳聞異辭。

〔四一〕張之象注曰：「『迭』通作『軼』，相過也。」毛扆曰：「『迭』通作『軼』。」王先謙曰：「『迭』爲『佚』之誤，『佚』『軼』同字。」

〔四二〕張敦仁曰：「案此句上有脱文，今無以補之。」

〔四三〕韓詩外傳五：「朝廷之士爲禄，故入而不能出；山林之士爲名，故往而不能返。」抱朴子内篇嘉遁：「夫入而不出者，謂之耽寵忘退；往而不反者，謂之不仕無義。」

〔四四〕盧文弨曰：「『後』字衍。」郭沫若讀「數」爲「驟」。

〔四五〕「與」原作「以」，盧文弨曰：「『以』下疑脱一字。」器案：「以」當作「與」，「與」俗字作「与」，與「以」形近致誤，前孝養篇：「有詔公卿與斯議。」即此「與」字之義，謂參與也。今據訂正。漢書董仲舒傳：「仲舒在家，朝廷如有大議，使使者及廷尉張湯就其家而問之。」此次會議，亦大議也。

〔四六〕盧文弨曰：「疑『所』在『以』下。」

〔四七〕潛夫論務本篇：「器足以便事爲善。」

〔四八〕詩經大雅抑：「荒湛於酒。」湛謂沈溺。

〔四九〕「羸」原作「羸」，今據明初本、華氏本校改，文選過秦論：「羸糧而景從。」李善注：「莊子曰：『今使民曰：某所有賢者，羸糧而趣之。』方言曰：『羸，擔也。』音盈。」

〔五〇〕「則」原作「作」，今據楊樹達説校改。楊云：「『作』當作『則』，聲近之誤，『則』與『即』對文。」器案：散不足篇：「行則服桅，止則就犁。」詔聖篇：「行則頓之，止則擊之。」句法正同，楊校是。

〔五一〕「始」上原無「之」字，今補。「之始」與下文「其後」對文。救匱篇及上文也作「建元之始」。説略本楊樹達。

〔五二〕文選思玄賦注：「手伎曰伎，體才曰藝。」

〔五三〕「虧」讀爲「毀」，周易大有「虧盈」，釋文云：「虧盈，馬本作『毀盈』。」

〔五四〕「可」下原有「勝」字，今據張敦仁説校删。張云：「案『勝』字當衍，（拾補有。）案下文『不可勝載』而誤。」

〔五五〕史記平準書："楊可告緡徧天下，中家以上，大抵皆遇告。"又酷吏傳："出告緡令，鉏豪彊并兼之家。"正義："緡音岷，錢貫也。武帝伐四夷，國用不足，故税民田宅船乘畜産奴婢等，皆平作錢數，每千錢一算出一等，賈人倍之；若隱不税，有告之，半與告人，餘半入官謂緡。出此令，用鋤築豪强兼并大賈之家也。一算，百二十文也。"又云："至冬，楊可方受告緡。"集解："韋昭曰：'人有告言不出緡者，可方受之。'"索隱："緡，錢貫也。漢氏有告緡令，楊可主之，謂緡錢出入，有不出算錢者，令得告之也。"漢書武帝紀："元狩四年冬，初算緡錢。"注："李斐曰：'緡，絲也，以貫錢也。一貫千錢，出算二十也。'臣瓚曰：'茂陵書：諸賈人末作，貰貸置居邑儲積諸物，及商以取利者，雖無市籍，各以其物自占，率緡錢二千而一算，此緡錢是儲錢也，故隨其用所施，施於吏重者，其算亦多也。'師古曰：'謂有儲積錢者，計其緡貫而税之。'"又："元鼎三年十一月，令民告緡者，以其半與之。"注："孟康曰：'有不輸税，令民得告言，以半與之。'"又食貨志下："楊可告緡徧天下，中家以上，大氐皆遇告。"如淳曰："告緡令，楊可所告言也。"師古曰："此説非也，楊可據令而發動之，故天下皆被告。"案：顔説是。

〔五六〕漢書江充傳："上以充爲謁者，使匈奴還，拜爲直指繡衣使者，督三輔盜賊，禁察踰侈，貴戚近臣多奢僭，充皆舉劾，奏請没入車馬，令身侍北軍擊匈奴。"此言禁服，蓋即禁察踰侈内容之一也。

〔五七〕張大夫指張湯。漢書張湯傳："張湯，杜陵人也。……與趙禹共定諸律令，務在深文拘守職之吏。……遷御史大夫。……湯承上指，請造白金及五銖錢，籠天下鹽、鐵，排富商大賈，出告緡令，鉏豪彊并兼之家，舞文巧詆以輔法。"據此，則鹽、鐵雖由弘羊倡始，也是靠張湯才能推行的。謝孝苹鹽鐵論校注小議曰："按：'革令'疑'挈令'之譌。'革''挈'形近。漢書張湯傳：'湯決大獄，欲傅古義，乃請博士弟子治尚書、春秋。補廷尉史，平亭疑法。奏讞疑，必奏先爲上分别其原。上所是，受而著讞法廷尉挈令，揚主之明。』挈令，韋昭曰：『在板挈也。』師古曰：『挈，獄訟之要也。書于讞法挈令，以爲後式也。挈音口計反。』革令不辭，革挈形近，所以致訛。」（文史第十七期）器案：謝説是，當據改正。史記酷吏列傳「挈」作「絜」，説文：「絨，樂浪挈令。」段注：「漢張湯傳有廷尉挈令，韋昭曰：在板挈也。後漢應劭傳作『廷尉板令』，史記又作『絜令』，漢燕王旦傳又有光祿挈令。挈當作栔，栔，刻也。」案：漢書溝洫志：「今内史稻田租挈，重不與郡同。」師古曰：「租挈，收田租之約令也。挈音苦計反。」

〔五八〕杜周已見刺復篇注〔八九〕。史記平準書：「杜周治之，獄少反者。」

〔五九〕漢書刑法志：「鉤摭微細，毛舉數事，以塞詔而已。」

〔六〇〕史記平準書：「而御史大夫張湯方隆貴用事，減宣、杜周等爲中丞，義縱、尹齊、王溫舒等用慘急刻深爲九卿，而直指夏蘭之屬始出矣。」（又見漢書食貨志下）漢書百官表侍御史有繡衣直指，出討姦猾，治大獄，武帝所制，不常置。服虔曰：「直指，指事而行，無阿私也。」明初本、華氏本「萌起」作「蜂起」。

〔六一〕左傳隱公三年：「若以大夫之靈，得保首領以没。」

〔六二〕荀子議兵篇：「羣下懔然，莫必其命。」韓詩外傳四作「莫冀其命」。

〔六三〕張之象注曰：「殺，所戒切。」案文選長楊賦注：「殺，減也。」漢書溝洫志：「分殺水怒。」通鑑三三注：「殺，所介翻，減也。」後刑德篇：「上殺下殺。」義與此同。

〔六四〕史記秦始皇本紀：「塞萬民之望。」漢書高五王傳：「無以塞天下之望。」又汲黯傳：「塞百姓之心。」又王褒傳：「聖主得賢臣頌：『太平之責塞。』」顏師古注俱曰：「塞，滿也。」

〔六五〕「然」，正嘉本、張之象本、沈延銓本、金蟠本作「故」。楊樹達曰：「本書『然』字皆作『然後』用。論儒篇

『信然與之霸王』同。王先謙云：『當有後字。』非。」

〔六六〕治要引太公六韜：「何謂殘賊？太公曰：『所謂殘者，收天下珠玉美女金錢綵帛狗馬穀粟，藏之不休，此謂殘也。所謂賊者，收暴虐之吏，殺天下之民，無貴無賤，非以法度，此謂賊也。』」正嘉本、張之象本、沈延銓本、金蟠本「賊」作「疾」，非是。

〔六七〕「擊斷」原作「斷擊」，今乙正。戰國策秦策下：「華陽、涇陽，擊斷無諱。」鮑彪注：「擊斷謂刑人。」漢書刑法志：「窮民犯法，酷吏擊斷，姦軌不勝。」又楚元王傳：「劉向上封事：『五侯驕奢僭盛，擊斷自恣。』」徐幹中論考僞篇：「時有拒絶，擊斷嚴厲。」通鑑三五：「於是附莽者拔擢，忤恨者誅滅，以王舜、王邑爲腹心，甄豐、甄阜主擊斷。」字俱作「擊斷」，今據乙正。

〔六八〕「工」，沈延銓本作「紅」。

〔六九〕王先謙曰：「藝文類聚服飾部、北堂書鈔儀飾部引『常』並作『良』。」案御覽四九三引作「今」。

〔七〇〕漢書貢禹傳：「見賜杯案盡文畫。」東觀漢記九：「祭肜，顯宗嘉其功，賜錢百萬及衣冠刀劍，下至杯案食物，大小重疊。」古文苑王褒僮約：「滌杯整案。」章樵注：「案以設飲食之具。」急就篇：「檈杅盤案桮問盌。」顏師古注：「無足曰盤，有足曰案，所以陳舉食也。」

〔七一〕倪邦彦本、太玄書室本、張之象本、沈延銓本、金蟠本「机」作「几」，古通。左傳襄公十年：「授之以几。」釋文：「本又作『机』。」又昭公元年：「圍布几筵。」釋文：「本亦作『机』。」黄季剛曰：「『緝蹈』猶『雜遝』。」案：治要本「蹈」作「蹀」。

〔七二〕御覽四九三、七一〇引「履絲」下、藝文類聚六九引「肉食」下並有「所以亂治也」五字一句。明初本「粺飯」作「精飯」。案：九章算術二：「今有粟二斗一升，欲爲粺米，問得幾何？答曰：爲粺米一斗一升五十分升之十七。」李籍音義：「粺米精於糲也。凡粟五斗得粺米二斗七升，故粟率五十而粺率二十七。詩云：『彼疏斯粺。』鄭康成注云：『米之率，糲十粺九鑿八，侍御也。』」案詩大雅疏：「九章粟米之法，粟率五十，糲米三十，粺六十七，鑿二十四，御二十一。言粟五升爲糲米三升，已下則米漸細，故數益少。」散不足篇「燔黍食稗」，「稗」即「粺」字。

〔七三〕爾雅釋宮：「五達謂之康，六達謂之莊。」史記孟子荀卿列傳：「爲開第康莊之衢。」正義：「言爲諸子起第宅於要路也。」

〔七四〕「蹹」原作「蹹」，今據張之象本、沈延銓本、金蟠本校改。龍龕手鑑四足部：「蹹、蹹，踐也，履也。」「蹹」字通行，今從張本等。史記衛將軍驃騎列傳：「穿域蹹鞠。」索隱：「今之鞠戲，以皮爲之，中實以毛，蹴蹹爲戲。……漢書作『蹴鞠』，三蒼云：『鞠，毛可蹴以爲戲。』」正義：「今之打毬也，黄帝所作，起戰國時，程武士，知其材力也，若講武。」案戰國策齊策上言臨淄有「六博、蹹鞠者」。

〔七五〕春秋繁露立元神篇：「秉耒躬耕。」禮記月令正義：「耒者，以木爲之，長六尺六寸，底長尺有一寸，中央直者三尺有三寸，句者二尺有二寸。底謂耒下嚮前曲接耜者頭而著耜。耜，金鐵爲之。」

〔七六〕「臿」原作「插」，今從姚範校改。方言五：「臿，宋、魏之間謂之鏵。」釋名釋用器：「臿，插也，插地起土也。」（從畢沅校本）

〔七七〕「聚」原作「娶」，「斂」下原有「從」字，今從張敦仁説校改。張云：「案『娶』當作『聚』，『從』字當衍。（明初本正無「從」字。）聚其要，（「要」「腰」同字。）斂其容，傅以白，黛以青，（説文曰：「黱，畫眉也。」

「黱」「黛」同字。釋名云：「黛，代也，滅眉毛去之，以此畫代其處也。」可見畫眉曰黛，故即名其所以畫者爲黛，與此互證，而義乃明。）凡四事，與上句云『秉耒、抱插、躬耕、身織者寡』，亦凡四事對文也。此二句，其意與通有篇『田疇不脩，男女矜飾』相類，張之象本不得其解，輒附會之云：『斂古作臉。』絶謬。」器案：戰國策楚策：「彼鄭周之女，粉白墨黑，立於衢閭，非知而見之者以爲神。」粉白墨黑與此傅白黛青義同。

〔七八〕「袴」原作「跨」，華氏活字本、正嘉本、張之象本、沈延銓本、金蟠本作「袴」，今據改正。

〔七九〕張之象本、沈延銓本、金蟠本「送」作「葬」。

〔八〇〕張之象本、沈延銓本、金蟠本「葬」作「送」。

〔八一〕史記孝文本紀：「遺詔：『當今之時，世咸嘉生而惡死，厚葬以破業，重服以傷生，吾甚不取。』」又地理志下：「秦地……郡國輻湊，浮食者多，民去本就末，列侯貴人，車服僭上，衆庶放效，羞不相及，嫁娶尤崇侈靡，送死過度。」又王吉傳：「上疏：『世俗聘妻、送女無節，則貧人不及，故不舉子。』」潛夫論浮侈篇：「富貴嫁娶，車駢各十騎奴侍僮，夾轂節引，富者競欲相過，貧者恥不逮及。」諸書所言，可與此互證。

〔八二〕正嘉本、張之象本、沈延銓本、金蟠本「減」作「藏」。

〔八三〕「嚴」下原有「不」字，今據盧文弨說校删。

〔八四〕「散」原作「前」，今據黄季剛説校改。黄云：「『前』當作『散』，下篇丞相曰：『願聞散不足。』即承此語。」案黄説是，「散」即錯幣篇「散聚均利」之「散」，亦即力耕篇「流有餘而調不足」之意。

〔八五〕「足」下原無「之」字，今據盧文弨説校增。

〔八六〕盧文弨曰：「此篇，總目作『國疾』，當篇作『國疾』，今觀此語，作『國疾』爲是。」徐友蘭曰：「按下篇云：『國病聚不足即政怠，人病聚不足則身危。』作『病』是。」

鹽鐵論校注卷第六

散不足*第二十九

大夫曰：「吾以賢良爲少愈，乃反其幽明，若胡車相隨而鳴〔二〕。諸生獨不見季夏之螇乎〔三〕？音聲入耳，秋至而聲無。者〔四〕生無易由言〔五〕，不顧其患，患至而後默，晚矣。」

賢良曰：「孔子讀史記〔六〕，喟然〔七〕而歎，傷正德之廢、君臣之危也。夫賢人君子，以天下爲任〔八〕者也。任大者思遠，思遠者忘近。誠心閔悼，惻隱加爾，故忠心獨而無累。此詩人所以傷而作，比干、子胥遺身忘禍也。其惡勞人若斯之急，安能默乎？詩云：『憂心如惔，不敢戲談〔九〕。』孔子栖栖〔一〇〕，疾固也〔一一〕。墨子遑遑〔一二〕，閔世也。」

大夫默然。

丞相〔一三〕曰：「願聞散不足。」

賢良曰：「宮室輿馬，衣服器械，喪祭食飲，聲色玩好〔一四〕，人情之所不能已也。故聖人爲之制度以防之。間者，士大夫務於權利，怠於禮義；故百姓倣傚，頗踰制度。今故陳之，曰：

「古者，穀物菜果，不時不食〔一五〕，鳥獸魚鼈，不中殺不食〔一六〕。故徼罔〔一七〕不入於澤，雜毛不取。今富者逐驅殲罔罝〔一八〕，掩捕麑鷇，耽湎沈酒鋪百川〔一九〕。鮮羔䍮，幾胎肩〔二〇〕，皮黄口〔二一〕。春鵝秋鶵〔二二〕，冬葵温韭〔二三〕，浚〔二四〕茈〔二五〕蓼蘇〔二六〕，豐莢耳菜〔二七〕，毛果蟲貉〔二八〕。

「古者，采椽茅茨，陶桴〔二九〕複穴〔三〇〕，足禦寒暑、蔽風雨而已。及其後世，采椽不斲，茅茨不翦〔三一〕，無斲削之事，磨礱之功。大夫達棱楹，士穎首〔三二〕，庶人斧成木構而已。今富者井幹增梁〔三三〕，雕文檻楯〔三四〕，堊幔〔三五〕壁飾。

「古者，衣服不中制，器械不中用，不粥於市〔三六〕。今民間雕琢不中之物，刻畫玩好〔三七〕無用之器。玄黄雜青〔三八〕，五色繡衣，戲弄蒲人雜婦〔三九〕，百獸馬戲鬭虎〔四〇〕，唐銻追人〔四一〕，奇蟲胡妲〔四二〕。

「古者，諸侯不秣馬，天子有命，以車就牧〔四三〕。庶人之乘馬〔四四〕者，足以代其〔四五〕勞而已。故行則服桅〔四六〕，止則就犁〔四七〕。今富者連車列騎，驂貳輜軿〔四八〕。中者微輿短轂〔四九〕，繁髦〔五〇〕掌蹄〔五一〕。夫一馬伏櫪〔五二〕，當中家六口之食，亡丁男一人之事〔五三〕。

「古者，庶人耋老而後衣絲，其餘則麻枲而已，故命曰布衣〔五四〕。及其後，則絲裏枲表，直領無褘〔五五〕，袍合不緣〔五六〕。夫羅紈文繡〔五七〕者，人君后妃之服也。繭紬〔五八〕縑練者，婚姻之嘉飾也。是以文繒薄織〔五九〕，不粥於市〔六〇〕。今富者縟〔六一〕繡羅紈，中者素綈冰錦〔六二〕。常民而被后妃之服〔六三〕，褻人而居婚姻之飾。夫紈素之賈倍縑，縑之用倍紈也〔六四〕。

「古者，椎車無輮〔六五〕，棧輿〔六六〕無植〔六七〕。及其後，木軨〔六八〕不衣，長轂數幅〔六九〕，蒲薦〔七〇〕苙蓋，蓋無漆絲〔七一〕之飾。大夫士則單複〔七二〕木具，盤韋柔革〔七三〕。常民漆〔七四〕輿大軨蜀〔七五〕輪。今庶人富者銀黃華左搔〔七六〕，結綏韜杠〔七七〕。中者錯鑣〔七八〕塗〔七九〕采，珥靳飛軨〔八〇〕。

「古者，鹿裘皮冒〔八一〕，蹄足不去〔八二〕。及其後，大夫士狐貉〔八三〕縫腋〔八四〕，羔麑豹袪〔八五〕。庶人則毛絝衳彤〔八六〕，羝襆皮禣〔八七〕。今富者鼲鼦〔八八〕，狐白〔八九〕鳧翁〔九〇〕。中者罽衣金縷〔九一〕，燕鼦代黄〔九二〕。

「古者，庶人賤騎繩控〔九三〕，革鞮皮薦〔九四〕而已。及其後，革鞍氂成〔九五〕，鐵鑣不飾〔九六〕。今富者鞼〔九七〕耳銀鑷韅，黄金琅勒〔九八〕，罽繡弇汗，華䩸明鮮〔九九〕。中者漆〔一〇〇〕韋紹系，采畫暴乾〔一〇一〕。

「古者，汙尊抔飲〔一〇二〕，蓋無爵觴樽俎〔一〇三〕。及其後，庶人器用即竹柳陶匏〔一〇四〕而已。唯瑚璉〔一〇五〕觴豆〔一〇六〕而後彫文彤漆。今富者銀口〔一〇七〕黄耳〔一〇八〕，金罍〔一〇九〕玉鍾。中者野王紵器〔一一〇〕，金錯蜀杯〔一一一〕，夫一文杯得銅杯十，賈賤而用不殊。箕子之譏，始在天子，今在匹夫〔一一二〕。

「古者，燔黍食稗，而捭豚以相饗〔一一三〕。其後，鄉人飲酒，老者重豆，少者立食〔一一四〕，一醬一肉，旅飲而已。及其後，賓婚相召，則豆羹白飯〔一一五〕，綦〔一一六〕膾熟肉。今民間酒食，殽旅重疊〔一一七〕，燔炙滿案〔一一八〕，臑鼈膾鯉〔一一九〕，麑卵〔一二〇〕鶉鷃〔一二一〕橙枸〔一二二〕，鮐鱧醢醯，衆物雜味。

「古者，庶人春夏耕耘，秋冬收藏，昏晨力作，夜以繼日。詩云：『晝爾于茅，宵爾索綯，亟其乘屋，其始播百穀〔一二三〕。』非膢臘〔一二四〕不休息〔一二五〕，非祭祀無酒肉〔一二六〕。今賓昏酒食，接連相因〔一二七〕，析酲什半〔一二八〕，棄事相隨，慮無乏日。

「古者，庶人糲食藜藿，非鄉飲酒〔一二九〕膢臘〔一三〇〕祭祀無酒肉。故諸侯無故不殺牛羊，大夫士無故不殺犬豕〔一三一〕。今閭巷縣佰〔一三二〕，阡伯屠沽〔一三三〕，無故烹殺，相聚野外。負粟而往，挈肉而歸。夫一豕之肉，得中年〔一三四〕之收；十五斗粟，當丁男半月之食〔一三五〕。

「古者，庶人魚菽之祭〔一三六〕，春秋脩其祖祠〔一三七〕。士一廟，大夫三〔一三八〕，以時有事于五祀〔一三九〕，蓋無出門之祭〔一四〇〕。今富者祈名嶽，望山川〔一四一〕，椎牛擊鼓，戲倡儛像〔一四二〕。中者南居當路〔一四三〕，水上雲臺〔一四四〕，屠羊殺狗，鼓瑟吹笙。貧者雞豕五芳〔一四五〕，衛保〔一四六〕散〔一四七〕臘，傾蓋社場〔一四八〕。

「古者，德行求福，故祭祀而寬。仁義求吉，故卜筮而希。今世俗寬於行而求於鬼，怠於禮而篤於祭，嫚親而貴勢，至妄而信日〔一四九〕，聽訑言〔一五〇〕而幸得，出實物而享虚福。

「古者，君子夙夜孳孳〔一五一〕思其德，小人晨昏孜孜思其力。故君子不素飡〔一五二〕，小人不空食〔一五三〕。今〔一五四〕世俗飾僞行詐，爲民巫祝〔一五五〕，以取釐〔一五六〕謝，堅頟〔一五七〕健舌，或以成業致富，故憚事之人，釋本相學。是以街巷有巫，閭里有祝。

「古者，無杠〔一五八〕樠之寢，牀栘〔一五九〕之案。及其後世，庶人即采木之杠，牒樺〔一六〇〕之樠。士不斤〔一六一〕成，大夫葦莞〔一六二〕而已。今富者黼繡帷幄，塗屏錯跗〔一六三〕。中者錦綈高張，采畫丹漆。

「古者，皮毛草蓐，無茵[一六四]席之加，旃蒻[一六五]之美。及其後，大夫士復[一六六]薦草緣，蒲平[一六七]單莞。庶人即草蓐索經[一六八]單[一六九]藺蘧蒢[一七〇]而已。今富者繡茵翟柔[一七一]，蒲子[一七二]露牀[一七三]。中者獏[一七四]皮代旃，闒坐[一七五]平莞。

「古者，不粥餁[一七六]，不市食。及其後，則有屠沽，沽酒市脯魚鹽而已。今熟食徧列[一七七]，殽施成市[一七八]，作業墮怠，食必趣時，楊[一七九]豚韭卵，狗䐹[一八〇]馬朘[一八一]，煎[一八二]魚切肝，羊淹雞寒[一八三]，挏馬酪酒[一八四]，蹇捕胃脯[一八五]，胹羔豆賜[一八六]，㲉膹鴈羹[一八七]，臭[一八八]鮑甘瓠[一八九]，熟[一九〇]粱貊炙[一九一]。

「古者，土鼓凷枹[一九二]，擊木拊石[一九三]，以盡其歡。及其[一九四]後，卿大夫有管磬，士有琴瑟。往者，民間酒會，各以黨俗[一九五]，彈箏鼓缶而已。無要妙[一九六]之音，變羽之轉[一九七]。今富者鐘鼓五樂，歌兒[一九八]數曹[一九九]。中者鳴竽調瑟，鄭儛趙謳[二〇〇]。

「古者，瓦棺容尸，木板堲周[二〇一]，足以收形骸、藏髮齒而已。及其後，桐棺不衣，采椁不斲。今富者繡牆[二〇二]題湊[二〇三]，中者梓棺楩椁[二〇四]，貧者畫荒衣袍，繒囊緹橐[二〇五]。

「古者，明器有形無實，示民不可用也[二〇六]。及其後，則有醯醢[二〇七]之藏，桐馬偶人彌祭，其物不備[二〇八]。今厚資多藏，器用如生人[二〇九]。郡國繇吏，素桑楺偶車[二一〇]櫓輪[二一一]，匹夫無貌領[二一二]，桐人衣紈綈[二一三]。

「古者，不封不樹〔二四〕，反虞祭〔二五〕於寢，無壇宇之居〔二六〕，廟堂之位。及其後，則封之，庶人之墳半仞，其高可隱〔二七〕。今富者積土成山，列樹成林，臺榭連閣，集觀增〔二八〕樓。中者祠堂〔二九〕屏閤，垣闕罘罳〔三〇〕。

「古者，鄰有喪，舂不相杵，巷不歌謡〔三一〕。孔子食於有喪者之側，未嘗飽也，子於是日哭，則不歌〔三二〕。今俗因人之喪以求酒肉，幸與小坐而責辦〔三三〕，歌舞俳優〔三四〕，連笑伎戲〔三五〕。

「古者，男女之際尚矣〔三六〕，嫁娶之服，未之以記。及虞、夏之後，蓋表布内絲，骨笄象珥，封君夫人〔三七〕加錦尚褧〔三八〕而已。今富者皮衣朱貉，繁露〔三九〕環佩。中者長裾交褘〔四〇〕，璧瑞簪珥〔四一〕。

「古者，事生盡愛，送死盡哀。故聖人爲制節，非虚加之。今生不能致其愛敬，死以奢侈相高；雖無哀戚之心，而厚葬重幣者，則稱以爲孝，顯名立於世，光榮著於俗〔四二〕。故黎民相慕效，至於發〔四三〕屋賣業〔四四〕。

「古者，夫婦之好，一男一女，而成家室〔四五〕之道。及後，士一妾，大夫二，諸侯有姪娣九女〔四六〕而已。今諸侯百數，卿大夫十數，中者侍御，富者盈室。是以女或曠怨失時，男或放死無匹〔四七〕。

「古者，凶年不備，豐年補敗，仍舊貫而不改作〔二三八〕。今工異變而吏殊心，壞敗成功，以匿厥意。意極乎功業，務存乎面目。積功以市譽，不恤民之急。田野不辟，而飾亭落〔二三九〕；邑居丘墟，而高其郭。

「古者，不以人力徇於禽獸，不奪民財以養狗馬，是以財衍而力有餘。今猛獸奇蟲〔二四〇〕不可以耕耘，而令當耕耘者養食之。百姓或短褐不完，而犬馬衣文繡；黎民或糟糠不接，而禽獸食粱肉〔二四一〕。

「古者，人君敬事愛下，使民以時，天子以天下爲家，臣妾各以其時供公職，古今之通義也。今縣官多畜奴婢，坐稟衣食〔二四二〕，私作産業，爲姦利，力作不盡，縣官失實〔二四三〕。百姓或無斗筲之儲，官奴〔二四四〕累百金；黎民昏晨不釋事，奴婢垂拱遨游〔二四五〕也。

「古者，親近而疏遠，貴所同而賤非類。不賞無功，不養無用。今蠻、貊無功，縣官居肆〔二四六〕，廣屋大第，坐稟衣食。百姓或旦暮不贍，蠻、夷或厭酒肉。黎民泮汗〔二四七〕力作，蠻、夷〔二四八〕交脛肆踞〔二四九〕。

「古者，庶人麁菲草芰〔二五〇〕，縮絲尚韋〔二五一〕而已。及其後，則綦下不借〔二五二〕，鞔鞮革舄〔二五三〕。今富者革中名工，輕靡〔二五四〕使容，紈裏紃下，越端縱緣〔二五五〕。中者鄧里間作蒯苴〔二五六〕。蠢豎〔二五七〕婢妾，韋沓絲履〔二五八〕。走者茸芰絇綰〔二五九〕。

「古聖人勞躬養神，節欲適情，尊天敬地，履德行仁〔二六〇〕。是以上天歆〔二六一〕焉，永其世而豐其年。故堯秀眉高彩〔二六二〕，享國百載〔二六三〕。及秦始皇覽怪迂〔二六四〕，信禨祥〔二六五〕，使盧生求羨門高〔二六六〕，徐市〔二六七〕等入海求不死之藥。當此之時，燕、齊之士，釋鋤耒，争言神仙。方士於是趣咸陽者以千數，言仙人食金飲珠，然後壽與天地相保〔二六八〕。於是數巡狩五嶽、濱海之館，以求神仙蓬萊〔二六九〕之屬。數幸之郡縣，富人以貲佐，貧者築道旁。其後，小者亡逃，大者藏匿；吏捕索掣頓〔二七〇〕，不以道理。名宫之旁，廬舍丘落，無生苗立樹；百姓離心，怨思者十有半〔二七一〕。書曰：『享多儀，儀不及物曰不享〔二七二〕。』故聖人非仁義不載於己，非正道不御〔二七三〕於前。是以先帝誅文成、五利等〔二七四〕，宣帝〔二七五〕建學官，親近忠良，欲以絶怪惡之端，而昭至德之塗也。

「宫室奢侈，林木之蠹也〔二七六〕。器械雕琢，財用之蠹也。衣服靡麗，布帛之蠹也。狗馬食人之食，五穀之蠹也。口腹〔二七七〕從恣，魚肉之蠹也。用費不節，府庫之蠹也。漏積不禁，田野之蠹也。喪祭無度，傷生之蠹也。墮成變故傷功〔二七八〕，工商上通傷農。故一杯棬〔二七九〕用百人之力，一屏風就萬人之功，其爲害亦多矣！目脩〔二八〇〕於五色，耳營於五音，體極輕薄〔二八一〕，口極〔二八二〕甘脆，功積於無用，財盡於不急〔二八三〕，口腹不可爲多。故國病聚不足即政怠，人病聚不足則身危。」

＊這篇，賢良借題發揮，以論奢侈、節儉爲名，欲行復古之實。對這些問題，韓非有一段很尖鋭的批評：「今有構木鑽燧於夏后氏之世者，必爲鯀、禹笑矣；有決瀆於殷、周之世者，必爲湯、武笑矣。然則有美堯、舜、湯、武、禹之道於當今之世者，必爲新聖笑矣。」（韓非子五蠹篇）是非常中肯的。

丞相曰〔二六四〕：「治聚不足奈何？」

〔一〕「箴」上原有「鹽鐵」二字，張敦仁在當篇題目下出校語云：「二字衍，目録亦然。」今據删。

〔二〕姚範曰：「『胡車』未詳。且此篇多未審習，俟與博學者考之。」王佩諍曰：「案本書論功篇：『匈奴車無銀黄絲漆之飾。』則匈奴雖尚騎射，何嘗無車，未可執一而論也。」

〔三〕王引之經義述聞爾雅釋蟲蜓蚞螇螰條：「家大人（指王念孫）曰：『鹽鐵論散不足篇：諸生獨不見季夏之螇乎？音聲入耳，秋風至而聲無。螇即螇螰也。螇螰謂之螇，亦猶螻蛄謂之螻、蚹蠰謂之蠰矣。』」器案：方言十一：「蛥蚗，齊謂之螇螰，楚謂之蟪蛄。」莊子逍遥遊：「蟪蛄不知春秋。」釋文：「司馬云：『惠姑，寒蟬也，一名蝭蟧，春生夏死，夏生秋死。』崔云：『蛁蟧也，或曰山蟬，秋鳴不及春，春鳴不及秋。』」司馬彪、崔譔所説，與此言「秋至而無聲」正合。莊子云「蟪蛄」，此云「螇」者，當時招舉之賢良、文學多「齊、魯儒生」，遂存其方言，所謂「楚人楚言、齊人齊言」也。抱朴子刺驕：「爲春蜩夏蠅之聒耳。」「蠅」蓋亦「螇」之誤。

〔四〕張敦仁曰：「按『者』當作『諸』。」楊沂孫曰：「『者』當是『諸』字。」按攖寧齋鈔本作「諸」。「者」、「諸」古通用。王佩諍曰：「大戴禮衛將軍文子篇：『其者寡人之不及歟？』禮記郊特牲：『或諸遠人乎？』

均以『者』『諸』互易。爾雅釋魚篇龜字下二『者』二『諸』，相互代用，更爲顯然。」

〔五〕詩經小雅小弁：「君子無易由言。」朱熹集傳：「君子不可易於其言。」又大雅抑：「無易由言，無曰苟矣。」朱熹集傳：「易，輕。言不可輕易其言。」

〔六〕漢人往往提到孔子與史記的關係，這個史記都是指的太史公書以前魯國的史記，不是指的太史公書。春秋繁露俞序篇：「仲尼之作春秋，引史記。」漢書藝文志：「孔子與左丘明觀其史記。」又司馬遷傳贊：「孔子因魯史記而作春秋。」論衡謝短篇：「孔子録史記以作春秋。」又超奇篇：「孔子得史記以作春秋。」公羊傳莊公七年何休注：「不脩春秋謂史記也。古者謂史記爲春秋。」又昭公十二年注：「孔子後作春秋，案史記。」春秋左傳序正義引賈逵春秋序：「孔子覽史記，就是非之説，立素王之法。」史記陳杞世家正義引家語：「孔子讀史記，至楚復陳云云。」孟子離婁下趙岐章指：「春秋乃興假史記之文，孔子正之，以匡邪也。」越絶書十四：「夫子作經攬史記。」上面所舉，和這裏的「孔子讀史記」，都是指魯國的「不脩春秋」，即史記。

〔七〕論語先進篇：「夫子喟然歎曰。」説文口部：「喟，太息也。……嘆，一曰太息也。」又欠部：「歎，吟也。」「嘆」「歎」通用。

〔八〕孟子萬章上：「伊尹耕於有莘之野……思天下之民，匹夫匹婦有不被堯、舜之澤者，若己推而納之溝中，其自任以天下之重如此，故就湯而説之以伐夏救民。」

〔九〕這是詩經小雅節南山文。

〔一〇〕漢書叙傳：「是以聖喆之治，棲棲皇皇，孔席不煖，墨突不黔。」師古曰：「（棲棲皇皇）不安之意也。」

案：「悽」「栖」、「皇」「遑」，字俱通用。

〔一一〕論語憲問篇：「微生畝謂孔子：『丘何爲是栖栖者與？無乃爲佞乎？』孔子曰：『非敢爲佞也，疾固也。』」「固」謂固執。

〔一二〕論衡定賢篇：「孔子悽悽，墨子遑遑。」後漢書蘇竟傳：「仲尼栖栖，墨子遑遑。」劉子新論惜時章：「仲尼栖栖，突不暇黔；墨翟遑遑，席不及煖。」

〔一三〕張敦仁曰：「張之象本『相』下添『史』字，下文『丞相曰治聚不足奈何』，亦添『史』字。（沈延銓本、金蟠本同。）按所添皆誤也。此書有『文學曰』，『賢良曰』，『丞相曰』，（即此篇是也。）『丞相史曰』，（丞相屬官，見漢表。）『大夫曰』，（御史大夫也。）『御史曰』，（御史大夫屬官，見漢表。）即本議篇所謂『使丞相、御史與所舉賢良、文學語』者也。而『丞相曰』僅有二語，又聊爲問辭，獨無可否，（與餘人全異。）言猶不言耳，即雜論篇所謂『括囊容身』也。凡後人起代前人詰難，則必爲更端之辭，（具見各篇，不更出。）此兩『丞相曰』在『大夫曰』之間，上有『大夫默然』是更端，下不見丞相之所以更端者，以其非詰難也。唯前孝養篇、後箴石篇、執務篇三『丞相史曰』爲脱去『史』字。（説具於彼。）張之象本一概添之，讀者莫辨矣。今訂正。」器案：張敦仁説箴石、執務兩篇張之象添「丞相」作「丞相史」爲是，其説未當，説詳那兩篇的注文。

〔一四〕韓非子八姦篇：「内事之以金玉玩好。」又亡徵篇：「事車服器玩好。」又内儲説下：「衣服玩好，擇其所欲者爲之。」

〔一五〕禮記王制：「五穀不時，果實未熟，不粥於市。」

〔一六〕禮記王制：「禽獸魚鼈不中殺，不粥於市。」

〔一七〕徼借爲繳，史記司馬相如傳：「微矰出，纖繳施。」又：「徼麋鹿之怪獸。」集解：「漢書音義曰：『徼，遮也。』」文選西都賦：「矰繳相纏。」李注：「周禮曰：『矰，矢也。』鄭玄曰：『結繳於矢謂之矰，矰，高也。』説文曰：『繳，生絲縷也。』」

〔一八〕張之象本、沈延銓本、金蟠本「逐」作「遂」，郭沫若改作「迺」。黃季剛曰：「『殲』當作『纖』，『罝』羨，或『罔』羨。」

〔一九〕「酒」原作「猶」，這是由於二字形近錯了的，今改。尚書微子：「我用沈酗於酒。」崔駰酒箴：「豐侯沈酒，荷罌負缶。」即以「沈酒」連文。「鋪百川」，言酒之多，左傳昭公十二年：「晉侯先穆子曰：『有酒如淮，有肉如坻……』齊侯舉矢曰：『有酒如澠，有肉如陵。』」史記殷本紀：「以酒爲池，縣肉爲林。」漢書張騫傳：「行賞賄，酒池肉林。」俱以水形容酒之多。

〔二〇〕「幾」原作「⿰羊幾」，「肩」，原作「扁」，今據張敦仁説校改。張云：「按『⿰羊幾』當作『幾』，（字書未見「⿰羊幾」字。）『扁』當作『肩』。此句與上句云『鮮羔⿰羊兆』，下句云『皮黃口』，文意同。『羔⿰羊兆』者，羊之小者也。『胎肩』者，豕之小者也。『黃口』者，鳥之小者也。幾，刲也。（周禮故書作『幾』，見肆師，又見於犬人，而鄭注讀爲『刉』，亦必故書也。皆謂刲牲爲幾，故即名其禮爲幾。説文作『⿱幾皿』，『幾』『⿱幾皿』同字。周禮又作『刉』，見士師，鄭小子注以『刉』爲正字。然則『幾』即『刉』，而訓爲『刲』也。）皮，剥也。（見廣雅釋言。）鮮者，月令：『天子乃鮮羔。』鄭注改『鮮』作『獻』，當時禮家或如字説之也。列子湯問：『其長子生，則鮮而食之。』義略相近。（墨子節葬『鮮』作『解』，蓋誤。）張之象本於『鮮』字『胎』字斷句，（金蟠本同。」（凡張失讀甚多，皆此類。）器案：月令「鮮羔」，蔡邕月令問答引作「獻羔」，呂氏春秋二月紀作「獻羔」，周禮天官同。「鮮」「獻」古通。爾雅釋山：「小山別大山鮮。」釋文引李云：「鮮或作巘。」詩皇矣：「度其鮮原。」毛傳：「小山别大山曰鮮。」公劉：「陟在則巘。」毛傳：「巘，小山別於大山也。」即其證。又案：呂氏春秋應同篇：「毀卵食胎。」史記孔子世家：「刳胎殺夭。」即此「幾胎肩」之意。禮記禮器：「豚肩不掩豆。」孔穎達正義：「必言肩者，周人貴肩也。」

〔二一〕黄口，指鳥雛。淮南子天文篇：「鷙鳥不搏黄口。」説苑敬慎篇：「孔子見羅者，其所得皆黄口也。」通鑑九四注：「鳥雛始出巢者，口黄未褪。」器案：皮謂食其皮，張以剥釋之，未達一間。

〔二二〕淮南子原道篇注：「屈讀如秋雞無尾屈之屈。」言「秋雞」與此言「秋雛」義同。春鵝秋雛，猶今言子鵝子雞，俱言其肥嫩。

〔二三〕葵韭都是秋菜，此謂「冬葵温韭」，蓋指由温室裏培養出來的非時新味。漢書循吏召信臣傳：「太官園種冬生葱韭菜茹，覆以屋廡，晝夜爇蕴火，待温氣乃生。」師古曰：「廡，周室也。爇，古然字。蕴火，蓄火也。」後漢書和熹鄧皇后紀：「詔曰：『凡供薦新味，多非其節，或鬱養强孰，或穿掘萌芽。』」通鑑四九胡三省注曰：「鬱養强孰者，言物非其時，未及成孰，爲土室，蓄火其下，使土氣蒸暖，鬱而養之，彊使先成孰也。」這裏的「温韭」，正謂從温室裏培養出來的韭菜。則温室養菜，漢時已甚普遍。

〔二四〕黄季剛曰：「『浚』即『葰』。」案説文艸部：「葰，薑屬，可以香口。」文選閒居賦注：「鄭玄儀禮注曰：『葰，廉薑也。』韻略曰：葰，香草也。相惟切。與『葰』同。」

〔二五〕「茈」，茈薑。文選上林賦注：「張揖曰：『茈薑，子薑也。』」説略本楊樹達。張之象本、沈延銓本、金蟠本誤作「芘」。

〔二六〕「蓼蘇」，也是香料之屬。齊民要術八生脡法：「羊肉一斤，豬肉白四兩，豆醬清漬之，縷切生姜，雞子，春秋用蘇蓼著之。」文選閒居賦：「蓼荾芬芳。」説文艸部：「蓼，辛菜。」急就篇：「葵韭葱韰蓼蘇薑。」王應麟補注：「蓼於調和有用，内則云：『鶉羹，雞羹，鴽，釀之蓼。』」文選南都賦：「蘇蔱紫薑，拂徹羶腥。」注：「爾雅曰：『蘇，桂荏。』」

〔二七〕「萸」原作「奕」，孫詒讓曰：「案『奕』非菜名，『豐奕』疑當爲『蕈萸』。『豐』，俗或掍作『豊』，（易豐卦釋文云：「依字作『豐』，若『曲』下作『豆』，非也。」）『蕈萸』與『豐奕』形相似，因而致誤。説文艸部云：『蕈，桑耳也。萸，木耳也。』齊民要術説作木耳菹，取桑棗榆樹邊生者。是蕈萸種類非一，故通賅云耳菜矣。」黄季剛曰：「『豐』即『葑』，『奕』當作『萸』。『耳』讀爲『芝栭』之『栭』。」案孫、黄説「萸」字是，今據改正。陸游野菜詩：「萬里蕭條酒一盃，夢魂猶自度邛限；可憐龍鶴山中菜，不伴峨眉栮脯來。」則字又作「栮」。今木耳猶爲羣衆歡迎之乾菜。

〔二八〕「毛果蟲貉」，疑當作「毛倮蟲豸」，意謂各種大小動物。吕氏春秋觀表篇：「地爲大矣，而水泉草木毛羽裸鱗，未嘗息也。」高誘注：「毛者，虎狼之屬也。……裸者，麒麟麋鹿牛羊之屬也，蹄角裸見皆爲裸蟲。」「裸」字又作「倮」，管子幼官篇：「以倮獸之火爨。」尹注：「倮獸，謂淺毛之獸，虎豹之類。」字又作「羸」，漢書五行志中之下：「時則有羸蟲之孽。」師古曰：「螽螟之類，無鱗甲毛羽，故謂之羸蟲也。」爾雅釋蟲：「有足謂之蟲，無足謂之豸。」漢書五行志中之上：「蟲豸之類謂之孽。」師古曰：「有足謂之蟲，無足謂之豸。」太平御覽有蟲豸部。

〔二九〕孫人和曰：「『陶桴』即『陶丘』。『丘』通『區』，『區』通『桴』。」

〔三〇〕正嘉本、張之象本、沈延銓本、金蟠本「複」作「復」。盧文弨曰：「『複』當作『復』。」案淮南子氾論篇：「古者，民澤處復穴。」高誘注：「復穴，重窟也。一説，穴毁隄防崖岸之中，以爲窟室。」禮記月令注：「古者複室。」説文穴部：「𥦗，地室也。」「復」「複」俱借「𥦗」字，高説未諦。戰國策齊策下：「身窟穴中。」本書輕重篇：「冬不離窟。」又貧富篇：「迫於窟穴。」

〔三一〕秦、漢人言崇儉者，大都提及「采椽不斲，茅茨不翦」二事，「茅茨不翦」無異文。至於「采椽」，有作「采椽」者，如韓非子五蠹篇、淮南子主術篇、史記始皇本紀、又李斯傳、又太史公自序、説苑反質篇、漢書藝文志是也；有作「棌椽」者，漢書楊雄傳上、又司馬遷傳是也；唯淮南子精神篇又作「樸桷」，高誘注云：「樸，采也；桷，椽也。」説文無「棌」字，正作「采」。諸書舊注，或訓爲「櫟」，或解爲「柞」，考玉篇木部：「棌，櫟也。」爾雅釋木：「樕，樸心。」郭注：「槲樕別名。」據此，則樸、采同物，樸即樸樕也。至「斲」，史記始皇本紀、李斯傳作「刮」，他書俱作「斲」，淮南子精神篇高注云：「不斲削，加宓石之。」國語晉語：「天子之室，斲其椽而礱之，加密石焉，諸侯礱之，大夫斲之，士首之，以采爲椽，而又不斲，儉之至也。」尚書大傳：「其桷，天子斲其材而礱之，加密石焉。」於此可見斲之義云。

〔三二〕孫詒讓曰：「案禮記禮器鄭注云：『宫室之飾：士首本，大夫達棱。』孔疏引禮緯含文嘉、禮書引尚書大傳並略同。次公語即本伏傳，但彼以達棱、首本，並爲桷飾。穀梁莊二十四年傳説桷云：『大夫斲之，士斲本。』國語晉語説椽云：『大夫斲之，士首之。』椽桷同物，（説文木部：「椽方曰桷。」）則固非楹制。此云『大夫達棱楹』，『楹』字疑衍。『穎首』當即穀梁之『斲本』，然『穎』義未詳。」案晉語八：「天子之室，斲其椽而礱之，加密石焉。（韋注：「密，密理石，謂砥也。先粗礱之，加以密砥。」）諸侯礱之，（韋注：「無密石也。」）大夫斲之，（韋注：「不礱也。」）士首之。（韋注：「斲其首也。」）」

〔三三〕淮南子本經篇：「大構駕，興宮室，延樓棧道，雞棲井幹，標株欂櫨，以相支持。」高誘注：「雞棲井幹，復室㷡井也，刻花置其中也。標株，柱類；欂，枅也；櫨，柱上柎，即梁上短柱也。」文選西京賦薛綜注：「藻井，當棟中交木方爲之，如井幹也。」

〔三四〕「楯」原作「脩」，今據張敦仁説校改。張云：「按『脩』當作『楯』，（「楯」誤爲「脩」，猶「循」「脩」相亂。水旱篇：「故循行於內。」「脩」之誤也。世務篇：「滑稽而不可脩。」「循」之誤也。）應劭漢書注云：『楯，闌横也。』（李善注文選魏都賦及景福殿賦皆引此。）」

〔三五〕「⿰巾𡖏」原作「憂」，今據王紹蘭説校改。盧文弨曰：「張本『堊』作『亜』。『憂』訛，當作『夒』，即『獿』字。『壁』疑『璧』。」王紹蘭曰：「案『憂』即『⿰巾𡖏』之譌字。説文巾部：『⿰巾𡖏，墀地以巾撋之。从巾𡖏聲，讀若水温𥁕。』今本篆文⿰車𡖏譌作⿰巾夒，𡖏聲譌作夒聲。（夊部：「夒，貪獸也。一曰，母猴似人。从頁巳，止夊其手足。」按即今猱字也。）據女部：『婚，从女昏，昏亦聲。𡖏，籀文婚如此。』車部：『⿰車𡖏，从車𡖏聲，𡖏，古文婚字，讀若閔。』是𡖏爲古文、籀文之婚。⿰巾𡖏从𡖏得聲，解爲墀地以巾撋之。土部：『墀，涂地也。』⿰巾𡖏撋疊韻。手部無撋字，揗下云：『一曰摩也，从手昏聲。』其音義與⿰巾𡖏正同。然則鹽鐵論當爲『堊⿰巾𡖏壁飾』，（土部：「堊，白涂也。」）謂以白堊⿰巾𡖏壁爲飾。傳寫者既缺『巾』旁，而譌『𡖏』爲『夒』，又譌『夒』爲『憂』也。漢書揚雄傳：『獿人亡，匠石輟斤而不敢妄斲。』服虔曰：『獿，古之善塗塈者也，施廣領大袖以仰塗，而領袖不汙，有小飛泥誤著其鼻，固令匠石揮斤而斲。知匠石之善斲，故敢使之也。』『獿』亦『⿰巾𡖏』之譌字。（犬部：「獿，獿⿰犭翏也。」音誼皆異。）莊子徐无鬼篇『郢人』，則以聲近假借也。『⿰巾𡖏』『⿰車𡖏』皆從𡖏聲，許既讀『𢅥』若『閔』，而讀『𢅥』若『水溫𢅥』之『𢅥』者，玉篇有『奴昆切』，鼎臣作『乃昆切』。是聲與『閔』近，亦與『郢』近矣。左氏襄三十一年傳：『圬人以時塓館宮室。』土部無『塓』字，亦當作『𢅥』。」洪頤煊曰：「『垔憂』當是『垔獿』之譌，爾雅釋宮：『牆謂之垔。』說文曰：『垔，白涂也。』釋名釋宮室篇：『垔，亞也，次也，先泥之，次以白灰飾之也。』獿，古之善塗人也。」孫詒讓曰：「案『憂』疑當爲『黝』，聲之誤也。周禮守祧云：『其祧則守祧黝垔之。』鄭司農注云：『黝讀爲幽，幽，黑也。』穀梁莊二十三年傳云：『天子諸侯黝垔。』『黝』『幽』與『憂』，音近故譌。盧以爲『夒』字之誤，未塙。『壁』字疑亦不誤。（韓非子十過云：「四壁垔墀。」）」器案：王紹蘭說與王念孫讀書雜志漢書楊雄傳獿人條說大同，茲不再錄。洪說不知獿爲誤字，孫說憂爲黝之誤，俱不當。

〔三六〕禮記王制：「用器不中度，不粥於市；兵車不中度，不粥於市；布帛粗麤不中數，幅廣狹不中量，不粥於市；姦色亂正色，不粥於市；錦文珠玉成器，不粥於市；衣服飲食，不粥於市。」

〔三七〕「玩好」二字，原在下句「玄黃」上，今據楊樹達說校移。楊云：「崇禮篇『玩好不用之器』，可證。」案國語越語下注：「玩好，珍寶也。」

〔三八〕周易說卦：「震……爲玄黃。」正義：「爲玄黃者取其相雜而成蒼色。」禮記祭義：「夫人繅三盆，手遂布于三宮夫人世婦之吉者使繅，遂朱綠之，玄黃之，以爲黼黻文章。」新語道基：「玄黃琦瑋之色。」嵇康養生論：「目惑玄黃。」

〔三九〕姚範曰：「『蒲』字誤。」王佩諍曰：「案『蒲』字不誤。顧炎武天下郡國利病書：『雲南永昌府保山縣有蒲人，牧誓微、盧、彭、濮。諸濮地與哀牢相接。』今按蒲、濮今作僰，近更號僰彝，即舊稱白夷者也。蒲、濮、僰、白，均一聲之轉。天下郡國利病書又曰：「今陸涼有爨王碑，云是楚令尹子文之後，西漢末食邑於爨，遂姓爨氏。」辭海以爲倮倮即爨彝之一種，實即僰人、白彝之別稱，即古之所謂蒲人也。輟耕録載宋徽宗時爨國人來朝，衣裝鞵履巾裹，傅粉墨，舉動如此，使優人效之以爲戲，故後人謂戲爲爨弄。而次公言『戲弄蒲人雜婦』，則由來尚矣。雜劇或亦本種族而非通語耳。」

〔四〇〕漢書霍光傳：「北宮桂宮，弄彘鬭虎。」又韓延壽傳：「又使騎士戲車弄馬盗驂。」孟康曰：「戲車弄馬之技也。」御覽五六九引漢官典職：「正旦，天子幸德陽殿，作九賓樂，舍利從東來，戲於庭，畢，入殿門，激水化成比目魚，跳躍潄水，作霧鄣日，畢，化成黄龍，高丈八，出水遨戲於庭，炫燿日光。以二丈絲繫兩柱中，頭間相去數丈，兩倡女對舞，行於繩上，又蹹局屈身，藏形斗中，鐘聲並唱，樂畢，作魚龍蔓延，（又見續漢書禮儀志中注引蔡質漢儀，御覽同卷引梁元帝纂要：「又有百戲，起於秦、漢，有魚龍蔓延。」原注：「假作獸以戲。」）黄門鼓吹三通。」王嘉拾遺記：「成王之時，南垂之南，有扶婁夷國，或於掌中備百獸之樂，婉轉屈曲於指間，人形或長數分，神怪歘忽，樂府傳此，末代猶在焉。」

〔四一〕楊慎藝林伐山十曰：「唐梯，空梯也，古訓謂唐曰空，莊子『求馬於唐肆』、佛經『佛不唐捐』是也。唐梯，今之上高竿也。追人，追猶追琢，今割截易牛馬首。」方以智通雅三五：「唐梯，今之翻空梯。追人猶言縋人也。升庵以鹽鐵論唐梯爲上高竿，追人爲割截人易牛馬首，按此乃幻人也。今有縋人縮索而上，墜而復上且舞者，有人倒擲，以梯安足上，使一人上梯，從梯蹬中，翻轉蜿蜒而上。胡妲即漢飾女伎，今之裝旦也。奇蟲，總言魚龍曼衍也。」洪頤煊曰：「説文：『唐銻，火齊也。』『唐銻』即『鎕銻』通用字。蓋用珠綵裝飾人物，以爲玩弄之具。玉篇：『餹䬾，餌也。』是以餅爲之。」黄季剛曰：「『銻』當作『䬾』，『唐』即『餹』，『餹䬾』，餌也。『追』讀爲『琱』，餹䬾琱奇蟲胡妲，如今賣餳粔諸色餳肖人物也。」器案：

鏞銻、鏞銻二義，説雖辯，但於此文，實不相稱，要以楊、方二説，頗爲近之。唐梯追人，蓋即漢代尋橦之伎，一事而異名耳。御覽五六九引梁元帝纂要：「又有百戲，起於秦、漢，有……都盧尋橦，（原注：「今之緣竿，見西京賦。」）……跟挂腹旋。（原注：「並緣竿所作，見傅玄西都賦。」）」御覽同卷引石虎鄴中記：「虎正會，殿前作樂，高絙、龍魚、鳳皇、安息五案之屬，莫不畢備。有額上緣橦，至上鳥飛，左回右轉。又以橦着口齒上，亦如之。設馬車，立木橦其車上，長二丈，橦頭安橦木，兩伎兒各坐木一頭，或鳥飛，或倒掛。又衣伎兒作獮猴之形，走馬上，或在脅，或在馬頭，或在馬尾，馬走如故，名爲猨騎。」唐書樂志：「漢世有橦末伎。……梁有獮猴橦戲，今有緣竿伎。」王佩諍曰：「虞書益稷：『夔曰：予擊石拊石，百獸率舞。』是百獸之舞，由來已久。文選張衡西京賦之『巨獸曼衍』，藝文類聚引李尤平樂觀賦亦云然。魏志明帝紀裴注引魚豢魏略：『帝引穀水過九龍殿前，水轉百戲。歲首建巨獸，魚龍曼衍，弄馬倒騎。』則即所謂馬戲者也。太平御覽引竹林七賢傳：『魏文帝於宣武場上爲闌鬥虎。王戎年七歲，亦往觀焉；虎乘間薄闌而吼，其聲震地，觀者辟易顛仆，戎安然不動。』則鬥虎之戲，至魏世猶然。」

〔四二〕御覽五六九引梁元帝纂要：「又有百戲，起於秦、漢，有……怪獸舍利之戲。（原注：「並見西京賦。」）」唐書樂志：「散樂，非部伍之聲，俳優歌舞雜奏。漢天子臨軒設樂，舍利獸從西方來，戲於殿前，激水成比目魚，跳躍漱水，作霧翳日，化成黄龍，脩丈八，出水遊戲，煇燿日光。」陳遵默曰：「説文無『妲』字，徵之他書，當作『但』，賈子匈奴篇：『上使樂府幸假之但樂。』淮南説林訓：『使但吹竽。』『但』蓋優俳之類，『胡但』，胡人之爲但者，其作女邊旦，乃俗人妄改，猶『倡』之爲『娼』、『伎』之爲『妓』也。唯『但』之本義不爲俳優，疑借『誕』字爲之，啁弄欺謾，正優俳所有事也。」王佩諍引吴梅奢摩他室日記未刻稿曰：「妲即唐、五代以後劇曲中之旦字，疑鹽鐵論之『胡旦』，即後人之花旦，歌麻、魚虞，古韻通轉也。」器案：陳説姐字之源，吴説姐義之變，皆是。袁枚隨園詩話卷十五亦以爲此奇姐即「今之花旦」。淮南「使但吹竽」，文子上德篇作「使倡吹竽」，蓋不知「但」之爲義而改之，事雖近而非其朔也。樂府詩集卷八三：「復有但歌四曲，亦出漢世，無弦節，作伎，最先一人作，三人和。魏武帝尤好之。時有宋容華者，清徹好聲，善唱此曲，當時特妙。自晉世後，不復傳，遂絶。」晉書樂志亦載此事。這也是當時作「但」的例證。不過也有作「姐」的。文選繁休伯與魏文帝牋：「謇姐名唱。」集注：「李善曰：『蓋亦當時之樂人。説文曰：嫭，驕也，子庶反。字或作姐，古字假借也。姐，子也反。』音決：『姐，蕭子也反，曹子預反。』吕向曰：『左騏、史妠、謇姐，皆樂人名。』」案文選所存之姐字是，而注家以「子庶」「子也」「子預」音之，則其字從「且」非從「旦」也；此或以説文無「姐」字之故，因而以「嫭」字解之，而不知其本爲「但」字也。「但歌」者，猶爾雅釋樂所謂「徒歌謂之謡」之「徒歌」也，邵晉涵正義引左傳疏云：「言無樂而空歌，其聲逍遥然也。」案文選王命論注：「但，徒也。」又答蘇子卿書注：「徒，空也。」漢書食貨志：「以所入貢但賒之。」師古曰：「但，空也。」淮南説山篇：「媒但者，非學謾也，但成而生不信。」高誘注：「但猶詐也。」但爲空，引伸則有虚詐義。故淮南子云：「使但吹竽，使氏厭竅，雖中節而不可聽。」明但之爲藝，與吹奏樂器判然兩途矣。文心雕龍樂府篇：「子建、士衡，咸有佳篇（指歌），並無詔伶人，故事謝絲管；俗稱乖調，蓋未思也。」「事謝絲管」，即「無弦節」之謂，亦即「無樂而空歌」之謂也。由此看來，則「但歌」之義灼然可知，而「胡姐」之「姐」，亦從而灼然可知矣。

〔四三〕荀子大略篇：「天子召諸侯，諸侯輦輿就馬，禮也。詩曰：『我出我輿，于彼牧矣。自天子所，謂我來矣。』」楊倞注：「輦謂人輓車，言不暇待馬至，故輦輿就馬也。」案詩小雅出車毛傳：「出車，就馬於牧地。」

〔四四〕「馬」字原在「者」字下，今據王先謙説移正。王云：「『乘』字語意不了，『馬』字當在『乘』下，此誤倒。御覽八百二十三資産部、八百九十七獸部並作『庶人之乘馬者，足以代勞而已』。」

〔四五〕王先謙曰：「御覽同上引，亦無『其』字。」

〔四六〕王先謙曰：「御覽資産部、獸部引『梔』並作『軛』。」案：説文馬部：「駕，馬在軛中。」「梔」借「軛」字。

〔四七〕此謂馬耕也。御覽八二三引此下尚有三輔、遼東耕犁一段六十九字，非本書文。

〔四八〕説文車部：「輜，輜軿，衣車也。軿，車前衣也，車後爲輜。」

〔四九〕周禮考工記：「車人爲車，柯長三尺，……轂長半柯，……行澤者欲短轂，行山者欲長轂，短轂則利，長轂則安。」詩秦風小戎：「文茵暢轂。」毛傳：「暢轂，長轂也。」長轂者兵車，短轂者非兵車，微輿短轂，蓋取其輕利。

〔五〇〕「緐髦」原作「煩尾」，今改。「煩」「緐」音近通用，「尾」「髦」形近而誤。説文系部：「緐，馬髦飾也。」左傳成公二年：「請曲縣繁纓以朝。」杜注：「繁纓，馬飾。」資治通鑑一注：「繁，馬鬣上飾。」

〔五一〕孫人和曰：「『掌』讀爲『堂』，説文：『堂，距也。』堂蹄，以物遮飾其蹄也。」器案：「堂蹄」，今猶有此語，就是拿鐵堂釘在馬蹄上來保護它。走馬之堂蹄，正如鬥雞之距爪一樣。

〔五二〕御覽八九七引「伏櫪」作「服櫪」，「伏」「服」古通。曹操龜雖壽詩：「老驥伏櫪，志在千里。」漢書李尋傳：「馬不伏歷，不可以趨道。」師古曰：「伏歷，謂伏槽歷而秣之也。」「歷」通「櫪」。

〔五三〕「丁男」，謂丁壯男子，説文頁部「頂」字籀文作「䪵」，「丁」「鼎」同義，猶當時之「丁年」，亦「春秋鼎盛」之意也。俱見漢書。爾雅釋詁：「丁，當也。」淮南子齊俗篇：「丈夫丁壯而不耕，婦人當年而不織。」

「丁壯」與「當年」對文同義。「亡」作損失解。風俗通義正失篇：「丁氏家穿井，得一人於井中。」亡一人與得一人，相反爲義也。

〔五四〕初學記二七、御覽八一五引范子計然：「古者，庶人老耋而後衣絲，其餘則麻枲而已，故曰布衣。今富者綺繡羅紈，素綈冰錦也。繡細文而出齊，上價匹二萬，中萬，下五千也。」案左傳昭公三十一年：「麻衣跣行。」史記魯周公世家作「布衣跣行」，此布衣爲麻枲之衣之證。

〔五五〕爾雅釋器：「婦人之褘謂之縭，縭，緌也。」郭注：「褘邪交落帶繫於體，因名爲褘。緌，繫也。」詩豳風東山：「親結其褵。」毛傳：「褵，婦人之褘也。」文選思玄賦注：「在男曰褘，在女曰褵。」漢書景十三王傳：「時愛爲去刺方領繡。」晉灼曰：「今之婦人直領也，繡爲方領，上刺作黼黻文。王莽傳曰：『有人著赤繢方領。』方領，上服也。」器案：釋名釋衣服：「直領，邪直而交下，亦如丈夫服袍方也。」則男女上服，俱爲直領，今所見出土文物，正復如此。

〔五六〕説文糸部：「緣，衣純也。」段玉裁注：「此以古釋今也。古者曰衣純（上聲），見經典，今曰衣緣（去聲），緣其本字，純其假借字也。緣者，沿其邊而飾之也。」

〔五七〕楚辭招魂：「被文服纖。」王逸注：「文謂綺繡也。」史記貨殖傳：「刺繡文，不如倚市門。」

〔五八〕説文糸部：「𦃃，粗緒也。」廣雅釋器：「𦃃，紬也。」説文糸部：「紬，大絲繒也。」大典本、華氏活字本「紬」作「細」，不可從。又案：漢書外戚傳上注：「縑即今之絹也，音兼。」

〔五九〕織有「染絲織之」之義，見禮記玉藻注，周禮玉府：「凡王之獻金石兵器文織，貨賄之物，受而藏之。」此文「文繒」，即謂文織之薄繒也。

〔六〇〕禮記王制：「錦文珠玉成器，不粥於市。」

〔六一〕王先謙曰：「御覽八百十五布帛部引『縟』作『綺』。」

〔六二〕「素綈冰錦」原作「素綈錦冰」，今據王先謙校改。王曰：「『錦冰』當作『冰錦』，冰亦素也，故素紈謂之冰紈。綈錦二物，力耕篇『不益錦綈之寶』，亦錦綈對文，此誤倒。御覽布帛部引正作『素綈冰錦』。」器案：漢書地理志下：「其俗彌侈，織作冰紈綺繡純麗之物。」如淳曰：「紈，白熟也。純，緣也，謂絛組之屬也。麗，好也。」臣瓚曰：「冰紈，紈細密堅如冰者也。純麗，溫純美麗之物也。」師古曰：「如說非也。冰謂布帛之細，其色鮮潔如冰者也。紈，素也。綺，文繒也，即今之所謂細綾也。純，精好也。麗，華靡也。」後漢書章帝紀：「建初三年，詔齊相：『省冰紈、方空縠、吹綸絮。』」注：「氷，言色鮮潔如冰。」又宦者傳論：「冰紈霧縠之積。」初學記二七、太平御覽卷八一五引范子計然：「今富者綺繡羅紈，素綈氷錦。」釋名釋采帛：「綾，凌也，其文望之如冰凌。」說文糸部：「綈，厚繒也。」

〔六三〕漢書賈誼傳：「今庶人屋壁，得爲帝服；倡優下賤，得爲后飾。」又貢禹傳：「衣服履絝刀劍亂於上。」

〔六四〕太平御覽卷八百十四引范子計然：「白素出三輔，匹八百。」

〔六五〕說文車部：「輮，車網也。」段玉裁注：「車網者，輪邊圍繞如網然。攷工記謂之牙，牙也者，以爲固抱也。又謂之輮，行澤者反輮，行山者仄輮。大鄭曰：『牙，世間或謂之罔。』釋名曰：『輞，罔也，罔羅周輪之外也。關西曰輮，言曲揉也。』按牙亦作枒，木部枒下曰：『一曰車網會也。』所以名牙者，合衆曲而爲之，如襍佩之牙，亦曲體也。亦謂之渠，俗作𨏥，尚書大傳『大貝如車渠』是也。」

〔六六〕說文木部：「竹木之車曰棧。」周禮春官巾車：「士乘棧車。」考工記：「棧車欲弇。」注：「爲其無革輓，不堅，易拆壞也。」韓非子外儲說左下：「孫叔敖相楚，棧車牝馬。」

〔六七〕廣雅釋器：「簡謂之植。」應當是這裏的「植」字。無植，蓋謂無輿上式較軹轛諸材，僅以竹木縱横編之如棧棚，故曰棧輿也。御覽三五八引「植」作「軏」，或出别本。

〔六八〕説文車部：「軨，車轖間横木。」楚辭九辯：「倚結軨兮長太息，涕潺湲兮下霑軾。」王注：「伏車重軾而涕泣也。」

〔六九〕孫詒讓曰：「案『幅』當爲『輻』，謂數密之輻。『輻』『幅』聲類同。」案孫讀數爲「數罟不入洿池」之「數」，見孟子梁惠王上，趙岐注云：「數罟，密網。」

〔七〇〕楊樹達曰：「『蒲薦』謂以蒲薦輪，所謂蒲輪安車是也。」器案：漢書霍光傳：「韋絮薦輪。」注：「晉灼曰：『御輦以韋緣輪，著之以絮。』師古曰：『取其行安，不摇動也。』」彼文「薦」字，正和這裏的「薦」字意義相同。

〔七一〕「漆」原作「染」，今據孫詒讓説校改。孫云：「此句之『染絲』，下文之『常民染輿大軨蜀輪』，及『中者染韋紹系』，三『染』字並當作『漆』，『漆』俗書或作『柒』，與『染』形相近而誤。（北齊治疾方石刻「漆瘡」字作「柒」，亦見廣韻五質。）『紹系』疑亦當作『絲系』，論功篇云：『匈奴車器，無銀黄絲漆之飾。』是其證。」

〔七二〕洪頤煊曰：「『單複』當是『蟬攫』之訛，非鞅篇：『椎車之蟬攫，負子之教也。』淮南子説林訓：『古之所爲不可更，則椎車至今無蟬匷。』『椎車』即上文『椎車無輮』之『椎車』，『單複』與『蟬攫』字形相近，傳寫易譌。廣雅釋器：『䡲𨏥，車輞也。』『蟬攫』即『䡲𨏥』，皆字異而音義並同。」

〔七三〕孫人和曰：「『盤』爲『鞏』之譌，説文：『鞏，以韋束也。』」器案：孫説未當。説文車部：「靼，柔革也。靬，輨（從段注本）内環靼也。」廣雅釋器：「靬謂之鞶。」王念孫疏證云：「鞶之言盤，靬之言紆也。」案廣雅所言，正是此文的解，惜王氏未及舉此爲證。又案爾雅釋器：「輿革前謂之鞎，後謂之茀。」郭注：「以韋靶車軾，以韋靶後户。」國語晉語八：「絳之富商，韋藩木楗，以過於朝。」韋注：「韋藩，韋蔽前後也。」言車用韋革，可以爲證。

〔七四〕「漆」原作「染」，今據孫詒讓説校改。

〔七五〕「蜀」同「獨」，爾雅釋山：「獨者蜀。」郭注：「蜀亦孤獨。」方言十一：「一，蜀也，南楚謂之蜀。」郭注：「蜀猶獨也。」説略本楊樹達。

〔七六〕盧文弨曰：「『搔』當作『蚤』。」張敦仁曰：「案『左』字當衍，『搔』當作『瑵』，『華瑵』，東京賦謂之『葩瑵』。」王先謙曰：「案御覽三百五十八兵部引亦作『銀黄華左搔』，盧、張説疑非。」説文玉部：「瑵，車蓋玉瑵。」段玉裁注：「司馬彪輿服志曰：『乘輿、金根、安車、立車，羽蓋華蚤。』劉昭注：『徐廣云：翠羽蓋，黄裏，所謂黄屋車也。金華施橑末，有二十八枚，即蓋弓也。』又張衡東京賦：『羽蓋威甤，葩瑵曲莖。』薛綜注曰：『羽蓋，以翠羽覆車蓋也。威甤，羽貌。葩瑵，悉以金作華形，莖皆低曲。』蔡邕獨斷云：『凡乘輿車皆羽蓋金華爪。』『爪』與『瑵』同。又王莽傳曰：『造華蓋，九重高八丈一尺，金瑵。』師古曰：『瑵讀曰爪』。玉裁案：『瑵』『蚤』『爪』三字一也，皆謂蓋橑末。……他家云『華瑵』『金瑵』者，謂金華飾之，許云『玉瑵』者，謂玉飾之，故字从玉也。」器案：「華左搔」當作「金華瑵」，「金」「左」形近，又誤植在下也。又案：韓非子解老篇：「隋侯之珠，不飾以銀黄。」山海經西山經：「皋塗之山，……

其陽多丹粟，其陰多銀黄。」楊慎補注、吴任臣廣注都以爲即黄銀，漢代用以爲佩，唐太宗嘗賜房玄齡黄銀帶，其物貴於黄金，出蜀中。李時珍本草綱目：「按方勺泊宅編云：『黄銀出蜀中，色與金無異。』」案能改齋漫録十五、演繁露七亦載此物。景福殿賦：「點以銀黄。」亦謂黄銀。

〔七七〕説文系部：「綏，車中把也。」文選子虚賦：「繆繞玉綏。」注：「張揖曰：『楚王車之綏，以玉飾之也。』郭璞曰：『綏，登車所執，言手纏絞之。』」蓋繆繞正是此結字義。説文革部：「鞊，蓋杠絲也。」桂馥義證：「考工記注：『桯，蓋杠也，杠長八尺。』顔注急就篇：『俾倪，持蓋之杠，在軾中央環爲之，所以止蓋弓之前却也。』續漢書輿服志：『二千石皁蓋，除吏赤畫杠。』鹽鐵論：『結綏韜杠。』馥謂絲用以繫弓。」器案：爾雅釋天：「素錦綢杠。」郭注：「以白地錦韜旗之竿。」邵晉涵正義：「説文：『綢，繆也。』……此言以素地之錦綢纏旗之杠也。」彼文韜字，正與此處義同。

〔七八〕説文金部：「錯，金涂也。」文選南都賦注：「鑣，亦馬銜也。」

〔七九〕塗，塗飾。漢書霍光傳：「作乘輿輦，加畫，繡絪馮，黄金塗。」如淳曰：「以黄金塗飾之。」又外戚傳下：「切皆銅沓，黄金塗。」師古曰：「塗，以金塗銅上也。」續漢書輿服志上：「軿車……黄金塗五末。」

〔八〇〕「軨」原作「鈴」，今據張、王説校改。張敦仁曰：「『鈴』當作『軨』，尚書大傳云：『未命爲士，車不得有飛軨。』鄭曰：『如今窗車也。』（文選劇秦美新注引。）」王先謙曰：「案御覽兵部引正作『珥靳飛軨』，張説是。」器案：説文革部：「靳，當膺也。」段注以爲「服馬鞁具」。左傳定公九年：「如驂之靳。」正義：「當胸之皮也。」説文玉部：「珥，瑱也。瑱，以玉充耳也。」此言「珥靳」者，蓋謂以玉填充於靳，如珥之爲也。後崇禮篇：「一南越以孔雀珥門户。」珥字用法，與此正同。文選東京賦：「疏轂飛軨。」薛綜

注：「飛軨，以緹紬廣八尺，長拄地，左青龍，右白虎，繫軸頭，取兩邊飾，二千石亦然，但無畫耳。」續漢書輿服志上注亦引薛綜此文，「紬」作「油」，「尺」作「寸」，「拄」作「注」。

〔八一〕御覽六九五引「冒」作「帽」。說文皮部：「皮，剥取獸革者謂之皮，从又爲省聲。」

〔八二〕愚谷迂瑣曰：「在人爲手，在獸即爲蹄足不去，象形。鹽鐵論曰：『鹿裘皮冒，蹄足不去。』」

〔八三〕論語鄉黨：「狐貉之厚以居。」

〔八四〕「縫腋」，疑當作「逢掖」，禮記儒行：「衣逢掖之衣。」鄭注：「逢，猶大也，大掖之衣，大袂禪衣也。」荀子儒效篇：「逢衣淺帶。」楊注：「逢，大也。」説略本楊樹達。謝孝苹曰：「按：史記商君列傳：『千羊之皮，不如一狐之腋。』劉向新序：『簡子曰：昔者吾友周舍有言曰：百羊之皮，不如一狐之腋。』狐貉腋下之裘，最爲輕暖。狐貉縫腋，謂縫製狐貉之腋裘以爲衣。楊説似欠允。」（文史第十七期）

〔八五〕「羔麑豹袪」義不可通，疑當作「羔裘豹袪」，這句話見於詩經唐風羔裘。那篇詩還有「羔裘豹褎」句，鄭風羔裘、禮記玉藻也都有「羔裘豹飾」句，並作「羔裘」，是很好的例證。又左傳昭公十二年：「翠被豹舄。」俱謂以豹皮作服飾耳。

〔八六〕説文糸部：「絝，脛衣也。」段注：「今之所謂套絝也。」案毛絝，即皮套絝也。「彤」疑是「裥」音近錯了的。廣雅釋器：「衳，褠，幝也。」方言四：「無裥之絝謂之褠。」郭注：「裥亦襱字異耳。」説略本陳遵默。

〔八七〕「瓬襆皮補」原作「樸瓬皮傅」，義不可通；今以上下文例求之，輒改「樸」爲「襆」，「傅」爲「補」，俱以形近而訛，「襆瓬」亦倒植，今並乙正。爾雅釋器：「裳削幅謂之纀。」郭注：「削殺其幅，深衣之裳。」

說文糸部：「纀，常削幅謂之纀。」玉篇糸部：「纀，裳削幅也。亦作『襆』。」類篇衣部、龍龕手鑑衣部俱云：「襆，短袂衫也。」潛夫論浮侈篇：「碎刺縫紩，作爲笥囊裙襆衣被。」此正漢時有襆衣之證。

〔八八〕「鼲鼦」原作「鼲鼯」，力耕篇作「鼲鼦」，今據改正。楊樹達曰：「魏志王粲傳注引典略：『鼲貂之尾。』『貂』與『鼦』同。」

〔八九〕王佩諍曰：「狐白裘見史記孟嘗君列傳。」器案：集解引韋昭曰：「以狐之白毛爲裘，謂集狐腋之毛，言美而難得也。」漢書匡衡傳：「夫富貴在身，而列士不譽，是有狐白之裘，而反衣之也。」師古曰：「狐白，謂狐腋下之皮，其毛純白，集以爲裘，輕柔難得，故貴也。」禮記玉藻：「君衣狐白裘，錦衣以裼之。……士不衣狐白。」

〔九〇〕「翁」原作「翥」，今據孫詒讓説校改。孫云：「案『鳧翥』，『翥』當爲『翁』，二字下皆從羽，相涉而誤。急就篇云：『春草雞翹鳧翁濯。』顔注云：『鳧者，水中之鳥；翁，頸上毛也。』又云：『言織刺此象，以戊錦繡繒帛之文也。』此鳧翁蓋謂裘飾，與繒帛文同。」案説文羽部：「翁，頸毛也。」段注：「山海經（西山經）：『天帝之山，有鳥黑文而赤翁。』漢郊祀歌：『赤雁集，六紛員，殊翁雜，五采文。』急就篇：『鳧翁。』」水鳥又有信天翁，蓋以其頭毛白著得名，非謂老公之翁也。又案：此以「鳧翁」與「狐白」並舉，則「鳧翁」當亦指裘言，自漢以來，如司馬相如之鷫鸘裘（西京雜記），程據之雉頭裘（御覽六九四、九〇七引晉咸寧起居注），謝萬之鵠氅裘，王恭之鶴氅裘（世説新語企羡），齊文惠太子之孔雀裘（齊書），皆其比也。

〔九一〕周禮春官司服職：「王之吉服，祀四望山川則毳冕。」鄭注：「鄭司農云：『毳，罽衣也。』」漢書高帝紀：

「賈人毋得衣錦繡、綺縠、綺紵、罽。」師古曰：「罽，織毛，若今毼及氍毹之類也。」説文糸部：「繝，西胡毳布也。」段注：「毳者，獸細毛也，用織爲布，是曰繝，亦叚『罽』爲之。」金縷者，有金縷玉衣，以葬帝王，見續漢書禮儀志下及注引漢舊儀，但非此所謂。此所指乃以金線刺繡之衣襦，爲封建統治階級生時所服用者。古詩：「妾有繡腰襦，葳蕤金縷光。」沈約謝女出門官賜絹綺燭啟：「臣家本貧敝，事多蹇闕。桓室金縷，本非所宜；孟姬作具，猶若未用。」（又作劉孝儀文）即其明證。至杜秋娘所歌之金縷衣（國史補），尤爲人所共知者也。

〔九二〕説文鼠部：「鼲，鼲鼠，出胡地，皮可爲裘。」御覽六九四引晉令：「山鹿、白狗、遊毛、狐白、貂蟬、黄貂、班白、鼲子、渠搜國裘，皆禁服也。」此文「代黄」，當即指代郡之黄貂。

〔九三〕孫詒讓曰：「案『賤』疑當作『俴』，詩小戎：『俴駟孔羣。』釋文引韓詩云：『駟馬不著甲曰俴駟。』『俴騎』蓋謂不施鞍勒而徒騎，故用繩控也，與俴駟義略同。」器案：事物紀原九引「控」作「鞚」。

〔九四〕説文革部：「鞮，革履也。胡人履連脛，謂之絡鞮。」段注：「釋名曰：『鞾本胡服，趙武靈王所服也。』」按鞮蓋不施鞍而騎所特用之革履也。盧文弨本「皮薦」，云：「『廌』譌。」張敦仁曰：「華氏本『廌』改『薦』。」楊沂孫曰：「『廌』當爲『薦』。」王先謙曰：「案御覽三百五十八兵部、四百七十二人事部引並作『薦』。」器案：事物紀原引亦作「薦」，今從之。

〔九五〕王先謙曰：「御覽兵部引『氂』作『攻』。」器案：爾雅釋言：「氂，罽也。」「氂成」與下文「罽繡」相對，「成」猶言「織成」，「氂成」謂以氂織成之物也。漢書王莽傳中：「以氂裝衣。」師古曰：「毛之强曲者曰氂，以裝褚毛中，令其張起也。」師古釋氂義非，而王莽「以氂裝衣」，正見漢時毛罽之爲用廣也。

〔九六〕初學記二二引此句下有「其後乃有鏤衢紫茸題頭高橋鞍，或有金銀翠毛之飾」二十一字，或出別本。鏤衢鞍，見御覽三五八引三輔決録；紫茸題頭高橋鞍，見初學記二二、御覽三五八引魏百官名。

〔九七〕正嘉本、倪邦彦本、太玄書室本、張之象本、沈延銓本、金蟠本「⿰革真」作「⿰革豦」。王先謙曰：「盧『⿰革真』作『⿰革虒』。案『⿰革虒』與『⿰革鳥』同，篇、韻並云：『鞮也。』⿰革虒耳蓋以革爲之，著馬耳。」器案：續漢書輿服志上言馬飾有「左右赤珥流蘇」，文選東京賦注：「流蘇，五采毛雜之，以爲馬飾而垂之。」則⿰革真耳蓋以革飾於馬耳左右如流蘇狀者。其在貴族，以玉爲之，故曰「珥」，此則以革爲之，故逕稱「耳」耳。廣韻二十九葉：「⿰革巤，⿰革巤馬靻也。良涉切。」龍龕手鑑革部同。「銀鑷⿰革巤」，蓋謂銀製之馬頭飾也。

〔九八〕「琅」，盧文弨曰：「御覽作『馬腦』二字。」器案：疑「琅」下脱「玕」字，御覽所引，或出別本。

〔九九〕御覽三五九引「弇」下有「音奄」二字。「弇汗」就是「鞈」，説文革部：「鞈，防汗也。」御覽同卷引東觀漢記：「和帝永元三年，西謁園陵，桓郁兼羽林中郎將從，賜馬二疋，並鞍勒防汗。」又引魏百官名：「織成防汗一具。」又叫做「鄣汗」，御覽同卷引司馬彪戰略：「太和元年，諸葛亮從成都到漢中，(孟)達又欲應亮，遺亮玉玦、織成鄣汗、蘇合香。」「華⿰革耳明鮮」，原作「垂珥胡鮮」，今改正。説文革部：「⿰革耳，韋毳飾也。」御覽三五八、三五九引傅玄馬射賦：「明珂景服，華⿰革耳采鮮。」即本此文。今作「垂珥胡鮮」者，俱字形相近之誤也。又御覽三五九引傅玄良馬賦：「鏤鞍采⿰革耳，織防含華。」「防」即「防汗」也。字又作「茸」，續漢書輿服志上言「駕六馬」，「朱兼樊纓，赤罽易茸，金就十有二」。御覽三五八引魏百官名：「紫茸題頭高橋鞍一具。」

〔一〇〇〕「漆」原作「染」，今據孫詒讓説校改。續漢書輿服志上：「公、列侯、中二千石、二千石夫人……得乘漆布輜軿車。」彼言「漆布」，猶此言「漆韋」也。

〔一〇一〕荀子勸學篇：「雖有槁暴，不復挺者。」楊倞注：「暴乾。」

〔一〇二〕「抔」原作「坏」，御覽四七二引作「杯」，俱「抔」之誤，今改。禮記禮運：「汙尊而抔飲。」鄭注：「汙尊，鑿地爲尊也。抔飲，手掬之也。」

〔一〇二〕王先謙曰：「御覽七百五十九器物部引作『蓋無爵樽觴豆』。」

〔一〇三〕「匏」原作「瓠」，今據盧文弨説校改。王先謙曰：「案御覽器物部引正作『匏』。」器案：禮記郊特牲：「器用陶匏，尚禮然也。」漢書郊祀志下：「其器陶匏。」師古曰：「陶，瓦器；匏，瓠也。」又：「玄酒陶匏。」班固東都賦：「器用陶匏。」俱「陶匏」連文之證。

〔一〇五〕論語公冶長集解：「苞氏曰：『瑚璉者，黍稷器也，夏曰瑚，殷曰璉，周曰簠簋，宗廟器之貴者也。』」

〔一〇六〕漢書地理志下：「其田民以籩豆。」師古曰：「以竹曰籩，以木曰豆，若今之檠也。」史記封禪書：「無俎豆之具。」正義：「豆以木爲之，受四升，高尺二寸，漆其中。大夫以上赤雲氣畫，諸侯加象飾口足（孔子世家正義無「口」字），天子以玉飾之也。」左傳哀公元年：「器不彤鏤。」杜注：「彤，丹也。」釋文：「丹，漆也。」

〔一〇七〕「銀口」即以銀飾器口，説文金部：「釦，金飾器口。」古文苑揚雄蜀都賦：「雕鏤釦器，百技千工。」漢舊儀：「太官尚食，黃金釦器，中官私官尚食，用白銀釦器。」後漢書和熹鄧皇后紀：「其蜀、漢釦器，九帶佩刀，並不復調。」李賢注：「釦，以金銀緣器也。」

〔一〇八〕「黃耳」即金銅耳。今出土器物，如樂浪等書所載，及日本梅原末治漢代漆器紀年銘文集録所載者，就有這種東西。

〔一〇九〕詩經周南卷耳：「我姑酌彼金罍。」金罍，酒器。

〔一一〇〕「野王」原作「舒玉」，今據王先謙説校改。王云：「『舒玉』二字無義，與紵器亦不相屬。御覽器物部引作『野王紵器』，蓋此器出野王，與下『蜀杯』爲對。野王漢縣屬河内郡，今河南懷慶府治。『舒』與『野』、『玉』與『王』，並形近而誤。」器案：王校是。漢書貢禹傳注：「如淳曰：『地理志，河内、懷、蜀郡、成都、廣漢，皆有工官。工官主作漆器物者也。』」紵器，謂以絲織品作胎髹漆之器，據梅原末治漢代漆器紀年銘文集録所載，有永始元年畫紵黄釦飯槃，居攝三年畫紵黄釦果盤。

〔一一一〕後漢書和熹鄧皇后紀：「其蜀、漢釦器，九帶佩刀，並不復調。」李賢注：「蜀，蜀郡也；漢，廣漢郡也。二郡主作供進之器，元帝時貢禹上書『蜀、廣漢主金銀器，各用五百萬』是也。釦音口，以金銀緣器也。」

〔一一二〕張敦仁曰：「『譏』當作『嘰』。嘰，唏也。紂爲象箸而箕子嘰，見集韻八微『嘰』字下。潛夫論浮侈篇：『箕子所唏，（今本誤爲「晞」。）今在僕妾。』其語意略倣次公也。（韓非子云「悕」，淮南子云「唏」，「唏」「悕」同字，「唏」「嘰」同義也。今本韓非譌「唏」爲「悕」，不可通。）」器案：淮南子繆稱篇：「紂爲象箸而箕子嘰。」字正作「嘰」，許慎注曰：「嘰，唬也。知象箸必有玉杯，爲杯必極滋味。」説山篇作「唏」，史記十二諸侯年表亦作「唏」。張敦仁云云，可謂知其一而不知其二也。又潛夫論浮侈篇云：「今京師貴戚，衣服飲食，車輿文飾廬舍，皆過王制，僭上甚矣。從奴僕妾，皆服葛子升越，筩中女布，細緻綺縠，冰紈錦繡，犀象珠玉，虎魄瑇瑁，山石隱飾，金銀錯鏤，麞麂履舄，文組綵褋，驕奢僭主，轉相誇詫，箕子所唏，今在僕妾。」又案此文因文杯之賈十倍於銅杯，而引「箕子之譏」以刺奢，足見當時漆器之珍貴了。

漢書地理志下寫道：「其田民飲食以籩豆，都邑頗放吏及内郡賈人，往往以杯器食。」師古曰：「都邑之人頗用杯器者，效吏及賈人也。」彼文所言，可與此互證。

〔一一三〕「捭」原作「燁」，今改。王先謙曰：「御覽八百四十九飲食部引『燁』作『捭』，『捭豚』見禮記禮運。」案禮運：「燔黍捭豚。」即此文所本。廣雅釋器：「燁謂之㷉（炰）。」「捭」就是「燁」的借用字。

〔一一四〕漢書禮樂志：「人性有交接長幼之序，爲制鄉飲之禮，……鄉飲之禮廢，則長幼之序亂，而争鬬之獄蕃。」禮記鄉飲酒義：「鄉飲酒之禮：六十者坐，五十者立侍以聽政役，所以明尊長也；六十者三豆，七十者四豆，八十者五豆，九十者六豆，所以明養老也。」華氏本「少」作「小」。

〔一一五〕戰國策韓策：「張儀爲秦連衡説韓王曰：『民之所食，大抵豆飯藿羹。』」漢書翟方進傳：「飯我豆食羹芋魁。」

〔一一六〕「綦」與「棊」通，謂棊子也。東京夢華録八言以豬羊肉切作棊子片樣。

〔一一七〕詩經小雅賓之初筵：「籩豆有楚，殽核維旅。」毛傳：「殽，豆實也；旅，陳也。」

〔一一八〕方以智通雅三三曰：「案又爲盌案之案，史游槃案並列，孟光舉案齊眉，正謂盌案。周禮玉人：『案十有二寸。』亦非几席也。文選注：『楚漢春秋：淮陰侯曰：漢王賜臣玉案之食。』萬石君對案不食。案正與棜禁之類相同，若今臺上作小几數寸者，上以承爐盒諸物。舉案者，如舉酒巵者，并舟而舉也。舟今之酒衣，杯之盤也。朱博不好酒色，案上三桮，升庵直以案爲椀，恐尚微别。」案札樸四亦有同説。

〔一一九〕「鯉」原作「腥」，據孫詒讓説校改。孫云：「『臑』即『胹』之假字。方言云：『胹，熟也。』『腥』當爲『鯉』，形近而誤。此以『臑鼈』與『膾鯉』相儷，猶詩大雅韓奕云『炮鼈膾鯉』也。若作『膾腥』，則爲魚肉之通語，與『臑鼈』文不相對矣。」器案：孫校是，書鈔一四二、御覽八四九引「腥」正作「鯉」。文選招魂：「肥牛之腱，胹若芳些。……洏鼈炮羔，有柘漿些。」集注：「王逸曰：『胹若，熟爛也。』音決：『胹，下音同。（案指下「洏」字。）』吕延濟曰：『胹，爛熟也。』張銑曰：『洏，煮也。』」

〔一三〇〕「卵」讀爲「鯤」，指調味之物。禮記郊特牲注：「『卵』讀爲『鯤』。」又内則：「濡魚卵醬實蓼。」注：「『卵』讀爲『鯤』，鯤，魚子也。」正義：「知『卵』讀爲『鯤』者，以鳥卵非爲醬之物，卵醬承濡魚之下，宜是魚之般類，故讀爲鯤。」吕氏春秋本味篇：「和之美者，有……長澤之卵。」「卵」字義與此同。則秦、漢以魚子作醬，實爲普遍。

〔一三一〕文選七啓：「山鷄斥鴳。」集注：「鈔曰：『斥鷃似鶉，如大雀，而遊蒿萊之間，其肉亦美味。』陸善經曰：『禮庶羞有鶉鴳。』」又：臑，「漢南之鳴鶉」。

〔一三二〕張敦仁曰：「按此當作『橙枸』。史記西南夷列傳云：『蜀枸醬。』徐廣曰：『枸一作蒟，音窶。』常璩巴志言果實之珍，有幸枸給客橙。」

〔一三三〕這是詩經豳風七月文。毛傳：「宵，夜。綯，絞也。」鄭箋：「爾，女也。女當晝日往取茅歸，夜作絞索，以待時用。」

〔一三四〕膢臘二祭名。韓子五蠹篇：「山居谷汲者，膢臘而相遺以水。」則此俗由來已久。漢書武帝紀：「太初二年三月，令天下大酺五日，膢五日，祠門户，比臘。」如淳曰：「膢音樓，漢儀注：『立秋貙膢。』」伏儼曰：「膢音劉，劉，殺也。」蘇林曰：「膢，祭名也。貙，虎屬。常以立秋日祭獸，王者亦以此日出獵，還以祭宗廟，故有貙膢之祭也。」師古曰：「續漢書作『貙劉』，膢劉義各通耳。臘者，冬至後臘祭百神也。」

〔一二五〕楊樹達曰：「列女傳母儀傳云：『母師者，魯九子之寡母也，臘日休作者。』」器案：詩小雅甫田：「以我齊明，與我犧羊，以社以方，我田既臧，農夫之慶。」鄭箋云：「謂大蜡之時，勞農以休息之也。」大蜡即臘也。

〔一二六〕史記陳丞相世家：「里中社，平爲宰，分肉食。」是非社祭不得肉食也。

〔一二七〕文選東京賦注：「因，仍也。」

〔一二八〕「析酲」，原作「折醒」，今據盧文弨、孫詒讓説校改。盧云：「『折醒什半』疑『析酲升斗』。」孫云：「案盧校以『折醒』爲『析酲』，是也；疑『什半』爲『升斗』，則非。『什半』謂十人而醒者五也，後文云：『百姓離心，怨思者十有半。』即其證。」器案：漢書禮樂志：「天門十一：『泰尊柘漿析朝酲。』」應劭曰：「酲，病酒也；析，解也。」盧、孫校是，今據改正。

〔一二九〕禮記鄉飲酒：「尊有玄酒，貴其質也。……酒者，所以養老也。」

〔一三〇〕韓非子外儲説右下：「非社臘之時也，奚自殺牛而祠社？」漢書嚴延年傳：「延年母欲從延年臘。」注：「建丑之月爲臘祭，因會飲，若今之蜡節也。」

〔一三一〕禮記王制：「諸侯無故不殺牛，大夫無故不殺羊，士無故不殺犬豕。」又見玉藻。古代無故不飲酒，至漢猶縣爲禁令，漢書文帝紀注引漢律：「三人以上無故羣飲酒，罰金四兩。」

〔一三二〕陳遵默曰：「『縣伯』『屠沽』，並以人言，『縣』即『県』之絫增字，音義與『県』同。後世以引用而用作『懸』字，音借而代爲『寰』字，遂並本音義皆不用，而借『梟』字爲之。説文雖無是義，桓在許前，所見當猶近古。『縣伯』亦屠人之類，桓於閭巷曰『縣伯』，於阡陌曰『屠沽』者，互言耳。一説：『縣伯』原當作

『県伯』，『県』即『梟』本字，讀爲『梟棊』之『梟』，『梟伯』斥謂魁桀之人，其連閭巷言之，即干寶所謂市魁也。（文選晉紀總論注引干寶晉紀。）『県』之爲『梟』，蓋漢人習用，如『鄡邑』又爲『⿰県阝邑』，即其例。後人尠見『県』字，因改爲『縣』。本書多古字故言，傳者每不知妄改，至爲可惜。」器案：後漢書張衡傳應間：「得人爲梟，失士爲尤。」注：「梟猶勝也，猶六博得梟爲勝。」此正以梟喻人事。文選招魂：「成梟而牟，呼五白些。」集注：「陸善經本『梟』爲『県』。」抱朴子刺驕篇：「聞之漢末諸無行，自相品藻次第，羣驕慢傲，不入道檢者爲都魁雄伯。」即此「縣伯」之意。漢書景帝紀：「出入閭巷亡吏體。」

〔一三三〕漢書韓延壽傳：「閭里阡陌有非常，吏輒聞知。」

〔一三四〕漢書食貨志上：「是故善平糴者，必謹觀歲，有上中下孰：上孰，其收自四，餘四百石；中孰，自三，餘三百石；下孰，自倍，餘百石。」張晏曰：「平歲，百畮收百五十石，今大孰，四倍，收六百石，計民食終歲長四百石，官糴三百石，此爲糴三舍一也。自三，四百五十石也，終歲長三百石，官糴二百石，此爲糴二而舍一也。」此文「中年」，即漢志之「中孰」也。

〔一三五〕當時丁男，日食一斗。

〔一三六〕公羊傳哀公六年：「常之母，有魚菽之祭。」何注：「齊俗，婦人首祭事，言魚豆者，示薄陋無所有。」又見史記齊太公世家。

〔一三七〕禮記中庸：「春秋修其祖廟，陳其宗器。」

〔一三八〕禮記王制：「大夫三廟：一昭一穆，與大祖之廟而三。士一廟。」又見禮器。

〔一三九〕禮記王制：「大夫祭五祀。」五祀指司命、中霤、國門、國行、公厲。

〔一四〇〕風俗通義怪神篇："「民不得有出門之祀。」"

〔一四一〕陳遵默曰："「『山川』疑當作『大川』。」案尚書舜典："「柴望秩於山川。」則不改亦可。"

〔一四二〕漢書禮樂志："「常從象人四人。」"韋昭曰："「象人，著假面者也。」"御覽五六九引梁元帝纂要："「又有百戲，起於秦、漢，有象人。」原注："「見漢書，韋昭曰：『今之假面。』」"西京雜記："「鞠道龍古有黄公術，能制虎，又能立興雲雨，坐變山河。後衰老，飲酒無度，術不能神，爲虎所食。故三輔間以爲戲象。」「像」就是「象人」，也就是後文的「偶人」，即今「木偶」，説略本陳遵默。

〔一四三〕楊樹達曰："「當路，神名。潛夫論巫列篇："『土公、飛户、咎魅、北君、銜聚、當路、直符七神。』是也。又潛夫論有北君，九歌有東君，郊祀志亦云『晉巫祠東君』，疑『南居』乃『南君』之誤。」器案：漢書王莽傳下："「壞徹城西苑中……平樂、當路、陽禄館，凡十餘所。」此上林苑中館，蓋亦取神道爲名。史記封禪書："「其梁巫祠……房中、堂上之屬。」此蓋其比，皆淫祠也。

〔一四四〕文選三國名臣贊："「乃構雲臺。」集注："「李善曰：『淮南子曰：雲臺之高。高誘曰：高際於雲，故曰雲臺。』」案淮南子人間篇許慎注："「雲臺，高至雲也。」"

〔一四五〕三國志魏書鍾繇傳注引魏略："「繇爲相國，以五熟鼎範因太子鑄之，釜成，太子與繇書曰：『昔黄帝三鼎，周之九鼎，咸以一體，使調一味，豈若斯釜，五味時芳。』」"

〔一四六〕春秋繁露王道篇："「誅受令，恩衛葆，以正囹圄之平也。」「衛葆」與「衛保」同，「衛保」當就是莊子庚桑楚「衛生之經」的「衛生」的意思。

〔一四七〕「散」疑當作「伏」，楊惲報孫會宗書："「田家作苦，歲時伏臘，亨羊炰羔，斗酒自勞。」楊惲所言伏臘置酒作樂，與此正同，蓋漢時風俗如此也。史記秦本紀：「德公二年初伏。」集解：「孟康曰：『六月伏日初也。』」

〔一四八〕禮記祭法：「大夫以下，成羣立社曰置社。」鄭注：「大夫不得特立社，與民族居，百家以上，則共立一社，今時社里是也。」漢書郊祀志上：「民里社各自裁以祠。」

〔一四九〕「日」即「日者」之「日」，史記日者傳集解：「墨子（貴義）曰『墨子北之齊，遇日者』云云，然則古人占候卜筮，通謂之日者。」索隱：「案名卜筮曰日者，以墨所以卜筮卜候時日通名日者故也。」史記陳涉世家：「周文，陳之賢人也，嘗爲項燕視日。」集解：「如淳曰：『視日時吉凶舉動之占也。司馬季主爲日者。』」

〔一五〇〕説文言部：「沇州謂欺曰詑。」戰國策燕策上：「燕王謂蘇代曰：『寡人甚不喜訑言者也。』」「詑」「訑」字通。説略本楊樹達。張之象本、沈延銓本、金蟠本作「馳」，未可據。

〔一五一〕漢書東方朔傳答客難：「日夜孳孳。」師古曰：「孳與孜同。」又貢禹傳注師古曰：「孳與孜同，孜孜，不怠也。」

〔一五二〕詩經魏風伐檀：「彼君子兮，不素餐兮。」毛傳：「素，空也。」文選求自試表注引韓詩：「何謂素餐？素者，質也，人但有質樸而無治民之材，名曰素餐。尸禄者，頗有所知，善惡不言，默然不語，苟欲得禄而已，譬若尸矣。」論衡量知篇：「文吏空胸，無仁義之學，居位食禄，終無以效，所謂尸位素餐者也。素者，空也，空虛無德，食人之禄，故曰素餐。無道藝之業，不曉政治，默坐朝廷，不能言事，與尸無異，故曰尸位。」

〔一五三〕文選顔延年遊覽詩注：「空食，猶素餐也。」

〔一五四〕「今」字原無，今補。

〔一五五〕潛夫論浮侈篇：「詩刺『不績其麻，女也婆娑』。今多不修中饋，休其蠶織，而起學巫祝，鼓舞事神，以欺誣細民，熒惑百姓。」

〔一五六〕文選顔延年宋郊祀歌注引臣瓚曰：「釐謂祭祀餘胙也。」

〔一五七〕「堅頟」即「厚顔」。方言十：「中夏謂之頟，……汝、潁、淮、泗之間謂之顔。」風俗通義十反篇：「既見譏切，不甓坐謝負，而多伐善，以爲己力，惟顔之厚，博而俗矣。」

〔一五八〕方言五：「牀，……其杠，北燕、朝鮮之間謂之樹，自關而西，秦、晉之間謂之杠。」説文木部：「杠，牀前横木也。」

〔一五九〕廣雅釋器：「杝，俎，几也。」「栘」同「杝」。

〔一六〇〕「牒樺」原作「葉華」，今改。方言五：「牀，……其杠，……東齊、海、岱之間謂之樺；其上板，衛之北郊，趙、魏之間謂之牒。」

〔一六一〕「斤」作動詞用，「斤成」與上文「斧成」義同。

〔一六二〕説文艸部：「莞，葦也，可以爲席。」漢書東方朔傳：「莞蒲爲席。」師古曰：「莞，夫離也，今謂之葱蒲。以莞及蒲爲席，亦尚質也。」

〔一六三〕跗，指牀脚。莊子秋水篇釋文：「跗，足跗也。」左傳宣公二年：「伯棼射王汰輈及鼓跗著於丁寧。」鼓跗，謂鼓足，周禮有足鼓。

〔一六四〕文選西征賦注引許慎淮南子注：「茵，車中蓐也。」

〔一六五〕「旃」即取下篇「旃席」之「旃」。淮南子主術篇：「匡牀蒻席。」高注：「蒻，細也。」

〔一六六〕王先謙曰：「北堂書鈔儀飾部、御覽七百九服用部引『復』並作『複』。」

〔一六七〕釋名釋牀帳：「蒲平（據經訓堂叢書本），以蒲作之，其體平也。」禮記間傳鄭注：「苄，今之蒲平也。」正義：「蒲平爲席，翦頭爲之，不編納其頭而藏於內也。」淮南子主術篇：「越席不緣。」高注：「越，結蒲爲席也。」

〔一六八〕顧廣圻曰：「索經者，以索爲經。鄭注公食大夫『皆卷自末』云：『末，經所終。』韓詩外傳、說苑雜言皆云：『孔子困於陳、蔡之間，席三經之席。』是其證。」器案：廣雅釋言：「俵，經也。」「素」「索」古以同聲通用，「索」「經」古以同義互訓，因之，索經爲古人連用常語。

〔一六九〕「單」疑當作「簟」，禮記禮器：「莞簟之安，而槀鞂之設。」又郊特牲：「莞簟之安，而越席槀鞂之尚，明之也。」淮南子詮言篇：「席之先雚簟。」許慎注：「席之先所從生，出于雚與簟葦也。」

〔一七〇〕太平御覽卷七百九引范子計然：「六尺藺席出河東，上價七十。蒲席出三輔，上價百。」說文艸部：「莞，艸也，可以作席。藺，莞屬。」又竹部：「籧篨，粗竹席也。」「蘧蒢」即「籧篨」。明初本、華氏本「蒢」作「除」，借字。

〔一七一〕孫詒讓曰：「案『翟』當作『瞿』，形近而誤。『瞿柔』即『氍毺』也。釋名釋牀帳云：『裘溲猶婁數，毛相離之謂也。』北堂書鈔一百三十三引聲類云：『氍毺，織毛爲席也。』（廣韻十虞引作『氍毹』。）一切經音義十四云：『毾毹，字苑作氍毺，釋名作裘溲，通俗文云：織毛褥曰毾氍。』『氍』『毺』並『瞿』之俗，『瞿』

『裘』一聲之轉，『柔』『溲』『毹』『毤』音並相近，『毤』則『溲』之俗也。」

〔一七二〕説文艸部：「『蒻』，蒲子，可以爲平席。」

〔一七三〕「露牀」原作「露林」，今改。「露林」不見他書，形近而誤也。史記滑稽傳：「席以露牀。」「露牀」蓋牀之不施帷幕者，以露牀作席用，與此段言茵席者正合。史記秦始皇本紀有丞相隗狀，索隱：「狀，名，有本作『林』者，非。」誤「狀」爲「林」，與此誤「牀」爲「林」，正復相似。後漢書孝靈帝紀：「得民家露車共乘之。」通鑑五九注：「露車者，上無巾蓋，四旁無帷裳。」露字義與此同。

〔一七四〕張敦仁曰：「華氏本『獏』改『漢』。（字書未見『獏』字。）」器案：明初本作「漢」，攖寧齋鈔本作「獏」，余疑是「灘」字，四川稱青海羊皮爲灘皮。

〔一七五〕張敦仁曰：「『坐』當作『登』。釋名釋牀帳有榻登，（其文云：『榻登，施大牀之前，小榻之上，所以登牀也。』然則不當言坐，明矣。）次之於裘溲貂席之間，即此也。『闟』『榻』同字。」

〔一七六〕「餁」原作「袵」，據張敦仁説校改。張云：「『紝』當作『餁』，下有明文。」

〔一七七〕「列」，列肆，與「市」意同。史記平準書：「弘羊令吏坐市列肆販物。」索隱：「謂吏坐市肆行列之市。」賈誼新書春秋連語篇：「屠者罷列而歸。」漢書食貨志上：「小者坐列販賣。」師古曰：「列者，若今市中賣物行也。」抱朴子審舉篇：「於時，懸爵而賣之，猶列肆，争津買之，猶市人也。」淮南子氾論篇注：「肆，列也。」

〔一七八〕張敦仁曰：「『施』當作『旅』，上文已有『殽旅重疊』之云矣，而此再見者，彼言其言之所陳，此言其賣之所陳，以每段别爲義也。」

〔一七九〕「楊」字無義，疑「煬」之誤，文選甘泉賦注：「煬，炙也。」

〔一八〇〕楊樹達曰：「説文無『腤』字，字當作『牒』。古『習』聲『枼』聲之字多通假，莊子在宥篇釋文云『腤』讀爲『牒』是也。説文云：『牒，薄切肉也。』東觀漢記云：『光武至河北，趙王庶兄胡子進狗牒馬醢。』北堂書鈔百四十五引晉盧諶祭法云：『春祀用大牒。』按以下文引同書『冬，祀用雉臘兔臘』句例之，『大』乃『犬』字之誤，『犬牒』即此『狗腤』也。」器案：楊説是，「熠爚」字玉篇火部作「煠爚」，都是很好的例證。禮記少儀：「牛羊與之腥，聶而切之爲膾。」鄭玄注：「聶之言牒也，先藿葉切之，復報切之，則成膾。」這裏所謂「狗腤」，當就是狗膾。

〔一八一〕楊樹達曰：「『朘』字今本説文無，老子音義引説文云：『朘，赤子陰也。』與此義不合。此朘假爲臇，説文：『臇，臛也。』文選（曹子建名都篇）注引蒼頡解詁云：『臇，少汁臛也。』『朘』之爲『臇』，猶『俊』之爲『儁』矣。」案文選招魂：「鵠酸臇鳧。」集注：「王逸曰：『臇，小臛也。』呂向曰：『臇，臛也。』」

〔一八二〕文選招魂：「煎鴻鶬些。」集注：「呂向曰：『用膏煎熬。』」

〔一八三〕桂馥札樸三：「鹽鐵論：『羊淹雞寒。』曹子建七啓：『寒芳苓之巢龜。』李善云：『寒，今胵肉也。』案廣韻『胵』與『鯖』同，即五侯鯖。楚辭：『煎鯖臛雀。』」孫詒讓曰：「説文肉部云：『腌，漬肉也。』『淹』即『腌』同聲假借字。釋名釋飲食云：『韓羊、韓雞、韓兔，本法出韓國所爲也。』『雞寒』當即『韓雞』，『韓』『寒』聲近，古多通用。」孫人和曰：「文選七啓：『寒芳苓之巢龜。』注云：『寒，今胵肉也。』下引鹽鐵論及釋名『寒雞』爲證。其實『寒』與『涼』義同，説文酉部云：『䣼，雜味也。』廣雅釋器：『䣼，漿也。』周禮漿人注云：『玄謂涼今寒粥，若糗飯雜水也。』膳夫注作『涼』。『胵』與『鯖』同。蓋以雞肉參以雜味炊乾之，可以冷食，若今醬雞矣。『寒』『淹』對文，不必取韓國之義也。」器案：「寒」「韓」古通，左傳襄公八年寒浞，漢書古今人表作「韓浞」，即其證。

〔一八四〕「挏馬酪酒」原誤作「蜩馬駱日」，今改。漢書百官表：「武帝太初元年，更名家馬爲挏馬。」應劭曰：「主乳馬，取其汁，挏治之，味酢可飲，因以名官也。」如淳曰：「主乳馬，以韋革爲夾兜，受數斗，盛馬乳，挏取其上肥，因名曰挏馬。禮樂志：『丞相孔光奏省樂官七十二人，給大官挏馬酒。』今梁州亦名馬酪爲馬酒。」晉灼曰：「『挏』音『挺挏』之『挏』。」師古曰：「晉音是也。挏音徒孔反。」禮樂志注李奇曰：「以馬乳爲酒，撞挏乃成也。」師古曰：「挏音動，馬酪味如酒，而飲之亦可醉，故呼馬酒也。」又地理志上太原郡注：「有家馬官。臣瓚曰：『漢有家馬廄，一廄萬匹。時以邊表有事，故分來此。家馬後改曰挏馬也。』師古曰：『挏音動。』」說文手部：「挏，推引也（从段注本），从手同聲，漢有挏馬官，作馬酒。」這裏的「挏」作「蜩」，「酪」作「駱」，都是由於形近錯了的；「日」字則是「酒」字的壞文。顏氏家訓勉學篇載一學士以爲種桐時太官釀馬酒乃熟，也是由於字錯了才鬧出來的笑話。按額爾德特和瑛易簡齋詩鈔卷二有馬挏酒歌，原注云：「蒙古名氣格。」則蒙古作馬酒，猶用古法。說略本陳遵默。

〔一八五〕「胃」原作「膚」，今據孫詒讓說校改。孫云：「案『蹇捕膚脯』疑當作『蹇搏胃脯』。釋名釋飲食云：『脯，搏也，乾燥相搏著也。』說文肉部：『脯，乾肉也。』『膞，薄脯膊之屋上。』『捕』『搏』與『膞』字並通。史記貨殖傳有胃脯，集解晉灼云：『太官常以十月作沸湯燖羊胃，以末椒薑粉（器案：文選西京賦注引「粉」作「坋」，是。）之訖，暴使燥，則謂之脯。』（干祿字書：「『膚』俗作『膚』。」與「胃」形近。）蓋漢時以胃脯爲珍饌，故次公特舉之也。」

〔一八六〕「賜」或疑是「錫」字之誤。說文豆部：「登，豆飴也。」段注：「方言：『飴謂之餧，餳謂之餹。』郭注：

『以豆屑雜錫也。』」又食部：「錫，飴和饊者。从食昜聲。」此文「賜」字，疑原係「食」旁，譌爲「貝」字。楊樹達引元本作「腸」，元本今定爲明初本，華氏本亦作「腸」。案今猶有豆腸之製。

〔一八七〕賈誼新書匈奴篇：「美臛炙膹。」説文肉部：「膹，臛也。臛，肉羹也。」

〔一八八〕「臭」原作「自」，今改。孫詒讓曰：「案『自』疑當爲『台』之譌。『台』與『鮐』通。急就篇云：『鯉鮒蟹鱓鮐鮑鰕。』顏注云：『鮐，海魚也。』鮑亦海魚，加之以鹽而不乾者也。（毛詩小雅行葦篇：「黃耇台背。」鄭箋云：「台之言鮐也。」爾雅釋訓作「鮐背」。）」孫人和曰：「『自』乃『臭』之壞字。釋名釋飲食：『鮑魚，鮑，腐也，埋藏淹使腐臭也。』」器案：後孫説是，鮐已見上文，此不宜複。

〔一八九〕晉書祖逖傳：「耆老歌云：『玄酒忘勞甘瓠脯。』」此文「甘瓠」，當亦是脯。

〔一九〇〕「熟」原作「熱」，今據盧文弨説校改。

〔一九一〕「貊炙」原作「和炙」，今改。釋名釋飲食：「貊炙，全體炙之，各自以刀割，出於胡、貊之爲也。」楊樹達曰：「御覽八百五十九引搜神記云：『羌煮貊炙，翟之食也。自太始以來，中國當之。』然則正當時俗尚之物。」

〔一九二〕張之象注曰：「明堂篇：『土鼓蕢桴葦籥，伊耆氏之樂也。』」經濟類編引「凷」作「蕢」。

〔一九三〕史記五帝本紀：「予擊石拊石，百獸率舞。」正義：「孔安國曰：『石，磬，音之清者，拊亦擊也。』」

〔一九四〕「其」字原無，據張之象本、沈延銓本補。

〔一九五〕漢書食貨志上：「五家爲鄰，五鄰爲里，四里爲族，五族爲黨，五黨爲州，五州爲鄉，鄉，萬二千五百户也。」

〔一九六〕「要妙」，微妙。文選魏都賦：「清謳微吟之要妙。」又嘯賦：「音要妙而流響。」又作「幼眇」，漢書元帝紀贊：「窮極幼眇。」師古曰：「幼眇讀曰要妙。」又景十三王傳：「每聞幼眇之聲。」師古曰：「幼音一笑反，眇音妙，幼眇，精微也。」

〔一九七〕文選謝玄暉雜詩注：「音聲謂之轉。」

〔一九八〕史記日者傳：「從姬歌兒，不顧於親。」漢書禮樂志：「至孝惠時，以沛宫爲原廟，皆令歌兒習吹以相和。」

〔一九九〕文選鮑照樂府詩注：「曹，輩也。」

〔二〇〇〕楚辭招魂：「二八齊容，起鄭舞些。」王逸注：「鄭舞，鄭國舞也。」史記貨殖傳：「今夫趙女鄭姬，設形容，揳鳴琴，揄長袖，躡利屣，目挑心招，出不遠千里，不擇老少者，奔富厚也。」漢書東方朔傳：「作俳優，舞鄭女。」

〔二〇一〕禮記檀弓上：「有虞氏瓦棺，夏后氏堲周。」鄭玄注：「火熟曰堲，燒土冶以周於棺也。」

〔二〇二〕禮記檀弓上：「飾棺牆。」鄭玄注：「牆之障柩，猶垣牆障家。」又注：「牆，柳衣也。」

〔二〇三〕吕氏春秋節喪篇：「題湊之室。」高誘注：「室，槨藏也。題湊，複絫。」漢書霍光傳注：「木頭皆向内，故曰題湊。」禮記檀弓釋文：「題，頭也；湊，聚也。」

〔二〇四〕史記滑稽傳：「楩楓豫章爲題湊。」潛夫論浮侈篇寫漢代厚葬之棺槨：「京師貴族，必欲江南檽梓，豫章楩柟。」與此正合。

〔二〇五〕禮記喪大記有飾棺畫荒的制度。鄭玄注寫道：「飾棺者，以華道路及壙中，不欲衆惡其親也。荒，蒙也，在旁曰帷，在上曰荒，皆所以衣柳也。」字又作「幠」，説文巾部：「幠，設色之工，治絲練者。讀若荒。」周禮考工記：「設色之工，畫、繢、鍾、筐、幠。」又有「幠氏」，掌「湅絲」「湅帛」。蓋稱其物謂之「荒」，稱其事則謂之「幠」也。又案：續漢書禮儀志下：「天子登遐，……黄綿緹繒，金縷玉匣，如故事。」注引漢舊儀：「帝崩，……纏緹繒十二重。」此言貧者用緹繒，蓋明其奢僭也。據漢制，則天子以緹繒纏屍，此言囊橐者，蓋格於制度也。儀禮士喪禮云：「冒，緇質長與手齊，經殺掩足。」鄭玄注云：「冒，韜尸者，制如直囊，上曰質，下曰殺。」釋名釋喪制：「以囊韜其形曰冒，覆其形，使勿惡也。」蓋韜尸者本名冒，此云囊橐者，蓋從俗稱也。

〔二〇六〕「可」字原無，書鈔九四引有，今據補。禮記檀弓下：「孔子謂：『爲明器者，知喪道矣，備物而不可用也。』」即此文所本，正有「可」字。檀弓上：「竹不成用，瓦不成味，木不成斵，琴瑟張而不平，竽笙備而不和，有鍾磬而無簨簴，其曰明器，神明之也。」

〔二〇七〕禮記檀弓上：「宋襄公葬其夫人，醯醢百甕。曾子曰：『明器也，而又實之。』」

〔二〇八〕「彌祭」古書無文，疑「禴祭」之誤。易既濟：「九五，東鄰殺牛，不如西鄰之禴祭，實受其福。」王注：「牛，祭之盛者也；禴，祭之薄者也。……祭祀之盛，莫盛修德，故沼沚之毛，蘋蘩之菜，可羞於鬼神，故黍稷非馨，明德惟馨，是以東鄰殺牛，不如西鄰之禴祭，實受其福也。」漢書郊祀志注：「東鄰，謂商紂也；西鄰，周文王也。禴祭，謂禴煮新菜以祭。言祭祀之道，莫盛修德，故紂之牛牲，不如文王之蘋藻。」蓋禴祭者，祭之薄者也，故曰「其物不備」。

〔二〇九〕吕氏春秋節喪篇：「家彌富，葬彌厚，含珠鱗施，玩好寶貨，鍾鼎壺濫，輿馬衣被戈劍，不可勝數，諸養生之具，無不從者。」

〔二一〇〕漢書韓延壽傳：「賣偶車馬下里僞物者，棄之市道。」師古曰：「偶謂木土爲之，象真車馬之形也。」案「下里」即「蒿里」，漢書武帝紀注：「師古曰：『死人之里，謂之蒿里，字即爲蓬蒿之蒿，或呼爲下者也。』」又酷吏田延年傳注：「孟康曰：『死者歸蒿里，葬地下，故曰下里。』」

〔二一一〕漢書劉屈氂傳：「以牛車爲櫓。」又司馬相如傳上：「泰山爲櫓。」師古曰：「櫓，望樓也。」左傳成公十六年：「楚子登巢車以望晉軍。」杜注：「巢車，車上爲櫓。」此文「櫓輪」，似言偶車其輪之高。

〔二一二〕張敦仁曰：「『貌』當作『繞』，繞領，帬也。（見廣雅釋器。）方言作『繞衿』，（郭注：「江東通言下裳。」）『領』『衿』同字，『無繞領』，猶言無帬耳。拾補改作『無完領』，非。」

〔二一三〕馬王堆漢墓出土之桐人，即有衣紈綈者。潛夫論浮侈篇：「今京師貴戚，郡縣豪家，生不極養，死乃崇喪，或至刻金鏤玉，檽梓楩枏，良田造塋，黄壤致藏，多埋珍寶，偶人車馬，造起大冢，廣種松柏，廬舍祠堂，崇侈上僭。」所説厚葬情況，與此可互參。

〔二一四〕易繫辭下：「古之葬者，厚衣之以薪，葬之中野，不封不樹。」不封就是不積土爲墳，不樹就是不種墓樹。

〔二一五〕儀禮士虞禮鄭玄目録：「虞猶安也。士既葬其父母，迎精而反，日中而祭之於殯宫以安之。」

〔二一六〕荀子儒效篇：「君子言有壇宇，……是君子之所以騁志意於壇宇宫庭也。」楊倞注：「累土爲壇。宇，屋邊也。」又禮論篇：「是君子之壇宇宫庭也。」以「壇宇」與「宫庭」連文，與此以「廟堂」對文，義正相比。文選蜀都賦劉淵林注：「壇猶堂也。」

〔二一七〕禮記檀弓下：「延陵季子適齊，於其返也，其長子死，葬於嬴、博之間，……其坎深不至於泉，其斂以時服；既葬而封，廣輪揜坎，其高可隱也。」鄭注：「隱，據也。封可手據，謂高四尺。」案此文言「半仞」，正謂四尺。漢書楚元王傳附劉向傳用延陵季子事，注：「臣瓚曰：『謂人立可隱肘也。』」

〔二八〕文選西京賦注：「增，重也。」

〔二九〕漢書霍光傳：「太夫人顯改光時所自造塋制而侈大之，起三出闕，築神道，……盛飾祠堂輦閣，通屬永巷。」又龔勝傳：「勿隨俗動吾家種柏，作祠堂。」又張安世傳：「賜塋杜東，將作穿復土起冢祠堂。」潛夫論浮侈篇：「廬舍祠堂，崇侈上僭。」

〔三〇〕呂氏春秋安死篇：「世之爲丘壟也，其高大若山，其樹之若林，其設闕庭，爲宮室，造賓阼也，若都邑。以此觀世示富則可矣，以此爲死則不可矣。」則這種厚葬的風氣自秦時已然了。漢書佞幸董賢傳：「又令將作爲賢起冢塋義陵旁，内爲便房，剛柏題湊，外爲徼道，周垣數里，門闕罘罳甚盛。」水經穀水注引此文云：「『垣闕罘思』，言樹屏隅角所架也。」

〔三一〕禮記曲禮上：「鄰有喪，舂不相；里有殯，不巷歌。」鄭玄注：「助哀也，謂相送杵聲。」文又見禮記檀弓上。

〔三二〕這是論語述而篇文。何晏集解：「喪者哀戚，飽食於其側，是無惻隱之心。一日之中，或哭或歌，是褻於禮容。」

〔三三〕「辨」，盧文弨曰：「『辨』同。」案沈延銓本作「辨」。

〔三四〕楊樹達曰：「史記絳侯周勃世家：『常爲人吹簫給喪事。』集解：『如淳曰：以樂喪家，若俳優。』」器案：集解又引瓚曰：「吹簫以樂喪賓，若樂人也。」羣書治要載崔寔政論：「送終之家，亦無法度，至用檽梓黄腸，多藏寶貨，烹牛作倡，高墳大寢，是可忍也，孰不可忍。」

〔二二五〕王佩諍曰：「按連笑爲滑稽之雄者，據史記滑稽列傳，主文譎諫屬優人者居多，戰國成相，後世連相，疑均從此出。觀荀子所著成相辭，毛奇齡所擬遼連廂詞，漸化而爲嚴肅矣。成連雙聲，魏、晉之蒼鶻擊參軍，此一變也。後世如吴梅村詩所稱之『雪面參軍舞鴝鵒』，即唐人之假官，今人之跳加官也，此又一變也。」器案：戰國策齊策下：「侏儒之笑不乏。」漢書徐樂傳：「俳優朱儒之笑不乏於前。」又谷永傳：「罷歸倡優之笑。」則俳優固以笑樂爲務者也。

〔二二六〕吕氏春秋古樂篇：「樂之所由來者尚矣。」高注：「尚，久也。」史記五帝本紀：「太史公曰：『學者多稱五帝尚矣。』」集解：「尚，上也，言久遠也。」漢書匈奴傳：「别散分離尚矣。」師古曰：「尚，久遠。」此文尚亦久遠意。

〔二二七〕史記貨殖傳：「秦始皇帝令倮比封君。」又：「今有無秩禄之奉，爵邑之入，而樂與之比者，命曰素封。」正義：「言不仕之人，自有園田收養之給，其利比於封君，故曰素封也。」又：「吴、楚七國兵起時，長安中列侯封君，行從軍旅，齎貸子錢。」又漢書食貨志下：「迺著令，令封君以下至三百石吏以上，差出牝馬天下亭。」又：「封君皆氐首仰給焉。」師古曰：「封君，受封邑者，謂公主及列侯之屬也。」則封君之制，秦始皇時已有之，秦不封諸侯，而行九等爵，故稱有秩禄之奉者爲封君也。

〔二二八〕説文衣部：「褧，檾衣也（從段注本）。詩曰：『衣錦褧衣。』示反古。」段注云：「檾者，枲屬，績檾爲衣，是爲褧也。古者，麻絲之作，蓋先麻而後絲，故衣錦尚褧，歸真反樸之意。」案説文引詩，見衛風碩人及鄭風豐，毛傳云：「衣錦，錦，文衣也，夫人德盛而尊，嫁則錦衣加褧襜。」尚即加也。

〔二二九〕「露」原作「路」，今從正嘉本、張之象本、沈延銓本及孫詒讓校改。孫云：「『路』疑當作『露』，同聲假借字，言雜佩珠玉，若冕旒之垂也。（冕旒爲繁露，見逸周書王會篇及崔豹古今注。）」案孫校是，繁露即瑬，也就是垂玉，言其綴而下垂，如露珠兒一般繁多。這裏跟環佩連言，則繁露當是佩類，如後代之珠串，與瑬相似，故蒙其名。說略本陳遵默。

〔二三〇〕漢書鄒陽傳：「何王之門不可曳長裾乎？」說文衣部：「裾，衣袍也。」爾雅釋器：「婦人之褘謂之褵。」注：「褘，邪交絡帶繫於體，因名爲褘。」

〔二三一〕「瑞」原作「端」，今據陳遵默校改。「璧瑞簪珥」，就是說以玉爲簪珥的意思。

〔二三二〕潛夫論務本篇：「養生順志，所以爲孝也。今多違志，儉養約生以待終，終没之後，乃崇餙喪紀以言孝，盛饗賓客以求名。誣善之徒，從而備之。此亂孝弟之真行，而誤後生之痛者也。」

〔二三三〕張之象本、沈延銓本「發」作「廢」。案野客叢書二五引仍作「發」，作「廢」者明人所改。

〔二三四〕漢書貢禹傳：「衆庶葬埋，皆虚地上，以實地下。」治要引崔寔政論：「送終之家，亦無法度，……而俗人多之，咸曰健子，天下企慕，恥不相逮，念親將終，無以奉遺，乃約其供養，豫修亡殁之備，忽老親之饑寒，以事淫佚之華稱，竭家盡業，甘心而不恨。」

〔二三五〕詩經周南桃夭：「之子于歸，宜其家室。」毛傳：「家室，猶室家也。」孔穎達正義：「桓十八年左傳曰：『女有家，男有室。』室家，謂夫婦也。」

〔二三六〕公羊傳莊公十九年：「媵者何？諸侯娶一國，則二國往媵之，以姪娣從。姪者何？兄之子也。娣者何？弟也。諸侯一聘九女。」

〔二三七〕漢書貢禹傳禹奏言：「諸侯妻妾，或至數百人，豪富吏民，畜歌者數十人，是以内多怨女，外多曠夫。」文選洞簫賦注：「放，至也。」

〔二三八〕論語先進篇：「魯人爲長府，閔子騫曰：『仍舊貫，如之何？何必改作！』」「舊貫」就是舊事，老一套的意思。

〔二三九〕陸賈新語至德篇：「君子之爲治也，塊然若無事，寂然若無聲，官府若無吏，亭落若無民。」御覽一九四引風俗通：「謹案春秋國語：『畺有寓望。』謂今亭也，民所安定也。亭有樓，從高省，丁聲也。漢家因秦，大率十里一亭。亭，留也。今語有亭待，蓋行旅宿食之所館也。亭亦平也，訟諍吏留辦處，勿失其正也。亭吏舊名負弩，改爲亭長，或謂亭父。」後漢書仇覽傳注：「落，居也。」

〔二四〇〕「奇蟲」即奇獸，上文之「奇蟲胡妲」，又崇禮篇之「奇蟲珍怪」、「奇蟲不畜之獸」，「奇蟲」俱謂奇獸。後人稱猛虎爲大蟲，猶存古義。

〔二四一〕「粱」字原脱，今補。「粱肉」與「文繡」對文，國語齊語：「食必粱肉，衣必文繡。」就是一個很好的例證。無「粱」字，則文氣不暢。這當由傳寫脱落所致。

〔二四二〕「稟」讀爲「廩」，廩衣食就是由官家供給衣食。明初本作「廩」，下同。漢書貢禹傳：「廩食太官。」師古曰：「謂太官給其食。」急就篇：「稟食縣官帶金銀。」顔師古注：「稟食縣官，官給其食也。」漢書地理志顔注：「稟，給也，『稟』與『廩』同。」坐廩，就是無故而享受供給的意思。文選蕪城賦：「驚沙坐飛。」李善注：「無故而飛曰坐飛。」又張茂先雜詩：「蘭膏坐自凝。」李善注：「無故自凝曰坐。」又張景陽雜詩：「百籟坐自吟。」李善注：「無故自吟曰坐。」這些「坐」字，都和這裏的「坐」字義同。

〔二四三〕「實」謂財貨，這裏是説公家没有掌握物資。説文：「實，富也。从宀貫，貫爲貨物。」段注：「貨物充於屋下，是爲實。」案：左傳文公十八年：「聚斂積實。」杜注：「實，財也。」

〔二四四〕「官奴」即上文「縣官」所畜的「奴婢」，即没入官之奴婢。史記淮南衡山傳：「於是王乃令官奴入宫作皇帝璽、丞相、御史、大將軍軍吏、二千石、都官、令、丞印，及旁近郡太守、都尉印，漢使節法冠。」又霍光傳：「引内昌邑從官、騶宰、官奴二百餘人，常與居禁闥内敖戲。」通鑑二三注：「官婢，蓋以罪没入掖庭，男爲官奴，女爲官婢。」

〔二四五〕通鑑注一〇：「垂拱者，垂衣拱手也。」案：垂拱猶言無所事事。漢書貢禹傳：「諸官奴婢十萬人，游戲無事。税良民以實之，歲費五六巨萬。宜免爲庶人，稟食，令代關東戍卒，北乘邊亭，塞候望。」又景十三王傳：「昭信與去從十餘奴，博飲游敖。」與此言垂拱遨遊合。又案漢書食貨志上：「大農置工巧奴與從事，爲作田器。」據此，則官奴作業，各有所屬，其不屬於規定範圍者，當即此文之所謂「私作産業」也。

〔二四六〕「居肆」與下文「肆踞」同，「居」、「踞」並讀爲「倨」，謂倨傲放肆。漢書敍傳：「踞肆於朝。」義同。

〔二四七〕「泮汗」猶「畔岸」，有勤勞意。漢書司馬相如傳下：「放散畔岸，驤以孱顔。」説略本陳遵默。

〔二四八〕「蠻夷」上原有「今」字，據王先謙説校删。王云：「四句相對爲文，『今』字當衍。」

〔二四九〕韓詩外傳九：「孟子妻獨居踞，孟子入户視之，白其母，曰：『婦無禮，請出之。』」漢書高帝紀上：「不宜踞見長者。」後漢書魯恭傳：「夫戎狄者，四方之異氣也，蹲夷踞肆，與鳥獸無別。」注：「平坐踞傲，肆放無禮也。」

〔二五〇〕張敦仁曰：「按『鹿』當作『麤』，（俗作「麄」、「麁」，見集韻十一模，「鹿」乃「麁」之譌也。説文：「麤，草履也。」「麤」「⿱艹麤」同字。）『芰』『扆』同字。」王先謙曰：「初學記器物部、北堂書鈔儀飾部、御覽六百九十七服章部並引作『麄屝草履』，是也。『麄』與『鹿』、『菲』與『屝』、『芰』與『履』，皆以形近致誤。」

〔二五一〕急就篇：「裳韋不借爲牧人。」顏注：「韋，柔皮也。裳韋，以韋爲裳也。」孫詒讓曰：「『裳韋』，皇象本作『尚韋』。案此章自履、舄、鞜、裒、絨、緞、紃以下至章末，多爲説履舄之名飾，鹽鐵論散不足篇説履云：『古者，庶人鹿菲草芰（即「履」字），縮絲尚韋而已。』是古作履自有尚韋制，與此上下正合。顏不得其説，而改『尚』爲『裳』，釋爲『以韋爲裳』，則不爲履，與上下並不合矣。」器案：孫説是，玉篇革部：「鞝，音掌，扇安皮也。」今尚云「鞝鞋」，「尚」即「鞝」字。

〔二五二〕孫人和曰：「『綦』，説文作『緳』，云：『一曰不借。』『緳』或從其作『綦』。士喪禮及內則鄭注並云：『綦，履繫也。』周禮夏官弁師注：『璂讀如薄借綦之綦，綦，結也。』廣雅釋器：『不借，履也。』又云：『其紟謂之綦。』鄭、張所言綦，若今之鞵帶及草鞋襻矣。云『綦下』者，蓋履下以物貫屨頭而達於足，或從下而繞繫左右使不脱，如婦人之履，其下危宛，因名鞔下也。『不借』，鄭注作『薄借』。釋名釋衣服云：『不借，言賤易有，宜各自蓄之，不假借人也。齊人云搏腊，搏腊，猶把作，麤貌也。』又作『搏腊』，聲並相近。齊民要術及崔豹古今注並云：『不借，草履。』方言云：『麻作。』急就篇、釋名並云：『韋作。』不同者，釋名云『麻韋草皆同名』，是也。混言之，『綦下』即『不借』，分言之，『綦』以紟係爲名，『不借』以麤鹽爲誼。猶之『不借』一名『鞆角』，『鞆角』不盡於『不借』也。」器案：能改齋漫録十三引政和八年十二月，編類御筆所置禮制局奏：「今討論到履制下項，絇繶純綦。」原注：「綦，履帶也。」則宋時猶有此名。「下」猶言「底」，周官屨人：「禪下曰履。」正義云：「下謂底。」史記滑稽傳：「東郭先生……衣敝履不完，行雪中，履有上無下，足盡踐地，道中人笑之。東郭先生應之曰：『誰能履行雪中，令人視之，其上履也，其履下處乃似人足者乎？』」正以履底爲下。漢書楊雄傳上：「履欃槍以爲綦。」晉灼曰：「綦，履跡也。」履跡即綦下也。

〔二五三〕一切經音義十四引倉頡篇：「鞔，履也。」呂氏春秋召類篇：「南家工人也，爲鞔者也。」高注：「鞔，履也。」方言四：「扉屨，麤履也。中有木者謂之複舄，襌者謂之鞮。」周禮屨人鄭注：「複下曰舄，襌下曰屨。」釋名釋衣服：「履亦曰屨，複其下曰舄。舄，腊也，行禮久立地，或泥溼，故複其下使乾腊也。」古今注：「舄以木置履下，乾腊不畏泥溼也。」漢書東方朔傳：「文帝足履革舄。」注：「革，生皮也。」

〔二五四〕後漢書和帝紀：「永元十年詔：『奇巧靡貨，流積公行。』」「靡」義與此同，就是細緻的意思。禮記禮器：「至敬無文，父黨無容。」「容」義與此同，就是外貌、外觀的意思。

〔二五五〕説文糸部：「紈，素也。」段注：「素者，白致繒也。紈即素也，故從丸，言其滑易也。」又：「紃，圜采也。」段注：「圜采，以采線辮之，其體圜也。内則：『織紝組紃。』注：『紃，條也。』雜記：『紃以五采。』注曰：『紃施諸縫中，若今時絛也。』孔穎達曰：『似繩者爲紃。』」紈裏紃下者，蓋謂鞋幫以紈素爲裏，鞋底則盤采鞝成各種圖案也。孫詒讓曰：「案『越』與『絨』聲同字通。急就篇云：『履舄鞜裒絨緞紃。』顔注云：『絨，織綵爲之，一名車馬飾，即今之織成緞，履跟之帖也；絨緞，以絨爲緞也。』皇象碑本『絨』作『越』。此『越端』即以絨飾履之端。説文糸部云：『縱，絨屬。』急就篇注云：『總，絨也，所以緣飾衣裳也。字或作縱，音義皆同。』則縱緣亦絨屬，以緣履也。」器案：漢書賈誼傳：「天子之后以緣其領，孽妾緣其履。」即言以文繡緣履。

〔二五六〕孫人和曰：「『里』當作『郢』，鄧、郢，並在今河南南陽境。」器案：孫説是，鄧、郢俱南陽郡地名，見説文邑部。説文艸部：「苞，艸也，南陽以爲麤履。」段注：「曲禮：『苞屨不入公門。』注：『苞，藨也，齊衰藨之菲也。』」蓋南陽境内，苞艸質優，故鄧、郢以之作麤履也。文選兩都賦序：「時時間作。」又東都賦注：「間，迭也。」説文艸部：「蒯，艸也。」段注：「左傳引詩曰：『雖有絲麻，無棄菅蒯。』」案儀禮喪服傳疏：「屨者，藨蒯之菲也。」段注引左傳，見成公九年。説文艸部：「苴，履中艸。」段注：「賈誼傳：『冠雖敝，不以苴履。』」案漢書賈誼傳顔注云：「苴，履中之藉也。」

〔二五七〕「蠢豎」原作「秦竪」，今改正。孫人和曰：「『竪』疑當作『豎』。『秦』未詳。」器案：孫校「豎」字是，今從之。「秦」即「蠢」字之誤，淮南子氾論篇：「愚夫蠢婦。」高誘注：「蠢亦愚，無知之貌也。」

〔二五八〕王佩諍曰：「居延漢簡有韋沓，是漢時邊防軍事中多用之，見勞幹居延漢簡考釋。」器案：漢書楊雄傳下：「革鞜不穿。」師古曰：「鞜，革履。音踏。」革鞜，即韋沓。周禮鞮鞻氏注：「鞮履，四夷舞者所扉也。今時倡蹋鼓沓行者自有扉。」正義以爲「擊鼓沓沓作聲」，則韋沓當以舞者所扉、起舞時應鼓聲沓沓作響，故以沓爲名耳。玉篇革部：「踏，鞮也。」明初本、華氏本「絲」作「系」。漢書賈誼傳：「今民賣僮者，爲之繡衣絲履偏諸緣，内之閑中。」如淳曰：「僮謂隸妾也。」服虔曰：「閑，賣奴婢闌。」

〔二五九〕「走者茸芰絇縮」，原作「走者茸芰狗官」，今據王紹蘭説校改。王云：「案『走』如『下走』之『走』，猶言『牛馬走』，則『走者』謂賤者。説文艸部：『茸，艸茸茸貌。』則茸謂細耎。履部：『屐，屩也。』則『芰』爲『屐』之假借。士冠禮：『黑屨青絇。』鄭注：『絇之言拘也，以爲行戒，狀如刀衣鼻，在屨頭。』則『狗』爲『絇』之譌字。糸部：『縮，一曰絹也。』网部：『罬，一曰縮也。』『絹』當爲『罬』。則『官』爲『縮』之爛字。此謂賤者著細耎之屐，其屨頭飾絇，以縮罬之。言其奢也。」器案：禮記玉藻：「童子……不屨絇。」荀子哀公篇：「哀公曰：『然則夫章甫絇屨、紳而搢笏者，此賢乎？』」也是説「絇屨」是「搢紳」所著，與此文可互參。又漢書王莽傳上：「於是莽稽首再拜受……句履。」孟康曰：「今齊祀履舄頭飾也，出履一二寸。」師古曰：「其形歧頭。句音巨俱反。」宋祁引韋昭曰：「句，履頭飾，形如刀鼻。音劬。」又蕭望之傳：「下走將歸延陵之皐。」注：「應劭曰：『下走，僕也。』師古曰：『下走者，自謙言趨走之役也。』」則用「走」作「僕役」義，自是當時習慣用法。後漢書安帝紀：「元初五年詔：『至有走卒奴婢被綺縠珠璣。』」所言東漢情況，與此正相似，亦以走卒與奴婢相提並論。御覽六九七引晉令：「士卒百工，履色無過緑青白；婢，履色無過紅青。」所言履色有別，蓋亦承漢制爲之，與此文參看，可見當時在等級制度下履制的全貌。

〔二六〇〕詩經小雅大東：「君子所履。」鄭箋：「君子皆法效而履行之。」

〔二六一〕詩經大雅生民毛傳：「歆，饗也。」

〔二六二〕淮南子修務篇：「堯眉八彩，九竅通洞，而公正無私，一言而萬民齊。」意林引許慎注：「眉理八字也。」白虎通聖人篇：「堯眉八彩，謂直兩眉頭，竪似八字耳。」

〔二六三〕史記五帝本紀：「堯立七十年得舜，二十年而老，命舜攝行天子之政，薦之於天。堯辟位凡二十八年而崩。」集解：「徐廣曰：『堯在位凡九十八年。』」正義：「皇甫謐曰：『堯即位九十八年，通舜攝二十八年也，凡年百一十七歲。』孔安國云：『堯壽百一十六歲。』」此言百載，蓋舉成數而言。

〔二六四〕漢書藝文志神仙家：「或者，專以爲務，則誕欺怪迂之文，彌以益多。」師古曰：「迂，遼也。」又楊雄傳下：「雄見諸子各以其知舛馳，大氐詆訾聖人，即爲怪迂，析辯詭辭，以撓世事。」

〔二六五〕玉篇示部：「禨，祥也。祥，妖怪也。」説文示部：「祥，福也。」段注：「凡統言則災亦謂之祥，析言則善者謂之祥。」

〔二六六〕史記秦始皇本紀：「三十二年，始皇之碣石，使燕人盧生求羡門、高誓。」集解韋昭曰：「羡門，古仙人。」正義：「高誓，亦古仙人。」封禪書作羡門子高，漢書郊祀志作羡門高，是一人不是兩人，與此同。史記司馬相如傳正義張云：「羡門，碣石山上仙人羡門高也。」

〔二六七〕史記秦始皇本紀云燕人徐市，淮南王傳作徐福。

〔二六八〕管子山至數篇：「與天壤同數。」史記蔡澤傳：「與天地終始。」又魯仲連傳：「名與天壤相弊。」正義：「天壤，天地也。齊策：『名與天壤相敝也。』言天壤敝，此名乃敝。」與此言「壽與天地相保」義同。

〔二六九〕史記封禪書：「使人入海求蓬萊、方丈、瀛洲。此三神山者，其傳在勃海中。」

〔二七〇〕後救匱篇：「横暴掣頓。」史記滑稽傳：「當道掣頓人車馬。」續漢書五行志載梁冀事：「吏卒掣頓，折其要脊。」釋名釋姿容：「掣，制也，制頓之使順己也。」華氏本「掣」誤作「挈」。

〔二七一〕張敦仁曰：「『半』當作『六』。（見史記淮南王列傳，漢書伍被傳同。華氏本改「九」，更誤。）」案明初本亦作「九」。

〔二七二〕這是尚書周書洛誥文。僞孔傳：「奉上謂之享。……奉上之道多威儀，威儀不及禮物，惟曰不奉上。」

〔二七三〕「御」原作「禦」，今據盧文弨校改。案司馬相如子虚賦：「勺藥之和，具而後御之。」東方朔七諫：「鉛刀進御兮，遥棄太阿。」漢書禮樂志：「歲時以備數，然不常御。」又楊雄傳下：「斥芬芳而不御。」本書疾貪篇：「聲色不御。」「御」字義與此同。

〔二七四〕史記封禪書：「齊人少翁以鬼神方見上，……於是乃拜少翁爲文成將軍，……居歲餘，其方益衰，神不至，乃爲帛書以飯牛，詳不知，言曰：『此牛腹中有奇。』殺視得書，書言甚怪。天子識其手書，問其人，果是僞書，於是誅文成將軍。……欒大，膠東宫人，……拜大爲五利將軍，……又以衛長公主妻之，……而五利將軍使，不敢入海，之泰山祠。上使人隨驗，實無所見。五利妄言見其師，其方盡多不讎，上乃誅五利。」

〔二七五〕張敦仁曰：「『宣』當作『皇』，張之象本改『宣帝』作『陛下』，（攖寧齋鈔本、太玄書室本、沈延銓本、金墦本同。）非。」

〔二七六〕韓非子五蠹篇以學者、言古者、帶劍者、近御者、商工之民爲五蠹。潛夫論浮侈篇：「誰能若此者，既不生穀，又坐爲蠹賊也。」

〔二七七〕禮記樂記：「先王之制禮樂也，非以極口腹耳目之欲也，將以教民平好惡，而反人道之正也。」

〔二七八〕潛夫論浮侈篇：「此之費功傷農，可爲痛心。」

〔二七九〕王先謙曰：「御覽七百一服用部引『棬』下注云：『去遠反，説文曰：棬，枋。』」案禮記玉藻：「母没而杯圈不能飲焉，口澤之氣存焉爾。」漢書地理志下：「都邑頗放效吏及内郡賈人，往往以杯器食。」孟子告子上趙岐注：「栝棬，栝素也。」

〔二八〇〕「脩」原作「修」，今據張敦仁説校改。張云：「按『修』當作『脩』。（集韻六豪、類篇目部皆云：『目不明。』）」

〔二八一〕盧文弨曰：「『薄』疑『煖』。」

〔二八二〕明初本、大典本、攖寧齋鈔本、華氏活字本「極」作「窮」。

〔二八三〕漢書元帝紀：「建昭五年詔：『興不急之事，以妨百姓。』」

〔二八四〕張之象本、沈延銓本、金蟠本「丞相曰」作「丞相史」，並把「丞相史曰」以下移入下救匱篇首。

救匱* 第三十

賢良曰：「蓋橈枉者以直〔一〕，救文者以質〔二〕。昔者，晏子相齊，一狐裘三十載〔三〕。故民奢，示之以儉；民儉，示之以禮。方今公卿大夫子孫，誠能節車輿，適衣服，躬親節儉，率以敦樸，罷園池，損田宅，内無事乎市列〔四〕，外無事乎山澤，農夫有所施其功，女工有所粥其業；如是，則氣脈和平，無聚不足之病矣。」

大夫曰：「孤子語孝，躄者語杖，貧者語仁，賤者語治。議不在己者易稱，從旁議者易是，其當局則亂〔五〕。故公孫弘布被〔六〕，倪寬練袍，衣若僕妾，食若庸夫〔七〕。淮南逆於内，蠻、夷暴於外，盜賊不爲禁，奢侈不爲節；若疫歲之巫〔八〕，徒能鼓口耳，何散不足之能治乎？」

賢良曰：「高皇帝之時，蕭、曹爲公，滕、灌之屬爲卿，濟濟〔九〕然斯則賢矣。文、景之際，建元之始，大臣尚有争引〔一〇〕守正之義。自此之後，多承意從欲，少敢直言面議而正刺，因公而徇私。故武安丞相訟園田〔一一〕，爭曲直人主之前。夫九層之臺〔一二〕一傾，公輸子不能正；本朝一邪，伊、望不能復。故公孫丞相、倪大夫側身〔一三〕行道，分祿以養賢，卑己以下士，功業顯立，日力不足，無行人子產〔一四〕之繼。而葛繹〔一五〕、彭侯〔一六〕之等，隳壞其緒〔一七〕，紕〔一八〕亂其紀，毁其客館議堂，以爲馬廐婦舍〔一九〕，無養士之禮，而尚驕矜之色，廉恥陵遲而爭於利矣。故良田廣宅，民無所之；不恥爲利者滿朝市，列田畜者彌郡國，横暴掣頓，大第巨舍之旁，道路且不通〔二〇〕，此固難醫而不可爲工。」

大夫勃然作色〔二一〕，默而不應。

* 此篇討論救匱之道，文學認爲當從「方今公卿大夫子孫」「躬親節儉，率以敦樸」做起；其次，「罷園池，損田宅，内無事乎市列，外無事乎山澤」，這樣，才能消滅「聚不足之病」。他們指責公卿大夫「因公而徇私」，「廉恥陵遲而爭於利」，認爲鹽、鐵官營等政策應該廢除。大夫諷刺他們：「孤子語孝，躄者語杖」，「若疫歲之巫，徒能鼓口耳，何散不足之能治乎」！

〔一〕「橈枉者以直」，原作「橈枉者過直」，與此文義不合。「橈枉者以直」，猶言「矯枉者以直」。淮南子本經篇：「矯枉以爲直。」（又見文子下德篇）春秋繁露玉杯篇：「以矯枉世而直之，矯者不過其正弗能直。」即次公此文所本，今據改正。漢書諸侯王表：「可謂撟枉過其正矣。」師古曰：「『撟』言『矯』同。枉，曲也。正曲曰矯。」後漢書仲長統傳：「逮至清世，則入於矯枉過正之檢。」

〔二〕史記高祖本紀太史公曰：「夏之政忠，忠之敝，小人以野，故殷人承之以敬；敬之敝，小人以鬼，故周人承之以文；文之敝，小人以僿，故救僿莫若以忠。」禮記表記：「虞夏之文，不勝其質；殷周之質，不勝其文。」孔穎達正義引元命包：「三王有失，故立三教以相變。夏人之立教以忠，其失野，故救野莫若敬；殷人之立教以敬，其失鬼，救鬼莫若文；周人之立教以文，其失蕩，救蕩莫若忠。如此循環，周則復始，窮則相承，此亦三王之道，故三代不同也。」

〔三〕禮記檀弓下：「曾子曰：『晏子可謂知禮也已，恭敬之有焉。』有若曰：『晏子一狐裘三十年，遣車一乘，及墓而反國君七個，遣車七乘，大夫五個，遣車五乘；晏子焉知禮？』曾子曰：『國無道，君子恥盈禮焉，國奢則示之以儉，國儉則示之以禮。』」即此文所本。

〔四〕漢書食貨志下：「今弘羊令吏坐市列，販物求利。」師古曰：「市列，謂列肆。」

〔五〕唐書元行沖傳：「當局稱迷，傍觀見審。」語本此。

〔六〕漢書公孫弘傳：「汲黯曰：『弘位在三公，奉禄甚多，然爲布被，此詐也。』」

〔七〕王先謙曰：「北堂書鈔衣冠部引『庸夫』作『傭夫』。案『傭夫』與上『僕妾』對文，言賤者之衣食也。『傭』『庸』古字通用。御覽六百九十三服章部引仍作『庸』。」

〔八〕古代以巫爲醫，因而往往以「巫醫」連舉。周書大聚解：「鄉立巫醫，具百藥以備疾災。」論語子路篇：「人而無恒，不可以作巫醫。」列子力命篇：「醫乎，巫乎，其知之乎！」都是很好的例證。這裏的「疫歲之巫」，也就是以巫而行醫道的。這種巫醫，在當時是不受人們尊重的，吕氏春秋盡數篇：「故巫醫毒藥逐除治之，故古之人賤之也，爲其末也。」史記李將軍傳：「廣以良家子從軍擊胡。」索隱：「如淳曰：

「良家子，非醫巫商賈百工也。』」和本文所指出的「疫歲之巫，徒能鼓口」，都是當時賤視「巫醫」的一些反映。

〔九〕文選東都賦注：「濟濟，多威儀也。」漢書王褒傳注：「濟濟，盛貌也。」

〔一〇〕漢書杜欽傳：「説王鳳塞争引之原。」師古曰：「争引，謂引事類以諫争之也。一曰，下有諫争之言，上引而納之也。」通鑑三〇注引同。又梅福傳：「故京兆尹王章資質忠厚，敢面引廷争。」又酷吏傳贊：「引是非，争大體。」東觀漢記十四馮衍傳：「忠臣不顧争引之患，以達萬機之變。」器案：亦單用「争」，漢書王莽傳上：「臣莽數叩頭省户下白争，未見許。」廣雅釋詁三：「引，道也。」争引，謂諫争輔導也。淮南子兵略篇：「導於左右。」高誘注：「導，諫也。」明初本「有」作「存」。

〔一一〕漢書田蚡傳：「武帝初即位，蚡以舅封爲武安侯。……六年，……上以蚡爲丞相。……嘗請考工地益宅，上怒曰：『遂取武庫。』後迺退。」這裏所説「訟園田」事，或即指此。經濟類編引「曲直」下有「於」字。

〔一二〕吕氏春秋音初篇：「有娀氏有二佚女，爲之九成之臺。」高誘注：「成猶重。」

〔一三〕詩經大雅雲漢序：「側身脩行。」正義：「側者，不正之言，謂反側也。憂不自安，故處身反側。」江淹獄中上建平王書：「局影凝嚴，側身扃禁。」華氏活字本作「則身」，不可據。

〔一四〕王先謙曰：「言無人修飾潤色之。」

〔一五〕「葛繹」指公孫賀。賀於太初二年代石慶爲丞相，封葛繹侯。詳漢書本傳。

〔一六〕張敦仁曰：「張之象本『彭』改『澎』。（沈延銓本、金蟠本同。）按漢書王子侯表：『澎侯屈氂。』劉屈氂傳注：『服虔曰：澎音彭。』褚先生補史記云：『封彭城（此字衍。）侯。』（將相名臣表：「征和二年。」）『彭』『澎』同字，（如「鳌」「氂」同字。）不得竟改也。復古篇云：『窮夫否婦。』『否』『鄙』同字；刺復篇云：『豈云殆哉。』論菑篇云：『敬戒不殆。』『殆』『怠』同字；憂邊篇云：『故使廷尉評等。』『評』『平』同字；地廣篇云：『道路迴避。』『避』『僻』同字；毁學篇云：『猶爲賴民也。』『賴』『厲』同字；相刺篇云：『西賓秦國。』『賓』『擯』同字；授時篇云：『三代之盛無亂萌。』『萌』『氓』同字；誅秦篇云：『號周子男君。』『男』『南』同字；險固篇云：『重門擊拓。』『拓』『欜』同字；刑德篇云：『吏舉苛而不止。』『苛』『呵』同字；大論篇云：『聖人不費民之性。』『費』『拂』同字；皆其例也。餘以此求之。」

〔一七〕緒，業，事業。國語周語注：「緒，事也。」案：漢書公孫弘傳：「至賀、屈氂時，壞以爲馬廐、車庫、奴婢室矣。」

〔一八〕玉篇糸部：「紕，纇也。纇，絲節不調也。」説文糸部紕下段注：「禮記以爲『紕繆』字。」

〔一九〕張之象注曰：「西京雜記曰：『平津侯自布衣爲宰相，乃開東閣，營客館，以招天下之士。其一曰欽賢館，以待大賢。次曰翹材館，以待大材。次曰接士館，以待國士。其有德任毗贊，佐理陰陽者，處欽賢之館。其有才堪九列、將軍、二千石者，居翹材之館。其有一介之善，一方之藝，居接士之館。而躬自菲薄，所得俸禄以奉待之。』公孫弘傳曰：『時上方興功業，屢舉賢良。弘自見爲舉首，起徒步，數年至宰相封侯。於是起客館，開東閣，以延賢人，與參謀議。弘身食一肉脱粟飯，故人賓客仰衣食，奉禄皆以給之，家無所餘。凡爲丞相、御史六歲，年八十，終丞相位。其後，李蔡、嚴青翟、趙周、石慶、公孫賀、劉屈氂繼踵爲丞相，自蔡至慶，丞相館舍丘虚而已。至賀、屈氂時，壞以爲馬廐、車庫、奴婢室矣。』」器案：漢書嚴助傳：「朝廷多事，婁舉賢良、文學之士，公孫弘起徒步，數年至丞相，開東閣，延賢人，與謀議。」

〔二〇〕前刺權篇：「宫室溢於制度，并兼列宅，隔絶閭巷。」與此所言正同。

〔二一〕漢書宣帝紀「帝作色曰」云云。師古曰：「作，動也，意怒故動色。」

箴石*第三十一

丞相〔一〕曰：「吾聞諸鄭長者〔二〕曰：『君子正顔色，則遠暴嫚；出辭氣，則遠鄙倍矣〔三〕。』故言可述，行可則。此有司〔四〕夙昔所願覩也。若夫劍客論〔五〕、博奕辯〔六〕，盛色而相蘇〔七〕，立權以不相假，使有司不能取賢良之議，而賢良、文學被不遜之名，竊爲諸生不取也。公孫龍〔八〕有言：『論之爲道辯，故不可以不屬意，屬意相寬，相寬其歸争，争而不讓，則入於鄙。』今有司以不仁，又蒙素飡，無以更〔九〕責雪恥〔一〇〕矣。縣官所招舉賢良、文學，而及親民偉仕〔一一〕，亦未見其能用箴石而醫百姓之疾也。」

賢良曰：「賈生有言：『懇言則辭淺而不入，深言則逆耳而失指。』故曰：『談何容易〔一二〕。』談且不易，而況行之乎？此胡建所以不得其死，而吴得幾不免於患也〔一三〕。語曰：『五盜執〔一四〕一良人，枉木惡直繩〔一五〕。』今欲下箴石，通關鬲〔一六〕，則恐有盛、胡之累〔一七〕，懷箴橐艾〔一八〕，則被不工之名。『狼跋其胡，載疐其尾〔一九〕。』君子之路，行止〔二〇〕之道固狹耳。此子石所以歎息也〔二〕。」

＊「箴石」上，原衍「鹽鐵」二字，今删。張敦仁曰：「此及後鹽鐵取下，以餘篇例之，蓋皆衍『鹽鐵』二字，目録亦然。」漢書藝文志方技略：「用度箴石湯火所施。」師古曰：「箴，所以刺病也；石，謂砭石，即石箴也。古者，攻病則有砭，今其術絶矣。」晉語：「趙文子曰：『醫及國家乎？』秦和對曰：『上醫醫國，其次疾，固醫官也。』」以醫病喻治國，與此意同。

此篇，丞相就朝廷招舉賢良、文學參加論議國家大事，希望他們能就「國疾」起「箴石」作用；賢良則以爲由於「枉木惡直繩」，「今欲下箴石」，「則被不工之名」，所以「君子之路，行止之道固狹耳」。

〔一〕張敦仁曰：「張之象本『相』下補『史』字。（沈延銓本、金蟠本同。）按此即雜論篇所謂『不能正議』云云者也，所補是。」器案：張、沈、金三本補「史」字，張敦仁説所補是，都不可靠。本書載丞相和丞相史的語言，都表現得截然有分寸，絶不混淆，從而描繪出丞相和丞相史這兩個具體的人物形象。本書記述丞相和丞相史的語言，有四種表現手法：第一，丞相自稱爲「吾」，丞相史自稱爲「僕」；（非對賢良客套也，以有他的頂頭上司在場故也。）第二，丞相自稱「有司」，丞相史自稱「大夫」；第三，丞相稱對方爲「諸生」，丞相史稱對方爲「文學」；第四，丞相祖述道家，丞相史祖述儒家。這些表現手法，都是從各自的身份來决定的，在全書中講若畫一，從未混亂。這裏，上述的四種表現手法都具備了，從而清清楚楚地看出來是丞相的辭令，張本等補「史」字未是。

〔二〕「者」原作「孫」，今據張敦仁説校改。張云：「『孫』字誤也，當作『者』。漢書藝文志：『道家，鄭長者一篇，六國時，先韓子，韓子稱之。』（謂外儲説右上稱「鄭長者聞之」及「鄭長者有言曰」也。）下文全在論語中，不稱曾子者，當時之學尚黄、老，而桑大夫尤輕儒故也。」器案：漢書藝文志注師古曰：「別録云：『鄭人，不知姓名。』」慧苑華嚴經音義下引風俗通：「春秋之末，鄭有賢人者，著書一篇，號鄭長者，謂年長德艾，事長於人，以之爲長者也。」御覽五一〇引袁淑真隱傳：「鄭長者，隱德無名，著書一節，言道家事，韓非稱之，世傳是長者之辭。」

〔三〕論語泰伯篇：「曾子言曰：『君子所貴乎道者三：動容貌，斯遠暴慢矣；正顔色，斯近信矣；出辭氣，斯遠鄙倍矣。』」皇侃義疏：「辭氣，言語聲音也……出言有章，故人不敢鄙穢倍違之也。故顔延之云：『出辭則人樂其文，故鄙倍絶也。』」器案：「倍」「背」同義，故皇侃以「倍違」釋之。説文人部：「倍，反也。」楚辭招魂王逸注：「背，倍也。」明初本、華氏本作「鄙俗」，誤。

〔四〕論語堯曰篇義疏：「有司，謂主典物者也，猶庫吏之屬也。」案後世通稱官吏爲有司。

〔五〕孫詒讓曰：「『劍客論』即史記叙傳所謂『劍論』也。」器案：史記集解：「晉灼曰：『史記吴起傳贊曰：非信仁廉勇，不能傳劍論兵書也。』」漢書司馬遷傳師古注：「劍論，劍術之論也。」

〔六〕論語陽貨篇：「不有博弈者乎，爲之猶賢乎已。」義疏：「博者，十二棊，對而擲采者也。弈，圍棊也。」文選有韋昭博弈論。

〔七〕「蘇」下原有「秦」字，今據孫詒讓説校删。孫云：「『秦』字衍。前國疾篇云：『大夫色少寬，面文學而蘇也。』荀子議兵篇：『蘇刃者死。』楊注云：『蘇讀曰傃，傃，向也，謂相向格鬭也。』此『盛色而相傃』，亦謂盛其辭色而相向辯難也。今本『蘇』下有『秦』字，則不可通，當删。」

〔八〕王先謙曰：「案孔子弟子公孫龍字子石。七國時著書者又一人。據下所言，則平原君之客，非聖門弟子也。後又舉其字爲子石，則二人俱字子石。『龍』當讀如『礱』。」王引之春秋人名解詁：「礱亦厲石也，説文：『礱，礲也，從石，龍聲。』晉語：『趙文子爲室，斲其椽而礱之。』賈逵注云：『礱，磨。』見枚乘諫吴王書注。荀子性惡篇：『鈍金必待礱厲然後利。』楊注云：『礱、厲，皆磨也。』」器案：列子仲尼篇殷敬順釋文：「公孫龍，平原君之客，字子秉。趙人。」莊子徐无鬼篇：「莊子謂惠子曰：『儒、墨、楊、秉四，與夫子爲五。』」然則持堅白異同之説的公孫龍字子秉，與孔丘門人字子石的不同。漢書藝文志名家：「毛公九篇。」注：「趙人，與公孫龍等並游平原君趙勝家。師古曰：劉向别録云：『論堅白同異，以爲可以治天下。』此蓋史記所云『藏於博徒』者。」

〔九〕廣雅釋言：「更，償也。」

〔一〇〕史記貨殖傳：「范蠡既雪會稽之恥。」漢書貨殖傳「雪」作「刷」。淮南子氾論篇高誘注：「雪，拭也。」孟子梁惠王上：「願比死者壹洒之。」趙岐注：「王念有此三恥，求策謀於孟子。」音義：「洒之，丁音洗，謂洗雪其恥也。」

〔一一〕漢書宣帝紀：「地節三年詔：『令内郡國舉賢良、方正可親民者。』……神爵四年詔：『令内郡國舉賢良可親民者各一人。』」又哀帝紀：「建平元年二月詔：『舉孝弟惇厚，能直言，通政事，延於側陋，可親民者各一人。』」後漢書左雄傳：「上疏陳曰：『鄉部親民之吏，皆用儒生清白，任從政者。』」然則賢良以舉自基層，故言「可親民」也。唐、宋以來，謂地方令長爲親民官，本此。

〔一二〕文選非有先生論：「談何容易。」李善注：「言談説之道，何容輕易乎。」漢書東方朔傳注師古曰：「不見寬容，則事不易，故曰何容易也。」南齊書王僧虔傳載誡子書：「曼倩有云：『談何容易。』見諸玄志爲之逸，腸爲之抽，專一書轉誦，數十家注，自少至老，手不釋卷，尚未敢輕言。」

〔一三〕吴得疑即婁敬因之以見漢高帝之虞將軍，「虞」「吴」古通，其名爲「得」也。史記劉敬傳載：「上怒，罵劉敬曰：『齊虜以口舌得官，今迺妄言沮吾軍！』械繫敬廣武。」或漢高帝亦因此而遷怒於因虞將軍以進見之劉敬也。其後劉敬得赦，虞當亦無事，故此文言「幾不免於患也」。

〔一四〕漢書景十三王傳：「夫衆喣漂山，聚蟁成雷，朋黨執虎，十夫橈椎。」沈欽韓漢書疏證曰：「韓非子内儲上：『龐恭謂魏王曰：市之無虎也明矣，然而三人言而成虎。』秦策：『莊謂王稽曰：三人成虎，十夫揉椎。』」器案：此文「盜執」，與「執虎」之「執」義同。漢書杜周傳：「議者知大將軍指，皆執吴爲不道。」然則「執言」爲秦漢人習用語，猶如説咬定之意。

〔一五〕本書申韓篇：「曲木惡直繩，姦邪惡正法。」潛夫論考績篇：「諺曰：『曲木惡直繩，重罰惡明證。』」韓非子有度篇：「繩直而枉木斲。」

〔一六〕黄帝内經素問六節藏象論：「人迎與寸口俱盛，四倍已上爲關格。」注：「靈樞經曰：『陰陽俱盛，不得相營，故曰關格。』」關格即關鬲也。

〔一七〕「盛、胡」，盧文弨曰：「未詳。」王先謙曰：「案盛、胡即前訟賢篇東海成顒、河東胡建也。『成』、『盛』古字通。」徐友蘭説同。

〔一八〕孟子離婁上：「猶七年之病，求三年之艾也。」趙岐注：「艾可以爲灸人病，乾久益善。」焦循正義：「毛詩王風：『彼采艾兮。』傳云：『艾所以療疾。』名醫别録云：『艾葉苦，微温，主灸百病。一名氷臺，一名醫草。』」

〔一九〕這是詩經豳風狼跋文。毛詩「踕」作「跋」，朱熹集傳曰：「跋，躐也；胡，頷下懸肉也；載，則也；疐，跲也。老狼有胡，進而躐其胡，退則跲其尾。」

〔二〇〕孟子梁惠王下：「行或使之，止或尼之，行止非人所能也。」

〔二一〕說苑雜言篇：「子石登吳山而四望，喟然而歎息曰：『嗚呼，悲哉！世有明於事情，不合於人心者；有合於人心，不明於事情者。』弟子問曰：『何謂也？』子石曰：『昔者，吳王夫差不聽伍子胥，盡忠極諫，抉目而辜。太宰嚭、公孫雒偷合苟容，以順夫差之志而伐吳，二子沉身江湖，頭懸越旗。昔者，費仲、惡來革，長鼻決耳，崇侯虎順紂之心，欲以合於意。武王伐紂，四子身死牧之野，頭足異所。比干盡忠，剖心而死。今欲明事情，恐有抉目剖心之禍；欲合人心，恐有頭足異所之患；由此觀之：君子道狹耳。誠不逢其明主，狹道之中，又將險危閉塞，無可從出者。』」案此正賢良引公孫龍道狹之言以自喻者，此文不見於今本公孫龍子，當在所亡八篇中。

除狹*第三十二

大夫曰：「賢者處大林，遭風雷而不迷〔一〕。愚者雖處平敞大路，猶暗惑焉。今守、相親剖符〔二〕贊拜，蒞一郡之衆，古方伯之位也〔三〕。受命專制〔四〕，宰割千里，不御於內；善惡在於己，己不能故耳，道何狹之有哉？」

賢良曰：「古之進士也，鄉擇而里選，論其才能，然後官之，勝職任然後爵而禄之〔五〕。故士修之鄉曲〔六〕，升諸朝廷，行之幽隱，明足顯著。疏遠無失士〔七〕，小大無遺功。是以賢者進用，不肖者簡黜。今吏道雜〔八〕而不選，富者以財賈〔九〕官，勇者以死射功〔一〇〕。戲車〔一一〕鼎躍〔一二〕，咸出補吏，累功積日，或至卿相。垂青繩，擐銀龜〔一三〕，擅殺生之柄〔一四〕，專萬民之命。弱者，猶使羊將狼也〔一五〕，其亂必矣。强者，則是予狂夫利劍也〔一六〕，必妄殺生也。是以往者，郡國黎民相乘〔一七〕而不能理，或至鋸頸殺不辜而不能正。執綱紀非其道，蓋博亂愈甚。古者，封賢禄能〔一八〕，不過百里〔一九〕；百里之中而爲都，疆垂不過五十，猶以爲一人之身，明不能照，聰不得達，故立卿、大夫、士以佐之，而政治乃備。今守、相或無古諸侯之賢，而蒞千里之政，主一郡之衆，施聖主之德，擅生殺之法，至重也。非仁人不能任，非其人不能行。一人之身，治亂在己，千里與之轉化〔二〇〕，不可不熟擇也〔二一〕。故人主有私人以財〔二二〕，不私人以官，懸賞以待功，序爵以俟賢，舉善若不足，黜惡若仇讎，固爲其非功而殘百姓也。夫輔主德〔二三〕，開臣途，在於選賢而器使之，擇練〔二四〕守、相然後任之。」

* 此篇，大夫就賢良所提「道狹」問題進行答辯，認爲「行止之道」在己，「己不能故耳，道何狹之有」？賢

良則認爲「開臣途，在於選賢而器使之」，其所謂「賢」，乃賢其所「賢」，而非即今據要津之賢也。矛頭指向桑弘羊。

〔一〕尚書舜典：「納于大麓，烈風雷雨不迷。」史記五帝本紀：「舜入于大麓，烈風雷雨不迷。」淮南子泰族篇：「既入大麓，烈風雷雨而不迷。」高誘注：「林屬於山曰麓，堯使舜入林麓之中，遭大風雨而不迷也。」論衡吉驗篇：「堯使舜入大麓之野，……逢烈風疾雨，行不迷惑。」（又見亂龍篇）風俗通義山澤篇：「謹按：尚書：『堯禪舜，納于大麓。』麓，林屬於山者也。」水經濁漳水注：「應劭曰：『鹿者，林之大也。尚書曰：堯將禪舜，納之大麓之野，烈風雷雨不迷，致之以昭華之玉而縣取目焉。』」按應劭所引尚書，當是大傳文。

〔二〕史記高祖本紀：「與諸列侯剖符行封。」漢書敘傳：「與爾剖符。」師古曰：「剖符，謂封之也。」説文竹部：「符，信也。漢制，以竹長六寸，分而相合。」親，猶言親自。漢書董仲舒傳：「孝文親紬帝尊。」用法與此同。

〔三〕漢書朱博傳：「古選諸侯賢者，以爲州伯。書曰：『咨十有二牧。』所以廣聰明，燭幽隱也。今部刺史居牧伯之位，秉一州之統，選第大吏，所薦位高至九卿，所惡立退，任重職大。」又何武傳：「刺史，古之方伯，上所委任，一州表率也。」資治通鑑六〇注：「古語多謂州爲方，故八州八伯謂之方伯。書曰：『惟此陶唐，有此冀方。』詩曰：『徐方不庭。』是也。」

〔四〕韓非子亡徵篇：「專制擅命。」淮南子氾論篇：「行無專制。」高誘注：「專，獨；制，斷也。」

〔五〕通典十三選舉：「周官大司徒職：以鄉三物教萬民而賓興之。詩、書、禮、樂，謂之四術。四術既脩，九年大成。凡士之有善，鄉先論士之秀者，升諸司徒，曰選士。司徒論選士之秀者，而升諸學，曰俊士。既升而不徵者，曰造士。大樂正論造士之秀者，升諸司馬，曰進士。司馬論進士之賢者，及鄉老羣吏獻賢能之書於王，王再拜受之，登於天府，藏於祖廟，内史書其貳而行焉。其在職也，則鄉大夫、鄉老舉賢能而賓其禮，司徒教三物而興諸學，司馬辯官材以定其論，太宰詔廢置而持其柄，内史贊與奪而貳於中，司士掌其板而知其數，論定然後官之，任官然後爵之，位定然後禄之。擇材取士，如此之詳也。」

〔六〕莊子胠篋篇：「治邑屋州閭鄉曲者，曷嘗不法聖人哉？」曲謂里中之道（詳毀學篇注〔七二〕），如漢人之宣曲、晉人之阮曲（見元河南志二晉城闕宫殿古蹟）、唐人之韋曲、杜曲之比。

〔七〕「失」讀爲「軼」，淮南子泰族篇：「聖主在上，……無隱士，無軼民。」

〔八〕「雜」原作「壅」，盧文弨曰：「『壅』，意林『雜』。」（道藏本意林仍作「壅」。）器案：作「雜」是，史記平準書正作「吏道益雜不選而多賈人」，今據改正。

〔九〕意林「賈」作「買」。

〔一〇〕漢書貢禹傳：「俗皆曰：何以孝弟爲？財多而光榮。何以禮義爲？史書而仕宦。何以謹慎爲？勇猛而臨官。」

〔一一〕漢書韓延壽傳：「又使騎士戲車弄馬盜驂。」又衛綰傳：「以戲車爲郎。」師古曰：「戲車，若今之弄車之伎。」張衡西京賦：「建戲車，樹脩旃。」李尤平樂觀賦：「戲車高橦，馳騁百馬。」案今山東臨沂南出土的漢代畫像石刻百戲圖，中有戲車。

〔一二〕鼎躍，即刺權篇之「鼎力」。困學紀聞十二：「『鼎躍』，東方朔所謂鼎官，（漢書東方朔傳：「夏育爲鼎官。」師古曰：「今殿前舉鼎官也。」）鄒陽所謂鼎士也。（漢書鄒陽傳：「武力鼎士。」師古曰：「鼎士，舉鼎之士也。」）」

〔一三〕盧文弨曰：「『繩』或作『綬』。」張敦仁曰：「『繩』當作『純』，謂綬文采純爲圭也。續漢書輿服志作『淳』，漢官儀作『純』，（北堂書鈔引。）『純』『淳』同字。拾補改『繩』爲『綬』，非。此句言『青純』不言『綬』，猶下句言『銀龜』不言『印』。」案御覽六八三引董巴輿服志：「二千石青綬，三采青白紅，淳青圭，長一丈八尺，一百二十首。……凡先合單紡爲一絲，四絲爲扶，五扶爲一首，五首成一文，文采淳爲一圭，首多者絲細，少者麤，皆廣六寸。」又六八三引漢舊儀：「御史，二千石，銀印，龜紐，文曰章。」

〔一四〕意林引作「擅生殺之柄」，下文：「擅生殺之法。」殺生即生殺也。韓非子詭使篇：「所以擅生殺之柄。」漢書嚴助傳：「操殺生之柄。」又王訢傳：「使君顓殺生之柄。」皆謂生與殺也。

〔一五〕燕丹子：「荆軻曰：『太子率燕國之衆而當秦，猶使羊將狼，使狼追虎耳。』」史記留侯世家：「且太子所與皆諸將，皆嘗與上定天下，今使太子將之，此無異使羊將狼也。」

〔一六〕淮南子主術篇：「故不仁而有勇力果敢，則狂而操利劍。」又見春秋繁露必仁且智篇。吕氏春秋當務篇：「辨而不當論，信而不當理，勇而不當義，法而不當務，惑而乘驥也，狂而操吴干將也。大亂天下者，必此四者也。」

〔一七〕文選何遜雜詩注：「乘，陵也。」相乘謂互相侵陵也。

〔一八〕周禮鄉大夫職：「考其德行道藝，而興賢者能者。」鄭司農云：「興賢者，謂若今舉孝廉；興能者，謂若今舉茂才。」

〔一九〕後漢書光武紀：「建武二年，博士丁恭議曰：『古帝王封諸侯，不過百里，故利以建侯，取法於雷。』」白虎通封公侯篇：「諸侯封不過百里，象雷震百里。」潛夫論三式篇：「昔先王撫世，選練明德，以統理民，建正封不過百里，取法於震，以爲賢人聰明，不是過也。又欲德能優而所治纖，則職修理而民被澤矣。」

〔二〇〕淮南子原道篇：「託小以包大，任中以制外，行柔而剛，用弱而强，轉化推移，得一之道，而以少正多。」

〔二一〕潛夫論三式篇：「今之守、相，制地千里，威權勢力，盛於列侯，材明德義，求必過古，而所治逾百里，此所以治多荒亂也。是故守、相不可不審也。」

〔二二〕荀子君道篇：「故明主有私人以金石珠玉，無私人以官職事業。」即此文所本。韓詩外傳四文略同。漢書佞幸傳：「王者不私人以官。」

〔二三〕「輔」原作「傅」，於文不詞，案當作「輔」，形聲俱相近，今改。本書復古篇：「輔明主以仁義。」未通篇：「公卿輔政。」毀學篇：「學以輔德。」相刺篇：「上有輔明主之任。」殊路篇：「非禮無以輔德。」俱足爲證。漢書叙傳：「益求其比，以輔聖德。」

〔二四〕漢書禮樂志注：「練，選也。」

疾貪*第三十三

大夫曰：「然。爲醫以〔一〕拙矣，又多求謝。爲吏既多不良矣，又侵漁〔二〕百姓。長吏厲諸小吏〔三〕，小吏厲諸百姓。故不患擇之不熟，而患求之與得異也；不患其不足也，患其貪而無厭也。」

賢良曰：「古之制爵禄也，卿大夫足以潤賢厚士，士〔四〕足以優身及黨〔五〕，庶人爲官者，足以代其耕而食其禄〔六〕。今小吏禄薄，郡國繇役，遠至三輔，粟米貴，不足相贍。常居則匱於衣食，有故則賣畜粥業。非徒是也，繇使〔七〕相遣，官庭攝追〔八〕，小計〔九〕權吏，行施乞貸〔一〇〕，長吏侵漁，上府下求之縣〔一一〕，縣求之鄉，鄉安取之哉〔一二〕？語曰：『貨賂下流，猶水之赴下，不竭不止〔一三〕。』今大川江河飲巨海，巨海受之，而欲谿谷之讓流潦；百官之廉，不可得也。夫欲影正者端其表，欲下廉者先之身〔一四〕。故貪鄙在率不在下，教訓在政不在民也。」

大夫曰：「賢不肖有質，而貪鄙有性，君子内潔己而不能純教於彼。故周公非不正管、蔡之邪，子産非不正鄧皙之僞也。夫内不從父兄之教，外不畏刑法之罪，周公、子産不能化，必也。今一一〔一五〕則責之有司，有司豈能縛其手足而使之無爲非哉？」

賢良曰：「駟馬不馴，御者之過也。百姓不治，有司之罪也。春秋刺譏不及庶人，責其率也〔一六〕。故古者大夫將臨刑，聲色不御，刑以當矣〔一七〕，猶三巡而嗟嘆之〔一八〕。其耻不能以化而傷其不全也。政教闇而不著，百姓顛蹶而不扶〔一九〕，猶赤子臨井焉，聽其入也〔二〇〕。若此，則何以爲民父母？故君子急於教，緩於刑〔二一〕。刑一而正百〔二二〕，殺一而慎萬。是以周公誅管、蔡〔二三〕，而子產誅鄧皙也〔二四〕。刑誅一〔二五〕施，民遵禮義矣。夫上之化下，若風之靡草〔二六〕，無不從教。何一一而縛之也？」

＊ 此篇就貪鄙問題進行辯論。賢良認爲「貪鄙在率不在下，教訓在政不在民」。只要爲民上者，廉潔奉公，那麼「上之化下，若風之靡草，無不從教」。桑弘羊認爲「貪鄙有性，君子內潔己而不能純教於彼」。雙方各執一端，都帶有片面性，都不足以說服人。

〔一〕「以」通作「已」。

〔二〕韓非子孤憤：「下與之收利侵漁。」漢書宣帝紀：「神雀二年秋八月，詔曰：『吏不廉平則治道衰。今小吏皆勤事而奉祿薄，欲其毋侵漁百姓，難矣。』」如淳曰：「漁，奪也，謂奪其利便也。」師古曰：「漁者，若言漁獵也。」

〔三〕論語子張篇：「君子信而後勞其民，未信，則以爲厲己也。」集解：「王肅曰：『厲，病也。』」孟子滕文公上：「厲民而以自養。」趙岐注：「爲厲病其民，以自奉養。」

〔四〕「足」上原無「士」字，今據張敦仁說校補。張云：「『士』字當重，上『士』句絕，下『士』屬下。」

〔五〕論語雍也篇：「原思爲之宰，與之粟九百，辭。子曰：『毋。以與爾鄰里鄉黨乎！』」集解：「鄭玄曰：『五家爲鄰，五鄰爲里，萬二千五百家爲鄉，五百家爲黨也。』」皇侃義疏：「又恐原憲不肯受，故又說云：汝莫辭，但受之，若無用當還，分與爾鄰里鄉黨也。此是示賢人仕宦，潤澤州鄉之教也。云『鄰里鄉黨』者，內外互言之耳，鄰里在百里之外，鄉黨在百里之內也。」

〔六〕孟子萬章下：「下士與庶人在官者同禄，禄足以代其耕也。」

〔七〕正嘉本、張之象本、沈延銓本、金蟠本、百子彙函「使」作「吏」。

〔八〕攝追，蓋謂以士兵追求。漢書司馬相如傳：「攝弓而馳，荷兵而走。」師古曰：「攝謂張弓注矢而持之也。」

〔九〕「計」指郡國上計的計吏。

〔一〇〕説文蟲部：「螟，蟲食苗葉者，吏乞貸則生螟。」惠棟曰：「『吏乞貸』者，周書所謂『奸吏乞貸』也。」

〔一一〕王先謙曰：「詳文義，言『小計權吏』則『行施乞貸』，『長吏則侵漁上下』也。『府』、『下』二字當乙。」

〔一二〕張之象注曰：「荀悦曰：『先王之制禄也，下足以代耕，上足以充祀，故食禄之家，不與下民争利，所以厲其公義，塞其私心；其或犯逾之者，則繩以政法。是以君子慕義，小人無怨。若位苟禄薄，外而不充，憂匱是卹，所求不贍，則私利之制萌矣；放而聽之，則貪利之心濫矣；以法繩之，則下情怨矣。故位必稱德，禄必稱爵。故一物而不稱，亂之道也。今漢之賦禄薄，而吏非員者衆，在位者貪於財産，規奪官民之利，則殖貨無厭，奪民之利，不以爲恥，是以清節毁傷，公義損缺，富者比公室，貧者匱朝夕，非爲所濟俗也。』」案荀悦申鑒時事篇：「或問禄。曰：『古之禄也備，漢之禄也輕。夫禄必稱位；一物不稱，非制也。公禄貶則私利生，私利生則廉者匱而貪者豐也。夫豐貪生私，匱廉貶公，是亂也，先王重之。』曰：『禄可增乎？』曰：『民衆財愆，增之宜矣。』或曰：『今禄如何？』曰：『時匱也。禄依食，食依民，參相濟，必也正貪禄，省閑冗，與時消息，昭惠恤下，損益以度，可也。』」又案：漢書貢禹傳：「鄉部私求，不可勝供。」師古曰：「言鄉部之吏，又私有所求，不能供之。」即言鄉取之於民也。

〔一三〕史記貨殖傳：「故物，賤之徵貴，貴之徵賤，各勸其業，樂其事，若水之趨下，日夜無休時，不召而自來，不求而民山之。」

〔一四〕陸賈新語術事篇：「治末者求其本，端影者正其形。」

〔一五〕「一一」，原作「一二」，下段賢良應文云「何一一而縛之也」，正據此而言，明「一二」本爲「一一」也，今改正。

〔一六〕「率」就是「帥」字，公羊傳昭公二十六年何休注：「立王子朝，獨舉尹氏，出奔并舉召伯、毛伯者，明本在尹氏，當先誅渠帥，後治其黨，猶楚嬰齊。」潛夫論斷訟篇：「春秋之義，責知誅率。」文廷式純常子枝語十五曰：「此西漢春秋經説，即禮不下庶人之義。韓宣子稱春秋爲周禮，此亦其一端也。禮不下庶人者，言上不深責以禮也。晏子春秋内篇諫下：『君子無禮，是庶人也；庶人無禮，是禽獸也。』是庶人亦有當習之禮矣。韓詩外傳卷五云：『王者之政，賢能不待知而舉，不肖不待須臾而廢。公卿大夫之子孫，行絶禮義，則歸之庶人；庶人之子孫，積文學，正身行，能禮儀，則歸之士大夫。』蓋士民之分，以禮義爲主，非人主以私意得而升降之也。白虎通五刑篇云：『刑不上大夫者，據禮無大夫刑，或曰撻笞之刑也。禮不及庶人者，謂酬酢之禮也。』又曰：『刑不上大夫何？尊大夫。禮不下庶人，欲勉民使至於士。』」

〔一七〕漢書賈誼傳注：「如淳曰：『決罪曰當。』」又路温舒傳：「蓋奏當之成，雖咎繇聽之，猶以爲死有餘辜。」師古曰：「當謂處其罪也。」又陳湯傳注：「當謂處正其罪也。」案當猶今言罪有應得。

〔一八〕禮記王制：「三公以獄之成告於王，王三又然後制刑。」鄭玄注：「『又』當作『宥』，宥，寬也。一宥曰不職，再宥曰過失，三宥曰遺忘。」

〔一九〕論語季氏篇：「危而不持，顛而不扶。」

〔二〇〕孟子公孫丑上：「今人乍見孺子將入於井，皆有怵惕惻隱之心。」漢書賈誼傳注：「師古曰：『赤子，言其新生，未有眉髮，其色赤。』」兩漢刊誤引劉奉世曰：「人生則有眉髮矣，顔説誤。匍匐入井，又非所謂新生也。嬰兒體色赤，故曰赤子耳。」

〔二一〕漢書賈山傳：「平獄緩刑，天下莫不説喜。」又路温舒傳：「宣帝初即位，温舒上書，言宜尚德緩刑。」

〔二二〕漢書尹翁歸傳：「其有所取也，以一警百，吏民皆服恐懼，改行自新。」

〔二三〕史記魯周公世家：「其後，武王既崩，成王少，在强葆之中，周公恐天下聞武王崩而畔，周公乃踐阼，代成王攝行政當國。管叔及其羣弟流言於國曰：『周公將不利於成王。』……管、蔡、武庚等，果率淮夷而反。周公乃奉成王命，興師東伐，作大誥，遂誅管叔，殺武庚，放蔡叔。」

〔二四〕淮南氾論篇：「子産誅鄧析，而鄭國之姦禁。」高誘注：「鄧析詭辯，姦人之雄也，子産誅之，故姦禁也。傳曰：『鄭駟遄殺鄧析而用其竹刑。』鄧析制刑，書之於竹，鄭國用之，不以人廢言也。」案高注引傳，見左傳定公九年。洪亮吉春秋左傳詁卷十九云：「『鄧析』，文選注引作『鄧晳』。」案：「析」、「晳」古通，史記仲尼弟子傳：「伯虔，字子析。」索隱：「家語作『伯處字子晳』。」是其證。

〔二五〕明初本「一」作「壹」。

〔二六〕陸賈新語無爲篇：「上之化下，猶風之靡草。」説苑貴德篇：「上之變下，猶風之靡草也。」靡，披靡。

後刑*第三十四

大夫曰：「古之君子，善善而惡惡〔一〕。人君不畜惡民，農夫不畜無用之苗。無用之苗，苗之害也；無用之民，民之賊也。鉏一害而衆苗成，刑一惡而萬民悦〔二〕。雖周公、孔子不能釋刑而用惡。家之有姐子〔三〕，器皿不居，況姐民乎！民者敖〔四〕於愛而聽刑。故刑所以正民，鉏所以別苗也。」

賢良曰：「古者，篤教以導民，明辟〔五〕以正刑。刑之於治，猶策之於御也。良工不能無策而御，有策而勿用〔六〕。聖人假法以成教，教成而刑不施。故威厲而不殺〔七〕，刑設而不犯。今廢其紀綱而不能張，壞其禮義而不能防〔八〕。民陷於罔〔九〕，從而獵之以刑，是猶開其闌牢，發以毒矢也〔一〇〕，不盡不止。曾子曰：『上失其道，民散久矣。如得其情，即哀矜而勿喜〔一一〕。』夫不傷民之不治，而伐己〔一二〕之能得姦，猶弋者覩鳥獸掛罻羅〔一三〕而喜也。今天下之被誅者，不必有管、蔡之邪，鄧皙之僞，恐苗盡而不別，民欺而不治也。孔子曰：『人而不仁，疾之已甚，亂也〔一四〕。』故民亂反之政，政亂反之身，身正而天下定。是以君子嘉善而矜不能〔一五〕，恩及刑人，德潤窮夫，施惠悦爾〔一六〕，行刑不樂也。」

＊本篇是關於用刑的辯論。賢良主張「先德後刑」，「威厲而不殺，刑設而不犯」，桑弘羊堅持「刑一惡而萬民悦」，「人君不畜惡民，農夫不畜無用之苗」的主張。

〔一〕論語子路篇：「不如鄉人之善者好之，其不善者惡之。」何晏集解：「孔安國曰：『善人善己，惡人惡己，是善善明，惡惡著也。』」皇侃義疏曰：「己爲善人，爲善人之所好，故是善善明也。惡人惡己，則非己惡，故是惡惡著也。」漢書諸葛豐傳：「善善惡惡，非得顯之也。」師古曰：「善善，襃賞善人也；惡惡，誅罰惡人也。」

〔二〕盧文弨曰：「『悦』，張本作『説』，（沈延銓本、金蟠本同。）下同。」經濟類編引此二句作「鋤惡草而衆苗成，刑惡民而萬夫悦」。

〔三〕「姐」原作「鉏」，今改正。陳遵默曰：「潛夫論述赦篇：『孺子可令姐。』與此同義。」器案：文選嵇康幽憤詩：「恃愛肆姐。」李善注引説文曰：「姐，嬌也。」今説文女部作「㜘」。長短經知人篇：「姐者類智而非智。」（據荀子大略篇楊倞注引）「姐」就是「㜘」的省文，「鉏」又是「姐」的譌字。這當是涉上文「鉏一害而衆苗成」、下文「鉏所以别苗」的「鉏」字而錯了的。下句「況姐民乎」，原亦誤作「鉏」，今都改正。晉書陸納傳：「好家居，纖兒欲撞壞之耶！」語意與此相近。

〔四〕「敖」原作「教」，今據張敦仁説校改。張云：「『教』當作『敖』，敖者，聽之反也。」

〔五〕辟，法也。

〔六〕王先謙曰：「治要『用』下有『也』字。」

〔七〕荀子議兵篇：「威厲而不試，刑措而不用。」又見宥坐篇。即此文所本。淮南子主術篇：「威厲而不殺，刑錯而不用。」御覽七八引「殺」作「試」，文子精誠篇同。器案：春秋公羊傳隱公十一年：「何隱爾？弑也。」熹平石經「弑」作「試」，釋文作「殺」，音申志反。則「殺」、「試」古音同通用。

〔八〕張之象本「防」作「坊」，云：「古『防』字。」

〔九〕王先謙曰：「治要『罔』作『罪』。」案：孟子滕文公上：「及陷乎罪，然後從而刑之。」爲此文所本。治要本義勝。

〔一〇〕韓詩外傳三：「夫散其本教，而待之刑辟，猶決其牢而發以毒矢也。」漢書王莽傳中：「又置奴婢之市，與牛馬同蘭。」師古曰：「蘭謂遮蘭之，若牛馬蘭圈也。」「闌」、「蘭」古通，闌是正字，蘭是假借字。

〔一一〕這是論語子張篇文。今本「則」作「即」，阮元校勘記曰：「舊唐書懿宗紀引作『即』，即、則古字通。」

〔一二〕論語憲問篇：「克、伐、怨、欲不行焉，可以爲仁矣。」集解：「伐，自伐其功也。」義疏：「伐謂有功而自稱。」

〔一三〕說文网部：「罻，捕鳥網也。」禮記王制：「鳩化爲鷹，然後設罻羅。」鄭玄注：「罻，小網也。」

〔一四〕這是論語泰伯篇文。集解：「包曰：『疾惡太甚，亦使其爲亂。』」

〔一五〕論語子張篇：「君子尊賢而容衆，嘉善而矜不能。」

〔一六〕沈延銓本「悦」作「説」。

授時* 第三十五

大夫曰：「共其地，居是世也，非有災害疾疫，獨以貧窮，非惰則奢也；無奇業旁入，而猶以富給，非儉則力也〔一〕。今曰〔二〕施惠悦〔三〕爾，行刑不樂；則是閔無行之人，而養惰奢之民也。故妄予不爲惠，惠惡者不爲仁。」

賢良曰：「三代之盛無亂萌〔四〕，教也；夏、商之季世無順民，俗也。是以王者設庠序，明教化，以防道其民，及政教之洽〔五〕，性仁而喻善。故禮義立，則耕者讓於野〔六〕；禮義壞，則君子爭於朝〔七〕。人爭則亂，亂則天下不均，故或貧或富。富則仁生，贍則〔八〕爭止。昏暮叩人門户，求水火，貪夫不悋，何則？所饒也。夫爲政而使菽粟如水火，民安有不仁者乎〔九〕！」

大夫曰：「博戲馳逐之徒〔一〇〕，皆富人子弟，非不足者也。故民饒則僭侈，富則驕奢，坐而委蛇〔一一〕，起而爲非，未見其仁也。夫居事不力，用財不節，雖有財如水火，窮乏可立而待也。有民不畜，有司雖助之耕織，其能足之乎？」

賢良曰：「周公之相成王也，百姓饒樂，國無窮人〔一二〕，非代之耕織也。易其田疇，薄其税斂，則民富矣〔一三〕。上以奉君親，下無饑寒之憂，則教可成也。語曰：『既富矣，又何加焉？曰：教之〔一四〕。』教之〔一五〕以德，齊之以禮，則民徙〔一六〕義而從善，莫不入孝出悌，夫何奢侈暴慢之有〔一七〕？管子曰：『倉廩實而知禮節，百姓足而知榮辱〔一八〕。』故富民易與適禮〔一九〕。」

大夫曰：「縣官之於百姓，若慈父之於子也，忠焉能勿誨乎？愛之而勿勞乎〔二〇〕？故春親耕以勸農，賑貸以贍不足，通滀水〔二一〕，出輕繫〔二二〕，使民務時也。蒙恩被澤，而至今猶以貧困，其難與適道〔二三〕若是夫！」

賢良曰：「古者，春省耕以補不足，秋省斂以助不給〔二四〕。民勤於財則貢賦省，民勤於力則功築罕〔二五〕。爲民愛力，不奪須臾。故召伯聽斷於甘棠之下，爲妨農業之務也〔二六〕。今時雨澍澤〔二七〕，種懸而不得播，秋稼零落乎野而不得收。田疇赤地〔二八〕，而停落〔二九〕成市，發春〔三〇〕而後，懸青幡而策土牛〔三一〕，殆非明主勸耕稼之意，而春令〔三二〕之所謂也。」

* 古代生產力水平低下，自然力在很大程度上和範圍内，不僅對農業生產，而且對人們思想，起着支配作用。本篇大夫和賢良在辯論如何發展農業生產問題時，雙方都注意到天時對於農業生產的重要性，但

是他們的觀點是不同的。桑弘羊認爲應該「使民務時」，賢良則認爲在於「明主授時」。在賢良看來，農業生産，完全是「靠天吃飯」，而天子是上天的兒子，是「承天行化」的（御覽五三三引桓譚新論），是「代天理物」的（三國志魏書陳思王傳注引魏略），只要舉行一個祭天祭地的儀式，就算上而「敬順昊天」，下而「敬授人時」了；至於農業生産什麼的，農民有什麼困難以及有何天災人禍，天子是不問的。桑弘羊主張的「使民務時」，就是要使農民適應和掌握自然規律，來發展農業生産。在「使民務時」的同時，桑弘羊還强調備耕工作，他説：「春親耕以勸農，賑貸以贍不足，通滀水，出輕繫。」除了動員農民投入生産而外，還在人力、物力、農田水利各方面作了充分的準備、合理的安排，使春耕工作順利進行得到保證。

〔一〕韓非子顯學篇：「今夫與人相善也，無豐年旁入之利，而獨以完結者，非力則儉也。與人相善也，無饑饉疾疢禍罪之殃，獨以貧窮者，非侈則墮也。侈而墮者貧，而力而儉者富。」案：奇業，謂非正業。漢書刑法志：「奇請它比。」師古曰：「奇請，謂常文之外，主者别有所請以定罪也。奇音居宜反。」奇字義與此同。

〔二〕「曰」原作「日」，今據明初本、張之象本、沈延銓本、金蟠本校改。

〔三〕「悦」，沈延銓本、金蟠本作「説」。

〔四〕陳遵默曰：「『萌』讀『氓』。」器案：「萌」、「民」古通。説文：「民，衆萌也。」賈子新書大政下：「民之爲言暝也，萌之爲言盲也。」漢書楚元王傳劉向疏云：「民萌何以勸勉？」師古曰：「『萌』與『甿』同。」又陳勝項籍傳贊：「甿隸之人。」如淳曰：「『甿』，古文『萌』字，萌，民也。」説文來部下引周禮（遂人）

「以興鋤利萌」。史記周本紀：「以振貧弱萌隸。」又司馬相如傳：「以贍萌隸。」漢書霍去病傳：「及厥衆萌。」文選吴都賦注引戰國策：「司馬喜曰：『臣觀人萌謡俗。』」今本中山策「萌」作「民」。説文：「氓，民也，讀若盲。」明初本、華氏活字本誤作「刑」。

〔五〕孟子盡心上：「善政不如善教之得民也，善政民畏之，善教民愛之，善政得民財，善教得民心。」華氏本「治」改「治」。又孟子告子上：「生之謂性。」又盡心上：「君子所性，仁義禮智根於心。」又曰：「堯、舜性之也。」「性」字義與此同。性仁，猶言仁以爲性也。漢書賈誼傳：「中道若性。」又谷永傳：「安服若性。」師古曰：「安心而服行之，如天性自然也。」論語里仁篇：「君子喻於義，小人喻於利。」喻，曉也。

〔六〕史記周本紀：「西伯陰行善，諸侯皆來決事。于是虞、芮之人有獄不能決，乃如周，入界，耕者皆讓畔，民俗皆讓長。虞、芮之人未見西伯，皆慙相謂曰：『吾所争，皆周人所恥，何往爲？祇取辱耳。』遂還，俱讓而去。」案又見詩大雅緜毛傳、書大傳略説、説苑君道篇、家語好生篇。

〔七〕戰國策秦策上：「争名者於朝。」

〔八〕「則」下原有「民」字，今據張敦仁説校删。張云：「『民』字當衍，後詔聖篇不誤。」淮南子齊俗篇：「求澹則争止。」

〔九〕孟子盡心上：「民非水火不生活，昏暮叩人之門户，求水火，無弗與者，至足矣。聖人治天大，使有菽粟如水火。菽粟如水火，而民焉有不仁者乎？」淮南子齊俗篇：「叩門求水，莫弗與者，所饒足也。」

〔一〇〕史記袁盎傳：「劇孟博徒。」集解：「如淳曰：『博盪之徒。』或曰：『博戲之徒。』」又貨殖傳：「博戲，惡戲也，而桓發用之富。」漢書高惠高后文功臣表：「安丘侯張拾，坐搏揜，完爲城旦。」師古曰：「『搏』字或作『博』，一曰：『博，六博也；擿，意錢之屬也。皆謂戲而取人財也。』」又食貨志下：「弋獵博戲亂齊民。」

〔一一〕文選琴賦注：「委蛇，委曲自得之貌。」

〔一二〕「窮」下原有「乏」字，今據盧、王説校删。盧文弨拾補删「乏」字。王先謙曰：「案盧説是也，治要無『乏』字。」張之象本删「窮」字。

〔一三〕孟子盡心上：「易其田疇，薄其税斂，民可使富也。」趙岐注：「易，治也。疇，一井也。庶民治其田疇，薄其賦斂，不踰什一，則民富矣。」案説苑辨物篇：「疇也者，何也？所以爲麻也。麻也者，何也？曰：所以爲衣也。」禮記月令正義引蔡邕月令章句：「麻田曰疇。」韋昭注國語周語、齊語皆云：「麻地曰疇。」然則以田疇並舉者，以其爲衣食之本也。

〔一四〕論語子路篇：「子適衛，冉有僕。子曰：『庶矣哉！』冉有曰：『既庶矣，又何加焉？』曰：『富之。』曰：『既富矣，又何加焉？』曰：『教之。』」

〔一五〕「教之」二字原脱，楊沂孫曰：「『教之』下應有『道之』二字。」今案：治要引有「教之」二字，今據訂補。禮記緇衣：「夫民教之以德，齊之以禮，則民有格心。」就是此文所本，治要有「教之」二字是。楊補「道之」二字，乃據論語爲言，論語爲政篇云：「導之以德，齊之以禮，有恥且格。」

〔一六〕「徙義」原作「從義」，今從治要引校改。論語述而篇：「德之不修，學之不講，聞義不能徙，不善不能改，是吾憂也。」又曰：「三人行，必有我師焉，擇其善者而從之，其不善者而改之。」字正作「徙義」，「從善」，可以參證。

〔一七〕王先謙曰：「治要『有』下有『乎』字。」

〔一八〕管子牧民、輕重二篇和史記管仲傳都有此語。

〔一九〕「故」下原無「富」字，今據治要補。史記秦始皇本紀：「安民可與行義，而危民易與爲非。」句法與此正同。又此句下，原有「難與適道」四字一句，王先謙以爲「涉下文而誤衍」，治要無，今據刪。攖寧齋鈔本「適」誤作「通」。

〔二〇〕陳遵默曰：「『而』讀爲『能』。」器案：論語憲問篇：「愛之能勿勞乎？忠焉能勿誨乎？」此用其文，能猶而也，説詳王念孫經傳釋詞。

〔二一〕廣韻一屋：「滀，水聚。」玉篇水部：「滀，滯也。」明初本作「畜水」，誤。

〔二二〕禮記月令：「孟夏之月，……斷薄刑，决小罪，出輕繫。」又見吕氏春秋四月紀，高誘注云：「輕繫，不及於刑者，解出之。」

〔二三〕論語子罕篇：「可與共學，未可與適道；可與適道，未可與立；可與立，未可與權。」

〔二四〕孟子梁惠王下：「春省耕而補不足，秋省斂而助不給。」趙岐注：「春省耕，問耒耜之不足。秋省斂，助其力不足也。」沈延銓本「給」臆改「足」。

〔二五〕「功築罕」原作「功業宰」，與上下文義不相應。器案：桓寬此文，本之穀梁，穀梁傳莊公二十九年：「古之君人者，必時視民之所勤，民勤於力則功築罕，民勤於財則貢賦少，民勤於食則百事廢矣。」范寧注：「罕，希。」文學引經據典，正以刺譏漢武帝之興土功也。惜鍾文烝穀梁補注失引此文。國語齊語：「環山於有牢。」後漢書馬融傳注引作「繯於山有罕」，正「牢」「罕」二字易誤之證。

〔二六〕韓詩外傳一：「昔者，周道之盛，邵伯在朝，有司請營邵以居，邵伯曰：『嗟！以吾一身而勞百姓，此非吾先君文王之志也。』於是出就烝庶於阡陌隴畝之間而聽斷焉。邵伯暴處遠野，廬於樹下。百姓大悦，耕桑者倍力以勸。於是歲大稔，民給家足。其後在位者驕奢，不恤元元，税賦繁數，百姓困乏，耕桑失時。於是詩人見邵伯之所休息樹下，美而歌之。詩曰：『蔽芾甘棠，勿剪勿伐，召伯所茇。』此之謂也。」又見説苑貴德篇及詩甘棠鄭玄箋。

〔二七〕説文水部：「澍，時雨也，所以樹（從段注本）生萬物者也。」一切經音義六引三蒼：「澍，時雨也，百卉霑洽也。」

〔二八〕後漢書臧宫傳注：「赤地，言在地之物皆盡。説苑曰：『晉平公時赤地千里。』」

〔二九〕楊沂孫曰：「『停』當作『亭』。」器案：散不足篇作「亭落」，又云「丘落」。陸賈新語至德篇：「官府若無吏，亭落若無人。」釋名釋宫室：「亭，停也，亦人所停集也。」則作「停落」亦通。又案：史記酷吏傳：「置伯格長。」集解：「徐廣曰：『一作落，古村落字亦作格，街陌屯落皆設督長也。』」

〔三〇〕書鈔一一〇、御覽三四一引「而」作「之」。楚辭九章思美人：「開春發歲兮，白日出之悠悠。」「發春」就是「開春」，如今還有此語。

〔三一〕書鈔、御覽引「策」作「築」。續漢書禮儀志上：「立春之日，夜漏未盡五刻，京師百官皆衣青衣，郡國縣道官，下至斗食令史，皆服青幘，立幡，施土牛耕人於門外，以示兆民。」文選王元長永明九年策秀才文：「祥正而青旗肅事。」集注：「李善曰：『孟春之月，天子駕蒼龍，載青旗，躬耕帝籍。』呂延濟曰：『青旗，籍田之旗也。』」

〔三二〕後漢書崔駰傳：「篆乃强起班春。」注：「班布春令也。」王粲務本論：「末世之吏員，青旛而布春令，有勸農之名，無賞罰之實。」班布春令的事情，在郡國是以他椽兼攝，若在司隸州，據續漢書百官志所載，有月令師，屬於司隸校尉。月令師當即班布春令的專職官。續漢書禮儀志上又載：「立春之日，下寬大書曰：『制詔三公：方春東作，敬始慎微，動作從之。罪非殊死，且勿案驗，皆須麥秋。退貪殘，進柔良，下當用者，如故事。』」注：「月令曰：『命相布德和令。』蔡邕曰：『即此詔之謂也。』」這裏所引，雖是東漢制度，然兩漢更革不大，況立春寬大詔，明言其「如故事」呢。

水旱*第三十六

大夫曰：「禹、湯聖主，后稷、伊尹賢相也，而有水旱之災。水旱，天之所爲，饑穰〔一〕，陰陽之運也，非人力。故太歲〔二〕之數，在陽爲旱，在陰爲水。六歲一饑，十二歲一荒〔三〕。天道〔四〕然，殆非獨有司之罪也。」

賢良曰：「古者，政有德〔五〕，則陰陽調，星辰理，風雨時。故行修〔六〕於内，聲聞於外，爲善〔七〕於下，福應於天。周公載紀〔八〕而天下太平，國無夭傷，歲無荒年。當此之時，雨不破塊，風不鳴條〔九〕，旬而一雨，雨必以夜〔一〇〕。無丘陵高下皆熟。詩曰：『有渰萋萋，興雨祁祁〔一一〕。』今不省其所以〔一二〕然，而曰『陰陽之運也』，非所聞也。孟子曰：

『野有餓〔一三〕殍，不知收〔一四〕也；狗豕食人食，不知檢〔一五〕也；爲民父母，民〔一六〕饑而死，則曰，非我也，歲也，何異乎以刃殺之，則曰，非我也，兵也？』方今之務，在除饑寒之患，罷鹽、鐵，退權利，分土地，趣本業，養桑麻，盡地力也。寡功節用，則民自富。如是，則水旱不能憂，凶年不能累也。」

大夫曰：「議者貴其辭約而指明，可於衆人之聽，不至〔一七〕繁文稠辭，多言害有司化俗之計，而家人語〔一八〕。陶朱爲生，本末異徑，一家數事，而治生之道乃備。今縣官鑄農器，使民務本，不營於末，則無饑寒之累。鹽、鐵何害而罷？」

賢良曰：「農，天下之大業也；鐵器，民之大用也。器用便利，則用力少而得作多，農夫樂事勸功。用不具，則田疇荒，穀不殖，用力鮮，功自半。器便與不便，其功相什〔一九〕而倍也。縣官鼓鑄鐵器，大抵多爲大器，務應員程〔二〇〕，不給民用。民用鈍弊，割草不痛〔二一〕，是以農夫作劇〔二二〕，得獲者少，百姓苦之矣。」

大夫曰：「卒徒工匠，以縣官日作公事，財用饒，器用備。家人合會，褊於日而勤於用，鐵力不銷鍊，堅柔不和。故有司請總鹽、鐵，一其用，平其賈，以便百姓公私。雖虞、夏之爲治，不易於此。吏明其教，工致其事〔二三〕，則剛柔和，器用便。此則百姓何苦？而農夫何疾？」

賢良曰：「卒徒工匠〔二四〕！故民得占租鼓鑄、煮鹽之時〔二五〕，鹽與五穀同賈，器和利而中用。今縣官作鐵器，多苦惡，用費不省，卒徒煩而力作不盡。家人相一，父子戮力〔二六〕，各務爲善器，器不善者不集〔二七〕。農事急，輓運衍〔二八〕之阡陌之間。民相與市買〔二九〕，得以財貨五穀新幣易貨〔三〇〕；或時〔三一〕貰民，不棄作業。置田器，各得所欲。更繇省約〔三二〕，縣官以徒復作〔三三〕，繕治道橋，諸發民便之。今總其原，壹其賈，器多堅硜〔三四〕，善惡無所擇。吏數不在，器難得。家人不能多儲，多儲則鎮生〔三五〕。棄膏腴之日，遠市田器，則後良時。鹽、鐵賈貴，百姓不便。貧民或木耕手耨，土耰淡食〔三六〕。鐵官賣器不售〔三七〕，或頗賦與〔三八〕民。卒徒作不中呈〔三九〕，時命助之。發徵無限，更繇以均劇，故百姓疾苦之。古者，千室之邑〔四〇〕，百乘之家〔四一〕，陶冶工商，四民〔四二〕之求，足以相更。故農民不離畦畝而足乎田器，工人不斬伐而足乎材木〔四三〕，陶冶〔四四〕不耕田而足乎粟米，百姓各得其便，而上無事焉。是以王者務本不作末，去炫燿，除雕琢，湛〔四五〕民以禮，示民以樸，是以〔四六〕百姓務本而不營於末。」

＊　本篇是從上面授時問題伴隨而來的對農業生產嚴重威脅的自然災害問題進行辯論。

〔一〕穰，就是豐收的意思。漢書食貨志上：「世之有飢穰，天之行也。」師古曰：「穰，豐也。」史記滑稽列傳：

「五穀蕃熟，穰穰滿家。」正義：「野王云：『穰穰，衆多也，夥也。』」又貨殖傳：「太陰在卯，穰；明歲衰惡。至午，旱；明歲美。至酉，穰；明歲衰惡。至子，大旱；明歲美。有水，至卯。」這裏的饑穰循環説，當即本之史記。

〔二〕開元占經二三引淮南子天文篇許慎注：「太陰謂太歲也。」太歲，我國古代天文學家虚構的一顆星，把它的運行軌道和歲星（木星）的軌道相同而方向相反，並把它運行一周的軌道分爲十二個區域，配合子丑寅卯等十二地支，以便紀年。太歲之數，太歲當年運行所至的區域。在陽、在陰，是古代根據太歲當年的干支並配合其它星象推算出來的陰陽屬性，這種推算方法是不科學的。

〔三〕淮南子天文篇：「三歲而改節，六歲而易常。故三歲而一饑，六歲而一衰，十二歲而一荒。」高誘注：「蔬不熟爲荒也。」（正文及注文，俱依太平御覽一七引。）史記貨殖傳：「計然曰：『故歲在金，穰；水，毁；木，饑；火，旱。……六歲穰，六歲旱，十二歲一大饑。』」

〔四〕太玄書室本、張之象本、沈延銓本、金蟠本「道」下有「固」字。

〔五〕王先謙曰：「治要『德』作『得』，無『有』字。」

〔六〕「行修」原作「循行」，今據王先謙説校乙。王云：「治要『循行』作『行脩』。案：『行修』與下『聲聞』對，治要是。」

〔七〕王先謙曰：「治要『善』作『之』。」

〔八〕家語致思篇：「周公載己行化而天下順。」「載」也有「行」意，就是説周公行己以行化，其身正，不令而行，不禁而止。這裏的「載紀」應當與「載己」通。散不足篇：「故聖人非仁義不載於己。」也是本書作

「載己」之證。治要「載紀」作「在上」，蓋不得其義而臆改之。

〔九〕西京雜記下：「董仲舒曰：『太平之世，則風不鳴條，開甲散萌而已；雨不破塊，潤葉津莖而已。』」

〔一〇〕王先謙曰：「北堂書鈔帝王部、白帖雨部引『風不鳴條』在『雨不破塊』上；藝文類聚天部、御覽八百七十二休徵部引『雨不破塊，旬而一雨，雨必以夜』，三句連文，文義應爾。此『風不鳴條』四字，誤倒在下。」器案：埤雅一九、王應麟急就篇補注引與今本同。御覽八七二引符瑞圖：「周公時，天下太平。當此之時，旬而一雨，雨必以夜。」沈延銓本「以」改「一」。

〔一一〕這是詩經小雅大田文。張敦仁曰：「『雨』，毛詩作『雲』，顏之推改爲『雨』。（顏氏家訓書證。）有疑此亦當爲『雲』者。今詳上文語意，似本作『雨』，故下不更引『雨我公田』之云也。凡此書所稱詩皆三家，（俱見各篇。）與毛詩異者不少，又未可必謂後人以今詩改。此處豈三家有作『雨』者耶？（後漢書左雄傳所引亦作『雨』。）」器案：漢書食貨志上唐寫本作「興雨」，毛傳云：「渰，陰雲貌；萋萋，雲行貌。」說文水部：「凄，雲雨起也。」則「萋」借「凄」字。

〔一二〕「以」字原無，今據治要補。王先謙曰：「治要引『所』下有『以』字，是。」

〔一三〕治要「餓」作「死」。這以下都是約舉孟子梁惠王上文。

〔一四〕「收」疑當作「牧」，本書二字互誤，數見不鮮。

〔一五〕治要「檢」作「斂」，今本孟子作「檢」，趙岐注云：「不知以法度檢斂也。」按漢書食貨志贊引亦作「斂」，「檢」、「斂」古通。

〔一六〕「民」，治要作「見」。

〔一七〕「不至」猶言「不在」，詳憂邊篇注〔三二〕。

〔一八〕「家人語」，猶如説媪媪語。漢書儒林傳：「竇太后好老子書，召問固，固曰：『此家人言耳。』太后怒曰：『安得司空城旦書乎！』」師古曰：「家人言僮隸之屬。」又見史記儒林傳。「家人言」即「家人語」。漢書田蚡傳：「譬如賈豎女子爭言，何其無大體也。」意與「家人語」近。

〔一九〕「相什」就是相去十倍的意思。古書中凡「相」字下聯綴一個數字，用來表示某種數量程度的，都是相去若干倍的意思。孟子滕文公上：「夫物之不齊，物之情也，或相倍蓰，或相什百，或相千萬。」趙岐注：「蓰，五倍也；什，十倍也；至於千萬相倍。」韓非子説疑篇：「得人之名一也，而利害相千萬也。」商君書錯法篇：「三王、五霸，其所道不過爵禄，而功相萬者，其所道明也。」吕氏春秋貴當篇：「爲之必緜其道，物莫之能害，此功之所以相萬也。」高誘注：「萬倍也。」文選上書重諫吴王：「此其與秦地相什而民相百。」李善注：「言地多秦十倍，民多百倍。」韓詩外傳四：「人同材均，而貴賤相萬者，盡心致志也。」史記貨殖傳：「凡編户之民，富相什則卑下之，伯則畏憚之，千則役，萬則僕，物之理也。」漢書馮奉世傳：「利害相萬。」師古曰：「相比則爲萬倍也。」潛夫論讚學篇：「人之情性，未能相百，而其明智，有以相萬也。」三國志魏書王肅傳：「肅上疏曰：『又況於深入阻險，鑿路而前，則其爲勢，必相百也。』」這些例證，和此文的用法，都是相同的。這裏的「而倍」字，就是補充説明「相什」是相去什倍的意思。

〔二〇〕淮南説山篇：「有譽人之力儉者，春至旦，不中員呈。」高誘注：「呈作不中科員。」漢書尹翁歸傳：「責以員程，……不中程，輒笞督。」師古曰：「員，數也，計其人及日數爲功程。」説文員部：「員，物數也。」「程」、「呈」古通，説詳下注〔三九〕。

〔二一〕公羊傳莊公三十年：「子司馬子曰：『蓋以操之爲已蹙之矣。』」何注：「操，迫也；已，甚也；蹙，痛也。迫殺之甚痛。」「痛」字義與此同，都是「切」的意思。

〔二二〕荀子非十二子注：「劇，繁也。」

〔二三〕論語子張篇：「百工居肆以成其事。」此文本之。「成」作「致」者，蓋用魯論，説詳通有篇注〔五三〕。華氏本「工」作「士」，誤。

〔二四〕「卒徒工匠」，猶後雜論篇之言：「彼哉！彼哉！」姚鼐以爲衍文，非是。

〔二五〕姚鼐曰：「按『卒徒工匠』四字衍文。言故時民自鼓鑄煮鹽，占其爲鹽、鐵之業，報於官而納租。昭帝紀：『罷榷酤官，令民得以律占租，賣酒，升四錢。』若鹽、錢在民自爲之時，亦如此酤酒之占租矣。又按：説文：『鍲，業也，賈人占鍲。』而食貨志：『公卿言，異時算軺車，賈人之緍錢皆有差。』以説文『緍，業也』之解推之，『緍』乃本字，『鍲』乃借字，『鍲』如今俗語所云『本錢』耳，非藏鏹於家者舉有此算也。此所云『占租鼓鑄，煮鹽』，正食貨志所云『諸作有租，及鑄率緍錢四千算一』者也。而顏監不推『緍』『鍲』同之義，解『緍』爲錢貫者，殆非是矣。」

〔二六〕左傳成公十三年：「勠力同心。」洪亮吉春秋左傳詁曰：「説文：『勠，并力也。从力翏聲。』惠棟曰：『戰國策：勠力同憂。高誘曰：勠力，勉力也。其字从力，今諸本作戮，誤。詛楚文又作繆力，蓋古字假借。』今案：石經、釋文、宋本並作勠，今據改。又國語補音引嵇康云：『勠音留。』」

〔二七〕楊沂孫曰：「『集』當是『售』。」

〔二八〕文選七發李善注：「衍，散也。」漢書五行志下之上：「京師、郡、國，民聚會里巷阡陌，設祭，張博具，歌舞祠西王母。」則阡陌亦民衆聚會之地，故輓運田器於此市買也。華氏本「衍」誤「行」。

〔二九〕史記項羽本紀：「以市於齊。」集解張晏曰：「若市買相貿易以利也。」又汲黯傳：「愚民安知市買長安中物，而又吏强以爲闌出財物於邊關乎？」周禮天官序官庖人：「賈八人。」注：「賈主市買，知物賈。」後漢書劉瑜傳：「賓客市買。」抱朴子道意篇：「市買所具，務於豐泰。」又逸民篇：「市買名品。」則市買爲兩漢六朝人習用語也。

〔三〇〕張敦仁曰：「『貨』當作『貿』。」

〔三一〕張之象本、沈延銓本、金蟠本無「時」字。

〔三二〕漢書食貨志上：「教民相與庸輓犂。」師古曰：「庸功也，言換功共作也。義亦與庸賃同。」按說文用部：「庸，用也，从用庚，庚，更事也。」方言：「庸、佽、比、侹、更、佚，代也。」廣雅釋詁：「庸、比、侹、佽、更、跆、遞、迭，代也。」則「更」、「庸」都有「代」義，這裏「更繇」，就是服繇役者可換功的意思。「更繇省約」，就是說「以徒復作」更繇，則省却赴約往返之勞，所以「民便之」。

〔三三〕漢書宣帝紀：「使女徒復作淮陽趙徵卿、渭城胡組更乳養。」注：「李奇曰：『復作者，女徒也。謂輕罪，男子守邊一歲，女子輭弱不任守，復令作於官，亦一歲，故謂之復作徒也。』孟康曰：『復音服，謂弛刑徒也。有赦令詔書去其鉗釱赭衣，更犯事不從徒加，與民爲例，故當復爲官作，滿其本罪年月日，律名爲復作也。』師古曰：『孟說是也。』」又：「下至郡邸獄復作。」師古曰：「復音扶目反。」又食貨志上：「徒復作得輸粟於縣官以除罪。」師古曰：「復音房目反。」

〔三四〕說文石部：「礐，餘堅也。从石堅省聲。」段注云：「俗作硜，韓退之詩用之。」

〔三五〕盧文弨以「生」字下屬，云：「『鎮』疑『鍗』，與『鍬』、『鏽』、『銹』同。『生』疑『坐』。」張敦仁曰：「『鎮』當作『鉎』，『鉎生』者，鐵衣生也。」（廣韻十五青：「鉎，鐵鉎。」集韻、類篇皆有「鉎」「鍟」二文，云：「鐵衣。」）器案：此文疑本作「多儲則鉎」，因「鉎」字罕見，遂以音近而誤爲「鎮」，又涉偏旁而殘存「生」字耳。今不能輒定，故並存之。

〔三六〕「淡」原作「啖」，今據張敦仁、楊沂孫、姚範説校改。張云：「『啖』當作『淡』，此與上文皆雜鹽鐵而論之，但鹽略鐵詳耳。」楊云：「『啖』或是『淡』。」姚云：「『啖』疑『淡』。」器案：史記叔孫通傳：「攻苦食啖。」集解：「徐廣曰：『啖一作淡。』」索隱：「案孔文祥云：『與帝共攻冒苦難，俱食淡也。』案説文云：『淡，薄味也，音唐敢反。』」又見漢書叔孫通傳，師古曰：「『啖』當作『淡』，謂無味之食也。言共攻擊勤苦之事，而食無味之食也。」據此，則「淡食」爲漢人習用語，今據改正。

〔三七〕通鑑二二三八注：「賣物去手曰售。」

〔三八〕「與」通「於」，見王引之經義述聞通説上。華氏本改「於」。

〔三九〕荀子致仕篇：「程者，物之準也。」楊注：「程，度量之總名。」韓非子難一篇：「中程者賞，弗中程者誅。」史記秦始皇本紀：「上至衡石量書，日夜有呈，不中呈，不得休息。」漢書景十三王傳：「不中程輒掠。」師古曰：「程者，作之課也。」又陳萬年傳：「爲地臼木杵，舂不中程。」文選魏都賦：「明宵有程。」李善注：「程猶限也。『程』與『呈』通。」樊安碑：「作呈作式。」冀州從事郭君碑：「先民有呈。」也是「程」作「呈」的例證。

〔四〇〕左傳宣公十五年：「晉侯賞桓子狄臣千室。」「千室」即「千室之邑」。

〔四一〕孟子梁惠王上：「千乘之國，弒其君者，必百乘之家。」趙岐注：「百乘之家，謂大國之卿，食采邑有兵車百乘之賦者也。」又萬章下：「孟獻子百乘之家也。」

〔四二〕說苑政理篇：「春秋曰：『四民均則王道興而百姓寧。』所謂四民者，士農工商也。」按穀梁傳成公元年：「古者有四民：有士民，有商民，有農民，有工民。」惠士奇禮說、惠棟穀梁古義皆以四民始於管子：「古者，四民爲商農工賈。」

〔四三〕張敦仁曰：「此下有脱文。」郭沫若補「材木」二字，今據訂補。

〔四四〕盧文弨以「陶冶」二字上屬爲句，云：「脱『商人』二字。」郭沫若以「陶冶」屬下爲句，今從之。

〔四五〕漢書叙傳上：「矧湛躬於道真。」文選答賓戲：「湛道德。」李善注：「湛，古沈字。」呂氏春秋爲欲篇：「蠻夷反舌，殊俗異習之國，……桀、紂不能離；不能離而國亡者，逆其天也；逆天而不知其逆也，湛於俗也；久湛而不去則若性。」這些湛字，義與此同。這裏是說，要老百姓沈溺於統治階級倡導的封建禮教之中，而安之若性。漢書董仲舒傳：「漸民以仁。」師古曰：「漸謂浸潤之。」「漸」與「湛」義近。

〔四六〕經濟類篇「是以」作「則」。